卓越经管人才培养计划系列

中国石油大学（华东）“十四五”规划教材

经济学与生活

主　编：王　军

副主编：马　颖　黄新颖

科学出版社

北　京

内 容 简 介

本书根据经济学自身的内在逻辑，以经济学的基本结构作为骨架，从微观到宏观，共分为十四章，系统阐述了经济学的基本理论知识及其在现实经济社会生活中的具体应用，体系完整、逻辑清晰。全书没有深奥复杂的数学公式、图表和模型，深入浅出、行文简单，高等数学零基础的读者也能读得懂、看得明、学得会。全书文例结合，每章都由案例导出，中间再穿插案例分析，及时引导读者用所学经济学原理透视生活现象，真正做到学以致用、立学立用。

本书可作为大学生通识教育的教材，以及大学生、研究生教学的参考用书，也可作为广大理论工作者和干部群众学习研究经济学的理论读物。

图书在版编目（CIP）数据

经济学与生活/王军主编. 一北京：科学出版社，2022.3

（卓越经管人才培养计划系列）

ISBN 978-7-03-070616-4

Ⅰ. ①经… Ⅱ. ①王… Ⅲ. ①经济学－高等学校－教材 Ⅳ. ①F0-49

中国版本图书馆 CIP 数据核字（2021）第 227948 号

责任编辑：郝 静 江 研 / 责任校对：贾娜娜

责任印制：张 伟 / 封面设计：蓝正设计

科学出版社 出版

北京东黄城根北街 16 号

邮政编码：100717

http://www.sciencep.com

北京九州迅驰传媒文化有限公司印刷

科学出版社发行 各地新华书店经销

*

2022 年 3 月第 一 版 开本：787×1092 1/16

2025 年 5 月第四次印刷 印张：22 3/4

字数：539 000

定价：78.00 元

（如有印装质量问题，我社负责调换）

前　言

经济学发展到今天已是社会的“显学”，我们的日常生活离不开经济学。作为消费者，我们怎样安排支出，以求用最少的花费，获得最大的效用；作为生产者，应如何组织、安排生产，以求以最小的成本，实现最大的利润；作为投资者，应如何认知并预测政府经济政策，以求规避风险，获取利益。正如格言所说，经济学不会保证使你成为一个天才，但是，没有经济学，你简直非吃亏不可。美国著名经济学家格里高利·曼昆对生活在21世纪的现代人为什么要学习经济学给出了三个理由：第一，经济学有助于使你了解你生活的世界；第二，经济学将使你更精明地参与经济，教你如何做出最好的经济决策；第三，经济学将使你更好地理解经济政策的潜力与局限性。诺贝尔经济学奖得主——保罗·萨缪尔森说过：“在当今社会，谁不学习经济学，谁就不懂得怎样生活。”因此每个人都应该懂点经济学。尤其是当代大学生更应该学点经济学知识，因为经济学不仅是生活的学问，还是大学生规划自己学业、事业和人生时离不开的基础知识。培养大学生对经济学的兴趣，为他们将来的成长灌输经济学智慧，使他们养成经济学素养，这显得十分重要且有意义。

但当前一直没有一本适合大学生通识教育，既保持经济学知识的逻辑性和体系的完整性，又融知识性与趣味性于一体的教材。社会上现有的经济学教材，要么是面向经管类专业学生的“重口味”教材，几乎是“高等数学”的再版，经济学理论数学化大行其道，充斥着深奥的公式、图表、模型，晦涩难懂，无从“啃”起，令人望而止步；要么是面向社会普通大众，举几个案例，讲几个故事，蜻蜓点水，淡而无味，零零碎碎，不成体系，看时一阵热闹，看后一点儿印象也没有。因此迫切需要一本体系完整、深入浅出、通俗易懂、适合通识教育的《经济学与生活》教材。

正是基于上述需要，本书课程组在总结多年从事西方经济学教学的基础上，着手编写了《经济学与生活》这一本教材。在编写的过程中，我们力求做到如下几点。

1. 体系完整、逻辑清晰

经济学博大精深，知识庞杂，但各校规定的通识课学时有限，我们根据课程衔接需要和大学生发展需要，妥善处理课程内容的广度和深度，既按照经济学自身的内在逻辑，保证了整个经济学体系的逻辑性和知识的完整性，又考虑到学时的许可；既不会使同学们感到内容支离破碎，毫无逻辑，又不会感到内容庞杂，苦涩乏味。力求呈献给学生一本内容简洁、逻辑清晰、详略适度、学而从容的精品教材。

2. 深入浅出、行文简单

越基础的教材越需深入浅出，将复杂的模型讲简单，将深奥的原理讲通俗，将干涩的理论讲丰满，将枯燥的图表讲有趣，这样才能提起大学生的学习兴趣。全书没有深奥的数学公式、图表和模型，即使高等数学零基础的同学也能读得懂、看得明、学得会。

3. 文例结合、学以致用

经济的本意就是经邦济世、富国裕民。教学的目的为使用，自古以来中外教育都追求“用”——实用、应用、使用。学不必博，要之有用。因此，我们在保证教材语言文字规范、体系完整、逻辑顺畅的同时，适时融合了很多现实生活中的案例。每章都由案例导出，激起学生的思考和兴趣，中间适当穿插案例，及时引导学生用所学经济学原理分析身边的事，真正做到学以致用、立学立用。

本书由王军主编，马颖和黄新颖为副主编，其中王军负责第一章、第四章、第七章、第十章，共计 11 万字；马颖负责第二章、第五章、第八章、第十一章、第十三章、第十四章，共计 13 万字；黄新颖负责第三章、第六章、第九章、第十二章，共计 11 万字。最后由王军统稿。

本教材获得了教育部产学合作协同育人项目的出版资助，并且进入了中国石油大学（华东）“十四五”规划教材的出版计划。本书在编撰过程中借鉴、吸收了已经出版的多种现行教材和著作，有些附于书后，有些未能一一列出，在此一并表示感谢。由于作者水平有限，书中不足或疏漏之处在所难免，恳请同行和读者批评指正。

王 军

2021 年 10 月 27 日

目　录

第一章　走进经济学 …… 1
　第一节　经济学的由来 …… 1
　第二节　经济学的组成 …… 7
　第三节　经济学的分析方法 …… 15
　第四节　经济学发展简史 …… 20
　第五节　经济学与生活 …… 23
第二章　供求理论与生活 …… 26
　第一节　需求理论与生活 …… 27
　第二节　供给理论与生活 …… 37
　第三节　均衡价格与生活 …… 43
第三章　弹性理论与生活 …… 56
　第一节　需求弹性 …… 57
　第二节　供给弹性 …… 74
　第三节　蛛网理论 …… 77
　第四节　弹性理论在决策和政策方面的运用 …… 83
第四章　效用理论与生活决策 …… 88
　第一节　效用与生活 …… 88
　第二节　基数效用论 …… 93
　第三节　序数效用论 …… 107
第五章　生产理论与厂商决策 …… 117
　第一节　厂商 …… 118
　第二节　生产函数 …… 122
　第三节　边际收益递减和一种变动要素的合理投入 …… 125
　第四节　厂商的最优选择 …… 135
第六章　成本理论与厂商决策 …… 144
　第一节　成本概述 …… 145
　第二节　短期成本 …… 149
　第三节　长期成本 …… 154
　第四节　收益和利润最大化 …… 162
第七章　市场结构理论与厂商决策 …… 169
　第一节　完全竞争市场的厂商均衡 …… 170
　第二节　完全垄断市场的厂商均衡 …… 175

第三节 垄断竞争市场的厂商均衡……183
第四节 寡头垄断市场的厂商均衡……186
第五节 不同市场的经济效率比较……192
第八章 生产要素价格与收入分配……195
第一节 生产要素价格的一般理论……196
第二节 生产要素价格的决定……201
第三节 收入的不平等……209
第九章 市场失灵与政府的微观规制……214
第一节 垄断与反垄断政策……215
第二节 外部性……220
第三节 公共物品……227
第四节 不完全信息……232
第十章 国民收入的核算与衡量……238
第一节 国民收入核算与国内生产总值……238
第二节 国内生产总值的核算方法与运用……244
第三节 国民收入的其他衡量指标与调整……248
第四节 国民收入核算的缺陷与纠正……255
第十一章 国民收入的决定与决定因素……260
第一节 国民收入的短期与长期决定……260
第二节 总需求与其影响因素……270
第三节 总供给与其影响因素……277
第十二章 失业与通货膨胀……279
第一节 失业与失业的影响……279
第二节 通货膨胀与通货膨胀的影响……287
第三节 失业与通货膨胀的关系……298
第十三章 经济增长与经济周期……303
第一节 经济增长与现实……303
第二节 经济周期与现实……313
第十四章 宏观经济政策与应用……325
第一节 宏观经济政策目标与工具……325
第二节 财政政策与应用……329
第三节 货币政策与应用……338
第四节 供给管理政策与应用……350
参考文献……356

第一章　走进经济学

引言：个人选择——经济学的核心

周末当你走进一家大超市，面对成千上万种可供购买的商品时，你不可能购买你想要的一切商品。首先你会受到资金的限制，其次你还要考虑家里的空间是否够用。那么面对眼花缭乱的商品，你该买什么？怎么买？买多少？假定你的预算支出和生活空间有限，你必须在购买哪种产品和不购买哪种产品之间做出选择。事实上，那些货架上的商品本身就已经经历了选择：生产商选择生产它们，商店经理选择把它们放在那里。所有的经济活动都涉及个人选择。

再来看，人的一生要经历许多重要的事情，会面临很多的难题与选择，而我们不可能事事如愿。在我们小的时候，我们要选择在哪里读书，读什么书；当我们长大后，我们要选择学习什么专业；再到我们进入社会后，我们要选择去哪个城市生活，去哪个企业就业；而当我们谈婚论嫁时，我们也同样面临着选择，选择与什么人共度一生，……人的一生中想要做的事情很多，但由于我们收入有限、时间有限、资源有限等，我们不得不做出选择，哪些做，哪些不做，哪些先做，哪些后做。选择无处不在、无时不在。经济学就是告诉我们应如何进行选择。

每一个经济学话题从最基本的意义上来看都与个人选择有关，也就是对于做什么和不做什么的个人抉择。

相关问题：

1. 为什么人们不得不做出选择？
2. 经济学到底是什么？

第一节　经济学的由来

一、“经济”的含义

“经济”一词是指“经世济民”“经邦济世”，它涵盖着广泛的人类社会经济活动、治国富国、利民裕民。日常生活中“经济”一词，意味着俭省节约，也泛指金融与工商等事业的活动。古希腊人最早创造了“经济学”这个名词，但只赋予它“齐家之道”，即家庭管理法则的意思。古希腊思想家色诺芬（前 440 年左右～前 355 年）在《经济论》中使用“经济”一词，原意为“管理一个家庭的人”，即优秀的主人（奴隶主）如何管理好自己的财产，如何增值自己的财富。

家庭和经济有着许多共同之处。一家之主面临许多决策，如他必须决定哪些家庭成员去做什么，以及作为回报每个家庭成员能得到什么，谁做晚饭，谁洗衣服，谁在晚餐获得一块甜点，谁有权选择看什么电视节目。简言之，一家之主必须考虑到每个成员的能力、努力和愿望，以在各个成员中配置资源。

与一家之主一样，一个社会也面临着许多决策。一个社会必须决定将要做哪些工作和谁做这些工作。社会需要一些人种粮食，一些人做衣服，还有一些人设计电脑软件。一旦社会分配人们（以及土地、建筑物和机器）去做各种工作，它还应该分配他们生产的物品与劳务量。

在 19 世纪末，日本学者把“economy”译成日文“经济”，在清末时，中国曾译为“计学”“生计学”“富国学”“理财学”等。1912 年 8 月，孙中山在北京的一次演讲中指出，诸多译名“皆不足以赅其义，惟‘经济’二字，似稍近之”。此后，“经济”一词便为我国广泛使用。现在“经济”的含义早已由家庭管理扩展为泛指人类社会中人们的一切谋生活动。

二、经济学的产生

每一门科学的产生都有其客观必然性。例如，天文学产生于游牧民族确定季节的需要，几何学产生于农业中丈量土地的需要。那么经济学产生于什么需要呢？经济学家认为，经济学产生于客观存在的稀缺性（scarcity）及由此所引起的选择（choice）的需要。

1. 稀缺性

人们的谋生活动即物质资料的生产是人类社会赖以生存和发展的基础。人们要生存，就需要衣、食、住、行等物质资料，没有这些物质资料人类不可能生存，社会也就不存在了。物质资料是人类社会存在和发展的基本前提，但人们生产物质资料要受到自然资源、人类自身能力，以及生产工具与社会制度的约束。生产的物质资料的数量总是有限的，远远满足不了人们的多种需要。这说明，相对于人类无穷无尽且多种多样的需求来说，客观的物质资料是有限的、稀缺的。世界物质资料具有稀缺性的事实，就是经济问题产生的根源，也是经济学研究的出发点。

经济学家把满足人类欲望的物品分为自由取用物品（free goods）与经济物品（economic goods）。

1）自由取用物品

自由取用物品指自然界本来就存在的，不需要付出代价，不需要劳动加工就可以自由取用的物品，其价格为零时，供给量仍然超过需求量，我们可以认为它是无限的，如阳光和空气。

2）经济物品

经济物品指需要人类利用自然界存在的各种资源，通过劳动加工才能够得到的物品，如面包和汽车必须支付费用才能得到，当价格为零时，其供给量必然不足。经济物品的不足是由生产它的资源的不足决定的。

自由取用物品是无限的，经济物品是有限的，但有限的经济物品在人类生活中占有十分重要的地位。

经济学家认为，人类的欲望，即人们为了满足生理和心理上的需要而产生的渴求和愿望，是无限的、多样的。当一个较低层次的欲望得到满足，另一个较高层次的欲望就会马上显现出来。正是这种无止境的欲望推动了人类经济社会的进步，但用来满足欲望的物质资料不一定都能适应这种增长。人类的欲望是无限的，但用来满足人类欲望的经济物品是有限的。相对于人类无穷的欲望而言，经济物品或者说生产这些物品所需要的资源总是不足的，这就是稀缺性。

资源的稀缺性，不是指物品或资源的绝对数量的多少，而是指相对于人类欲望的无限性来说，再多的物品与资源也是不足的。从这种意义上看，稀缺性是相对的。

从时间上看，无论是原始社会还是未来更高级的社会，这种稀缺性存在于各个社会和各个历史时期；从地域上看，无论是贫穷的非洲国家，还是富裕的欧美国家，对于人们的欲望来说，资源总是稀缺的。从这种意义上来说，稀缺性存在于一切时代和一切社会，所以稀缺性又是绝对的。稀缺性是人类社会的任何时期与任何地方都存在的事实，是人类面临的永恒问题。

2. 选择

经济学家认为，稀缺性的普遍存在导致选择的必要性，从而经济学的产生就成为必然。

一切经济问题来源于稀缺性。如果能够满足人类欲望的所有物品和劳务数量超过人们所需要的数量，如阳光、空气，可轻而易举得到，那么人们不必做任何努力就能满足欲望。如果某人增加某一物品的消费量，不影响或不会减少他人用来满足其欲望所能得到的物品数量，那么社会就不需要任何组织来管理资源和物品的使用与分配了，经济问题也就不存在了。然而，现实世界却不是这样。第一，产品有限，既定的经济资源只能提供一定数量的产品；第二，时间有限，就是说人的生命是有限的，在一生中不能使一切欲望都得到满足；第三，劳务有限，人们欲望的满足要以他人提供劳务为条件，但他人提供的劳务也是有限的。因此，欲望是无限的，但满足欲望的方式是有限的。那么，怎样使用有限的物品和劳务，在有限的时间内去满足无限欲望中最重要、最迫切的欲望，就成为人类社会经济生活的首要问题和第一课题。人们通常把这个矛盾称为“大炮与黄油的矛盾”。

大炮代表武器，能满足国民安全的需要，黄油代表食物，能满足国民吃饭的需要，两者都是经济物品，需要消耗资源才能生产出来。在社会资源和技术水平一定的情况下，多生产大炮势必导致少生产黄油，多生产黄油则会导致少生产大炮，这类似于我国古代大思想家孟子所说的“鱼与熊掌不可兼得”。

假定一个社会拥有一定量的资源，且技术水平不发生重大变化，如果全部生产大炮，则可以生产 15 万门大炮，如果全部生产黄油，则可以生产 5 万吨黄油，在这两种极端的可能性之间，还存在着大炮与黄油不同数量的组合，见表 1-1。

表 1-1　大炮与黄油的不同组合

可能性	黄油/万吨	大炮/万门
A	0	15
B	1	14
C	2	12
D	3	9
E	4	5
F	5	0

根据表 1-1，我们可以做出图 1-1。

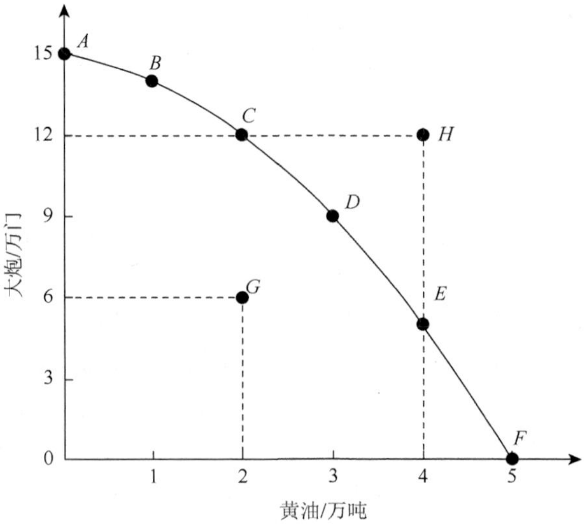

图 1-1　生产可能线

在图 1-1 中，连接 *A*、*B*、*C*、*D*、*E*、*F* 点的 *AF* 线是在资源既定和技术水平不发生重大变化的条件下所能达到的大炮与黄油的最大产量组合线，被称为生产可能线或生产可能性边界。*AF* 线内的任何一点（如 *G* 点，代表了 2 万吨黄油和 6 万门大炮）都是现有资源条件和技术水平下能达到的产量组合，但是存在着资源浪费的现象。*AF* 线外的任何一点（如 *H* 点，代表了 4 万吨黄油和 12 万门大炮）都是现有资源和技术水平条件下无法达到的产量组合。

“大炮与黄油的矛盾”使得我们面临着选择问题，即如何利用有限的资源去生产尽可能多的经济物品，以最大限度地满足自身的各种欲望。图 1-1 明确地告诉我们，鱼与熊掌是不可兼得的，要想多得到鱼，就必须放弃一部分熊掌；同样，要想多得到熊掌也必须放弃一部分鱼，也就是说鱼与熊掌是互为成本的。这里讲的成本和会计上所讲的成本是不同的，经济学称之为机会成本。所谓机会成本，是指当把一定资源用于生产某种经济物品时所放弃的其他用途能产生的最大收益。

举例来说，某一块土地投入同样的成本，可以有三种结果：第一，产出 200 公斤棉花，价值 1000 元；第二，产出 800 公斤小麦，价值 800 元；第三，产出 500 公斤蔬菜，价值 900 元。如果该土地的所有者用来种植棉花，那么他就放弃了生产小麦和蔬菜的机会，这时他的机会成本是 900 元；同理，他如果选择种植小麦或者蔬菜，则他的机会成本都是 1000 元。可见，机会成本能够帮助我们解决经济学中的选择问题。

在人类社会活动中，人们时时处处在选择、决策、行动。经济学中所研究的选择的含义是最大限度地满足人们的欲望或需要，怎样利用现有的资源去生产经济物品。

可以看到，稀缺性的存在与选择的必要结合，使经济学的产生成为客观必然。

在社会经济活动中，每个人或每个单位都为了达到既定的经济目标，去进行最优选择。于是，人们之间或单位之间对稀缺资源的占有和利用必然会出现激烈竞争和利益冲突，人们的经济行为应受到制度规则的约束和控制，调节社会各阶层、各经济主体之间利益冲突的经济制度就自然而然产生了。从选择实际来看，经济学是一门研究怎样协调个人或团体选择制度和体系的科学。

三、经济学的定义

从经济学的产生来看，其含义是广泛而丰富的。到底什么是经济学？不同时代和不同国家的不同经济学家有各种各样的定义与观点。

有的人从经济学研究和考察人们经济活动的角度出发，认为经济学是研究人类社会生活中经济问题的一门学科；有的人从面对稀缺性现实必须做出选择的角度出发，认为经济学是研究经济主体怎样进行选择的一门学科；有的人从经济主体以既定目的去参与经济活动的角度出发，认为经济学是研究经济主体在经济活动中的经济行为的一门学科；有的人从有限经济资源配置的角度出发，认为经济学是研究经济资源的有效配置的一门学科；有的人从社会经济福利的角度出发，认为经济学是研究在既定资源条件下怎样增加社会经济福利的一门学科。

20 世纪 30 年代起，被经济界广为接受的经济学的定义是英国经济学家 L.罗宾斯提出的。1932 年罗宾斯出版了《经济科学的性质和意义》一书，把经济学定义为研究稀缺资源在各种可供选择的用途中间进行分配的科学。他认为“经济学是一门科学，它研究人类行为作为目的与可以有其他用途的稀缺资源之间的关系”“经济学是研究用具有各种用途的稀缺资源来满足人们目的的人类行为科学”。实际上，罗宾斯更明确了目的与手段的观点，强调经济资源的稀缺性和人们面临选择的问题。

美国在 20 世纪 60 年代末出版的《国际社会科学百科全书》中给经济学下的定义是：“按广泛接受的定义，经济学是研究稀缺资源在无限而又有竞争性的用途中间配置的问题。它是一门研究人与社会寻求满足他们的物质需求与欲望的方法的社会科学，这是因为他们所支配的东西不允许他们去满足一切愿望。”

美国经济学家、1970 年诺贝尔经济学奖获得者萨缪尔森的《经济学》，是一本长期流行于西方的经济学教科书，1948 年第 1 次出版以后，多次再版，1985 年第 12 版做了重大修改。该书对经济学下的定义是："经济学是研究人和社会如何进行选择，来使用可以有其他用途的稀缺资源以便生产各种商品，并在现在和将来把商品分配给社会的各个成员或集团以供消费之用。"

中国学者高鸿业教授将西方经济学概括为五方面内容：第一，企事业管理的经验和方法；第二，对某一经济领域或专题的研究；第三，对经济问题的历史性研究；第四，研究经济问题的方法；第五，偏向于纯理论方面的研究。

从上述介绍，我们可以认为经济学的定义是：为了最大限度地满足人们的需求（目的），研究如何有效配置和利用经济资源（手段）的一门社会科学。

四、生活中的经济学

案例 1.1

为什么学习经济学：像经济学家那样思考

在日常生活中，其实每个人都在自觉或不自觉地运用着经济学知识。例如，在自由市场里买东西，我们喜欢与小商小贩讨价还价；到银行存钱，我们要想好是存定期还是活期。经济学对日常生活到底有多大作用？这里有一则小故事。故事说有一次，一个牧师、一个心理学家和一个经济学家去打高尔夫球，可是他们前面有两个人行动很缓慢，让他们等了好长时间。他们就找到管理人员，问可不可以让他们先打，因为前面的人太慢了。管理人员告诉他们，前面的两个人是盲人。于是，牧师和心理学家都对自己刚才的抱怨行为感到抱歉，并深深忏悔，但是经济学家对管理人员说："以后让他们晚上来打球吧。"因为对盲人来讲，晚上打球和白天打球一个样。这样盲人晚上打，其余人白天打，互不干扰，各自不因对方打球而降低自己的福利水平。这就是经济学讲述的所谓"帕累托最优"。但在包括经济学初学者在内的大多数人看来，经济学既枯燥又乏味，充满了统计数字和专业术语，远没有这则故事生动有趣；而且经济学总是与货币有割舍不断的联系，因此，人们普遍认为，经济学的主题内容是货币。其实，这是一种误解。经济学真正的主题内容是理性，其隐而不彰的深刻内涵就是人们理性地采取行动的事实。经济学关于理性的假设是针对个人而不是团体。经济学是理解人们行为的方法，它源自这样的假设：每个人不仅有自己的目标，而且还会主动选择正确的方式来实现这些目标。这样的假设虽然未必总是正确，但很实用。在这样的假设下发展出来的经济学，不但有实用价值，能够指导我们的日常生活，而且这样的学问本身也由于充满了理性而足以娱人心智，令人乐而忘返。尽管我们在日常生活中时常有意无意地运用一些经济学知识，但如果对经济学知识缺乏基本的了解，就容易在处理日常事务时理性不足，给自己的生活平添许多不必要的烦恼。例如，刚刚买回车子，没过两天，这款车子却降价了，大部分人遇到这种情况的时候都会垂头丧气，心里郁闷得很；倘若前不久刚刚买了房子，该小区的房价最近却上涨了，兴高采烈一般是购房者的正常反应。这些反应虽然是人之常情，但跌价带来的郁闷感觉是错误的。

经济学认为，正确的反应应该是：无论是跌价，还是涨价，都应该感觉更好。经济学认为，对消费者而言，最重要的是你消费的是什么——房价、车价及其他商品的价格是多少？在价格变动以前，你所选择的商品组合（房子、车子加上用收入余款购买的其他商品）对你来说就是最好的东西。如果价格没有改变，你会继续选择这样的消费组合。在价格变化以后，你仍然可以选择消费同样的商品，因为房子、车子已经属于你了，所以你不可能因为价格变化而感觉更糟糕。但是，由于房子、车子与其他商品的最佳组合取决于房价、车价，所以过去的商品组合仍然为最佳是不可能的。这就意味着现在还有一些更加吸引人的选择，因此你的感觉应该更好。新的选择虽然存在，但你更钟情于原来的最佳选择（原来的商品组合）。

在日常生活中，我们还常常烦恼于为什么别人挣得钱比自己多，总是觉得自己得到的比应得的少，而经济学告诉我们这样的感觉是庸人自扰，也是错误的。经济学认为别人比自己挣得多是正常的，自己得到的就是应得的，如果自己不能理性地坦然面对，只会给自己的生活带来不必要的烦恼和忧愁。

我们之所以会在日常生活中遇到这样那样的烦恼，主要还是因为对经济学有一些误解，这可能是经济学说起来比较简单的缘故。"供给与需求""价格""效率""竞争"等都是大家耳熟能详的经济学词汇，而且这些词汇的意思也是显而易见的，因此，很多时候似乎人人都是经济学家。人们不敢随便在一个物理学家或数学家面前班门弄斧，但在一个经济学家面前，谁都可以就车价跌了该高兴还是该郁闷等实际问题随意发表自己的见解。其实，经济学中有许多并非显而易见的内容，并不是每个人想象得那么简单。在经济学领域，要想从"我听说过"进入到"我懂得"的境界并不是一件轻而易举的事情。

因此，掌握正确的经济学知识，将经济学思考问题的方法运用到日常生活中来，可以帮助我们更加理性地面对生活中的各种琐事，小到油盐酱醋，大到谈婚论嫁，会减少生活中的诸多郁闷和不快，多一些开心，多一些欢笑。

经济学的理论告诉我们：资源是稀缺的，时间是有限的，选择是有代价的。我们要学会放弃一些眼前的利益，而选择机会，选择未来，坚持学习，不断地给自己充电，适应新的变化。如果你能多懂得一点经济学，就会多一点机遇，少一点风险。

——根据网络资料《〈西方经济学（微观部分）〉案例分析》整理而得，https://wenku.baidu.com/view/fa2be3dd28ea81c758f578b2.html，2021 年 8 月 10 日

第二节　经济学的组成

一、经济学研究的主要问题

1. 生产什么、生产多少、怎样生产、为谁生产

面对资源的稀缺性，人类社会必须对如何利用既定资源去生产经济物品做出选择，具体而言，有以下三个方面。

第一，生产什么和生产多少。社会究竟应该运用有限的资源生产什么产品？不生产

什么产品？每一种产品生产多少？经济学家用了一句非常形象的话来描述这个问题："是生产面包还是生产大炮"，面包是食品，大炮是武器，都是国家必需的，这是一个国家经常面临的选择。

第二，怎样生产。如何对各种生产要素进行组合，是多用资本、少用劳动，还是多用劳动、少用资本？不同的生产方式可以获得相同的产量，但其成本和效率不相同。

第三，为谁生产。生产出来后，产品和劳务应该如何分配？哪些人将得到这些产品和劳务？各得多少？经济学要研究决定收入分配的各种因素，以及政府在收入分配方面发挥的作用。

以上这些是经济学首先遇到的问题，存在于一切经济制度之中。经济学就是为解决这些问题而产生的。

2. 如何配置资源、货币购买力如何变动、怎样实现经济增长

以上问题得到有效解决后，现实生活中又会出现许多严峻的经济问题，如经济危机、通货膨胀等。于是，对以下三个问题的研究将大大推动经济学的发展。

第一，一国的资源是否得到了充分利用？是否存在着闲置和浪费？如何充分利用资源，使生产达到最大化？

第二，货币的购买力是否发生了变动？为什么会产生这种变动？有怎样的影响？如何控制通货膨胀？

第三，经济为什么会发生波动？如何才能实现持续稳定的经济增长？

二、经济学的主要内容

根据研究对象所包括的范围大小不同，西方经济学从总体上可分为微观经济学（microeconomics）和宏观经济学（macroeconomics）两大部分，前者研究资源配置问题，后者研究资源利用问题，两者既互相区别又互相联系。

1. 微观经济学

1）微观经济学的含义

"微观"（micro）有"小"的意思，微观经济学就是"小经济学"，它以单个经济单位及单个市场的经济行为为研究考察对象，利用个量分析方法研究微观经济中各有关经济变量的决定及其变化，试图说明价格机制如何解决社会的资源配置问题。

在理解微观经济学定义时，要注意以下几点。

第一，研究对象是单个经济单位及单个市场的经济行为。单个经济单位指组成经济的最基本单位：居民户（households）和厂商（firms）。居民户也称家庭，是经济中的消费者；厂商也称企业，是经济中的生产者。因此，微观经济学又称为个量经济分析或个体经济分析。

第二，达到的目标是最大化的。单个经济单位的行为目标是实现最大化。居民户和厂商经济行为的目标均假设为实现最大化，即作为消费者的家庭如何以既定收入获得最大效

用或满足；作为生产者的厂商如何把有限的资源用于各种商品的生产，以实现最大化利润。最大化目标是各经济单位在一定约束条件下实现的。

第三，解决的是资源配置问题。资源配置包括前面所说的西方经济学研究的基本问题：生产什么、生产多少、如何生产、为谁生产。解决资源配置问题是要使资源配置达到最优，使这种资源配置能给社会带来最大的经济福利。微观经济学通过分析研究单个经济单位的最大化行为，解决社会资源的最优配置问题。因为如果每个经济单位都实现了资源配置最大化，那么整个社会的资源配置也就实现了最大化。

第四，核心理论是价格理论。在市场经济中，引导和支配居民户与厂商行为的是价格。生产什么、生产多少、如何生产、为谁生产都由价格决定。价格像“一只看不见的手”，调节着整个社会的经济活动。微观经济学就是要说明价格如何使资源配置达到最优化，因此，价格理论是微观经济学的核心，其他内容都是围绕这一核心问题展开的。正因为这样，微观经济学也被称为价格理论。

第五，研究方法是个量分析法。微观经济研究中的个量分析法着眼于个体，侧重于数量分析，研究经济变量的单项数值如何决定。例如，某种商品的价格值，就是价格这种经济变量的单项数值。微观经济学假定总体（经济制度、经济总量等）是既定的、已知的和不变的，分析个量的决定、变动及其相互间的关系。

2）微观经济学的基本假设

微观经济学在进行经济分析时，有三个基本假设：理性人的假设、完全信息假设和市场出清假设。

第一，理性人的假设。这一假设是指参与经济活动的居民户和厂商都有各自的动机，而且都是为了追求自己的私利，是以利己为目的的理性经济人，他们自觉地按照利益最大化的原则行事，企图以最小的代价换取最大的利益，既能把最大化作为目标，又知道如何实现最大化。实际上这是亚当・斯密（Adam Smith）的“经济人”理论，亚当・斯密认为，经济人在追求自己私利的同时会增进社会利益。现代西方经济学中的理性人包括参加经济活动的所有人，作为理性经济人，其行为动力是自己的利益，行为目标是最优化或最大化的。

第二，完全信息假设。这一假设是指每一个参与经济活动的居民户和厂商可以免费且迅速地获取各种经济信息。因此，经济中不存在任何不确定性，经济人根据完全信息能及时对价格信号做出反应，以实现其行为的最优化。

第三，市场出清假设。这一假设是指在价格可以自由调节市场的情况下，一定会达到充分就业的供求均衡状态，即没有过剩也没有不足，实现市场出清。具体来说，物品价格的调节使商品市场均衡，利率（资本价格）的调节使金融市场均衡，工资（劳动价格）的调节使劳动力市场均衡。在这种均衡的状态下资源可以得到充分利用，不存在资源闲置或浪费问题。因此，微观经济学就是在假设资源充分利用的情况下来研究资源配置问题的。

当然，在现实经济生活中，上述三个假设条件未必完全符合事实，它们是为了简化理论分析和为了方便而设立的。从这三个假设出发，微观经济学可以得出许多重要的结论，并据此提供行动方案或预测、决策的理论基础。

3）微观经济学的主要内容

微观经济学包括以下主要内容。

（1）均衡价格论，即价格理论，主要是马歇尔的均衡价值论。考察需求和供给如何相互作用决定价格，价格又怎样调节需求和供给，调节消费者和生产者的行为，调节整个经济的运行。这是核心内容，微观经济分析就是围绕它展开的。

（2）消费者行为理论，即效用理论。研究消费者怎样把既定收入分配于各种商品和劳务的消费上，以实现最大化的满足或效用。

（3）生产者行为理论。考察生产者怎样把有限的资源用于各种商品的生产上，以达到利润最大化，包括生产理论、成本理论、收益理论和市场结构与厂商理论。

（4）分配理论，即生产要素价格决定的理论。研究产品按照什么原则分配给社会的各个成员，工资、利息、地租和利润是如何决定的。

（5）一般均衡理论和福利经济学。考察全社会的所有市场如何实现均衡，经济资源怎样实现最优配置，社会经济福利怎样实现最大化。

（6）微观经济政策。在考察了市场作用、市场失灵和政府职能以后，分析微观经济政策目标——平等与效率的关系，介绍反垄断政策、公共物品和公共选择、外部影响和环保政策、收入分配均等化政策。

2. 宏观经济学

1）宏观经济学的含义

宏观经济学一词是由挪威经济学家、第一届诺贝尔经济学奖（1969 年颁布）获得者弗里希（R. Frisch，1895～1973 年）在 1933 年提出来的。

“宏观”（macro）有“大”的意思，宏观经济学就是“大经济学”，它以整个国民经济活动为研究对象，利用总量分析法研究国民经济中各个有关总量的决定及其变化，以此来说明资源怎样才能得到充分利用。

在理解宏观经济学的定义时，应注意以下几点。

第一，研究对象是整个国民经济活动。这就是说，宏观经济学不研究经济中的各个单位，而是研究由各个单位所构成的整体；不研究树木，而是研究由这些树木所构成的森林。例如，宏观经济学考察国民生产总值和国民收入指标而不是个别厂商的效益，分析社会一般物价水平而不是个别商品的价格，研究整体就业问题而不是个别厂商中的就业情况，等等。也就是说，要对有关经济总量进行分析，对整个经济的运行方式与规律进行分析，从整体上研究经济问题。

第二，解决的是资源利用问题。宏观经济学是在经济资源既定的情况下，研究与探讨现有资源为什么没能得到充分利用，如何才能达到充分利用，达到充分利用的途径，以及如何实现经济稳定增长等问题。因此，可以说宏观经济学是研究资源利用的经济学。

第三，核心理论是国民收入决定理论。宏观经济学把国民收入作为最基本的总量，以国民收入决定为中心来研究资源利用问题，来分析整个国民经济的运行。国民收入决定理论被称为宏观经济学的核心。宏观经济学的其他理论都是围绕这一核心展开的。因此，宏观经济学又被称为国民收入决定理论或国民收入分析。

第四，研究方法是总量分析法。经济总量是指能反映整个经济运行情况的经济变量，如总需求、总供给、总的就业水平、总的物价水平等。这种总量有两类：一是个量的总和或加总。例如，国民收入是构成整个经济各单位收入的总和；总投资是指全社会私人投资和政府投资的总和；总消费是指参与经济活动的各单位消费的总和。二是平均量或比例量。例如，价格水平是各种商品与劳务的平均价格水平并以某时期的基期计算的百分比；利息率是利息与借贷资本的百分比。总量分析就是考察社会经济活动中总量的决定、变动及其相互关系，进而说明整个经济的状态和全貌。因此，宏观经济学也称为总体经济学。

2）宏观经济学的基本假设

宏观经济学产生于20世纪30年代，由英国经济学家凯恩斯（J. Keynes）出版的名著——《就业、利息和货币通论》（1936年）奠定基础，它有如下两个基本假设。

第一，市场机制是不完善的。20世纪30年代出现的空前严重的经济大危机，使经济学家认识到，如果只靠市场机制的自动调节，经济就无法克服危机和保持充分就业，就会在资源稀缺的同时，又产生资源的浪费。如果要使资源得到合理配置并充分利用，仅仅依靠市场机制是不行的。

第二，政府有能力调节经济。政府可以通过观察和研究认识经济运行的规律，并采取适当的手段干预调节经济，以克服经济萧条和通货膨胀，实现充分就业。宏观经济学正是建立在信任政府有能力调节经济的基础之上。宏观经济学研究的前提就是政府应该调节经济，政府可以调节经济。

3）宏观经济学的主要内容

宏观经济学包括以下主要内容。

（1）国民收入决定理论。宏观经济衡量涉及国民收入核算理论。国民收入是反映一个国家经济资源利用状况和整个国民经济状态的基本指标和尺度。国民收入决定理论是从总需求和总供给出发，考察与分析国民收入决定及其变化的规律，是宏观经济学的核心。

（2）失业和通货膨胀理论。当今世界，各国都受到失业和通货膨胀的困扰与折磨，这是经济领域一个最迫切、最主要的问题。宏观经济学把失业和国民收入联系起来，提出了奥肯定律；把失业和通货膨胀联系起来，提出了菲利普斯曲线，分析失业和通货膨胀发生和并存的原因，提出对策以便寻求摆脱困境的途径。

（3）经济周期和经济增长理论。经济周期是考察和研究国民收入的短期波动，经济增长是分析国民收入长期增长的条件和趋势。此理论研究国民收入短期波动的原因、长期增长的源泉等问题，以促进经济长期稳定的发展。

（4）宏观经济政策。宏观经济学为国家干预与调节经济生活提供支持，为经济政策的选择和制定提供理论基础。宏观经济政策则是为干预和调节经济提出具体措施，包括经济政策目标、政策手段及怎样配合运用各种经济政策来达到政策目标。

3. 微观经济学与宏观经济学

微观经济学与宏观经济学是西方经济学的两大组成部分，从以上的讨论中可以看出，它们在研究对象、解决的问题、核心理论和分析方法上都不相同，但它们又是相互补充的，彼此之间有着密切的联系。

1）两者的密切关系

（1）微观经济学与宏观经济学是相互补充的。经济学研究的目的是实现社会经济福利最大化，要求做到：实现经济资源的最优配置和现有经济资源的充分利用。微观经济学在假定资源已经实现充分利用的前提下，考察怎样达到最优配置的问题；宏观经济学在假定资源已经实现最优配置的前提下，考察怎样达到充分利用的问题。两者都从不同角度研究社会经济问题，所以两者之间不是互相排斥的，而是互相补充的，只有把两者紧密联系和结合起来，才能构成经济学理论的完整体系。

（2）微观经济学与宏观经济学都有一个共同假定的制度前提，这也是整个西方经济学的一个假定前提，即经济制度是既定的，不探讨和考察制度变化的原因和后果，而是在经济制度不变的条件下，致力于分析经济活动中的数量关系与变化。

（3）微观经济学与宏观经济学所使用的分析方法除个量分析与总量分析外，大多数是相同的。例如，实证分析与规范分析，均衡分析与过程分析，静态分析、比较静态分析和动态分析，边际分析，等等。广泛运用经济模型、数量经济分析等。

（4）微观经济学是宏观经济学的基础。首先，总量是由个量加总而成的，宏观经济分析总是以一定的微观经济为基础，不理解单个经济单位的经济行为，就不可能对全社会的整体经济行为做出恰当的分析。例如，失业和通货膨胀理论作为宏观经济学的重要组成部分，总要涉及劳动的供求和工资的决定理论、商品价格决定理论，而充分就业的宏观经济模型，正是建立在以完全竞争为假定前提的价格理论和工资理论基础之上的。又如，对整个社会投资和消费的分析是以生产者行为和消费者行为为基础的。其次，个量又不能离开总量而存在，所以微观经济理论又必须以宏观经济理论为其存在的条件和前提，宏观经济学与微观经济学实际上是整体和构成整体的个体之间的关系。例如，对一片森林，宏观经济学研究森林的总体特征，而微观经济学研究森林的单个树木的特征。因此，“宏观”与“微观”只是研究的范围、视野的宽与窄的区别，而不存在立场、观点的差别，它们的研究目的是相同的，都是通过对人们的经济活动提供正确的指导来实现资源优化配置，从而实现全社会经济福利的最大化。

（5）宏观经济活动不能简单归结为微观经济活动之和。表面上看，宏观经济活动是由微观经济活动综合而成的，但不能对经济规律做出这样简单的综合。许多结论在微观分析中看是正确的，但放到宏观分析中可能得出相反的结论。经济学家把这种现象称为“复合的错误”。例如，个别厂商降低工人的工资，那么其生产成本会因此而下降，从而导致厂商利润的增加；可是从宏观分析来看，假如所有的厂商都降低工人的工资，那么整个社会购买力会因工人收入的减少而下降，造成社会产品过剩，结果导致厂商利润下降。再如，从个人角度来看，储蓄是一种美德，但从宏观来看，如果整个经济处于萧条时期，主张节俭只能加速萧条，使失业率继续上升。

2）微观经济学与宏观经济学的比较

表 1-2 对微观经济学和宏观经济学的各个方面作了简要比较。微观经济学侧重于对微观经济主体行为的分析，宏观经济学侧重于对政府行为的分析。

表 1-2　微观经济学与宏观经济学的比较

划分项目	微观经济学	宏观经济学
名称	小经济学、个体经济学、价格理论	大经济学、总体经济学、收入理论
理论来源	马歇尔的新古典经济学	凯恩斯及凯恩斯学派经济学
基础理论	均衡价值论	有效需求原理
基本假设	资源稀缺，充分就业	需求不足，存在失业
研究对象	个体经济行为与活动 形象比作研究树木	整体经济行为与活动 形象比作研究森林
研究方法	个量分析、价格分析 形象比作 worm's eyes-view “虫瞰”	总量分析、收入分析 形象比作 bird's eyes-view “鸟瞰”
经济主体	理性经济人、居民户、厂商	社会整体、政府代表公众
主体动机	自己私利与社会经济福利最大化	经济稳定增长，福利增长
政策目标	平等、效率、个人自由	充分就业、经济持续均衡增长、物价相对稳定、国际收支平衡
政策手段	反垄断政策、公共物品和公共选择、外部影响和环保政策、收入分配均等化政策，针对市场失灵	财政、金融、收入、人力、直接与间接管制，出现政府失灵
制度环境与调节	私有制、市场经济、看不见的手为主，与看得见的手结合调整	私有制与国有化、混合经济、市场经济是基础，看得见的手与看不见的手结合

尽管将经济学划分为微观经济学和宏观经济学已成定局，但是由于不同的经济学家有不同的理解，至今仍有些经济学者对这种划分持不赞成或反对的态度。美国新制度经济学派代表加尔布雷斯公开反对，认为把经济学分为微观经济学和宏观经济学“是一种不幸”。新剑桥学派代表、英国经济学家琼·罗宾逊也反对这种划分，认为微观问题——关于各种商品的相对价格及个人、厂商和家庭的经济活动——如果不联系它们赖以存在的结构及周期变动和长期变动过程，就无法考察，只是凭空讨论。同样关于积累和有效需求的宏观理论，则是微观的概括。没有微观理论，就没有宏观理论。特别是第二次世界大战后，一部分经济学家致力于所谓“宏观”与“微观”的衔接问题和综合问题的研究，试图建立一个新的“宏”“微”一体的经济理论体系。这表明，微观经济学与宏观经济学出现逐渐融合的趋势。

三、生活中的经济学

案例 1.2

理性行为是不是意味着自私自利？

根据理性人假设，单个经济单位都是利己的经济人，首先要考虑自己的经济利益，在做出一项经济决策的时候，对各种方案进行比较，选择一个花费最少，获利最多的方案。

这样的人就是经济人，其行为符合始终如一的偏好原则，以一定的投入和付出追求自身收益的最大化。那么理性行为是不是意味着自私自利？

答案当然不是，因为如果人们不把自私自利作为自己追求的目标，而把助人为乐看作是自己行动的准则的话，那么自私自利就不会成为他们的理性行为。理性行为无须完全自私自利。这就不难解释为什么社会上有那么多不计回报、甘愿奉献的人，在危难时刻主动伸出援手的人，捐赠大笔钱款物资、自己却省吃俭用的人。他们都是理性人，他们认为帮助别人、奉献自己才会获得最大的快乐，这种“利己”就是我们日常所说的“予人玫瑰，手有余香”。

案例 1.3

观一叶可否知秋？

传统经济学被分为微观和宏观两个领域。微观经济学研究家庭和企业如何做出决策，以及他们在某个市场上的相互交易；宏观经济学研究整体经济现象。一个微观经济学家可以研究租金控制对住房的影响，外国竞争对本国汽车行业的影响，或者接受义务教育对工人收入的影响；一个宏观经济学家可以研究政府借债的影响，经济中失业率随时间推移的变动，不同政策对提高生活水平的影响。

但有时微观行为与宏观结果可能是背离的。对此，萨缪尔森曾在他经典的教科书中打过一个精辟的比方。他说，好比在一个电影院看电影，有人被前面的人挡住了视线，如果他站起来的话，他看电影的效果将会改善。因此，站起来对微观而言是合理的。但是，如果大家都站起来的话，那么大家看电影的效果都不能得到真正的改善，站着和坐着的效果是一样的，不过是徒然增加了一份“折腾”的成本而已。这个例子足以说明，在微观上合理的事情在宏观上未必合理，在个体上是理性的事情在总量上未必理性。

在日常生活中我们留心观察，就会经常发现个体最优、集体失败的例子。例如，开车行驶在公路上，前面有堵车现象，有的司机看旁边还有一条路，就闯了进去，结果这条路也被堵上，最后堵得严严实实，连清路的交警车也挤不进来。这就是个人最优，结果让集体彻底失败的典型例子。

因此，我们无法从微观现象简单推导出宏观结论。在宏观经济学方面，所谓“观一叶而知秋”的说法是靠不住的。

尽管微观经济学与宏观经济学之间存在固有的关系，但这两个领域仍然是不同的。由于微观经济学和宏观经济学探讨不同的问题，所以它们有时采用的方法也是不同的，并通常分设为微观经济学和宏观经济学两门课程。

——根据网络资料《〈西方经济学（微观部分）〉案例分析》整理而得，https://wenku.baidu.com/view/fa2be3dd28ea81c758f578b2.html，2021 年 8 月 10 日

第三节 经济学的分析方法

研究方法或方法论是每一门学科的重要组成部分，同时又是推动各学科发展与演变的逻辑动力。方法是人们认识世界、改造世界所采用的方式和手段。经济学的研究方法具有自己的特点，考察社会经济现象和具有理智与情感的人们的经济活动，不能依靠实验室和科学仪器，要依靠与运用理论的抽象，在千千万万的活动中概括经济事物之间的关系和规律性。下面对西方经济学的方法论做简要介绍。

一、实证分析与规范分析

经济学的研究方法包括实证方法与规范方法两种，这两种方法有不同的特点。因此，根据研究方法的不同，经济学一般可分为实证经济学（positive economics）与规范经济学（normative economics）两大类。用实证方法来分析经济问题称为实证经济学，用规范方法来分析经济问题称为规范经济学。实证经济学使用的是类似自然科学研究的分析方法，而规范经济学重视价值判断（value judgment）。微观经济学与宏观经济学都是用实证方法进行研究，因此都属于实证经济学。但宏观经济学受规范经济学的影响较多，如经济增长问题。实证经济学要研究经济增长的标准是什么，决定经济增长的因素是什么，其结论要通过经济事实来检验。而规范经济学研究经济增长的标准应该是什么，经济增长对社会有益还是无益。不同的经济学家有不同的价值判断，因此会得出不同甚至截然相反的结论，且难以判断谁是谁非。

1. 实证分析与实证经济学

实证经济分析就是描述与考察经济现象“是什么”，探讨有关经济变量之间的关系，回答的问题是，如果做出了某个决策或选择，将会出现什么样的后果与情况。运用实证方法研究经济问题，就是要提出对经济现象给予解释的理论，然后用事实来验证理论，并依据理论对未来做出预测。

实证经济学企图超脱或排斥一切价值判断，只研究经济本身的内在规律，并根据这些规律来分析和预测人们经济行为的效果。它把经济变量之间的关系看成函数关系或相关关系，通过分析这些关系得到经济理论，并用事实来检验理论，再根据理论来分析和预测人们经济行为的效果。

实证经济学具有两个明显的特点：第一，它只回答“是什么”（what is）的问题，希望得到“如果有 A，则必然有 B”这样的结论；第二，它所研究的内容具有客观性，它的结论正确与否可以通过经济事实进行检验。因此，在运用实证方法研究经济问题时，既要提出用于解释经济现象的理论，又要用事实来检验理论是否正确。

实证经济学抛开和排斥一切价值判断问题，追求科学化和实证化，就是要使经济学变为一门像物理学、化学一样精确的真正的科学。但是，由于经济学研究的经济事物，是人和社会的经济行为，不可能像自然科学如物理学、化学和生物学那样进行人为控制下的实验，只能像天文学那样，依靠对客观事物的“观察”。而观察到的经济现象和统计资料又不能像天体运行轨道那样精确完善，因此经济学理论所表示的因果关系，只是经济活动变化的趋势或方向，不是精确的科学，因此有人称经济学是“半固态”科学。现在，实证方法在经济学中的运用已极为普遍，实证经济学越来越成为经济学的主流。

2. 规范分析与规范经济学

与实证经济学不同，规范经济学以一定的价值判断为基础，提出相应的行为标准，研究经济理论和经济政策如何才能符合这种标准。规范经济学的“价值判断”不是经济意义上的商品价值，而是指经济事物的社会价值，它不仅涉及一个具体经济问题的是与非，还会牵涉到整个社会经济制度。因此，规范经济学也有两个明显的特点：第一，它要回答的是“应该是什么”（what ought to be）或“应该怎样”的问题；第二，它所研究的内容没有客观性，所得出的结论无法通过经济事实进行检验。因此，运用规范方法研究经济问题具有强烈的主观色彩，价值判断通常与分析主体的社会背景、经济利益等因素有关。处于不同阶层地位、具有不同价值判断标准的人，对同样的事实会有截然不同的看法。所以，当规范经济学的结论影响到某项决策时，往往要用政治的或立法的手段来解决。

3. 实证经济学与规范经济学的关系

1）实证经济学与规范经济学的区别

（1）实证经济学为了使经济学具有客观性，尽量避开价值判断，而规范经济学坚持从一定的价值判断出发来研究问题。实证经济学研究经济运行规律，不涉及对结论的价值判断和评价问题；而规范经济学主要对经济运行进行评价。在经济学界，有人把实证经济学比作天文学，把规范经济学比作占星学。因为天文学是研究天体运行规律的，不涉及对这件事的评价问题；占星学是根据星相估计吉凶祸福的，涉及对这件事的评价问题。

（2）实证经济学与规范经济学所要解决的问题不同。实证经济学解决“是什么”的问题，即确认事实本身、研究经济本身的客观规律性和内在逻辑，分析经济变量之间的关系，并以此进行分析和预测；规范经济学要解决的则是“应该是什么”的问题，即要说明事物本身是好还是坏，是否符合某种价值判断，或对社会具有什么意义。

（3）实证经济学与规范经济学在内容上存在差别。实证经济学的内容具有客观性，它所得出的结论可以根据事实来进行检验，也不会以人们的意志为转移。规范经济学本身内容没有客观性，它所得出的结论要受到不同价值观的影响。不同阶层地位的人会有不同的价值判断标准，可能会对同一事物的好坏做出截然相反的评价，孰是孰非并无绝对的标准，因而也无法进行检验。

2）实证经济学与规范经济学的联系

尽管实证经济学与规范经济学存在着上述三方面的差异，但它们并不绝对相互排斥。

规范经济学要以实证经济学为基础，每一个人或经济学家首先必须了解和掌握经济事物的本身，即用实证经济分析方法研究经济事物活动的特点和规律，而后才有可能对该经济事物进行规范分析。

实证经济学又离不开规范经济学在某种程度上的指导。规范经济学是实证经济学的前提，因为任何一个人或经济学家总是在一定社会环境中生活，有着个人利益关系与对世界的不同认识。在进行实证经济学研究中不可能是纯客观而不掺杂主观因素的，对经济事物研究什么、不研究什么的选题方面，以及对经济统计资料使用什么、不使用什么，这样处理还是那样归纳的运用方面，都离不开人的主观态度与偏好。

实际上，不论实证经济学还是规范经济学，都和经济目标相关。经济目标系统是分层次的，目标层次性越低，与经济运行的联系越密切，其研究的实证性越强；目标层次性越高，越需要对经济运行进行评价，其研究越具有规范性（一般来讲，越是具体的问题，其实证的成分越多，而越是高层次、带有决策性的问题，越具有规范性的要求）。实证经济学与规范经济学是经济目标在不同层次上的研究，角度不一、功效各异、相互联系、相互补充，构成一个不可分割的整体研究。例如，对 10%的年经济增长率目标，实证经济学就要研究需要多高的储蓄率和加速系数才能达到这个目标，最后可以通过实践检验这样的观点是否正确；规范经济学研究 10%的增长目标要假定本身是否正确，能不能成为经济目标，实现这个目标会对社会造成怎样的后果等。所以，在经济学的研究中，不仅要对经济运行过程进行研究，还要对经济过程做出判断，这样才能说明经济运行过程的全貌，把二者统一于研究之中。近年来，经济学发展中出现了加强规范经济分析或规范经济研究的倾向。

二、个量分析与总量分析

微观经济学和宏观经济学在研究问题上以资源配置和资源利用相区别，在方法上则以个量分析和总量分析相区别。个量分析称为微观经济分析方法，总量分析称为宏观经济分析方法。

微观经济学采用个量分析方法，宏观经济学采用总量分析方法，都是由它们的研究对象的特点决定的。如前所述，微观经济学以单个经济单位及单个市场的经济活动为研究对象，它就必须分析单个厂商如何在生产经营中获得最大利润，单个居民户如何在消费中得到最大满足。与此相应，在数量分析上，它还必须研究单个商品的效用、供求量、价格等如何决定，单个企业各种生产要素的投入量、产出量、成本、收益和利润等如何决定，以及这些个量之间的相互关系；宏观经济学以整个国民经济活动为研究对象，它必须描绘社会经济活动的总图景，分析影响就业与经济增长的总量因素及其相互关系。在数量分析上，它必须研究社会总供求、均衡的国民收入、总就业量、物价水平、经济增长率等如何决定，总消费、总储蓄、总投资、货币供求量、利息率、汇率等如何决定，以及它们的相互依存关系。

宏观经济学在进行总量分析时，还把相关的经济变量区分为存量和流量。存量是一定时点上存在的变量的数值；流量是一定时期内发生变动的变量的数值。存量与流量之间有着密切的关系：流量来自存量，流量又归于存量之中。例如，人口总数是个存量，它表示某一时点的人口数，而人口出生数是个流量，它表示某一个时期内新出生的人口数；国民财富是个存量，它表示某一个时点国民财富总值，而国民收入是个流量，它表示某一个时期内新创造的国民收入。一定的人口出生数来自一定的人口总数，而新出生的人口数又计入人口总数中；一定的国民收入来自一定的国民财富，而新创造的国民收入又计入国民财富之中。存量分析是指对一定时点上已有的经济总量的数值及其对其他有关经济变量的影响进行分析；流量分析是指对一定时期内有关经济总量的产出、投入（或收入、支出）的变动及其对其他经济总量的影响进行分析。

三、均衡分析与过程分析

1. 均衡与均衡状态

均衡与均衡状态原来是力学的概念，是指一个物体由于同时受到方向相反的两种外力作用，两种外力大小相等，物体因受力的均衡而处于静止不动的状态。

英国经济学家把它引入经济学。经济学中的均衡是指经济体系中各种相互对立或相互联系的力量在变动中处于相对平衡而不再变化的状态，或指经济体系内各有关变量的变动都恰好相互抵消，没有引起经济变量发生变动的压力和力量时的状态。例如，在供求理论中，商品价格的升降会引起商品供给和需求的变化，而商品供给和需求的变化又会影响价格的变动。当商品需求、供给和价格相互制约、相互作用而出现变动，最终导致需求与供给一致时，就实现了经济均衡。

2. 局部均衡分析

均衡分析可分为局部均衡分析和一般均衡分析。局部均衡分析是对某一时期某一市场的某种商品的价格或供求所达到的均衡进行分析，是一个市场中一种商品的均衡。假定某一市场对其他所有市场不产生重大影响，其他市场也不对要考察的这个市场有反馈作用，而只单独考察一定时间的这个市场的某种商品（或生产要素）的价格或供求达到均衡的分析情况，这就是局部均衡分析。

经济学中的局部均衡分析都是以“其他情况不变”“在既定条件下”的假设为基础的，所以具有一定的局限性，但这并不影响它对很多经济问题研究的有效性和价值。

3. 一般均衡分析

同局部均衡分析相对的是一般均衡分析。一般均衡分析是研究整个经济体系即所有市场的价格和产量均衡的一种分析方法，也称总均衡分析，即研究整个经济体系中各个市场、各种商品的供给和需求同时达到均衡的状态。

在社会经济系统中，各个市场的商品之间，与商品供给相关的各生产者之间，与商品需求相关的各消费者之间的各种经济变量相互依赖、相互影响，存在着密切关系。当这些经济变量相互作用，最后达到一种均衡状态没有变动的趋势时，这种均衡状态就是一般均衡。

4. 过程分析

均衡分析不涉及达到均衡过程的情况，而过程分析正是考察调整变化的实际过程。

这种分析方法一般将经济运动过程划分为连续的分析“期间”，以便考察有关经济变量在连续的各期间的变化情况，所以过程分析又称“期间分析”或“序列分析”。例如，在蛛网理论中所使用的分析方法，就是考察某一种产品（主要是农产品）在连续的各生产期间，如何以某一个期间供求不平衡造成的价格涨落，引起各生产期间的供求量增减和价格涨落的实际发展变化过程。在经济周期波动分析中，考察社会经济将如何经历繁荣、危机、萧条和复苏各阶段的周期性变化，这是在客观经济分析中运用过程分析的例证。

四、静态分析、比较静态分析和动态分析

1. 静态分析

静态分析是在经济分析中把焦点集中在均衡的位置，就是分析经济现象的均衡状态及有关经济变量处于均衡状态时所必须具备的条件，完全抽象掉了时间因素和具体变化的过程。这是一种静止地、孤立地考察某些经济事物的方法。

2. 比较静态分析

比较静态分析不考虑经济变化过程中所含的时间阻滞，而只考察静止状态时，假定固定不变的因素发生变化后所引起的新的均衡。比较一个经济变动过程的起点和终点，而不涉及转变期间和具体变动过程本身的情况，实际上只是对两种既定自变量和各自相应的因变量的均衡值加以比较。

3. 动态分析

动态分析是对经济事物变化的实际过程进行分析，其中包括分析有关变量在一定时间过程中的变动，这些经济变量在变动过程中的相互影响和彼此制约的关系，以及它们在每一时点上的变动速率等。

如果说静态分析考察的是一张静止的照片，那么比较静态分析考察的是几张不同时点的幻灯片，分析新均衡状态与旧均衡状态的关系；动态分析考察的是一系列连续移动的照片即录像片或电影，分析其达到均衡的过程。

五、生活中的经济学

案例 1.4

经济学研究的主要方法——实证经济学与规范经济学

现在上至国务院下至普通老百姓都非常关心我国的国内生产总值和人均国内生产总

值，因为这两个数字中，前者代表一个国家的综合国力，后者反映老百姓生活的富裕程度。从实证角度看，这些数字的统计归纳过程就是实证分析过程，如果对某些数据有怀疑还可以重新检验。具体数字是客观的，在统计过程中不涉及道德问题，只回答是什么。例如，我们总结说“通过国民收入核算，我国 2019 年的人均国内生产总值突破 1 万美元”，这就是实证分析的结果。从规范分析的角度来研究，首先在我国目前的情况下确定一个合理的经济增长率，确定一个反映人民生活小康水平的标准。为了达到这一标准，国家就应该制定相应的产业政策、货币政策和财政政策。后者涉及了价值判断问题。对于这个问题，不同人站在不同角度得出的结论是不一样的。有人认为经济增长率提高是好事，有人认为经济增长率提高太快不是好事，应该放慢经济增长速度。这些都是主观的好坏判断，无法检验。

实证经济学排斥价值判断，只分析事实本身，研究经济本身的规律，为国家制定和选择适度经济增长政策提供依据；而适合的政策环境又是达到和保障经济数量指标的保证。因此说实证经济学是规范经济学的基础，而实证经济学又离不开规范经济学的指导。

——根据网络资料《〈西方经济学（微观部分）〉案例分析》整理而得，https://wenku.baidu.com/view/fa2be3dd28ea81c758f578b2.html，2021 年 8 月 10 日

案例 1.5

搭建经济学的大厦——数学分析

经济学虽然用数学方法，但与自然科学所采用的方法有所不同。自然科学所采用的方法是比较严谨与准确的。例如，测算人造卫星围绕地球转一圈所产生的误差也许仅仅有几十米，与地球周长比较起来是微不足道的。但是再高明的经济学家预测一个国家的经济增长速度，其误差也达不到“微不足道”，而是相对比较大。经济学家大都是数学家，他们用数学方法研究社会经济问题，用简单的数学模型说明一个深奥的经济学道理。正因为如此，有人讲“经济学是社会科学的皇后”。

——根据网络资料《〈西方经济学（微观部分）〉案例分析》整理而得，https://wenku.baidu.com/view/fa2be3dd28ea81c758f578b2.html，2021 年 8 月 10 日

第四节 经济学发展简史

经济学作为一门社会科学，主要研究人类的行为，尤其是市场体系中人的行为，而市场经济是随着资本主义生产方式的兴起而产生的，因而在历史上的绝大部分时间里，经济学不是脱离一般社会思想的独立体系，甚至到了 18 世纪晚期，经济学的创始人亚当·斯密还把经济学看作法律学的一个分支。根据不同历史时期的经济学思想与理论的发展特点，经济学可以分为这样几个发展阶段：前古典经济学、古典经济学、新古典经济学和当代经济学。

一、前古典经济学

经济学思想最早产生于古希腊思想家的著作中，色诺芬在其《经济论》中第一次提出了“经济学”这个词，柏拉图和亚里士多德等均在其著作中或多或少地涉及了经济学的一些理论和概念。他们的经济学思想经古代罗马人、早期基督教和欧洲中世纪的经院学派的继承与发展，到资本主义早期发展阶段时，产生了一个有较大影响的思想流派，即重商主义。

重商主义产生于 15 世纪，终止于 17 世纪中期，其代表人物包括英国人约翰·海尔斯、托马斯·孟，法国人安·德·孟克列钦和德国人让·巴蒂斯特·柯尔培尔等。重商主义体系的基本内容是国家干预主义、贸易顺差和外汇管制。他们认为金银形态的货币是财富的唯一形态，一国增加财富的唯一手段就是发展对外贸易，因此重商主义非常重视对外贸易。他们主张国家采取各种措施和政策鼓励出口、限制或禁止进口，通过贸易顺差来使一国积累大量财富，同时对外汇进行管制，不让货币外流。

重商主义的这些主张反映了原始积累时期资本主义经济发展的要求，从现在的观点来看，他们的很多观点都是错误的，还没有形成一个完整的经济学理论体系，并且他们的研究领域主要集中于流通领域，因而还不能称之为真正的经济学，只能说是经济学的早期阶段。

二、古典经济学

古典经济学从 1776 年开始，至 19 世纪 70 年代结束，是经济学的形成时期。1776 年，英国经济学家亚当·斯密出版其代表作《国民财富的性质和原因的研究》（简称《国富论》），标志着现代经济学的诞生，也宣布了古典经济学派的诞生。古典经济学的其他代表人物主要有大卫·李嘉图、约翰·斯图亚特·穆勒等。

古典经济学研究的中心是如何增加国民财富，与重商主义不同，他们认为财富是物质产品而不仅仅是货币，增加财富的途径是通过增加资本积累和分工来发展生产。在政策主张上，古典经济学主张自由放任，即政府不干预经济。他们认为市场体系中的价格是只“看不见的手”，由其来调节经济，可以把个人的利己行为引向增加国民财富和社会福利的行为。因此，价格调节经济就是正常的自然秩序，政府也就没有必要去干预经济的运行。

自由放任是古典经济学的核心，反映了自由竞争时期经济发展的要求。古典经济学家把经济研究从流通领域转移到生产领域，使经济学真正成为一门有独立体系的科学。

三、新古典经济学

19 世纪 70 年代，奥地利经济学家门格尔、英国经济学家杰文斯和法国经济学家瓦尔拉斯等不约而同地提出边际效用价值论，即认为商品的价值取决于人们对商品效用的主观评价，被称为“边际革命”，标志着古典经济学的结束。1890 年马歇尔出版其代表作《经济学原理》，综合了上述三人和当时其他一些经济学家的代表性观点，从而形成了一个综合的、折中的经济学理论体系，史称新古典经济学。

新古典经济学坚持自由放任思想，认为政府不要干预经济，因而是古典经济学的延续。之所以称之为新，是因为要表明其与古典经济学的区别与不同之处，新古典经济学采用了一个新的分析方法——边际分析法，同时也将经济学的研究重点从生产转向消费和需求，将资源配置作为经济学研究的中心，主要探讨价格如何调节经济达到资源的最优配置，因而也被称为价格理论。这一阶段的经济学是微观经济学的形成和发展时期。

四、当代经济学

20 世纪 30 年代发生了蔓延整个资本主义社会的大危机，新古典经济学论述的市场能够比较完善地调节经济的神话被打破，新古典经济学理论面对新的问题显得无能为力。在这种情况下，1936 年凯恩斯出版了其代表作《就业、利息和货币通论》，打破了自由放任的经济学传统思想，主张国家干预经济，同时提出了以国民收入决定为理论中心，以国家干预为政策基调的现代宏观经济学体系，以应对当时的资本主义大危机。这也是经济学说史上的第三次革命——凯恩斯革命，凯恩斯革命标志着宏观经济学的产生。

在凯恩斯经济理论的指导下，第二次世界大战后西方各国都加强政府干预，美国经济学家萨缪尔森把凯恩斯的宏观经济学与新古典经济学、微观经济学结合在一起，形成了新古典综合派，同时形成了当代经济学由微观和宏观两部分共同组成的格局，新古典综合派是 20 世纪 50～60 年代的主流经济学派别。20 世纪 60 年代末，美国等国家出现的“滞胀”又引起了经济学家对国家干预主义的再思考，从而导致自由放任思想的再度复兴，以弗里德曼和卢卡斯、科斯等为代表的一大批当代著名经济学家都是自由放任思想的拥护者。

当代经济学是一个综合了微观经济学和宏观经济学的庞大理论体系，在经济学的内部派系林立，分歧巨大，但是我们可以根据其经济哲学思想的不同将它们划分为两大派别：一派是新古典主义经济学，也称新自由主义经济学，他们坚持了古典经济学和新古典经济学的传统，主张自由放任，政府不干预或少干预经济；另一派是新凯恩斯主义经济学，他们继承和发展了凯恩斯的经济学理论，主张政府干预经济的运行，也称新干预主义经济学。

五、生活中的经济学

案例 1.6

凯恩斯的经济理论

约翰·梅纳德·凯恩斯（1883～1946 年）是现代西方宏观经济学的奠基人和现代西方国家需求管理政策的创始人。他的经济理论和政策思想主要体现在他的代表作《就业、利息和货币通论》中。凯恩斯的经济思想是 1929～1933 年世界性经济大危机的产物。当时最迫切需要解决的问题是就业问题，而就业问题的解决，要靠企业能开工，产品有销路，这就要提高社会的有效需求。

凯恩斯从根本上否定了传统经济学的生产或者供给本身会创造需求的理论，认为有效需求由消费需求和投资需求构成。消费存在一个消费支出跟不上收入增加的所谓边际消费倾向递减问题。这样，随着产出和收入的增长，总供给和总消费需求之间的差额就会不断增大。这个差额必须由投资需求来弥补，否则有效需求不足就会导致社会经济低于充分就业水平。用投资来弥补有效需求不足时，增加一笔投资还能产生几倍于这笔投资的收入量增加的乘数效应。在社会经济萧条时，如果私人企业投资需求不足以使经济充分就业，就需要政府直接增加支出和公共投资。这种支出和投资也有乘数效应，因此即使出现赤字也有必要用积极财政政策来克服萧条。这种积极财政政策之所以重要，是因为私人企业的投资需求很不稳定。由于人们对经济未来前景的预期很容易产生波动，所以在人们对经济未来前景的预期比较悲观时，尤其需要政府用直接增加支出和公共投资的政策来帮助私人企业恢复和提高投资信心。

在利息和货币理论方面，凯恩斯也否定了传统经济学，认为利率不是像古典经济学家所说的那样由储蓄（资本供给）与投资（资本需求）的对比关系决定，而是由货币的需求与供给的对比关系决定。人们出于交易动机、预防动机的货币需求，主要取决于人们的收入水平，而出于投机动机的货币需求主要取决于利率。货币供给由中央银行决定。在货币供给量一定时，对货币的需求越大，利率就越高，这会阻碍投资，影响就业。为此，国家货币当局应当用增加货币供给的政策来降低利率，以刺激投资和增加就业。但是这种政策的作用有限，因此在调节经济方面还是要以财政政策为主。

凯恩斯这套理论被认为是西方经济学发展史上的一场革命。在经济理论上，用有效需求理论否定了萨伊定律，否定了自由竞争的市场经济一定会导致充分就业均衡的传统理论；在经济学的研究对象和方法上，开创了有别于传统经济学个体分析的以总量分析方法研究总体经济活动的宏观经济学；在政策主张上，主张国家应当积极干预经济，用经济政策尤其是财政政策对总需求加以管理，因此成为国家干预主义的开创者。

第五节　经济学与生活

什么是经济学？在名著《经济学》中萨缪尔森写道：“经济学研究社会如何使用稀缺资源来生产有价值的商品，并将它们在不同的人之间进行分配。”由美国著名经济学家、犹他州立大学经济学教授克雷格·彼得森和克里斯·刘易斯合著的《管理经济学》一书，从公平与效率、生产与分配的角度出发，指出“经济学是研究如何有效配置经济资源和如何公平分配国民财富，以满足个人或社会目的的一门社会科学”。种种说法归结起来，经济学是研究生活中经济活动和经济关系的科学。

诺贝尔经济学奖获得者、美国经济学家加里·贝克尔告诉世人：“人类社会 90%的行为都可以用经济学来分析。”

诺贝尔经济学奖获得者罗伯特·索洛也曾说过：“多多观察生活，就会发现有趣的东西，而经济学的基础理论会给这些行为和事件以合理的解释，这是学习经济学的好方法，适用于我们所有人。”

一、经济学来源于生活

经济学是生活中的智慧，经济学的诞生就是为了便利人们的生活。很多人认为经济学离我们的生活很远，其实，我们经常在无意识中使用经济学思维。

大到社会生活中的政治博弈、商业决策，小到百姓生活中如何管理好家庭，今天买什么、买多少，怎么合理安排工作和生活等都可以从经济学中找到答案。

就解决问题而言，经济学或许更加有用。经济学能够让人保持理性，不被优柔寡断或薄弱的意志力所影响，有助于人们做出能给自己带来更大收益的选择。别以为这是无稽之谈，尽管你很难将异地恋、小孩教养、获得上级青睐的问题与经济学联系在一起，但他们之间真的有千丝万缕的联系，而那些理性智慧的结晶——各种经济学理论知识也的确能够帮助你更好地处理这些问题。

本来经济学就是对社会经济规律的总结，来源于生活，最初也主要用日常语言来描述，从亚当·斯密到凯恩斯，无不如此，数学公式和模型等一般会被放在附注里。然而，随着数学在经济学中的地位越来越高，经济学中充斥了复杂的模型和数字公式，因此在大众眼中，经济学就变成了与我们生活无关的知识。

二、生活离不开经济学

日常生活中的经济学显得抽象，是将与我们生活中某些看似平常的经济现象以经济学的角度进行分析。经济学在我们的日常生活中无处不在：分析投资股票、买房前计算性价比、商场打折促销活动等。但是大部分人还没有仔细想过，股市为什么跌涨，房价为什么会有高有低，商场又为什么要打折呢？这些问题的答案，就说明了经济学对我们日常生活的作用：用经济学的角度看待日常生活中的现象，更科学地权衡利弊，帮助我们做出更好的判断。例如，餐厅提供免费续杯的服务，大多数餐厅为什么会想到提供免费续杯的服务呢？因为竞争经济利益，从而获得更多的经济利益。在餐厅里，随着就餐顾客的人数增长，他们为顾客提供服务的平均成本就会下降。而且因为餐馆为每顿膳食索取的费用必须要高于该顿膳食的边际成本，所以如果套餐、甜点和其他物品已经包含了足够的利润率，餐馆当然可以提供免费续杯服务同时又不亏本。所以，大多数企业都参照这种方式，要想维持经营，企业不需要对每一件货品的索取都高于其成本的费用，相反，它只需要使总收入等于或超过所卖货品的总成本就可以了。

除此之外，经济学对我们生活的作用不止这些。“生活中的经济学”这门课程是我们生活的必修课，教导我们用简单的经济学原理分析生活中的事例，寻找出最有用的理论和方法，这就是经济学对生活的作用。现代社会是以经济为中心的社会，了解生活中经济学的作用，对我们将来立足于这个经济社会有很大帮助。

三、生活中的经济学

经济学在生活中的用处，想来很多人都知道有很大的作用，但具体的作用到底有哪些，可能就很少有人能够比较齐全或准确地描述出来。"人人都应该懂点经济学"，很多人都这么说，但经济学到底在我们生活中起到了什么作用，我们来举几个现实生活中的例子。

案例 1.7

1. 机会成本越小越好：国庆期间可以选择去旅游，也可以利用长假在家好好休息睡大觉。相对于睡大觉而言，旅游就是它的机会成本。你是觉得去旅游好呢，还是睡大觉好呢？反正只能选择一项。如果你选择了一项，那么没有执行的另一项就是前者的机会成本。机会成本的效用越小，所选择的项目的效用就越大。机会成本理论帮助我们选择效用或收益更高的项目去执行。

2. 理性人多思考边际量：国庆期间我们走亲访友免不了要喝酒。大家都知道，酒喝得太多容易伤身。如果一个人的酒量是半斤白酒，那么当他喝到其中一杯正好一共喝了半斤白酒时，他此次喝酒得到的效用是最大的。如果他再被劝酒喝了一杯，那么这杯酒对他而言，边际效用是负的，他此次喝酒得到的效用反倒比前一杯减少了。这就告诉我们，运用经济学，可以理性地分析自己是不是该喝下一杯酒。

3. 消费者剩余使你获得快乐。你有没有因为买到了一件商品而开心一整天的体验？开心的理由是什么呢？相信很多人的答案是"物超所值"。例如，你认为值 200 元的衣服，标价却只有 80 元；你认为值 1000 元的手表，500 元就买到手了。无论是通过讨价还价还是遇到商品促销活动，总之你买到了你认为超值的商品，进而让生活变得快乐。然而这种快乐仅来自你对这件商品的主观评价而已，如果市场价格高于你愿意支付的价格，你就会放弃购买，觉得不值，这时你的消费者剩余是负数，你就不会购买了；相反，如果市场价格低于你愿意支付的价格，你就会购买，觉得很值，这时就有了消费者剩余，原来快乐如此简单。

多留意生活，我们就可以发现，经济学在我们日常生活中的作用是无处不在的。经济学是对生活中某些经济规律的高度提炼，所以经济学来源于生活，而生活更离不开经济学。我们通过用经济学原理对生活中的案例进行分析，使"经济学"更加生活化、常识化。

第二章　供求理论与生活

引言：明星的高收入合理吗？

福布斯调查数据显示，2017 年中国收入最高的前 10 位影视明星收入合计超过了 22 亿元，比 2015 年增长了 166%。随着中国票房收入从 2006 年的不到 10 亿美元增长到 2016 年的逾 60 亿美元，一线演员的片酬也水涨船高，而大手笔的“网红剧”正进一步推高他们的片酬。一名常驻北京、不愿透露姓名的电影制作人表示，演员片酬可以占到一部网剧制作成本的 70%。他说：“中国电视剧太依赖明星了，很多人认为这种天价片酬与演技水平并不匹配。”事实上，明星不仅在片酬方面“突破天际”，代言市场亦是水涨船高。据业内人士分析，一线当红明星的代言费至少有 8 位数，一次商业合作的内容主要包括广告站台及在社交媒体上发帖、转帖等。

纵观全球，国外的影视明星和体育明星的收入也不乏天文数字。2019 年足球名将梅西的工资收入为 9100 万美元，代言和参加商业活动的收入为 3500 万美元，总收入达到了 1.26 亿美元，成为当年收入最高的体育明星。2019 年美国女歌手泰勒•斯威夫特的税前收入达到了 1.85 亿美元，登上影视明星收入的榜首。除了收入之外，球星天价转会、歌手天价代言在市场中不足为奇。很多人都质疑明星收入的合理性，有的还提出开征“特别收入税”，用以奖励一些真正做出贡献的科学家、社会工作者，补助福利事业或低收入人群等。

那么明星的高收入合理吗？明星的影响力给社会带来了无形的贡献，满足了消费者对精神的追求。我们从经济学的供求方面分析，可以对这一问题有更为深入的理解。把明星作为生产要素的所有者，生产要素的价格与其他物品的价格一样，由供求关系决定，其收入高低取决于市场的“求”和明星的“供”。能成为明星，一定有其稀缺性，如引人注目的颜值、才华、禀赋、运气等，当稀缺资源面临消费者痴狂的精神消费和企业为提高品牌知名度而甘愿付出的天价代言费时，明星的高收入就不难理解了，这就是“看不见的手”，这就是市场规律。

相关问题：

1. 什么是需求与供给？
2. 什么是供求规律？
3. “看不见的手”在调节供求关系中发挥着什么作用？

第一节　需求理论与生活

一、需求的含义

经济学中所讲的需求是指在某一特定时期，对于某一种商品各种可能的价格水平，消费者愿意购买而且有能力购买的该商品的数量。

这里所讲的需求即有效需求，它表现为一定的商品数量。对于需求的定义有三个要点。

第一，需求为瞬时概念，它强调的是在某一特定时期所存在的状态。

第二，这个状态不是指一种价格和一个数量的对应，而是各种可能的价格与各种可能的需求量之间的一系列对应关系。

第三，消费者消费欲望和购买能力的结合。消费者既要有购买的欲望，又要有购买的能力，两者缺一不可。因此，对于需求预测应兼顾两个条件，否则会做出错误的预测。例如，冰箱对于生活在北极的因纽特人，羽绒服对于生活在赤道地区的人们而言，就形不成需求，因为他们没有对冰箱和羽绒服消费的欲望。相反，仅有消费欲望而没有购买能力也不能形成有效需求。例如，现代社会许多人都梦寐以求地想拥有一辆汽车，消费欲望不可谓不强烈，但就现有的收入水平来讲，大多数人又没有能力支付，这种购买能力的不足，也形成不了对汽车的需求。

二、影响商品需求变动的因素

1. 消费者的收入

消费者的收入水平决定消费者的购买能力，直接影响其对某种商品的需求。

消费者购买的商品五花八门，多种多样，收入水平变动对不同商品的需求的影响也不一样。

在一般情况下，人们收入水平提高，对耐用品、高档精品和优质名牌商品的需求会增加，对某些低档劣质商品的需求会减少，对某些基本生活用品的需求影响不大。

2. 消费者的偏好

消费者的偏好也称嗜好，是在不考虑客观制约的条件下，消费者对某种商品的喜欢和偏爱。消费者偏好会随着社会进步、生活水平提高、社会风尚的变化而发生变化。舆论宣传、商品广告也会左右和引导人们的偏好，进而影响对某种商品的需求。例如，美国人崇尚牛肉，但食用牛肉在印度却是禁忌之物；海蜇在日本是一道鲜美的菜肴，但在美国却令人作呕。

3. 相关商品的价格

在市场上各种商品之间存在着不同的关系，主要指商品使用价值或性能密切联系着的商品，相关商品有如下两种类型。

一是互补商品，是指两种互相补充共同发挥效用才能满足人们某种欲望的商品，如汽车和汽油、录音机和磁带、照相机和胶卷等。存在互补关系的商品，一种商品价格的变化会影响另一种商品的需求，两者反方向变化。

二是替代商品，是指两种能够互相替代分别发挥效用就能满足某种欲望的商品，如牛肉和羊肉、茶叶与咖啡、石油与煤炭等。存在替代关系的商品，一种商品价格的变化会影响另一种商品的需求，两者正方向变化。

4. 人口数量与结构的变化

社会人口数量的增加会引起对某种商品需求的增加，如人口数量的增加，对衣食住行和文化卫生等的需求也不断增加。

人口结构与消费结构有密切关系，必然影响商品需求，例如，老年人增加，时装、儿童用品的需求相对减少，而医药、健身用品等需求增加；独生子女增加会引起对高级玩具、儿童书刊和高档童装等商品需求的增加。

5. 社会心理预期

社会心理预期是指人们在一定社会经济环境中，对未来经济事物状态变化的估计和预测。未来经济事物状态主要指人们的收入水平、商品价格、商品供给、政策措施、政治局面、国际形势等。例如，人们预测某种商品的价格会涨，就会抢购，使某种商品需求增加，从而推动这种商品价格进一步上涨。在 1993 年 11 月下旬，我国出现粮油价格上涨，人们存在价格看涨预期、消费者抢购，而生产者惜售，更导致粮油价格大幅度上升，后来政府采取紧急措施平抑了粮油价格。

影响商品需求变动的因素有很多，除上述因素外，还有历史传统、民族风俗、社会风尚、地理气候、文化习惯、经济开放程度、外国消费示范等，都会不同程度地影响需求。这些因素大体分为两类：一类因素对购买欲望产生影响，另一类因素对购买能力产生影响，二者共同决定某商品需求。

三、需求的表示方法

对某商品的需求是市场上存在的一种客观现象，经济学中可以用三种方法来描述，即需求表、需求函数和需求曲线。

1. 需求表

需求表是指在一定时期内，在每一价格水平下，市场上的消费者愿意并且能够购买的某种商品数量的表。需求表可以分为个人需求表和市场需求表，见表 2-1。

表 2-1 个人需求表和市场需求表

价格和需求组合	价格/元	需求量				
		个人需求量				市场需求量
		甲	乙	丙	…	
A	6	2	1	4	…	2 000
B	5	3	2	6	…	3 000
C	4	4	3	7	…	4 000
D	3	5	4	10	…	6 000
E	2	6	5	12	…	9 000
F	1	7	6	14	…	13 000

表 2-1 说明某种商品价格与需求量的关系，随着价格不断降低，不论是个人需求量，还是市场需求量都不断增加，个人需求量的加总就是市场需求量。

2. 需求函数

所谓需求函数，是用来表示一种商品的需求数量与影响该商品需求数量的各种因素之间的相互关系。也就是说，在以上分析中，影响需求数量的各个因素是自变量，需求数量是因变量。一种商品的需求数量是所有影响这种商品需求数量的因素的函数。

若以 Q^d 代表某种商品的需求量，P、E、F、G、H 代表影响需求的因素，则需求函数为

$$Q^d = f(P,E,F,G,H)$$

但是，如果我们对影响一种商品需求量的所有因素同时进行分析，就会使问题变得复杂起来。在处理这种复杂的多变量的问题时，通常可以将问题简化，即一次把注意力集中在一个影响因素上，而同时使其他影响因素保持不变。在这里，由于一种商品的价格是决定需求量的最基本因素，所以我们假定其他因素保持不变，只分析一种商品的价格对该商品需求量的影响，即把一种商品的需求量仅仅看成是这种商品的价格函数，于是，需求函数就可以用下式表示：

$$Q^d = f(P)$$

式中，P 为单位商品的价格；Q^d 为商品的需求量。

3. 需求曲线

按表 2-1 中需求量与商品价格的对应关系，绘制了个人需求曲线和市场需求曲线，如图 2-1 所示。在图 2-1 中，纵轴表示单位商品价格，横轴表示消费者对某商品的需求量，在每一价格水平上，都有一个与其相应的需求量。图 2-1（b）中有 A、B、C、D、E、F 六个点，将这些商品价格和需求量的组合点连接起来，就构成了一条需求曲线。

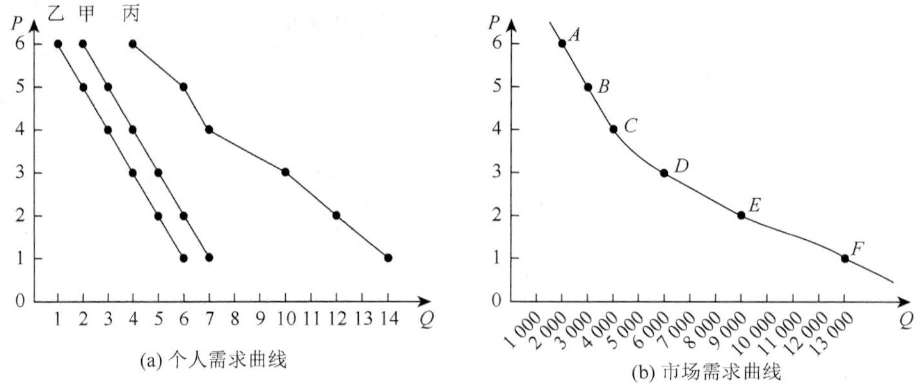

图 2-1　个人需求曲线和市场需求曲线

四、需求定理

需求曲线一般是一条自左上方向右下方倾斜的曲线。它表明价格和需求呈反方向变动，即当商品的价格高时，该商品的需求量少；当商品的价格低时，该商品的需求量多。这种普遍存在的现象称为“需求规律”或“需求定理”。需求定理的成立是以假定其他因素不变为前提的，没有这个前提就不存在需求定理。

为什么商品的需求量与价格会呈反方向变动关系呢？原因主要有两点：商品降价后，会吸引新的消费者，从而使需求量增加；原有的消费者会因为商品价格下降而感到自己比过去稍富裕一些，即实际收入增加，因而也会增加购买，这就是收入效应（income effect）；同时，该商品价格下降使其他商品显得相对更贵，消费者会增加对该商品的购买以替代其他商品，这就是替代效应（substitution effect）。替代效应与收入效应可以用来解释需求定理所说明的需求量与价格反方向变动的原因。

替代效应是指实际收入不变的情况下某种商品价格变化对其需求量的影响。也就是说，如果某种商品价格上涨了，而其他商品的价格没变，那么其他商品的相对价格下降了，消费者就要用其他商品来代替这种商品，从而对这种商品的需求量也就减少了。例如，大米的价格上升而面粉价格不变，则面粉相对于大米就便宜了，人们就会更多地购买面粉而减少大米的购买。这种因某种商品价格上升而引起其他商品取代这种商品的现象就是替代效应。替代效应使价格上升的商品需求量减少。

收入效应是指货币收入不变的情况下某种商品价格变化对其需求量的影响。也就是说，如果某种商品价格上涨了，而消费者的货币收入并没有变，那么消费者的实际收入就减少了，从而对这种商品的需求量也就减少了。例如，大米的价格上升而消费者的货币收入不变，那么消费者的实际收入减少，对大米的需求量必然减少。这种因某种商品价格上升而引起实际收入减少与需求量减少的现象就是收入效应。

替代效应强调了一种商品价格变动对其他商品相对价格水平的影响，收入效应强调了一种商品价格变动对实际收入水平的影响。需求定理所表明的商品价格与需求量反方向变动的关系正是这两种效应共同作用的结果。

五、特殊的需求曲线

需求曲线通常是一条向右下方倾斜的曲线，当商品的价格高时，该商品的需求量少；当商品的价格低时，该商品的需求量多。在复杂的现实经济生活中有些例外情况，会使曲线呈现特殊形状。

第一种是向右上方倾斜的需求曲线，消费者的需求量随着商品价格的提高而增加。在社会上的富裕家庭中有些消费不是生活必需，而是为了显示高贵的身份和地位，例如珠宝、项链、金银首饰等炫耀性商品，价格昂贵，需求增加；当价格下跌时，需求反而减少，因为不能显示个人的华贵和财富。也有某些珍贵稀有罕见的商品，像古董、名画和珍贵邮票等高档收藏品，往往价格越高越能显示出其珍贵稀奇性，从而需求量也就越大。

第二种是消费者对某种商品的需求曲线是一条垂直于横轴的直线，消费者对某种商品的需求量不受该商品价格的影响。无论商品价格多高，消费者愿意而且能够购买的商品数量都保持不变。经常作为例子的是人们对殡葬服务的需求。

第三种是消费者对商品价格的变动极其敏感，以致价格升高时消费者的需求量为零，而价格降低时需求量趋向于无穷大。此时，消费者的需求曲线是一条平行于横轴的直线。例如，在一个出售量极大的自由市场上，鸡蛋的产地相同，大小相近，销售商都按每斤 2 元的价格出售，如果其中一个销售商按高价销售，消费者就不会买他的产品，从而对其产品的需求量为零。但如果该销售商以低于 2 元的价格出售，那么他出售的鸡蛋就会被抢购一空。对这一销售商而言，消费者的需求曲线表现为一条平行于横轴的直线。

第四种是不规则的需求曲线。有些商品价格小幅度升降，需求量按一般正常情况变化，价格降低，需求量增加；价格升高，需求量减少。如果商品价格大幅度升降，人们心理预期发生变化，会采取观望等待的态度，商品的需求量将出现反常的不规则变化，如在黄金、证券市场上经常有这种状况。这类如黄金、股票等投机品，古玩等拍卖品，称为“无规则商品”。

因此，需求定理就绝大多数商品来说是成立的，但在现实生活中也有一些例外。以下介绍的两类商品有各自的经济学名称，分别是吉芬商品和凡勃伦商品。

英国经济学家罗伯特·吉芬在 1845 年爱尔兰发生饥荒时发现，尽管土豆价格上升，但人们的需求量增加。这种反常情况称为“吉芬之谜”，原因是发生饥荒，食品价格普遍都上涨，越高级的食品价格上涨越高，人们无力购买价格较高的食品，转而越来越多地购买价格相对便宜的土豆以维持生存。涨价的土豆需求量增加，说明穷人增加并且穷人实际收入降低，越穷越吃土豆。年景好、收入多、土豆价格下降时，其他高级食品的价格也下跌，人们购买力相对提高，就会多购买高级食品而减少对土豆的购买，因此土豆价格下降，需求量也减少。吉芬商品多为一些低档生活必需品。

另一种经济现象中的商品受消费者的青睐，一般为炫耀性商品，如名画、名车、古董等，此类商品的特殊定价现象首先由美国经济学家凡勃伦注意到，因此被命名为凡勃伦效应。购买这类商品的消费者并不仅仅是为了获得直接的物质满足和享受，更大程度上是为了获得心理上的满足。随着社会经济的发展，人们的消费会随着收入的增加，而逐步由追求数量和质量过渡到追求品位格调。只要消费者有能力进行这种感性的购买，凡勃伦效应就会出现。

此外，价格涨落的心理预期和“价-质”观念也会影响消费者的需求曲线。人们对一些商品价格涨落的判断往往是，涨则预期再涨，落则预期再落。如果某商品价格突然有所上升，那么人们预期会继续上升而多买；价格突然下降，人们反而会少买。在投机性强的市场上（如证券市场和期货市场），人们有一种“买涨不买落”的心理，即价格上涨时抢购，价格下跌时反而抛出。这与人们对未来价格的预期和投机的需要相关。另外，对于不能直观显示价值的商品，人们往往以价论质，价高则质优，价低则质劣。所以，价低时人们不愿购买，价高时反而愿意购买。

由此可见，并不是所有消费者对所有商品的需求都满足需求规律。尽管如此，大多数商品的需求曲线具有向右下方倾斜的特征。

六、需求量的变化和需求的变化

西方经济学分析需求变化时，严格区分了由商品本身价格变化引起的需求量变化和由其他因素变化引起的需求变化。根据需求定理，商品需求量是指在某一特定价格水平下，消费者愿意并且能够购买的商品的数量。需求曲线上的每一点，都代表某一特定价格和需求量的组合，由于价格的升降，需求量也随着降升。需求量的变化表现为某一组合点在需求曲线上的上下移动。

如图 2-2 所示的需求曲线 DD，当价格为 OP_a 时，需求量为 OQ_a，如果价格下降到 OP_b，则需求量增加到 OQ_b，A 点移到 B 点，在 DD 上移动，这就是需求量的变化，是由商品本身的价格变化而引起的。

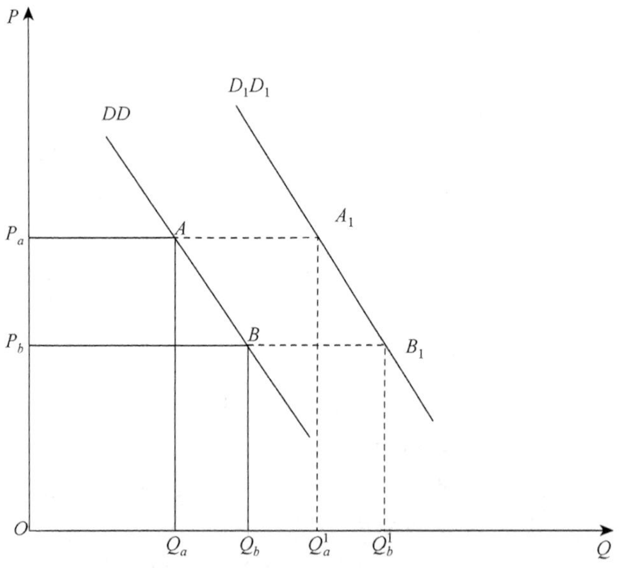

图 2-2 需求量的变化和需求的变化

需求的变化是由于影响需求的其他因素发生变化，需求曲线整条线发生位置移动。例如，整个社会居民收入水平提高、消费者的偏好发生变化等都会在原来价格水平上使商品需求量增加，需求曲线移动，从 DD 到 D_1D_1。在价格为 OP_a 时，需求量从 OQ_a 增加到 OQ_a^1；价格为 OP_b 时，需求量从 OQ_b 增加到 OQ_b^1，D_1D_1 代表较高的需求水平。

总之，商品需求量的变化是由商品本身的价格变化引起的，表现为在原来需求曲线上价格和需求量组合点的位置移动，同价格呈反方向变化；而需求的变化由商品本身价格之外的因素变化引起，表现为需求曲线在坐标图上位置的移动，同原来每一价格相对应的需求量都比以前增加或减少，是市场上整个需求水平的变化。

在经济分析中，需求曲线的位置移动代表着一个社会经济发展的程度，也反映着一个社会人们的生活水平。如果高档精品的需求曲线向右上方移动，表示经济发展和生活水平达到一个较高水平；反之，向左下方移动表示处于较低水平。如果低档商品需求曲线向左下方移动，表示经济发展与生活水平达到较高水平，反过来向右上方移动表示处于较低水平。

七、生活中的经济学

案例 2.1

罚金会减少迟到吗?

行为经济学是一门新兴的亚学科，它试图结合社会学和心理学因素来提高经典微观经济学模型的预测能力。从这一分支学科中得出的一个结论是，在影响特定商品或服务需求量的价格因素和非价格因素之间，有时可能存在更复杂的相互作用。

在影响需求量的众多因素中，价格被认为是最重要的因素。而美国著名政治哲学家迈克尔·桑德尔（Michael J. Sandel）指出，过分关注价格对需求量的影响，忽视了非价格因素的重要作用，在某些情况下，过多地依赖价格激励可能会产生微妙的、适得其反的影响，如偏好或规范。

桑德尔针对一项以色列儿童看护中心的研究，试图解决父母接孩子迟到的难题。在这家儿童看护中心，经常出现家长接孩子迟到的问题，当家长来接孩子之前，老师不得不留在现场。为了解决这种迟到的问题，中心开始对晚到的家长征收罚款。与直觉相反的是，当迟到与罚金挂钩时，迟到问题却更严重了。原因是罚款的出现似乎削弱了家长因迟到而产生的负罪感。提高罚金带来的间接影响抵消并超过了需求定理中反映的罚金与迟到的反方向变动影响。桑德尔注意到，试图鼓励孩子在学校表现良好或者对别人有礼貌时，也会产生类似的相互作用。研究表明，付钱给孩子让他们取得好成绩或写感谢信并不总是能产生预期的结果，必须考虑他们在学习（或礼貌）中固有的偏好，以及如何最好地灌输这种偏好。如果这些激励减少了对发展内在偏好的关注，在某些情况下，仅仅依赖激励可能会导致意想不到的结果。

从上面的例子中，我们可以看出，影响需求量变化的因素很多，包含价格因素和非价格因素，它们的共同作用决定了需求量的变化方向。大多数情况下，这些因素不是独立存在的，而是共同影响着需求量的变化。例如，上例中罚金（价格）影响了迟到人数，同时又受到人们偏好如负罪感（非价格因素）的影响，所以导致了激励会产生意想不到的结果。

案例 2.2

商品价格的下降会给我们带来什么好处？

当你走进超市，发现可口可乐正在搞促销，商品降价了，而你也正想买些饮料回去，这时你会做出怎样的选择呢？

此时你的收入虽然没有变化，但是因为可口可乐便宜了，你的购买力却增加了，实际上是你的收入相对增加了，你比以前更富了，你可以买更多的可口可乐（这是收入效应）。如果你认为可口可乐和雪碧是相互替代品，那么现在可口可乐相对于雪碧价格更低了，你就会放弃购买雪碧，购买可口可乐代替雪碧（这是替代效应）。

收入效应和替代效应哪一种说法更有说服力？事实上，这两种说法都有道理，可口可乐价格的下降使消费者状况变好。可口可乐与雪碧都是正常商品，消费者把购买力的提高用于购买这两种商品，但同时可口可乐消费比雪碧的消费变得更便宜，这种替代效应使消费者选择更多的可口可乐和更少的雪碧。所以我们可以得出的结论是，当可口可乐商品价格下降时，作为一种正常商品，对它的需求量增加，即价格与需求量之间呈反方向变动关系。

再比如面对市场上成千上万种商品，市场的价格不断变化，在这一情况下，消费者的决策会理性地随之而变。汽车是重要的耐用品，2019 年在中国汽车价格不断下降，随之而来的是汽车销售量的上升，但并不是所有种类的汽车销售量都在上升，也并不是所有汽车厂家的销售量一直上升。如表 2-2 所示的 2019 年中国 SUV 汽车销售量排名，哈弗 H6 成了销售冠军，在前十大销售车型中，哈弗 H6 的价格不高，对一部分消费者来讲，产品的收入效应更高一些；另外，由于哈弗 H6 具有较好的性能，与一些价格较高车型相比形成了替代效应，在收入效应和替代效应的共同作用下，哈弗 H6 成为消费者青睐的汽车车型，实现了销售目标。

表 2-2　2019 年中国 SUV 汽车销售量排名

排名	车型	销量/辆	指导价格/万元
1	哈弗 H6	386 405	10.3～14.6
2	吉利博越	232 327	9.88～15.98
3	大众途观 L	217 784	19.98～23.78
4	本田 CR-V	213 306	16.98～24.98
5	日产奇骏	207 776	17.98～26.88

续表

排名	车型	销量/辆	指导价格/万元
6	长安 CS75PLUS	193 227	7.98～18.48
7	日产逍客	179 773	13.98～18.98
8	大众探岳	179 428	18.88～31.98
9	宝骏 510	158 201	5.48～7.68
10	荣威 RX5	156 698	11.99～16.1

资料来源：根据网络资料（https://www.sohu.com/a/377171797_356034，2020 年 3 月 2 日）整理而成

案例 2.3

美国香烟消费的上升与下降

在 20 世纪的前 65 年中，美国成年人每年的香烟消费量稳步增长，从 1900 年的 54 支上升到 1965 年的 4259 支。但自此以后，情况逐步出现了反转，到 2006 年，美国每个成年人每年的香烟消费量下降到 1700 支以下，是什么因素导致了这种现象的出现呢？

在 1900～1965 年，价格因素和非价格因素都在影响香烟消费量的上升。20 世纪上半叶，安全火柴、广告活动等手段的出现影响了消费者的偏好（如雷诺兹烟草公司对骆驼牌香烟的大规模营销），使香烟的需求曲线向外移动，从而在同样价格之下消费者对香烟的需求上升，此时可以看到非价格因素对香烟的消费起到了重要作用。与此同时，随着社会的发展、工业化水平的提升，大量卷烟机器的发明降低了香烟的成本，进而降低了香烟的市场价格，导致香烟需求曲线上的点向下移动，从而增加了需求量。由此可以看到价格因素对消费者香烟需求的影响。

同样，1965 年后美国人均香烟年消费量的下降也受到价格因素和非价格因素的影响。第二次世界大战以后，随着医学、生物学研究水平的不断提升，研究机构发现香烟与肺癌及其他疾病有密切的联系，这一研究成果的发表，对消费者的吸烟偏好产生了负面影响，使香烟的需求曲线向内偏移。

虽然关于价格因素和非价格因素进一步影响香烟消费方面仍存在相当大的争议，但有一点是可以肯定的，即价格及其需求规律是不容忽视的。例如，美国国会预算办公室的一项研究估计，2012 年，每增加 1 美元的香烟税（每包）将促使 280 万成年吸烟者戒烟，到 2021 年，将挽救 20 000 人的生命，降低医疗成本，至少为联邦政府增加 800 亿美元的额外收入。

在本案例中，影响香烟需求变化的因素是除价格以外的其他因素，如安全火柴和广告活动等手段的出现影响了消费者的偏好，使香烟的需求曲线向右移动；而将香烟与肺癌和其他疾病联系起来的研究成果的发表对消费者的偏好产生了负面影响，使香烟的需求曲线向左移动，这些都属于需求的变化。

——根据 Edgar K. Browning 和 Mark A. Zupan 的图书 *Microeconomics：Theory & Applications* 翻译整理而得

案例 2.4

易腐商品的售卖

有些商品，尤其是一些食品，由于具有易腐的特点，必须在一定的时间内销售出去，否则销售者会蒙受经济损失。那么，对于这类商品的销售者来说，应该如何定价，才能既保证全部数量的商品在规定的时间内卖完，又能使自己获得尽可能多的收入呢？下面以夏天的鲜鱼为例分析这个问题。

夏天的鲜鱼要求在当天被卖掉。如果鲜鱼的销售者准确地知道市场上的消费者一天内在各个价格水平对其鲜鱼的需求数量，或者说，如果他能准确地了解市场一天内对其鲜鱼的需求曲线，便可以根据这一需求曲线及准备出售的全部鲜鱼的数量，来决定能使其获得最大收入的最优价格。

图 2-3 表示的是某鲜鱼销售者所面临的对他的鲜鱼的需求曲线。从图 2-3 中既定鲜鱼的需求曲线可以了解一天内在每一个价格水平上的鲜鱼需求数量，也可以反过来说，可以了解一天内在每一个鲜鱼的销售量上消费者所愿意支付的最高价格。假定销售者在一天内需要卖掉的鲜鱼数量为 Q_1，则他应该根据需求曲线将价格定在 P_1 的水平。这样，他就能使鲜鱼以消费者所愿意支付的最高价格全部卖掉，从而得到他所能得到的最大收入。

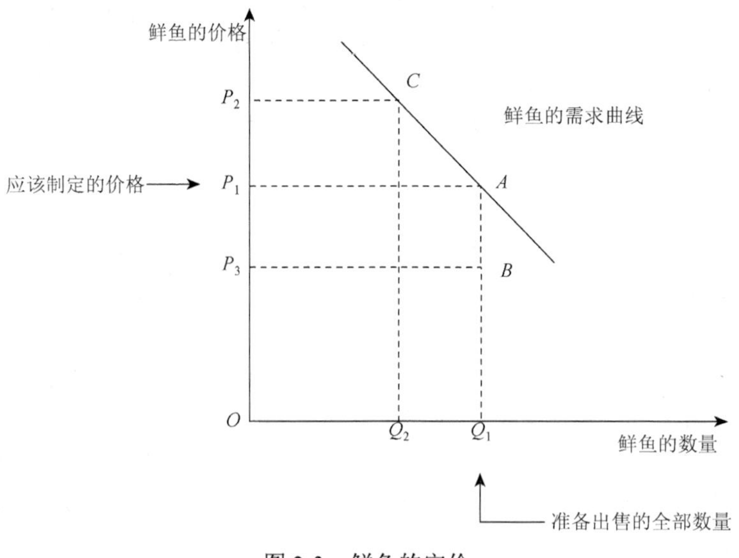

图 2-3 鲜鱼的定价

这是因为，根据鲜鱼的需求曲线，如果价格定得过高为 P_2，销售者将有 Q_2Q_1 数量的鲜鱼卖不出去。总收入的减少量相当于图中矩形 OP_1AQ_1 和 OP_2CQ_2 的面积之差；相反，如果价格定得过低为 P_3，销售者虽然能卖掉全部鲜鱼，但总收入却因单位价格过低而减少，减少量相当于图中矩形 P_3P_1AB 的面积。由此可见，对于准备出售的全部数量 Q_1 而言，唯有 P_1 的价格水平是能给销售者带来最大收入的最优价格。

第二节 供给理论与生活

一、供给的含义

供给与需求是相对应的概念。需求是消费者对商品和劳务的需求，需求的实现与满足来源于供给。而供给是生产者提供商品和劳务的供给，供给的内容与数量的归宿是需求。有人把需求看作目的，把供给看作实现目的的手段，这有一定的道理。供给要依靠生产，生产就是将生产要素组合起来制造商品与提供劳务的经营活动。

经济学中的供给是指生产者在某一特定时刻，对于某商品在各种可能的价格下，愿意出售，而且又有能够出售的该商品的数量。

理解供给的定义，要特别注意以下三点。

第一，供给为瞬时概念，它表示的是某一特定时期下存在的状态。

第二，供给表示存在的各种可能的价格与供给量之间的多个对应关系。

第三，供给是供给欲望和供给能力的统一。仅具备供给欲望，不具备提供商品的能力，不能形成真正的供给；同样，仅具备提供商品的能力，但生产者由于各种原因而不愿向市场提供商品，也不能形成真正的供给。

二、影响商品供给变动的因素

一种商品的供给取决于多种因素的影响，如生产者的生产目的或生产动机（是利润最大化、产量最大化还是销售收入最大化）、生产中使用的生产要素的价格、生产者对其他物品和劳务价格的预期、政府的政策等。

1. 生产商品的成本

假定在商品本身价格既定的情况下，生产商品的成本同生产者收益呈负相关，成本越低，收益越高，供给就会增加；反之，成本越高，收益越低，供给就会减少。

商品成本构成的因素有工资水平、生产技术水平、原料价格水平、工人技术熟练程度、经营管理水平等。任何一个因素变化都会影响商品成本，进而使商品供给发生变动。

2. 相关商品的价格

相关商品是指生产者使用同样的生产要素可以生产出两种不同的商品。假如一种商品的价格不变，而另一种商品的价格发生变化，该商品的供给量就会发生变化。某种商品的价格下降，生产者为减少损失就会生产或更多生产另一种商品。例如，农民耕种一块土地，可以生产棉花、小麦，若棉花价格降低，生产者就会多种小麦，引起市场上小麦供给的增加。

3. 生产者的技术水平

技术水平是决定商品供给的重要因素，技术水平的变化影响着生产者的生产和商品供给数量。技术水平不断进步和提高，会提高劳动生产率、机器设备的使用效率，不断降低成本，利润不断增加，从而使生产者在同一价格水平提供更多的商品，或者在较以前低的价格水平下提供相同数量的商品。所以技术水平与商品供给存在正相关关系。

4. 生产者的预期

生产者在做决策之前，一定要对市场情况进行分析和考察，而生产者对未来市场变化的预测会影响商品的供给状况。

一般认为，在一定时期商品供给取决于两个因素：生产者的产品拥有量与生产者保留价格。生产者的产品拥有量包括某一时期的商品存量与生产量，是一个受客观条件约束的极限量。而生产者保留价格是生产者对商品的一种主观估价，如果市场价格低于生产者保留价格，生产者宁愿储存也不销售，生产者保留价格是根据生产者对未来价格变化的预测形成的，对商品供给有重要影响。实际上保留价格还要受储存费用的影响。总之，生产者如果预期未来价格上升，储存费用较低，会减少商品供给量；反之，预期价格下降，储存费用较高，会增加商品供给量。

5. 其他经济因素

商品供给还受厂商目标、政府政策、银行利率、创新活动等因素的影响。经济学中一般都假设厂商的目标是利润最大化，最大利润决定厂商供给变化。有的学者怀疑而提出，厂商目标是产量最大，销售收益最大，或者是其他政治、社会道义目标，这都会影响供给。政府产业政策、财政政策的变化可以刺激生产、增加供给，也可以抑制生产、减少供给。

供给是不断变化的，影响供给变动的因素非常复杂。除上述因素之外，供给还受一个国家或地域政治形势、历史传统、社会风尚、文化背景、地理气候、国际市场行情等因素的影响。

三、供给的表示方法

市场上某种商品的供给是一种客观现象，经济学可以用供给表、供给函数和供给曲线三种方法来表示。

1. 供给表

供给表是指在一定时期内，市场中，在每一价格水平上，生产者愿意并且能够生产和销售某种商品数量的表。供给表分为个人供给表和市场供给表，见表 2-3。

表 2-3 个人供给表和市场供给表

价格和供给组合	价格/元	供给量				
		个人供给量				市场供给量
		甲	乙	丙	…	
A	6	6	12	19	…	5500
B	5	5	10	16	…	4700
C	4	4	8	13	…	3900
D	3	3	6	10	…	3100

续表

价格和供给组合	价格/元	供给量				
		个人供给量				市场供给量
		甲	乙	丙	…	
E	2	2	4	7	…	2300
F	1	1	2	3	…	1500

表 2-3 中表示某种商品价格和供给量的关系，随着价格不断提高，无论个人的供给量，还是市场的供给量都在不断增加，个人供给量的加总就是市场供给量。

从表 2-3 中还可以看出，随着价格的不同，供给数量也不同，较高的价格对应较高的供给量，较低的价格对应较低的供给量，二者呈正相关。

2. 供给函数

供给函数是指商品供给量和决定供给量的各种因素之间的关系。由于影响商品供给量的因素有很多，供给函数是一个多元函数，公式如下：

$$Q^s = f(P,C,\cdots,P_r,T,\cdots,P_f,O,\cdots)$$

式中，Q^s为某商品供给量；P为某商品价格；C为商品成本；P_r为相关商品价格；T为技术水平；P_f为生产者预期；O为其他因素。

微观经济分析中，通常把价格看作影响商品供给量最基本、最主要的因素，假定其他因素既定，价格作自变量，供给量作因变量，则公式为

$$Q^s = f(P)$$

3. 供给曲线

在图 2-4 中，纵轴表示单位商品价格，横轴表示生产者对某商品的供给量，在每一价格水平上，都有一个与其相对应的供给量。图 2-4（b）中可找出 *A*、*B*、*C*、*D*、*E*、*F* 六个各商品价格和供给量的组合点，将这些点连接起来，就构成一条供给曲线。个人供给曲线和市场供给曲线如图 2-4 所示。

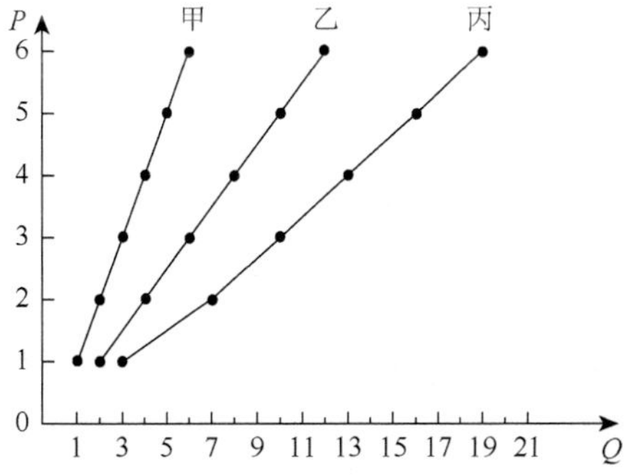

(a) 个人供给曲线

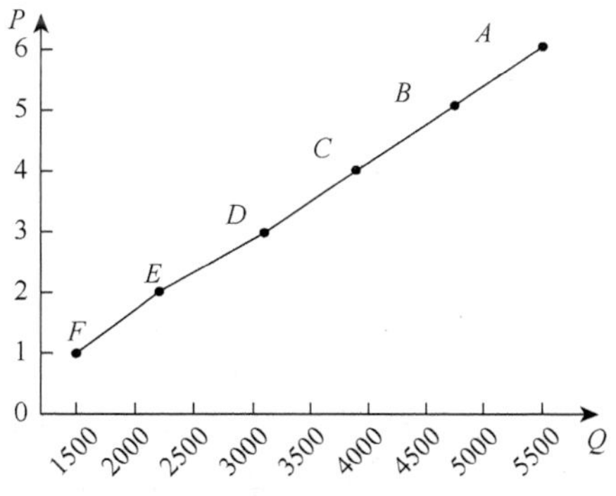

(b) 市场供给曲线

图 2-4　个人供给曲线和市场供给曲线

和需求曲线一样，供给曲线也是一条光滑的和连续的曲线，它建立在商品的价格和相应的供给量变化具有无限分割性的假设基础上。作为一般的供给曲线，它向右上方倾斜，表示商品价格和供给量呈同方向变动，供给曲线是用图形的形式表述供给的概念。

商品的供给量同其价格呈同方向变动。这种现象普遍存在，因而被称为供给定理，内容是：假定其他条件不变，某商品价格越高，生产者愿意并且能够提供的商品数量就越多；反之，价格越低，生产者愿意并且能够提供的商品数量就越少。商品价格和供给量之间呈正相关，商品供给量随价格的升降而增减，商品的供给量与价格是同方向变化，这就是供给规律。

4. 特殊的供给曲线

供给曲线一般是一条正斜率或者向右上方倾斜的曲线，但在复杂的现实经济活动中有些特殊情况，使得供给曲线也呈现出特殊形状。

第一种是水平的供给曲线，某种商品的价格保持在某一水平不变，个别厂商便会愿意并且能够充分供给市场的需要。这时供给曲线的斜率为∞，如饮料、食品等的销售。

第二种是垂直供给曲线，某种不能再多生产的商品或孤品、珍品，不论价格提高到什么水平，商品供给量也不能增加了，如在一定时期内土地的数量，不论地租水平多高，土地供给量也不会增加了。再如拍卖名画、古玩也是这种情况，供给曲线的斜率是零。

第三种是负斜率供给曲线，在经济生活中某些厂商在采用先进技术与工艺进行大规模生产时，生产成本会迅速递减，这时虽然商品价格降低，生产者仍旧愿意提供更多的商品。

第四种是向后弯曲的供给曲线（图 2-5），在某种商品市场上，当价格开始提高时，供给量会按一般规律增加；在价格上升到某一水平 OP_0 以后，价格再提高，供给量不增加反而减少。原因在于人们觉察到这是很值钱的商品或者不迫切需要货币而停止供给，甚至减少供给。例如，数量稀少的古董、名画、名贵邮票等珍品的供给。再如劳动力的供给，工资水平达到某一高度后，闲暇娱乐变得更有价值，而不随工资提高多供给劳动量。这些情况的供给曲线，先是正斜率后转为负斜率，成为向后弯曲的供给曲线。

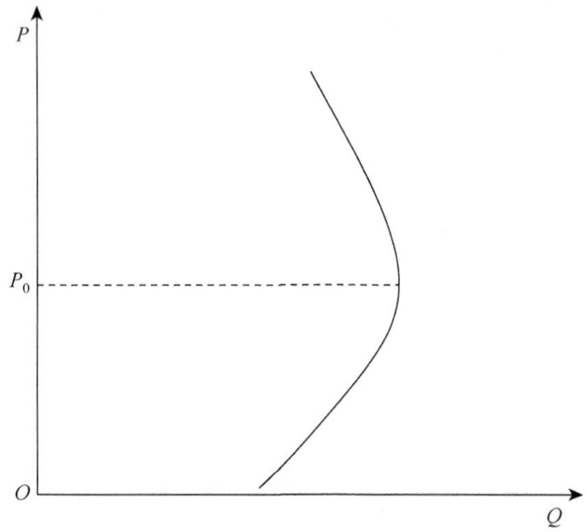

图 2-5 向后弯曲的曲线

四、供给量的变化和供给的变化

要分清市场上商品供给量的变化和供给的变化。根据供给定理，商品供给量是指在某一特定时期内，在某一价格水平下，生产者愿意并且能够提供的商品数量。供给曲线上每一点都代表某一特定价格和供给量的组合，价格涨落引起供给量增减，都表现为组合点在供给曲线上的移动。

如图 2-6 所示的供给曲线 *SS*，当价格在 OP_a 时，供给量为 OQ_a，如果价格下降到 OP_b，则供给量减少到 OQ_b，在 *SS* 上从 *A* 点移到 *B* 点，这就是供给量的变动，是由商品价格变化造成的。

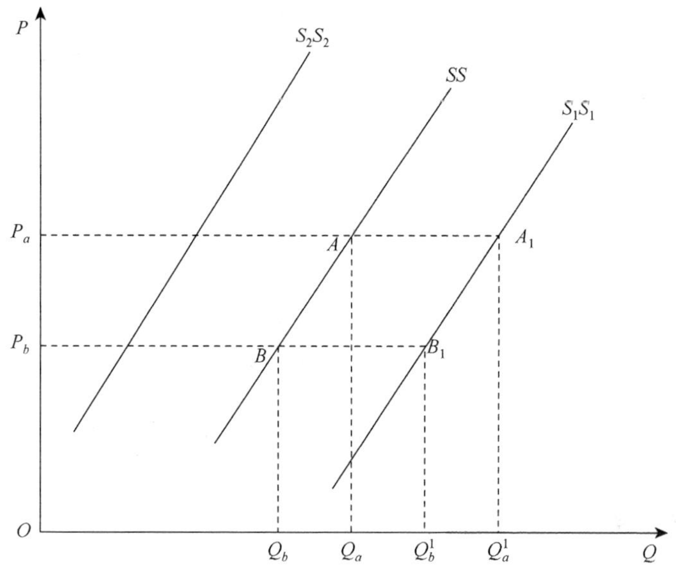

图 2-6　供给量的变化和供给的变化

供给变化是由于影响供给的其他因素出现变化，整条供给曲线出现位置移动。社会生产技术水平变化、生产成本与相关商品价格变化等都会使得在原来价格水平上，商品供给量发生变化，供给曲线位置移动。从 *SS* 移动到 S_1S_1，当价格为 OP_a 时，供给量由 OQ_a 增加到 OQ_a^1；当价格为 OP_b 时，供给量从 OQ_b 增加到 OQ_b^1。

综上所述，供给量的变化是指在同一条供给曲线上，价格的变化引起供给量的变化，表现为价格–供给量组合点在供给曲线上的移动。而供给的变化是影响商品供给变动的其他因素的变化，引起整条曲线上下左右的位置移动。如图 2-6 中原来供给曲线 *SS*，移动到 S_1S_1 或 S_2S_2，这是供给的变化，而供给量的变化是在 *SS* 上从 *A* 点到 *B* 点的移动。

五、生活中的经济学

案例 2.5

蜜蜂和冰淇淋的价格

近些年，成千上万的蜜蜂蜂群开始消失，这是蜂群系统紊乱崩溃的结果，美国大约有 1/3 的食物供应，包括大部分的水果、蔬菜和坚果，都是依靠蜜蜂授粉的，蜜蜂数量的下降威胁到了美国价值 150 亿美元的农作物生产。蜜蜂授粉的减少造成了草莓、覆盆子和杏仁儿的供给减少，从而导致冰淇淋原料价格的上升。莓类和坚果类商品价格的上升，使得许多商品的生产成本上升，如冰淇淋等，也导致了这些商品的价格上升。

原材料中莓类和坚果的价格上升，提高了冰淇淋的生产成本，使其供给曲线向左移动，供给数量大幅下降。

案例 2.6

美国风力发电的快速发展

近些年风力发电量在显著增加。2000～2006 年，美国的风力发电总量从 620 百万瓦特增加到了 9200 百万瓦特，足以满足 240 万居民的用电。同期风力发电的价格从每度 50 美分下降到了每度 4 美分。一些风力发电机设计上的革新包括用大型、慢速运转叶片替换小型、快速旋转翼，更新监控系统，通过对叶片方向及角度的精确把握，更有效地利用风能等技术革新措施，降低了发电成本，使得供给曲线向右下方移动。供给曲线的移动降低了均衡价格，提高了均衡产量。

风力发电的发展和革新使得风能与传统发电能源（如煤炭、天然气）相比变得更加具有竞争力。天然气和煤炭发电的价格是每度电 2 美分；风力发电商可以获得每度电 2 美分的联邦税收优惠，使得风力发电的实际价格接近传统能源发电的价格。

新科技的应用可能会节约一种商品的原材料，或者提高生产效率，或者使用新材料生产同样的商品，这样都会达到降低成本的目的，使得供给曲线向右下方移动，从而均衡价格下降。根据供求规律：供给增加时，均衡价格下降，均衡数量增加；供给减少时，均衡价格上升，均衡数量减少。

——根据《生活中的经济学》（亚瑟·奥沙利文、史蒂文·M. 谢夫林、斯蒂芬·J. 佩雷斯著，刘春生、田广才、李颖译，2013 年，中国人民大学出版社出版）中的案例整理而得

第三节　均衡价格与生活

一、均衡价格的概念

“均衡”一词来自拉丁语 aequilibrum，是“相等”“平衡”的意思，原来是物理学中的一个概念，即某物体受到两个方向相反的外力作用，如果两个力正好相等，这个物体会处于静止状态，称均衡状态，简称均衡。经济学中的均衡是指经济中各种对立的、变化的经济力量处于一种均衡静止不再变化的状态。最先把均衡引进经济学的英国经济学家马歇尔（A. Marshall，1842～1924 年）曾说：“这种均衡是和一条弹线所系的一块石子或一个盆中彼此相依的许多小球所保持的机械均衡大体上相一致的。”均衡一旦形成之后，如果有一个力量使它离开原来的均衡位置，就会有其他力量使它恢复均衡。均衡总是有条件的，条件变化，原来的均衡就会发生变化。在社会经济发展中，从动态视角观察，就是旧均衡破坏和新均衡建立的连续过程。

均衡价格是指某商品需求量和供给量、需求价格和供给价格相等时的市场价格。马歇尔说：“当需求价格等于供给价格时，产量没有增加或减少的趋势，它就处于均衡状态之中。”所以，均衡价格就是消费者愿意并能够购买的某商品的需求量正好等于生产者愿意并能够提供的某商品的供给量，或者说均衡价格是对某一定量商品来说，消费者愿意支付的价格正好等于生产者愿意接受的价格。

我们可以把需求曲线和供给曲线合在一个坐标图上，看均衡价格和均衡数量是如何被确定的。

图 2-7 中纵轴表示价格，横轴表示商品数量（需求或供给），需求曲线 D 与供给曲线 S 相交于 E，E 决定的 OP_e 是均衡价格，OQ_e 是均衡数量。如果以 P_D 与 P_S 分别表示需求价格与供给价格，以 Q_D 与 Q_S 分别表示需求量与供给量，那么根据上述内容有下式：

$$P_D = P_S = P_e$$

即需求价格等于供给价格等于均衡价格。

$$Q_D = Q_S = Q_e$$

即需求量等于供给量等于均衡数量。

二、均衡价格的形成

均衡是相对静止并非永远不变，当供给与需求出现变动时，均衡就会遭到破坏，市场价格就会背离均衡价格。由于供求的相互作用，或市场机制的自发调节，在偏离均衡后，会出现自动恢复均衡的趋势，达到新的均衡。

均衡价格是通过市场供求关系的自发调节而形成的。现在假定某商品市场是完全竞争的市场，根据需求定理与供给定理，如果均衡状态遭到破坏，某商品市场价格高于均衡价

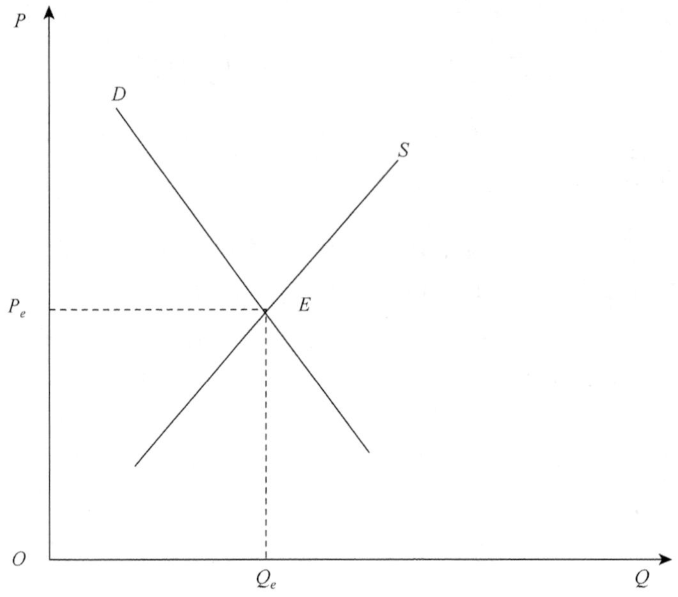

图 2-7 均衡价格

格，供给要增加，需求要减少，供给会大大超过需求，出现过剩的供给必然会引起供给者（生产者或卖者）之间的激烈竞争，于是产生一个把价格压低的力量，价格会降下来，随之需求量就增加，而供给量却减少，使供给与需求趋于相等直到均衡为止；如果均衡遭到破坏，某商品市场价格低于均衡价格，需求要增加，供给要减少，需求会大大超过供给，出现过度的需求必然会引起需求者（消费者或买者）争相购买，于是产生一个把价格抬高的力量，价格就要上升，随之供给量增加，而需求量却会减少，使需求与供给的差额逐渐缩小，一直达到二者相等实现均衡为止，见表 2-4。

表 2-4 市场均衡形成过程

需求量	价格/元	供给量	备注
20 000	6	80 000	价格下降
30 000	5	70 000	价格下降
40 000	4	60 000	价格下降
50 000	3	50 000	均衡价格和均衡数量
60 000	2	40 000	价格上升
70 000	1	30 000	价格上升

总之，需求、供给和价格三者相互影响、相互依存、相互作用，不论从何种状况出发，只要最终需求与供给的双方力量达到均衡，需求量正好与供给量相一致，商品的价格水平稳定下来，市场在供求交互作用与价格自发调节下，便进入均衡状态。

用图 2-8 说明均衡价格和均衡数量的形成过程。图 2-8（a）是出现过剩供给的状况，需求曲线 *DD* 与供给曲线 *SS* 相交于 *E* 点，*E* 是均衡点，P_e 与 Q_e 是均衡价格与均衡数量。

在市场价格是 P_1 时高于均衡价格 P_e，在 P_1 价格水平下，需求量为 QD_1，供给量为 QS_1，$OQS_1>OQD_1$，出现过剩的供给 QD_1QS_1，即 AB 段，生产者竞相争卖使价格开始下降，于是需求量沿 DD 曲线从 A 点向 E 点移动而不断增加，供给量沿 SS 曲线从 B 点向 E 点移动而逐渐减少，一增一减，直到 A 点、B 点都移到 E 点，市场实现均衡。

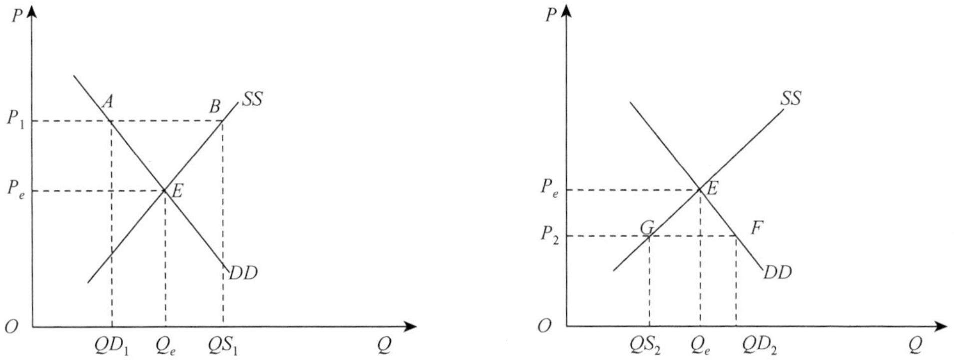

(a) 过剩供给　　(b) 供给短缺

图 2-8　均衡价格和均衡数量的形成

图 2-8（b）是出现供给短缺的状况，需求曲线 DD 与供给曲线 SS 相交于 E 点，E 点确定的均衡价格 P_e，均衡数量 Q_e。当市场价格为 P_2 低于均衡价格 P_e 时，由价格 P_2 决定的需求量为 QD_2，而供给量为 QS_2，则 $OQS_2<OQD_2$，形成过剩需求或供给短缺，商品供不应求，消费者争相购买，使价格逐渐上涨，随着价格上升，需求量沿 DD 曲线从 F 点向 E 点移动而逐渐减少，供给量沿 SS 曲线从 G 点向 E 点移动而不断增加，一减一增，直到 F 点、G 点都移到 E 点，市场实现均衡。

从上面分析可知，在市场达到均衡状态时，需求价格和供给价格相等，需求量和供给量相等，价格既不升也不降，供求数量既不增加也不减少，过剩供给和过剩需求也都消失。

三、均衡价格的变动

前面介绍了影响商品需求和供给的因素，除商品本身价格之外，还有许多其他因素，这些因素发生变化，需求和供给就会发生变化，需求曲线或供给曲线也会跟随着发生移动，原来市场处于的均衡状态被打破，均衡价格和均衡数量都要发生变化。需求和供给的变化影响均衡价格和均衡数量，有如下几种情况。

1. 需求变动影响均衡

假设供给不变，当需求增加时，均衡价格上升，均衡数量增加；当需求减少时，均衡价格下降，均衡数量减少。

如图 2-9 所示，需求曲线 D_0D_0 与供给曲线 SS 相交于 E_0 点，决定的均衡价格为 OP_0，均衡数量为 OQ_0。假定供给不变，如果消费者的收入水平提高或存在替代关系的其他商品价格上涨，引起其对某商品的需求增加，使整条需求曲线 D_0D_0 向右上方移动，从 D_0D_0 移到 D_1D_1，D_1D_1 与不变的供给曲线 SS 相交于 E_1 点。于是均衡点从 E_0 点沿着供给曲线 SS 向上移到 E_1 点，E_1 点决定了新的均衡价格为 OP_1，新的均衡数量为 OQ_1，即 $OP_1>OP_0$，$OQ_1>OQ_0$。这就说明，在供给不变的条件下，由于需求的增加，均衡价格比以前提高，均衡数量比以前增加。

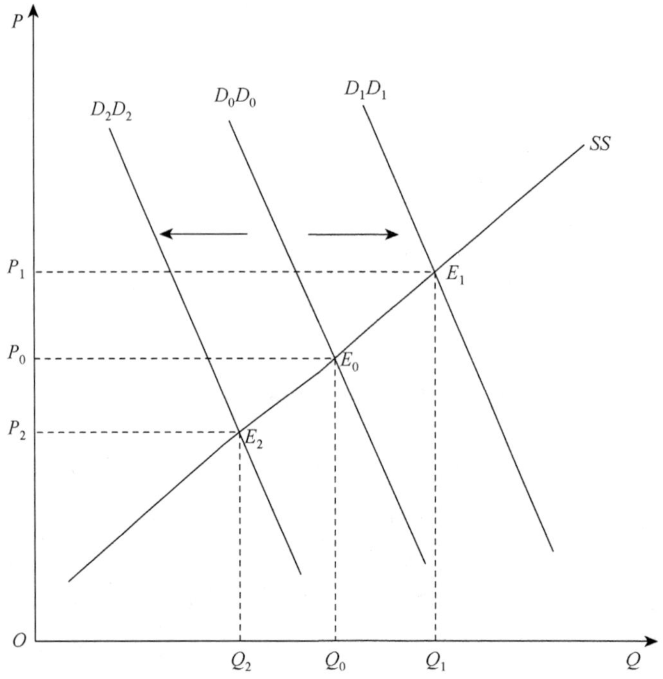

图 2-9 需求变动影响均衡

反之，在供给不变时，如果消费者收入水平较低或有些替代商品的价格下降，不论在什么价格水平上，需求量也会比以前减少，使整条需求曲线 D_0D_0 向左下方移动，从 D_0D_0 移到 D_2D_2，D_2D_2 与不变的供给曲线 SS 相交于 E_2 点。于是均衡点从 E_0 点沿着供给曲线 SS 向下移到 E_2 点，E_2 点决定了的新均衡价格为 OP_2，新的均衡数量为 OQ_2，即 $OP_2<OP_0$，$OQ_2<OQ_0$。这就说明，在供给不变的条件下，由于需求的减少，均衡价格比以前下降，均衡数量比以前减少。

由此可以看出，若供给不变，需求的变化与引起的均衡价格和均衡数量的变动是同方向的，呈正相关。

2. 供给变动影响均衡

假设需求不变，当供给增加时，均衡价格下降，均衡数量增加；当供给减少时，均衡价格上升，均衡数量减少。

如图 2-10 所示，需求曲线 DD 与供给曲线 S_0S_0 相交于 E_0 点，决定的均衡价格为 OP_0，

均衡数量为 OQ_0。假设需求不变，如果生产者改进了生产工艺与技术，引起供给增加，使整条供给曲线 S_0S_0 向右下方移动，从 S_0S_0 移到 S_1S_1，S_1S_1 与不变的需求曲线 DD 相交于 E_1 点。于是均衡点从 E_0 点沿着需求曲线 DD 向下移到 E_1 点，E_1 点决定了新的均衡价格为 OP_1，新的均衡数量为 OQ_1，即 $OP_1 < OP_0$，$OQ_1 > OQ_0$。这就说明，在需求不变的条件下，由于供给的增加，均衡价格比以前下降，均衡数量比以前增加。

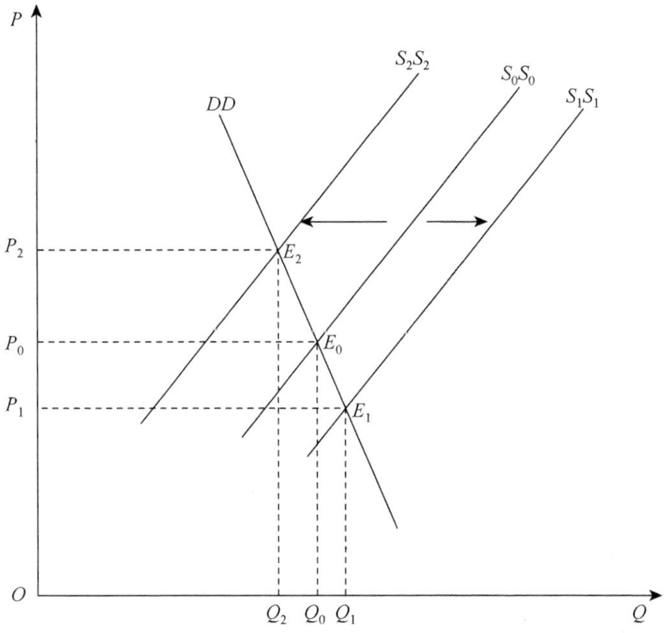

图 2-10　供给变动影响均衡

反之，在需求不变时，如果生产者在生产中投入的生产要素价格上涨，会引起供给减少，使整条供给曲线 S_0S_0 向左上方移动，从 S_0S_0 移到 S_2S_2，S_2S_2 与不变的需求曲线 DD 相交于 E_2 点。于是均衡点从 E_0 点沿着需求曲线 DD 向上移到 E_2 点，E_2 点决定了新的均衡价格为 OP_2，新的均衡数量为 OQ_2，即 $OP_2 > OP_0$，$OQ_2 < OQ_0$。这就说明，在需求不变的条件下，由于供给的减少，均衡价格比以前上升，均衡数量比以前减少。

由此可见，若需求不变，供给的变动与所引起的均衡价格的变动方向相反，而与均衡数量的变动方向相同。

3. 供求同增减影响均衡

在需求和供给同时增加或减少时，均衡数量将随其同时增加或减少，但均衡价格的变化取决于供给和需求变动的相对量，会出现三种情况：上升、下降、维持原来水平。

如图 2-11 所示，需求曲线 DD 与供给曲线 SS 相交于 E_0 点，均衡价格为 OP_0，均衡数量为 OQ_0。假如供给和需求同时增加，供给曲线从 SS 移到 S_1S_1，需求曲线从 DD 移到 D_1D_1，这时均衡点由 E_0 点变动到 E_1 点，E_1 点决定新的均衡价格为 OP_1，新的均衡数量为 OQ_1，则 $OP_1 = OP_0$，$OQ_1 > OQ_0$，这表明均衡数量比以前增加，而均衡价格却没有变化。假如需求曲线移动的幅度小于供给曲线移动的幅度，如把需求曲线 DD 移到 D_2D_2，与 S_1S_1 相交于 E_2 点，E_2 点决定新的均衡价格为 OP_2，新的均衡数量为 OQ_2，则 $OP_2<OP_0$，$OQ_2>OQ_0$，这表明均衡价格比以前减少，均衡数量比以前增加。假如需求曲线移动的幅度大于供给曲线移动的幅度，如把需求曲线 DD 移到 D_3D_3，与 S_1S_1 相交于 E_3 点，E_3 点决定新的均衡价格为 OP_3，新的均衡数量为 OQ_3，则 $OP_3>OP_0$，$OQ_3>OQ_0$，这表明均衡价格比以前增加，均衡数量比以前增加。

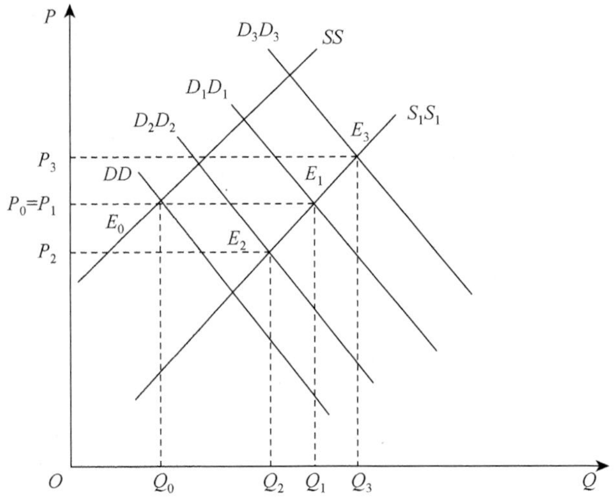

图 2-11　供求同增减影响均衡

4. 供求相反变动影响均衡

假如需求和供给同时向着相反的方向变动，均衡价格总是按照需求的变动方向变动，而均衡数量的变动取决于供求双方变动的相对比例，会出现三种情况，即增加、减少、维持不变。

如图 2-12 所示，供给曲线 SS 与需求曲线 DD 相交于 E_0 点，E_0 点决定的均衡价格为 OP_0，均衡数量为 OQ_0。假如需求增加而供给减少，需求曲线从 DD 移到 D_1D_1，供给曲线从 SS 移到 S_1S_1，均衡点从 E_0 点移到 E_1 点，E_1 点决定新的均衡价格为 OP_1，高于原来的均衡价格 OP_0，而均衡数量由 OQ_0 增加到 OQ_1。但是，假如需求或供给有一方移动的幅度小于或大于 D_1D_1 或 S_1S_1，那么均衡数量就会发生变动，即大于或者小于 OQ_1。假如需求减少而供给增加，也会出现类似情况。

四、供求定理

经济学把由供求变化引起的市场价格波动现象称为供求定理（law of supply and demand），并认为市场的一切交易活动和价格变动都受这一定理的支配。供求变化对均衡的影响千变万化，实际就是需求、供给、价格三个变量的关系，单方变动会出现 4 种情况，双方同时变动，由于变动方向、变动幅度的不同会出现 12 种情况，如表 2-5 所示，↑表示增加、上升，↓表示减少、下降，—表示不变。

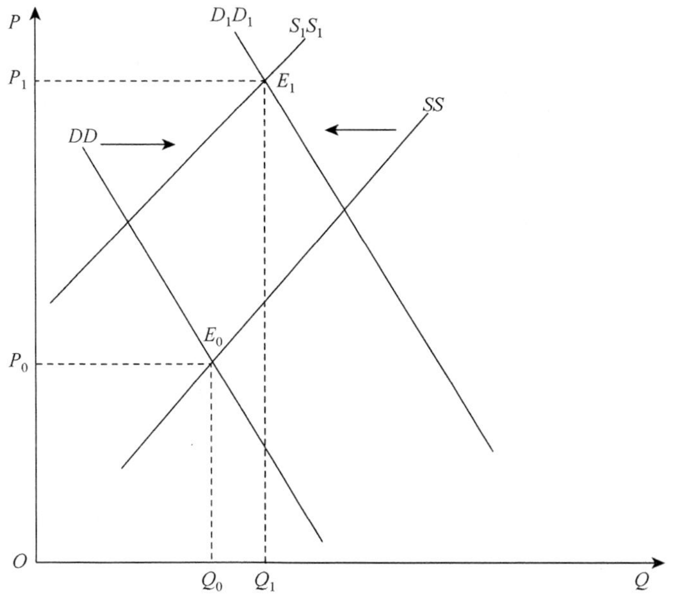

图 2-12 供求相反变动影响均衡

表 2-5 供求变动对均衡的影响

序号	假设条件			供求变动状况	P 趋势	Q 趋势
1	单方变动	供给不变		需求增加	↑	↑
2				需求减少	↓	↓
3		需求不变		供给增加	↓	↑
4				供给减少	↑	↓
5	双方变动	反方向	幅度相等	需求增加等于供给减少	↑	—
6				需求减少等于供给增加	↓	—
7			幅度不等	需求增加大于供给减少	↑	↑
8				需求增加小于供给减少	↑	↓
9				需求减少大于供给增加	↓	↓
10				需求减少小于供给增加	↓	↑
11		同方向	幅度相等	双方增加幅度相等	—	↑
12				双方减少幅度相等	—	↓
13			幅度不等	需求增加大于供给增加	↑	↑
14				需求增加小于供给增加	↓	↑
15				需求减少大于供给减少	↓	↓
16				需求减少小于供给减少	↑	↓

经济学中供求定理是指除商品本身价格之外，影响商品需求或供给的任何一个因素变化，所引起的需求或供给的变化。在图形中反映出来的就是需求曲线或者供给曲线的位置移动，影响均衡状态。

从表 2-5 的分析中引申出下面的结论。

第一，需求的增加会引起均衡价格上升，需求的减少会引起均衡价格下降。

第二，需求的增加会引起均衡数量增加，需求的减少会引起均衡数量减少。

因此，需求的变动会引起均衡价格和均衡数量同方向变动。

第三，供给的增加会引起均衡价格下降，供给的减少会引起均衡价格上升。

第四，供给的增加会引起均衡数量增加，供给的减少会引起均衡数量减少。

因此，供给的变动与均衡价格呈反方向变动，而与均衡数量呈同方向变动。这就是经济学中的供求定理。

供求定理是市场价格运动的基本规律。在它的支配下，一切交易和价格变动都自然有序地进行着，这就是自由竞争的市场规则。事实上，均衡价格既是市场上商品需求与供给相等时的价格，又是各种生产要素和资源供求均衡的反映。因此，价格理论构成了微观经济学的核心。微观经济学要解决的问题是资源配置问题，资源配置则是以价格为指示和向导的。在价格的导引下，资源得到有效配置。通过市场交易需求获得满足，商品实现销售，市场达到一个和谐的均衡，这就是均衡价格的作用。

五、生活中的经济学

在市场经济活动中，商品的供给和需求决定价格，商品价格引导和调节商品的供给和需求。供求和价格理论可以分析市场经济状态与趋势，提供经济信息和统计资料，为国家实现稳定物价和繁荣市场做出决策服务。

供求与价格理论广泛应用于现实经济问题的研究，主要体现在政府的价格管制政策方面。

案例 2.7

支持价格政策

支持价格政策是政府为了扶植某一行业的发展而规定的该行业产品的最低价格。在西方国家，农业是接近于完全竞争的生产部门，农产品价格是由整个市场的供求关系决定的，从长期考察来看，农产品价格变动对农业生产有不利影响。例如，在风调雨顺、气候良好时，农产品丰收会使农产品价格下降，这样就会抑制农业部门的生产发展；从短期来看，这有利于供求平衡，但农业生产受自然条件制约，生产周期比较长，在农产品需求增加以后，农产品并不会迅速增加，从而给社会经济造成不稳定的影响。所以供求关系引起的农产品价格波动，不利于农业及整个经济的稳定发展，农业生产发展需要一种稳定的价格。另外，由市场供求力量决定的价格也能给社会带来不良的影响。因此，为了维护农业生产者的利益和维持经济社会的稳定，政府必然要在控制市场价格方面发挥干预和调节作用。

例如，某农产品市场，如图 2-13 所示。

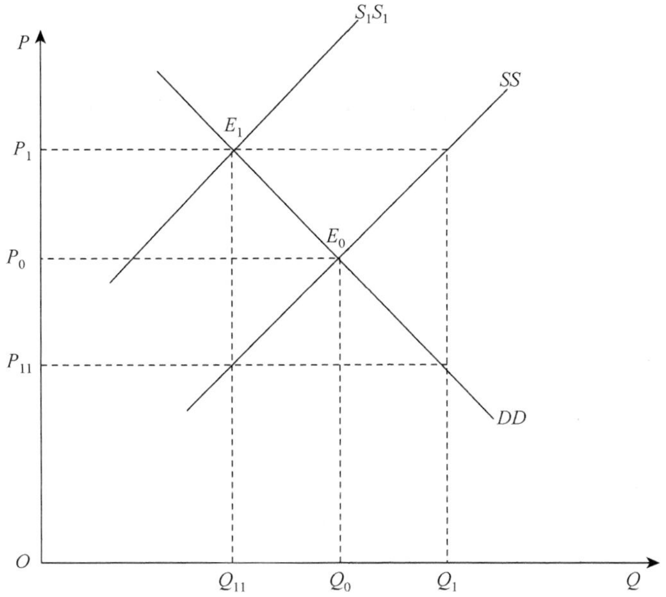

图 2-13　支持价格和过剩产品

在没有政府干预时，市场的供给曲线 SS 与需求曲线 DD 相交于 E_0 点，决定均衡价格为 OP_0，均衡数量为 OQ_0，政府为扶植农业生产规定了支持价格为 OP_1，并要求买卖双方按 OP_1 价格成交，这时供给大于需求，存在过剩产量。那么怎样处理过剩产品呢？有以下三种方法。

第一，政府收购过剩产品。按照支持价格 OP_1，政府收购全部过剩产品，可以用于外援、外销、储存，甚至销毁掉。这时，由于政府的支持价格，农产品生产者获得较高利益，而消费者受到损害，政府为收购过剩产品增加开支，加重政府的财政负担。

第二，政府弥补价格差额，从图 2-13 可以看出，在支持价格 OP_1 下，生产者愿意提供的农产品是 OQ_1，而购买 OQ_1 农产品，消费者愿意支付的价格为 OP_{11}，这时政府以 OP_1 价格收购全部农产品，并以较低价格 OP_{11} 转售给消费者，政府就贴补了生产者与消费者之间价格的差额，因此政府必须增加开支。这种做法使生产者和消费者都获得利益，政府增加开支的最终来源是税收，最终还是“羊毛出在羊身上”。

第三，限制种植，管制产量。政府采取供给管制方法，缩小耕种面积，减少农产品生产量。这样供给曲线由 SS 移动到 S_1S_1，S_1S_1 与原来的需求曲线交于 E_1 点，市场均衡价格为 OP_1，均衡产量为 OQ_{11}。在一般情况下，农产品的需求不会有较大改变，由此，生产者的收益总量必然随着限制产量的价格提高而增加。但是，限制产量一方面会造成资源利用率降低，政府还要向被限制种植者派发补贴，另一方面消费者会因农产品价格的上升遭受损失。

政府实行支持价格政策有如下两种形式。

一是缓冲库存法。全部农产品由政府购买，在供大于求时增加库存或出口；在供小于求时减少库存，这样使农产品价格维持在政府确定的支持价格水平上。

二是稳定基金法。某种农产品由政府或其代理人按支持价格购买，不建仓库，不进行库存调节，而是供大于求时低价出售，求大于供时高价出售。收买按支持价格保持稳定，但销售价格不稳定。

农产品支持价格政策实行半个多世纪以来，大大促进了农业生产的发展。一是稳定农业生产，减轻了经济危机对农业的冲击；二是适应市场需求，有利于调整农业内部结构；三是增加农业投资，推动劳动生产率提高和农业现代化发展。但其弊端在于使政府财政负担加重。

案例 2.8

限制价格政策

限制价格政策是政府为防止市场供不应求造成价格上涨而规定某商品最高价格的政策。限制价格一般都低于由市场供求关系所决定的均衡价格，也称冻结物价政策。限制价格政策的对象多为生活必需品和某些劳务。在图 2-14 中，由供求决定的均衡价格为 OP_0，均衡数量为 OQ_0。在这种状况下，低收入者难以承担，政府为制止过高的物价，规定了限制价格为 OP_1，即 $OP_1<OP_0$，限制价格低于均衡价格。这时，市场需求量为 OQ_{11}，供给量为 OQ_1，需求大于供给，短缺差额为 $Q_{11}Q_1$。

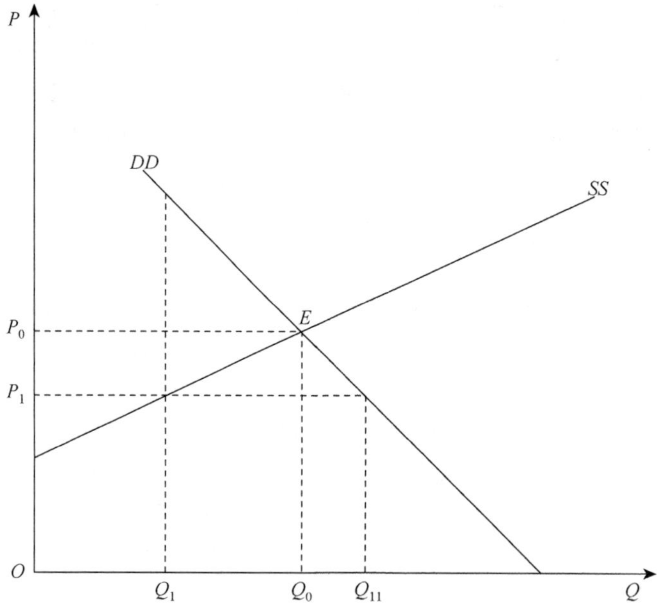

图 2-14 限制价格和产品短缺

限制价格政策虽有利于社会安定和社会公平，但会带来如下几个方面的不良影响。

一是不利于生产发展。价格水平较低，不能有力刺激与促进生产的发展，使产品长期处于短缺状态。

二是会造成严重浪费，由于价格水平低，不利于抑制人们的需求，虽然资源生产缺乏，但人们不会节省反而会造成浪费。

三是败坏社会风气。由于供不应求的商品短缺，会出现排队抢购、黑市交易泛滥、拉关系走后门、商品强行搭配销售、投机倒把、转手倒卖等难以禁止的现象，这就严重损害了消费者利益，污染和败坏了社会风气。

长期实行限制价格政策弊多利少，不为社会所接受。经济学认为使用限制价格或者冻结物价的方法，只能作为战争、饥荒时的紧急措施，和平时期不能采用。在供给不足时，应该让价格自身来调节供求。价格上升就会刺激供给和抑制需求，价格下降时就会刺激需求和抑制供给，最后会使供求达到均衡。

案例 2.9

兰州拉面限价合理吗?

牛肉拉面——兰州最为著名的风味小吃、最具特色的大众化经济小吃，更是兰州市民每日必备的早餐。2007 年 6 月 26 日，兰州市物价局、工商局等五部门联合出台文件，根据经营环境、技术力量、服务水平和饭菜质量等，把该市的拉面馆（店）划分为特级、一级、二级、普通级四个级别，并限制每个级别的最高售价。同时规定兰州市普通级牛肉拉面馆的大碗牛肉拉面不得超过 2.5 元，小碗与大碗的差价为每碗 0.2 元。

据《北京商报》报道，此次兰州市政府部门对牛肉面进行限价，是针对前期兰州拉面馆的涨价行为做出的规定。2007 年 5 月中旬兰州市西固区的拉面馆开始涨价，在此之后兰州市的牛肉面馆出现了大范围的涨价行为。“涨价也是迫不得已。”兰州著名牛肉拉面连锁店“黄师傅”总部的张女士介绍，当时生牛肉已从原来的 8 元/斤涨到了 10 元左右，拉面从 7.8 元/斤涨到了 9 元，清油从原来的 3.8 元/斤涨到了 4.8 元/斤，而店内员工的最低工资还是 500 元。“黄师傅”加盟店的牛肉拉面已经于 6 月 23 日起涨价，大碗由原来的 2.5 元涨至 3 元，小碗由原来的 2.3 元涨至 2.8 元。“黄师傅”的加盟商张经理认为：“目前牛肉拉面的涨价幅度与成本上涨的幅度相比，已经算是很低了。牛肉拉面的利润已经非常微薄了，政府的限价是行不通的，我们不能做赔本的生意啊。”

兰州市牛肉拉面的消费者大多是普通市民，80%的市民早餐消费的是牛肉拉面，而且早餐吃牛肉拉面的消费者大多月收入在 1000～5000 元。政府限价后兰州市民反应不一，有的市民认为是好事情，有利于保障居民的生活水平，而有些市民认为原材料的涨价必然会带来牛肉成本的上升，面馆涨价也是必然，同时也能接受。还有一些市民认为政府限价后，牛肉拉面馆为了实现盈利有可能降低牛肉拉面的质量。

但是在实行限价后，西固区已经调价的牛肉拉面馆受到了一定影响，部分牛肉拉面馆的经营者分别向兰州市物价局、西固区物价局反映，限价对西固牛肉拉面影响很大，不利于牛肉拉面的整体发展。另有业内人士预计，如果当地政府严格实施限价令，要么会出现牛肉拉面馆降低质量的现象，要么会有一批牛肉拉面馆倒闭。而政府层面、学者层面也对这一限价政策提出了质疑，认为其政策的出台并不符合市场规律，势必会带来负面的影响。

——根据《公共经济学案例——兰州市政府限价》(https://wenku.baidu.com/view/a8b80afd700abb68a982fbb9.html，2020 年 12 月 15 日)，以及《北京商报》报道综合整理而得

案例 2.10

2014 年国际石油价格为什么暴跌？

2014 年国际油价下降之迅猛是令人吃惊的，用“暴跌”一词来形容绝不言过其实。在国际原油交易市场上有两个主要的基准价格指标：一个是美国纽约商业交易所的西得克萨斯中质（West Texas intermediate，WTI）原油价格，另一个是英国伦敦国际石油交易所的北海布伦特原油价格，它们通常被分别简称为 WTI 原油价格和布伦特原油价格。根据中宇资讯公布的数据，WTI 原油价格从 2014 年 6 月 20 日的每桶 107.26 美元的年内高价位持续下跌，仅半年时间就暴跌腰斩至当年 12 月 18 日的每桶 54.11 美元，创近五年新低。此暴跌行情继续迅速发展，到 2015 年初 WTI 原油价格便跌破每桶 50 美元，2015 年 1 月 28 日居然下探到每桶 44.45 美元，更创自 2009 年以来新低。同期，布伦特原油价格也同样暴跌不止，布伦特原油价格从 2014 年 6 月 19 日的每桶 115.06 美元，在半年内便跌穿每桶 60 美元，暴跌至当年 12 月 18 日的每桶 59.27 美元；此暴跌行情持续到 2015 年 1 月 13 日，布伦特原油价格深跌到每桶 46.59 美元。布伦特原油价格也分别在 2014 年底和 2015 年 1 月创下了近五年新低和近六年新低。也就是说，自 2014 年 6 月中旬以来，在大约 7 个月的时间内，国际原油价格下跌了约 60%，即 WTI 原油价格的跌幅为 58.56%，布伦特原油价格的跌幅为 59.51%。国际原油价格的暴跌引发世界恐慌，并使得欧美等一些国家和地区的能源及相关公司的股票狂泻、股指下跌。

到底是什么原因导致了自 2014 年 6 月中旬以来国际原油价格的暴跌呢？这次国际原油价格暴跌是错综复杂的各种因素相互作用的结果，面对这一复杂的经济现象，我们可以运用供给和需求分析作为基本框架来寻找问题的答案。从整体来说，全球石油供给量大幅度超过需求量，即全球石油市场的供给严重过剩，是此轮原油价格暴跌的根本原因。下面从供给和需求两个角度进行具体分析。

先看供给方面。由于石油是不可再生能源，美国作为世界上最大的石油生产国和出口国，自 20 世纪 70 年代以来石油产量逐步下降，探明石油储量不足，石油进口量越来越大。在 2008 年中期，国际原油价格已高达每桶 147 美元。正是在人们普遍为石油资源短缺甚至枯竭担忧的背景下，一项开采天然气和原油的技术创新在美国开始了。这项创新包括两项开发油气的新技术，即水力压裂法和水平井钻井开发技术，美国由此开始了对页岩气和页岩油的大规模开采。受益于这场技术创新，美国的页岩气产量逐步攀升，到 2014 年页岩气产量占其天然气总产量的一半左右，美国超越俄罗斯，成为世界第一大天然气生产国。紧接着，美国的页岩油产量开始大幅攀升，到 2014 年底美国的原油产量比 2008 年增长了 80%，每天增加的 410 万桶原油量大于除沙特阿拉伯以外任何一个欧佩克成员国（即石油输出国组织）的产量。此外，在美国页岩油高产低价的打压下，另一个世界产油大国加拿

大则大幅增加油砂产量，并急剧扩大油砂的出口量。与此同时，随着新技术带来油气产量的大幅增加，一些国家的石油库存也在不断增加，尤其是作为油气生产大国的美国，石油库存更是持续地超预期增加。总之，在以上各因素的作用下，无论是原油产量还是原油库存量，都给世界原油市场的供给带来了巨大的过剩风险。

再看需求方面。到 2014 年，欧洲和日本经济仍然没有起色，全球经济仍然复苏乏力。作为新兴发展大国的中国，处于经济结构升级、经济增长速度放缓的阶段，对原油的需求不会过分增长。也就是说，全球经济的基本情况制约了世界石油需求的增加。此外，近些年，随着世界范围内对新能源开发的迅猛发展，人们增加了对太阳能、风能等可再生能源及核能的利用，这也在一定程度上构成了对原油需求的替代。

综上所述，在世界原油市场上，一方面是供给的强劲增加，另一方面是需求的疲软不振，由此造成世界原油市场的供给持续过剩和积累，这是引爆这次国际原油价格暴跌的根本原因。除此之外，美元的逐步走强、国际投机资本的趁机炒作、对油价的悲观疑虑预期，以及世界重要石油产区中东形势的动荡变化等因素，都对原油价格的暴跌起到了推波助澜的作用。

在供给大于需求的情况下，占到全球石油产量 1/3 的欧佩克成员国，其巨大的石油生产能力对国际原油价格的变动起到举足轻重的作用。但是，面对国际油价暴跌的态势，欧佩克成员国在 2014 年 11 月决定继续坚持其保持日产量稳定的做法，而不是减少产量提振油价。其目的在于维持其在世界石油市场的份额和地位，并以此保持卖油的巨额收入。市场上供需之间的不均衡状态进一步加剧，从而导致了国际油价的进一步暴跌，最终形成了 WTI 原油价格和布伦特原油价格的“腰斩”。

第三章　弹性理论与生活

引言：谷贱伤农

“谷贱伤农”出自《汉书·志·食货志》。“籴甚贵伤民，甚贱伤农。民伤则离散，农伤则国贫”是由来已久的古训。

农产品进入“丰产年”，一方面是因为风调雨顺的天气有助于农作物普遍丰收；另一方面是因为技术的不断改良，以及种植面积不断扩大。农产品丰收导致产品滞销，价格暴跌，农民忧心，收入下降，甚至不少农民产生“心忧炭贱愿天寒”的心理。对于肩负经济效益和社会效益的农产品来说，丰产不丰收，究其原因，除了受农产品本身特性和当前农产品市场环境，如生产者与消费者之间无法很好地对接等因素的影响外，经济学用弹性的概念对这个问题做出了解释，美国经济学家萨缪尔森将这种现象称为“丰收悖论”。

弹性衡量的是在其他因素不变的情况下，供给量和需求量对价格变动的敏感程度。人们对粮食的生理需求决定了粮食是一种必需品，其可替代性很低，因而粮食的需求价格弹性很小。从历史来看，无论是哪个国家，其粮食生产都经历了丰年与灾年，粮价也都有涨有落，但人均粮食的消费量均未出现大起大落，这说明了一个问题：作为生活必需品的粮食，人们对其需求通常不受价格的影响。也就是说，粮食的需求量对价格的变化不是很敏感，需求曲线较为陡峭，缺乏弹性。

农民的收入取决于农产品的产量和价格，由于粮食的需求曲线缺乏弹性，粮价变动时粮食的需求会相应变动，但变动不多。当遇上丰年，农产品的丰收使得供给曲线向右平移，与需求曲线形成新的均衡价格和均衡产量，由于需求曲线缺乏弹性，粮食均衡价格的下降幅度往往大于粮食均衡产量增加的幅度，使农民面临增产不增收的窘境。

西方经济学认为法国经济学家、数学家古诺（1801～1877 年）是研究弹性理论的先驱。英国经济学家马歇尔最早创立了弹性理论，在 1890 年出版的《经济学原理》中进行了较系统的论述，此后，弹性理论在应用与理论方面不断丰富发展。

弹性（elasticity）原是物理学的概念，是指某一物体受外力作用而做出的反应程度。把弹性引入经济学领域，是用来说明经济变量间某变量对另一变量变化的反应程度。具体地说，它是这样一个数字：当一个经济变量发生 1%的变动时，由它引起的另一个经济变量变动的百分比。例如，弹性表示当一种商品的价格上升 1%时，相应的需求量和供给量变化的百分比具体是多少。

在经济学中，弹性的一般公式是

$$\text{弹性系数}=\frac{\text{因变变量的变动比}}{\text{自变变量的变动比}}$$

设两个经济变量之间的函数关系为 $Y=f(X)$，则具体的弹性公式为

$$e=\frac{\frac{\Delta Y}{Y}}{\frac{\Delta X}{X}}=\frac{\Delta Y}{\Delta X}\cdot\frac{X}{Y}$$

式中，e 为弹性系数；ΔX 、ΔY 分别为变量 X、Y 的变动量。

弹性分为需求弹性和供给弹性，需求弹性又分为需求价格弹性、需求收入弹性与需求交叉弹性。供给弹性主要是指供给价格弹性。

相关问题：

1. 从需求的角度看，你认为导致“谷贱伤农”的因素有哪些？
2. 从供给的角度看，你认为导致“谷贱伤农”的因素有哪些？
3. 从弹性的角度看，农产品的需求价格弹性如何？供给价格弹性如何？需求收入弹性如何？

第一节　需 求 弹 性

需求弹性表示需求量对影响需求因素的变量变化所做出的反应程度，公式如下：

$$需求弹性=\frac{需求量的变化率（\%）}{影响需求因素的变量的变化率（\%）}$$

因为商品需求量变化可由多种因素引起，所以需求弹性也有很多种。

一、需求价格弹性

1. 需求价格弹性的概念和特征

需求价格弹性又称需求弹性，用来衡量价格变动的比率所引起的需求量变动的比率，指某商品需求量的变化率与该商品的自身价格变化率之比，因此，需求价格弹性的大小是说明需求量的变动对价格变动的反应程度，用公式表示为

$$需求价格弹性系数=\frac{需求量变动的百分比}{价格变动的百分比}$$

不同商品的需求价格弹性是不同的，但只要我们得到其价格变动的比率和需求变动的比率，需求价格弹性也就明确了。

如果以 P 代表价格，Q 代表需求量，ΔP 代表价格的变动量，ΔQ 代表需求的变动量，e_d 代表需求价格弹性系数，则上述公式可变成

$$e_d = \frac{\frac{\Delta Q}{Q}}{\frac{\Delta P}{P}} = \frac{\Delta Q}{\Delta P} \cdot \frac{P}{Q}$$

在理解需求价格弹性的含义时要注意以下几点。

（1）在需求量与价格这两个经济变量中，价格是自变量，需求量是因变量。所以，需求价格弹性就是指价格变动所引起的需求量变动的程度，或者说是需求量变动对于价格变动的反应程度。

（2）需求价格弹性系数是需求量变动的百分比与价格变动的百分比的比值，而不是需求量变动的绝对量与价格变动的绝对量的比值。

（3）需求价格弹性系数的数值可以是正值，也可以是负值。如果两个变量为同方向变化，则为正值；反之，则为负值。e_d是正还是负所表示的是有关变量变化的方向性关系，e_d绝对值的大小则是表示变化程度的大小。由需求规律可知，商品的需求量与价格总是呈反方向变化的，故需求价格弹性系数一般是负数。但在实际运用时，为了方便起见，一般取其绝对值或在公式中添加负号。

（4）同一条需求曲线上不同点的弹性系数大小并不相同。这一点可以用点弹性的计算来说明。

2. 需求价格弹性的计算

需求价格弹性计算的基本公式是

$$e_d = \frac{\frac{\Delta Q}{Q}}{\frac{\Delta P}{P}} = \frac{\Delta Q}{\Delta P} \cdot \frac{P}{Q}$$

降价的弹性和涨价的弹性，由于计算的基础或出发点不同，计算出的弹性系数也不同。图 3-1 是降价情况，计算需求价格弹性系数是

$$e_d = -\frac{\frac{\Delta Q}{Q}}{\frac{\Delta P}{P}} = -\frac{\Delta Q}{\Delta P} \cdot \frac{P}{Q}$$

涨价时，价格若由 P_2 上升到 P_1，计算需求价格弹性系数是

$$e_d = -\frac{\frac{Q_1 - Q_2}{Q_2}}{\frac{P_1 - P_2}{P_2}}$$

因此，降价与涨价的弹性不一致。

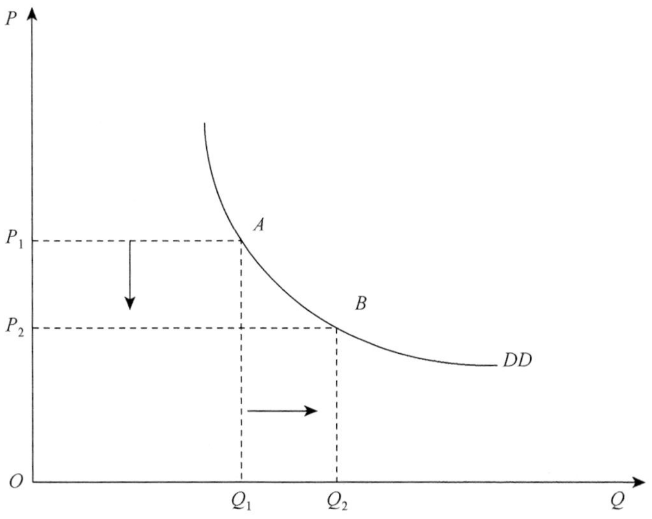

图 3-1　降价的情况

假设有一种商品，其价格为 5 元、4 元、3 元和 2 元时，相应的需求量分别为 20 个、30 个、40 个和 50 个单位，根据 $e_d=-\frac{\Delta Q}{\Delta P}\cdot\frac{P}{Q}$，分别求其弹性。

价格由 5 元降为 4 元时，其弹性为

$$e_d=-\frac{30-20}{4-5}\cdot\frac{5}{20}=2.5$$

价格由 4 元降为 3 元时，其弹性为

$$e_d=-\frac{40-30}{3-4}\cdot\frac{4}{30}=1\frac{1}{3}$$

价格由 3 元降为 2 元时，其弹性为

$$e_d=-\frac{50-40}{2-3}\cdot\frac{3}{40}=0.75$$

同样可以计算价格向上升时的弹性系数。价格为 2 元、3 元、4 元和 5 元时，相应的需求量为 50 个、40 个、30 个和 20 个单位，根据公式求各自的弹性系数。

价格由 2 元升为 3 元时，其弹性为

$$e_d=-\frac{40-50}{3-2}\cdot\frac{2}{50}=0.4$$

价格由 3 元升为 4 元时，其弹性为

$$e_d=-\frac{30-40}{4-3}\cdot\frac{3}{40}=0.75$$

价格由 4 元升为 5 元时，其弹性为

$$e_d=-\frac{20-30}{5-4}\cdot\frac{4}{30}=1\frac{1}{3}$$

从上述计算可以看出，价格向下跌落时计算出来的弹性系数与相同的价格变动但是向上提升时计算出来的弹性系数并不相同。例如，上例中，价格由 5 元降为 4 元的 $e_d=2.5$；相反，价格从 4 元升至 5 元的 $e_d=1\frac{1}{3}$。尽管在上面两个计算中，ΔQ 和 ΔP 的绝对值都相等，但由于 P 和 Q 所取的基数值不相同，据以计算价格变动百分比（$\Delta P/P$）的 P 和据以计算需求量变动百分比（$\Delta Q/Q$）的 Q 在两个场合各不相同，就是说虽然价格变动的绝对值与由此引起需求量变动的绝对值相同，但是由于计算的基础或出发点不同，所以算出的弹性系数会有不同的数值。

为了解决上述问题，人们采用另一种计算弹性系数的方法，即把计算价格变动百分比的价格用变动前后两个价格的算术平均数来代替，计算需求量变动百分比的需求量用变动前后两个需求量的算术平均数来代替。这样，不管从价格向下降落出发，还是从价格向上提升出发，其结果都是一致的。新的公式为

$$e_d=-\frac{\Delta Q}{\Delta P}\cdot\frac{\frac{P_1+P_2}{2}}{\frac{Q_1+Q_2}{2}}=-\frac{\Delta Q}{\Delta P}\cdot\frac{P_1+P_2}{Q_1+Q_2}$$

用新公式求价格由 5 元降为 4 元和由 4 元升为 5 元的弹性系数。

由 5 元降为 4 元的弹性为

$$e_d=-\frac{\Delta Q}{\Delta P}\cdot\frac{P_1+P_2}{Q_1+Q_2}=\frac{10}{1}\times\frac{5+4}{20+30}=1.8$$

由 4 元升为 5 元的弹性为

$$e_d=-\frac{\Delta Q}{\Delta P}\cdot\frac{P_1+P_2}{Q_1+Q_2}=\frac{10}{1}\times\frac{4+5}{30+20}=1.8$$

由此可见，两种情况计算的弹性系数是一样的，这种方法称为最佳算术平均法。

需求价格弹性可以分为点弹性与弧弹性，因此也就有两种表达式：点弹性表达式与弧弹性表达式。两者的区别在于，点弹性表示价格变动量趋于无穷小时的需求曲线上某一点的弹性，弧弹性表示价格变动量较大时的需求曲线上两点之间的弹性。

点弹性的计算公式为

$$e_d=\lim_{\Delta p\to 0}-\frac{\frac{\Delta Y}{Y}}{\frac{\Delta X}{X}}=-\frac{\mathrm{d}Y}{\mathrm{d}X}\cdot\frac{X}{Y}$$

3. 需求价格弹性的五种类型

需求价格弹性告诉我们，当商品的价格变动 1%时，需求量的变动究竟有多大。按照需求价格弹性系数的大小，可以把需求价格弹性区分为以下五种类型（图 3-2）。

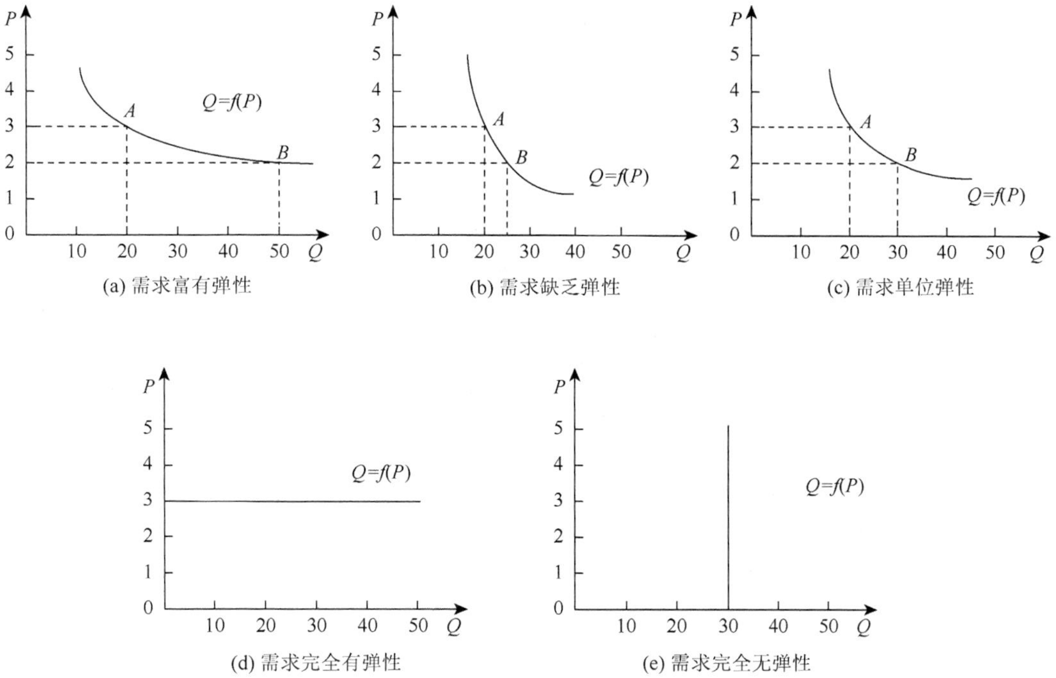

图 3-2　需求的价格弧弹性的五种类型

第一种：需求富有弹性。需求量的变化率大于价格的变化率，或者价格发生一定程度的变化，引起需求量较大幅度的变动，称为富有弹性或充足弹性。这时，需求价格弹性大于 1，即$\infty > e_d > 1$，说明价格稍有变化就会引起需求量较大的变化，在图形上可用一条较为平缓的需求曲线来反映，即从左向右下方缓慢倾斜的曲线。奢侈品、高档耐用消费品多数具有强价格弹性。

第二种：需求缺乏弹性，需求价格弹性小于 1，即 $0 < e_d < 1$，表明在价格有较大变化时，需求量只有较小变化，在图形上需求曲线是一条比较陡峭的曲线。生活必需品和日用消费品多数属于这类商品。

第三种：需求单位弹性。需求价格弹性等于 1，即 $e_d = 1$，需求量的变化率等于价格的变化率或者价格变动后引起需求量相同幅度变动。在图形上，需求曲线是一条双曲线，曲线上任一点，在价格变化时，需求量则向着相反方向以相等的幅度变化。需求单位弹性是一种理论状态，这种弹性实际难以找到。

第四种：需求完全有弹性或称需求无限弹性。需求价格弹性无穷大，即 $e_d = \infty$，需求对价格具有完全弹性。表明相对于无穷小的价格变化率，需求量的变化率是无穷大的，即价格变化趋近于 0 的上升，就会使无穷大的需求量一下子减少为 0，价格趋近于 0 的下降，需求量就从 0 增至无穷大。在图形上需求曲线是一条平行于横轴即数量轴，垂直于纵轴即价格轴的直线，价格维持不变，而需求量却是无限的。这也是现实中一种罕见的情况，这种需求变动多半是价格以外的因素引起的，如战争年代政府在给定的价格下对军火的需求是无限的。在大部分农副产品市场中也有类似或近似的情况。

第五种：需求完全无弹性。需求价格弹性等于 0，即 $e_d = 0$，表明需求量对价格的任何变动都无反应，无论价格怎样变动，需求量都保持不变。在图形上，需求曲线是一条平行于纵轴即价格轴，垂直于横轴即数量轴的直线。在现实中，一般不存在这类典型的情况，但一些必需品的消费量达到一定量后，接近这种特性。这类商品不会因降价而增加需求，也不会因提价而减少需求。

一般而言，需求完全无弹性、需求完全有弹性和需求单位弹性都是需求价格弹性的特例，在现实生活中非常少见。现实生活中常见的是，需求富有弹性和需求缺乏弹性的情况，而对于这两大类商品所进行的经济分析和经济决策是大相径庭的。因此结合图示分析影响弹性的因素，对于分析判断、经营决策是非常重要的。

4. 影响需求价格弹性的因素

现实市场上各种商品的需求价格弹性千差万别、大小不等，为什么会这样呢？因为有许多因素影响着需求价格弹性的大小，概括为下列几种。

第一，商品的可替代性。一般来说，一种商品的可替代品越多，相近程度越高，则该商品的需求价格弹性往往就越大；反之，该商品的需求价格弹性往往就越小。这是因为只要价格有稍许提高，消费者就会很容易找到价格没有变化的替代商品，需求量会显著减少，市场对价格变化的反应非常灵敏。例如，在苹果市场，当国光苹果的价格上升时，消费者就会减少对国光苹果的需求量，增加对相近的替代品如金帅苹果的购买。这样，国光苹果的需求弹性就比较大。羊肉价格上涨，人们转而多购买牛肉、鸡肉等，导致羊肉需求量大幅度减少。对替代商品少或可替代程度低的商品，消费者没有什么选择余地，则需求价格弹性就小。例如，对于食盐来说，没有很好的可替代品，所以食盐价格的变化所引起的需求量变化几乎等于零，它的需求价格弹性是极其小的。

第二，商品用途的广泛性。一般来说，一种商品的用途越广泛，它的需求价格弹性就可能越大；反之，用途越狭窄，它的需求价格弹性就可能越小。这是因为，如果一种商品具有多种用途，当它的价格较高时，消费者只购买较少的数量用于最重要的用途上。当它的价格逐步下降时，消费者的购买量就会逐渐增加，将商品越来越多地用于其他的各种用途上。

第三，商品对消费者生活的重要程度。一般来说，生活必需品的需求不会随着价格的升降而引起大幅度的增减，生活必需品的需求价格弹性较小，非必需品的需求价格弹性较大。一般来说要维持某个最低生活需求，粮食、食盐和日用小商品等需求价格弹性比较小且稳定。例如，馒头的需求价格弹性是较小的，电影票的需求价格弹性是较大的。高档消费品、耐用消费品和奢侈品等需求弹性较大且不稳定，如金银首饰、高级化妆品、钢琴、住宅等。

第四，购买商品的消费支出在消费者预算总支出中所占的比重。消费者在某商品上的消费支出在预算总支出中所占的比重越大，该商品的需求价格弹性可能越大；反之，则越小。例如，火柴、盐、铅笔、肥皂等商品的需求价格弹性就是比较小的。因为消费者每月在这些商品上的支出是很少的，消费者往往不太重视这类商品价格的变化。

第五，所考察的消费者调节需求量的时间。一般说来，所考察的调节时间越长，则需求价格弹性就可能越大。因为当消费者决定减少或停止对价格上升的某种商品的购买之前，他一般需要花费时间去寻找和了解该商品的可替代品。观察时间越长就越容易找到替代商品，充分调整消费，需求价格弹性就大；反之，观察时间较短，越不容易找到替代商品来改变消费习惯，需求就缺乏弹性。例如，当石油价格上升时，消费者在短期内不会较大幅度地减少需求量。但设想在长期内，消费者可能找到替代品，于是石油价格上升会导致石油的需求量较大幅度地下降。

第六，商品使用时间长短。使用时间长的耐用品如电视、汽车的需求价格弹性大，而晚报等易抛型商品需求价格弹性小。同样商品使用年限长，耐用程度高，需求价格弹性就大；反之，对低值易耗品需求价格弹性就小。

第七，消费者的收入水平。不同商品对不同消费者需求价格弹性不一样，即使同一商品对不同收入水平的消费者需求价格弹性也不同。例如，高级补品、高档烟酒和精美食品等，对低收入家庭是奢侈品，需求价格弹性比较大；而对于高收入家庭是必需品，需求价格弹性就比较小。

另外，人们的消费习惯（具有民族性、地区性和风俗性的商品需求就缺乏弹性）、商品质量、售后服务等因素也都会不同程度地影响需求价格弹性的大小。

需要指出，一种商品需求价格弹性的大小是各种影响因素综合作用的结果。所以，在分析一种商品的需求价格弹性大小时，要根据具体情况进行全面的综合分析。

5. 需求价格弹性和总收益

需求价格弹性同生产经营活动的总收益有密切关系，作为生产者，其关注的重要问题是商品价格提高或降低将会给总收益带来什么影响？是增加总收益还是减少总收益？经济学认为：总收益是商品价格与销售量的乘积。如果 R 代表总收益，P 代表商品价格，Q 代表商品销售量（需求量），其公式为：$R=P\cdot Q$。按这个公式，好像只要提高价格，总收益就会增加，降低价格，总收益一定会减少。实际并不是这样，由于不同商品的需求价格弹性不同，价格变化引起总收益的变化也不一样。下面分三种情况进行分析。

1）需求富有弹性与总收益的变化

第一，价格降低时总收益的变化。需求富有弹性商品的需求曲线是比较平坦的一条直线 DD，见图 3-3（a）。商品价格从 P_1 降到 P_2，引起商品需求量从 Q_1 增加到 Q_2，大幅度增加，四边形 P_1OQ_1A 是原来的总收益，而 P_2OQ_2B 是降价后的总收益。价格由 P_1 降到 P_2，收益减少了 P_1P_2CA，收益又增加了 CQ_1Q_2B，而 $CQ_1Q_2B>P_1P_2CA$，总收益不但没减少反而增加了，这就是我们常说的“薄利多销”的情况，只要商品的需求富有弹性，降低价格薄利多销，总收益就可以增加。

第二，价格提高时总收益的变化。在图 3-3（b）中，商品价格由 P_1 上升到 P_2，小幅度上涨，但却造成了需求量由 Q_1 到 Q_2 大幅度减少。P_1OQ_1B 为涨价前的总收益，P_2OQ_2A 为涨价后的总收益。价格从 P_1 上升到 P_2，总收益减少了 CQ_2Q_1B，总收益又增加了 P_2P_1CA，而 $P_2P_1CA<CQ_2Q_1B$，这说明对于需求富有弹性的商品，提高价格不但不会增加总收益，反而使总收益减少。

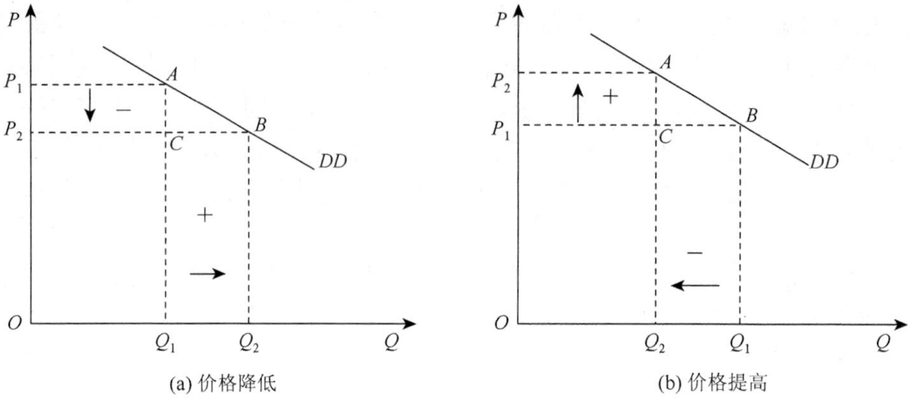

图 3-3 需求富有弹性时总收益的变化

2）需求缺乏弹性与总收益的变化

第一，价格降低时总收益的变化。需求缺乏弹性商品的需求曲线是一条比较陡峭的直线 DD，如图 3-4（a）所示。商品价格由 P_1 较大幅度降低到 P_2，而需求量从 Q_1 到 Q_2 仅引起少量增加。P_1OQ_1A 为降价前的总收益，P_2OQ_2B 为降价后的总收益，随着价格的降低总收益减少了 P_1P_2CA，同时随销量增加而总收益又增加了 CQ_1Q_2B，很明显，$CQ_1Q_2B < P_1P_2CA$，结果总收益减少。这表明，对于需求缺乏弹性的商品，通过降低价格的方法，总收益会减少，这可以用来解释农业丰收后出现农产品价格降低、农民收入减少的经济现象，俗称谷贱伤农。

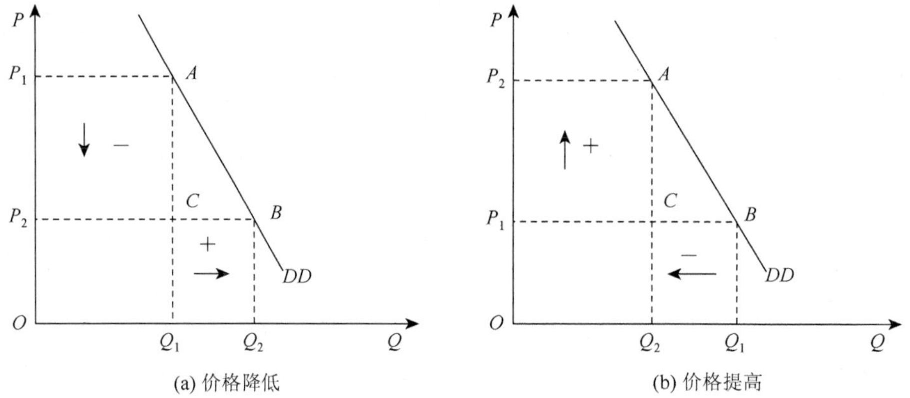

图 3-4 需求缺乏弹性时收益的变化

第二，价格提高时总收益的变化。在图 3-4（b）中，商品价格出现了大幅度提高，从 P_1 到 P_2，而需求量只有小幅度减少。提价前总收益为 P_1OQ_1B，提价后的总收益为 P_2OQ_2A，随着价格提高，总收益增加了 P_2P_1CA，同时总收益又减少了 CQ_2Q_1B，很明显，$P_2P_1CA > CQ_2Q_1B$，结果总收益增加。这表明，对于需求缺乏弹性的商品，通过提高价格的方法，总收益会增加。

3）单一弹性与总收益的变化

对于 $e_d=1$ 的单一弹性的商品，降低价格或提高价格对厂商的销售收入都没有影响。这是因为，当 $e_d=1$ 时，厂商变动价格所引起的需求量的变动率和价格的变动率是相等的。这样一来，由价格变动所造成的销售收入的增加量或减少量刚好等于由需求量变动所带来的销售收入的减少量或增加量，所以，无论厂商是降价还是提价，销售收入 $P\cdot Q$ 值是固定不变的。

与以上三种情况相对应，在西方经济学中，也可以根据商品的价格变化所引起的厂商销售收入的变化，来判断商品的需求价格弹性的大小：如果某商品价格变化引起厂商销售收入反方向变化，则该商品是富有弹性的；如果某商品价格变化引起厂商销售收入同方向变化，则该商品是缺乏弹性的；如果厂商的销售收入不随商品价格的变化而变化，则该商品是单一弹性的。

将 $e_d=\infty$和 $e_d=0$ 的两种特殊情况考虑在内，商品的需求价格弹性和厂商的销售收入之间的综合关系如表 3-1 所示。

表 3-1　需求价格弹性与总收益

弹性总收益	$e_d>1$	$e_d=1$	$e_d<1$	$e_d=0$	$e_d=\infty$
降价	增加	不变	减少	同比例于价格的下降而减少	既定价格下，收益可以无限增加，厂商不会降价
涨价	减少	不变	增加	同比例于价格的上升而增加	收益会减少为零

最后，再指出一点，因为厂商的销售收入就等于消费者的购买支出，所以以上关于需求价格弹性和厂商的销售收入之间关系的分析和结论，对于需求价格弹性和消费者的购买支出之间的关系同样也是适用的。

二、需求的其他弹性

1. 需求收入弹性

1）需求收入弹性的含义

经常引起需求量变化的，除了商品自身价格以外，消费者收入的改变也是一个重要因素。所以人们也十分关注某商品需求量的变化对消费者收入变化所做出的反应程度，经济学中专门将这个表示反应敏感度的术语称为需求收入弹性。

需求收入弹性指某商品需求量变化率与消费者收入变化率的比值，即收入变动的比率所引起的需求量变动的比率。需求收入弹性系数计算公式如下：

$$需求收入弹性系数=\frac{需求量的变化率（\%）}{收入的变化率（\%）}$$

假如用 e_y 代表需求收入弹性系数，Q 和 ΔQ 分别表示起始需求量和需求变化量，Y 和 ΔY 分别表示起始收入和收入变化量，$\Delta Q/Q$ 表示需求量的变化率，$\Delta Y/Y$ 表示收入的变化率，以上公式可写作：

$$e_y = \frac{\frac{\Delta Q}{Q}}{\frac{\Delta Y}{Y}} = \frac{\Delta Q}{\Delta Y} \cdot \frac{Y}{Q}$$

2）需求收入弹性的类型

同需求价格弹性类似，需求收入弹性也可以分为以下五种。

第一，富有弹性。$e_y>1$，收入-消费曲线是一条比较平坦的直线，在收入只有较小的变化时，需求量会有较大变化。收入变化 1%后需求量变化超过 1%，如电视机、摩托车等奢侈品。当消费者的收入水平上升时，尽管消费者对必需品和奢侈品的需求量都会有所增加，但对奢侈品的需求量增加是较多的，或者说，是富有弹性的。

第二，单一弹性。$e_y=1$，这种情况表明商品的需求量同收入按相同比率变化。收入-消费曲线与横轴成 45°角。

第三，缺乏弹性。$0<e_y<1$，表明商品需求量的变化小于收入水平变化的幅度，如粮食、食用油、香皂等生活必需品。

第四，收入无弹性。$e_y=0$，表明无论收入水平怎样变动，对需求量没什么影响，如面碱、食盐等，人们的消费量比较稳定。收入-消费曲线垂直于横轴。

第五，收入负弹性。$e_y<0$，表明需求量与收入水平是负相关或相反方向变化的，随着收入水平提高，人们对这类商品的需求量反而不断减少，如玉米面、白菜、土豆等低档商品。

上面介绍的五种类型的需求收入弹性，可用图 3-5 来表明收入变化与需求量变化之间的关系。

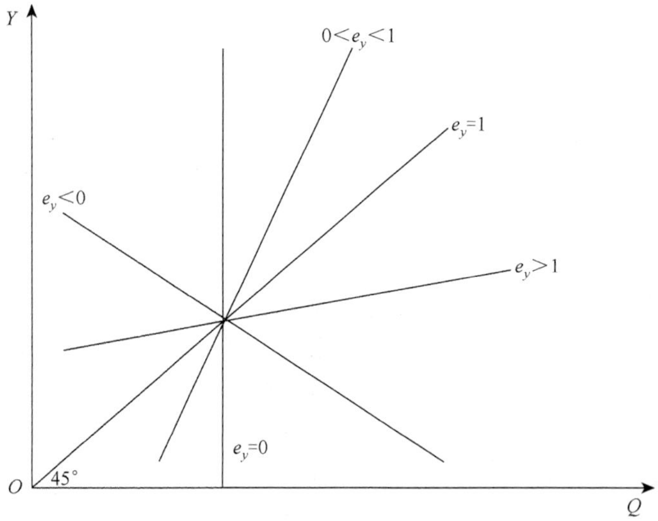

图 3-5　需求收入弹性

根据商品的需求收入弹性数值，可以将所有的商品分为两类：$e_y>0$ 的商品为正常商品，正常商品的需求量随收入水平的增加而增加；$e_y<0$ 的商品为劣等品，劣等品的需求

量随收入水平的增加而减少。在正常商品中，e_y<1 的商品为必需品，e_y>1 的商品为奢侈品。当消费者的收入水平上升时，尽管消费者对必需品和奢侈品的需求量都会有所增加，但对必需品的增加量是有限的或者是缺乏弹性的，而对奢侈品的需求量的增加是较多的。

2. 需求交叉弹性

如前所述，一种商品的需求量受多种因素的影响，相关商品的价格就是其中的一个因素。假定其他因素都不发生变化，仅仅研究一种商品的价格变化和它的相关商品的需求量变化之间的关系，则需要运用需求的交叉价格弹性的概念。需求的交叉价格弹性也简称为需求交叉弹性。

需求的交叉价格弹性表示在一定时期内一种商品的需求量变化对它的相关商品的价格变化的反应程度。它是该商品（X）需求量的变化率和它的相关商品（Y）价格的变化率的比值。需求交叉弹性系数的计算公式如下：

$$\text{需求交叉弹性系数}=\frac{X\text{商品需求量变化率（\%）}}{Y\text{商品价格变化率（\%）}}$$

则商品 X 的需求的交叉价格弧弹性公式为

$$e_{XY}=\frac{\dfrac{\Delta Q_X}{Q_X}}{\dfrac{\Delta P_Y}{P_Y}}=\frac{\Delta Q_X}{\Delta P_Y}\cdot\frac{P_Y}{Q_X}$$

式中，ΔQ_X 为商品 X 的需求量的变化量；ΔP_Y 为相关商品 Y 的价格的变化量；e_{XY} 为当商品 Y 的价格发生变化时的商品 X 的需求交叉弹性系数。

需求交叉弹性系数的符号取决于所考察的两种商品的相关关系。商品之间的相关关系可以分为两种：一种为替代关系，另一种为互补关系。一般可以简单地说，如果两种商品之间可以互相代替以满足消费者的某一种欲望，那么称这两种商品之间存在着替代关系，这两种商品互为替代品，如苹果和梨就是互为替代品。如果两种商品必须同时使用才能满足消费者的某一种欲望，那么这两种商品之间存在着互补关系，这两种商品互为互补品，如磁带和录音机就是互为互补品。

若两种商品之间存在着替代关系，则一种商品的价格与它的替代品的需求量之间呈同方向的变动，相应的需求交叉弹性系数为正值。这是因为，例如，当苹果的价格上升时，人们自然在减少苹果的购买量的同时，增加对苹果的替代品如梨的购买量。若两种商品之间存在着互补关系，则一种商品的价格与它的互补品的需求量之间呈反方向变动，相应的需求交叉弹性系数为负值。这是因为，例如，当录音机的价格上升时，人们会减少对录音机的需求量，这样，作为录音机的互补品的磁带的需求量也会因此而下降。若两种商品之间不存在相关关系，则意味着其中任何一种商品的需求量都不会对另一种商品的价格变动做出反应，相应的需求交叉弹性系数为零。

归结起来需求交叉弹性有以下三种。

第一，$e_{XY}>0$，表明两种商品之间存在着替代关系，价格与需求量同方向变化，e_{XY} 越大，替代性越强。

第二，$e_{XY}<0$，表明两种商品之间存在互补关系，价格与需求量的变化方向是相反的。需求交叉弹性系数的绝对值越大，商品互补性越强。

第三，$e_{XY}=0$，表明两种商品没有交叉关系，既不是互补关系也不是替代关系，而是毫无关系的独立品。一种商品价格的变化对另一种商品的需求量无影响。

同样的道理，反过来，可以根据两种商品之间的需求交叉弹性系数的符号，来判断两种商品之间的相关关系。若两种商品的需求交叉弹性系数为正值，则这两种商品之间为替代关系；若为负值，则这两种商品之间为互补关系；若为零，则这两种商品之间无相关关系。

交叉弹性也可以是∞，在＋∞时，一种商品价格微小下降，将使另一种商品的需求量无穷减少；在–∞时，一种商品价格微小下降，将使另一种商品的需求量无穷增大，但两者均为罕见的事例。

三、恩格尔定律与恩格尔系数

在运用需求收入弹性理论考察居民消费结构的问题时，德国统计学家恩斯特•恩格尔提出了著名的恩格尔定律、恩格尔系数理论。

1. 恩格尔定律

19 世纪，德国统计学家恩格尔长期从事家庭消费研究。1857 年恩格尔根据大量统计资料对低收入、中等收入、高收入三类家庭进行比较调查，发现了一个家庭消费规律，概括出以下三点结论。

第一，食物花费在家庭消费开支的比重，要随着收入水平的提高而逐渐降低。

第二，衣着与住房开支在家庭消费开支中所占的比例相对稳定，基本没有变化。

第三，娱乐文化方面支出占家庭消费的比重，随收入水平的提高而迅速上升。

恩格尔认为随着家庭收入的增加，食物开支所占的比例会越来越小，这就是著名的“恩格尔定律”。

恩格尔系数是指食物支出与总支出的比值，公式表示为

$$\text{恩格尔系数}=\frac{\text{食物支出}}{\text{总支出}}$$

用恩格尔系数的大小和变化来反映社会经济与生活水平，是国际上进行比较研究的一个重要指标。

2. 恩格尔曲线

恩格尔曲线表示在其他条件不变时，在不同收入水平下对某种产品的需求量。从商品的不同性质出发，将恩格尔曲线分为三种类型。如图 3-6（a）所示，横轴 Y 表示收入水平，纵轴 X 代表对商品 X 的需求量，45°线上任一点到纵轴和横轴的距离相等，是收支相抵线，即收入全部支出。

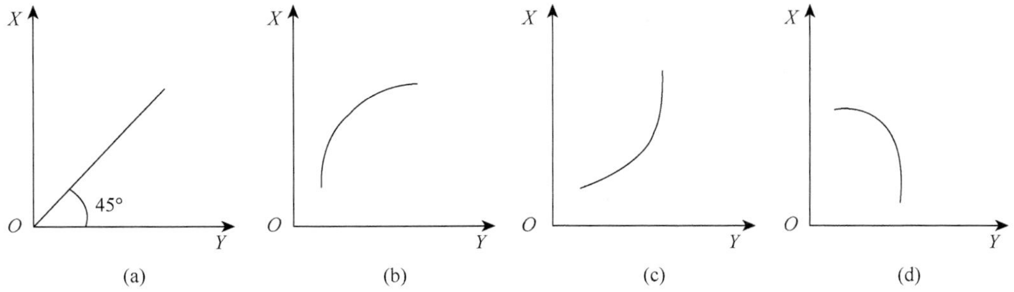

图 3-6 恩格尔曲线三种类型

第一种类型是生活必需品的恩格尔曲线，见图 3-6（b），这是一条从左下向右上较平缓倾斜的需求曲线，弹性系数是正的并小于 1，这表明消费者收入增加时，生活必需品也要增加，但是却慢于收入增加的速度。

第二种类型是高档消费品的恩格尔曲线，见图 3-6（c），这是一条从左下向右上陡峭倾斜的需求曲线，弹性系数是正的并大于 1，这表明随消费者收入水平的提高，对高档消费品的需求增加的速度要快于收入增加的速度。

第三种类型是低档消费品的恩格尔曲线，见图 3-6（d），这是一条从左上向右下越来越陡峭的需求曲线，它的弹性系数是负值，这表明随着消费者收入水平的提高，消费者对低档消费品的需求量在不断下降。

3. 恩格尔定律的作用

恩格尔定律阐明了收入水平变化对社会消费数量、结构、趋势的影响，对个人或政府做出经济决策、制定经济政策有很重要的意义。另外，恩格尔定律还有以下几点作用。

第一，恩格尔系数可以反映出一个国家、一个地区或一个家庭的生活水平和富裕程度。

第二，恩格尔系数可以反映出一个国家、一个地区或一个家庭的消费结构和变化趋势。

第三，恩格尔系数可以反映出商品价格变化引起的复杂而不同的影响，不同收入水平的国家、地区或家庭对同一价格变化的反应是不同的。例如，食品价格上涨对低收入家庭影响大，会降低其生活水平。

四、生活中的经济学

案例 3.1

春节期间商品的降价与提价

在我国传统节日春节期间，市场总是呈现熙熙攘攘、生意兴隆的场面。商家都会抓住春节这个消费旺盛的时节，运用各种销售手段来增加销售收入。对商品价格进行调整，便是商家通常采取的一个重要销售策略。

在春节期间，一方面，商家各种色彩鲜艳的打折促销海报及“sale”标志在市场上随处醒目可见，市场的热销气氛也因此被营造得更加红火。但另一方面，也有不少商家会果断提价，而且他们的商品也照样被追随热捧。那么，在春节期间，为什么有的商品降价，有的商品却提价呢？或者说，商家到底是应该降价还是提价，才不至于错失春节这一销售良机，赚个盆满钵满？

我们已经知道，对于商品价格的变动而言，如果该商品的需求是富有弹性的，则降价出售可以增加销售收入；相反，如果该商品的需求是缺乏弹性的，则提价出售可以增加销售收入。尽管商品的价格水平受到诸多因素的影响，但是商品的需求价格弹性的大小始终是影响商家定价高低的一个重要因素。由此出发，我们就不难理解在春节期间商品市场上降价和提价并存的热销场景了。

1. 春节期间商品的降价

在春节期间通常哪些商品会降价呢？例如，很多服装类和鞋类商品在春节期间都会打折，尤其是中低档服装和鞋的打折力度更大。不少服装和鞋会打 7～8 折，甚至以更低的折扣出售；有的商家会打出诸如“购物满 200 元可享受 9 折，满 300 元可享受 8.5 折……满 888 元可享受 6.5 折”之类的优惠；还有“买第二件享受更低折扣”等，名目繁多，一派热闹。

此外，我们还可以发现，即便是在春节购物旺季，一些出售高端品牌服装的商家也是拒绝降价的，价格依然维持在高位。这主要是因为，高端品牌服装的消费群体主要是高收入人群，他们通常并不太在意商品价格的变化。无论是提价还是降价，他们对高端品牌服装的购买数量不会发生较大变化，即高收入人群对高端品牌服装的需求是缺乏弹性的。既然如此，出售高端品牌服装的商家自然就不会降价而是继续维持原来的高价位，以保持高额销售收入。

2. 春节期间商品的提价

在春节期间有些商品会提价，例如，热门航线的机票总是全面涨价，其主要原因之一是春节期间热门航线机票的需求是缺乏弹性的。

在平时，各航空公司会根据乘客预订机票的提前天数、航班起飞时间与到达时间、机型、航线等因素，向乘客出售各种折扣程度不同的机票，个别航线在淡季甚至还会出售 1～2 折的特价机票。一般来说，大多数出行乘客购买的都是折扣机票。除非是在出发前较短时间内临时订票等情况，这些乘客才会购买高价机票或全价机票。

春节是中国最重要的传统节日，人们在春节期间总要“回家看看”与亲人团聚，这是一份中国人割舍不了的浓浓亲情。近几十年来，随着中国社会经济的迅速发展，远离家乡在外求学、工作的人口数量急剧增加，因此春节期间形成了人口数量庞大的“回乡潮”，尤其是从北上广深等一线城市出发的人流更大。由于航空载客规模是既定的，因此一时间热门航线的机票供不应求，甚至出现一票难求的局面，只要能买到机票就行，消费者根本不在意票价的高低。也就是说，消费者此时对机票的需求是缺乏弹性的。

案例 3.2

需求的交叉弹性——企业决策的重要依据

需求的交叉弹性对企业决策和个人投资有很大的帮助。例如，你看人家经营一种商品十分赚钱，你也做起同样的生意，这就是经营别人产品的替代品，这样做势必加剧市场竞争。其实，经营畅销产品的互补产品也不失为一种很好的思路。有的中小企业靠着与汽车配套的思路，生产车用地毯、车灯、反光镜配件，结果取得了良好的经营业绩。珠海中富集团一开始是十几个农民建立的一家小企业，最初为可口可乐提供饮料吸管，后来生产塑料瓶和瓶盖。可口可乐在哪里建厂，中富集团就在哪里建配套厂。靠这种积极合作的策略，中富集团已发展成为年销售额超过 10 亿人民币的大公司。

需求的交叉弹性对企业制定合理价格也有很大帮助。如果两家企业生产替代品，如大维西服和衫衫西服都是国内的西服品牌，对消费者来说大维西服与衫衫西服提供的效用是相同的，它们是互相替代的产品。众所周知，为了提高市场占有率，它们都不惜投入大量的金钱做广告，进行非价格的竞争，但如果只注意非价格竞争而忽视价格竞争也会失去市场。大维西服坚持高价格政策，衫衫西服采取“薄利多销”的低价格政策，西装属于富有弹性的商品，因此消费者就会由于衫衫西服价格下降增加对衫衫西服的购买，大维西服就失去一部分市场份额。因此，大维西服应根据交叉弹性的特点正确判断自己的市场定位，制定合适的市场价格，预防不利于自己生存和发展的情况发生。

如果互补产品为一家企业生产，如彩色喷墨打印机和墨盒的定价。彩色喷墨打印机是基本品，墨盒是配套品，基本品就应定价低，配套品应定价高。彩色喷墨打印机一台售价仅 1000 元人民币左右，低价很诱人，但买下后就会发现更换一个墨盒的价格是 200 元人民币，一种色彩的油墨用完，不换墨盒就不能保证画面质量，而换六个墨盒的价格比一台彩色喷墨打印机还贵。根据交叉弹性的定价原理，面对基本品——彩色喷墨打印机，定价过高消费者处于主动位置需求弹性较大，只有定低价才能吸引消费者购买。一旦基本品买下，配套品的选择余地就小了，消费者往往处于缺乏替代的被动地位，此时定高价就能够获取较高利润；反过来，如果基本品定价高，结果就会导致需求者寥寥无几，即使配套品定价再低也已失去意义。

总之，企业在制定产品价格时，应考虑到替代品与互补品之间的相互影响。否则，价格变动可能会对销路和利润产生不良后果。

案例 3.3

恩格尔系数

与经济学中其他很多指标“越高越好”不同，恩格尔系数是一个“越低越好”的指标。

恩格尔系数，通常是指居民家庭中食物支出占消费总支出的比重。19 世纪德国统计学家恩格尔根据统计资料，对消费结构的变化总结出一个规律：一个家庭收入越少，家庭收入中（或总支出中）用来购买食物的支出所占比例就越大。随着家庭收入的增加，家庭收入中（或总支出中）用来购买食物的支出比例则会下降。在国际上，这一指标常常用来衡量一个国家和地区人民生活水平的状况：一个国家生活越贫困，恩格尔系数就越大；生活越富裕，恩格尔系数就越小。比较通行的国际标准认为，一个国家平均家庭恩格尔系数大于60%为贫穷，50%～60%为温饱，40%～50%为小康，30%～40%属于相对富裕，20%～30%为富足，20%以下为极其富裕。

回顾改革开放 40 年，中国的恩格尔系数稳步下降。1978 年，中国城镇居民家庭的人均生活消费支出为 311 元，恩格尔系数为 57.5%；农村居民家庭的人均生活消费支出为 116 元，恩格尔系数为 67.7%。2018 年，国家发改委发布的《2017 年中国居民消费发展报告》显示，2017 年全国居民恩格尔系数为 29.39%，这是历史上中国恩格尔系数首次跌破 30%，由“3 字头”时代迈入“2 字头”时代。2018 年，恩格尔系数再创历史新低，全国居民恩格尔系数为 28.4%。仅仅 40 年，恩格尔系数就下降了一半，这无疑是巨大的成就。收入在增长，消费结构在升级，消费观念在转变。恩格尔系数的下降，表明我国经济发展水平和居民生活水平在不断提高，这与我国经济从高速发展迈向高质量发展相匹配。

首先是人们赚得更多了。国家统计局发布的数据显示，2018 年全国人均可支配收入实际增长 6.5%，快于人均国内生产总值 6.1%的增速。1978 年，我国城镇居民人均可支配收入为 343 元，农村仅为 134 元；到 2000 年，分别增长至 6256 元和 2282 元。进入 21 世纪，推进收入分配改革、取消农业税，百姓“钱袋子”一天天鼓起来，到 2017 年，城镇和农村居民人均可支配收入分别达到 36 396 元和 13 432 元。据测算，2018 年我国中等收入群体已经超过 4 亿人。中国财政科学研究院副院长白景明介绍，改革开放以来我国居民收入出现了许多新变化，具体表现为收入来源多元化，工资收入增长较快，工资外收入数额大、增长快，资产性收入所占的比重明显上升等。“收入是分配的基础，恩格尔系数的下降明显反映出我国居民收入增加，腰包鼓起来了。总体可分配的‘蛋糕’大了，食品支出所占的比例自然会越来越小。”

恩格尔系数的下降，见证了消费升级的步伐。小徐是北京一名普通的白领，月收入在 1.3 万元左右。她有记账的习惯，每月花费都详细记录在册。“我平均每个月消费在 4000 元左右，平时吃饭在单位，大概只花 400 元。如果算上跟同事、朋友聚餐，大约在 2000 元。现在日常吃饭的花费大概只占我总消费的 14%，”小徐说，因为最近几个月赶上“双十一”和春节，所以她的消费状态不是很典型，“我平时花钱不多，但是这几个月比较多，因为国庆节去了趟广州，‘双十一’买了很多东西，过年又去捷克旅游了。”

宁吉喆介绍说，恩格尔系数下降，说明居民消费中非食物性支出在总体上升。这在消费的统计数据中有明显体现。2018 年服务消费持续提升，国内旅游人数和旅游收入都增长了 10%以上，电影总票房突破 600 亿元，增长将近 10%。文化消费、信息消费、教育培训消费、健康卫生消费都在迅速增长。

恩格尔系数的下降，也反映出当今居民消费观的转变。宁吉喆说：“当前消费一个重要的趋势是商品消费向高品质方向发展。物美价廉的商品好销售，但是质量高、价格不菲的商品也开始更多地进入中高收入家庭。”50 岁出头的姜女士说，20 年前，她每个月收入仅 800 元左右，“我是从农村走出来的，很多年来消费观念一直保持着节俭为上，能买便宜的就买便宜的，能省就省，每个月的消费基本上就只有食品的支出。但是现在发生了转变，消费时更看重品质，尽量要买质量好的，即便价格可能要贵些。”在北京做程序员的小程说，他的消费观以性价比为第一标准，性价比相近时选择承受范围内质量最好的。平时喜欢看书和打游戏的他，日常吃饭每月 800 元左右，占比约 15%，但是花在书和游戏上的钱则两倍于吃饭的费用。

考察区域数据也会发现，广东等沿海地区在经济总量、发展程度上领先东北、西北等地，但恩格尔系数相对来说并没有更低。有专家指出，这与各地生活习惯有关。比如，广东省的恩格尔系数一直相对较高，据推测与当地民众爱好美食、愿意在食品消费上投入有一定关系。而一些西部省份居民，可能在“吃”上精打细算，反映在数据上，恩格尔系数就比较低。当前中国恩格尔系数的变化并不能直观、单一地解释成积极的社会现实。虽然恩格尔系数显示中国在某些方面已取得长足进步，但也应客观、理性、科学看待，不能仅满足于单一指标的突破。

宁吉喆则强调，恩格尔系数的变化及其背后的消费新趋势，提示今后要顺应消费升级来改善生产结构、投资结构以及消费的基础设施，使消费红利充分释放，让消费更好地发挥对经济发展的基础性作用。

——根据孔德晨：《恩格尔系数再创新低 对中国意味着什么》整理而得，https:// baijiahao.baidu.com/s?id=1625935279049008016&wfr=spider&for=pc，2019 年 2 月 20 日

案例 3.4

需求第二定律

需求第二定律是说，需求对价格的弹性与价格变化之后流逝的时间长度成正比。也就是说，随着时间的推移，需求对价格的弹性会增加。

需求曲线上的弹性处处不等，价格越高，弹性越大。在一条需求曲线上，斜率是处处相等的，但是在同样一条需求曲线上，每一点的弹性都不一样。

一件商品是奢侈品还是必需品，完全取决于价格。掌握了商品的需求弹性会随着商品价格的变化而变化的规律，我们就容易明白一个道理：任何商品都既可以是奢侈品，又可以是必需品，这完全取决于价格的高低。当商品足够便宜的时候，它自然就成为必需品；当它贵到一定程度时，它就自然变成奢侈品。

例如，水到底是奢侈品还是必需品？一般人会说，水当然是必需品。但想想看，人们使用水的数量在水资源特别匮乏的地方与水资源非常丰富的地方，是完全不一样的。水资源特别匮乏时，人们不会随便浇花、洗车、洗澡。少量的水会先洗脸再洗脚，洗完脚再拿来冲厕所。

同样，今天生活在大城市的打工族，往往认为出租车是一种必需品。但实际上，二三

十年前出租车肯定是奢侈品，一般人是坐不起的。出租车司机只在宾馆门口趴活，他们接的都是外宾。随着价格的下降，出租车才变成很多普通人上下班必需的交通工具。

当然，生活当中有些商品，无论在什么情况下，都是必需品，无论价格多高，它都不会变成奢侈品。例如，无论盐的价格多高，大家都得吃，它不会变成奢侈品。这种需求通常被称为刚性需求，简称刚需。一些经济学教科书，就用一条垂直的需求曲线表示这种想法，事实上，这种情况是不存在的。一条垂直的需求曲线表明无论代价有多高，它的需求量都不变，意味着人们没办法寻找任何替代方案。但事实上，人是会找到替代方案的，而且时间越长，能找到的替代方案就越多。因此，随着时间的推移，需求弹性会越来越高。

需求第二定律表明，随着时间的推移，需求对价格的弹性会逐渐增大。当出现新的情况、新的冲击时，人们寻找替代方案的范围一开始可能没那么大，但是随着时间的推移，他们选择替代方案的空间会越来越大，能够找到的对策就越来越多。

例如，我今天与往常一样出门准备上班，一出门发现外面倾盆大雨，只有一辆出租车，司机跟我说要涨价 3 倍，这就是一个突如其来的冲击。一开始，我没有选择的余地，只能出 3 倍的价钱，因为我上班不能迟到，同学们在等着我。

如果接下来好多天仍然是这样的情况，我就会去想替代方案，可能会在学校附近找一家酒店住下来，也可能与排课的老师商量，把上课的时间调整一下。

这种变化趋势就是需求第二定律所说的：随着时间的推移，需求对价格的弹性会变得越来越大，也就是说替代品将会越来越多、应变的空间会越来越大。

第二节　供给弹性

供给理论论述了决定和影响供给的多种因素，任何一个因素的变化都会影响供给量，到底这些因素对供给的影响程度怎样，要运用供给弹性来分析和考察。供给弹性说明供给量的变化对影响供给因素的变量变化所做出的反应程度，公式表示为

$$\text{供给弹性}=\frac{\text{供给量的变化率（\%）}}{\text{影响供给因素的变量的变化率（\%）}}$$

引起供给量变化的因素不同，也就有不同的供给弹性。

在西方经济学中，供给弹性包括供给价格弹性、供给的交叉价格弹性。在此我们只研究供给价格弹性。

一、供给价格弹性的含义和公式

供给价格弹性表示在一定时期内一种商品供给量的变动对该商品价格的变动的反应程度。它是商品供给量变动的百分比与该商品自身价格变动的百分比的比值。

$$\text{供给价格弹性系数}=\frac{\text{供给量变动的百分比（\%）}}{\text{价格变动的百分比（\%）}}$$

在通常情况下，商品的供给量和商品的价格是呈同方向变动的，供给量的变化量和价

格的变化量的符号是相同的。所以，在上面公式中，作为计算结果的供给价格弹性系数（e_s）为正值。

二、供给价格弹性的种类

供给价格弹性根据 e_s 值的大小分为以下六个类型，如图 3-7 所示。

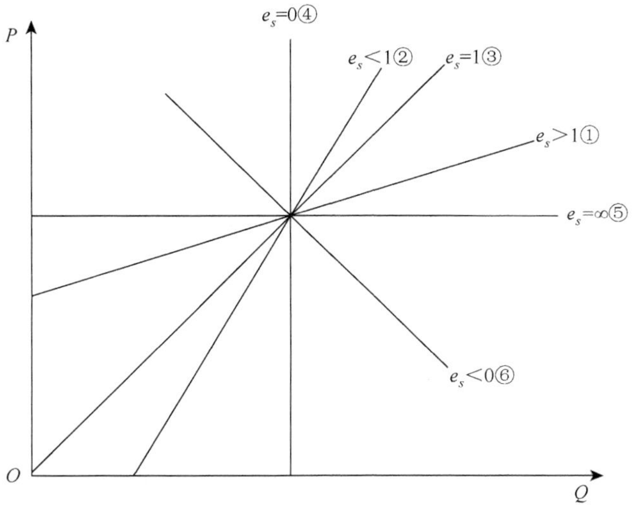

图 3-7 供给价格弹性的种类

（1）$e_s>1$ 表示富有弹性。

（2）$e_s<1$ 表示缺乏弹性。

（3）$e_s=1$ 表示单一弹性或单位弹性。

（4）$e_s=0$ 表示完全无弹性。

（5）$e_s=\infty$表示完全弹性，表明价格水平保持不变，而供给量是无限的。

（6）$e_s<0$，负值弹性，说明供给量与价格是反方向变化的，当价格上升到某一水平时，供给量不但不随价格提高而增加，反而减少。典型的例子就是发达国家劳动力市场上的劳动力供给。

三、影响供给价格弹性的因素

现实经济活动中影响供给价格弹性的因素比需求还要复杂，主要有以下几点。

第一，供给时间的长短。时间是一个很重要的因素。市场上从价格变化到供给量变化有一个过程，存在一个时滞。当商品的价格发生变化时，厂商对产量的调整需要一定的时间。在很短的时间内，厂商若要根据商品的涨价及时地增加产量，或者根据商品的降价及时地缩减产量，都存在程度不同的困难，相应地，供给弹性是比较小的。但是，在长期内，生产规模的扩大与缩小，甚至转产，都是可以实现的，供给量可以对价格变动做出较充分的反应，供给价格弹性也就比较大了。

由于时间长短不一，供给弹性也不一样。一般有三种情况：①瞬时供给不随价格变化，是一条垂直于横轴的供给曲线，$e_s=0$。②短期供给只能调节某些投入，供给缺乏弹性，供给的变化是很有限的。③长期供给通过调整所有生产要素会引起供给量大幅度的变化。时间与供给价格弹性二者存在正相关关系。

第二，产品生产成本的变化。产品生产成本是影响供给量的重要因素，如果产量增加只引起边际成本轻微的提高，则意味着厂商的供给曲线比较平坦，供给价格弹性可能是比较大的；相反，如果产量增加引起边际成本较大的提高，则意味着厂商的供给曲线比较陡峭，供给价格弹性可能是比较小的。

成本增加供给弹性就小，反之就大。成本不断增加就会增加生产的负担，即使价格上升，也不一定能够增加供给。

第三，生产规模与生产周期。通常情况下，企业产品生产周期长、生产规模大，会对价格的变化反应比较迟缓，供给价格弹性就比较小；反之，产品生产周期短、生产规模小的企业就会迅速灵敏地做出反应，供给价格弹性也就比较大。在一定时期内，对于生产周期较短的产品，厂商可以根据市场价格的变化比较及时地调整产量，供给价格弹性相应就比较大。相反，生产周期较长的产品的供给价格弹性往往比较小。

第四，调整产量的难易程度。供给价格弹性同调整产量的难易程度呈反方向变化。产量容易调整的商品，供给价格弹性大；反之，供给价格弹性小。受自然力影响的农业，产量不易调整，缺乏供给价格弹性；工业受自然力影响小，容易调整，供给价格弹性比较大；轻工业比重工业供给价格弹性要大，产量更容易调整。

第五，生产要素的供给情况。如果存在着充分齐备的生产要素，供给价格弹性就大；反之，供给价格弹性就小。

影响供给价格弹性的因素非常复杂，除上述因素外还有生产的难易程度、生产要素的供给弹性、生产所采用的技术类型等，所有影响厂商生产能力的因素都将影响供给价格弹性的大小。一般来说，劳动密集型产品生产规模变动容易，供给价格弹性大；资本密集型产品生产规模变动困难，供给价格弹性小。

四、生活中的经济学

案例 3.5

猪肉价格为何暴涨？

2019 年人们茶余饭后谈论最多的莫过于猪肉价格暴涨的问题。的确，2019 年以来猪肉价格呈现一路飙升的状况，从年初每公斤 20 元一路飙升到每公斤 60 元。

本来人们餐餐必备的猪肉缘何变得如此“金贵”呢？《农民日报》刊登文章分析得比

较透彻：一是“无利可图，放弃养猪”；二是“成本过高，养不起猪”；三是“风险太大，不敢养猪”；四是“病毒肆虐，恐惧养猪”；五是“劳力短缺，无力养猪”；六是“治污严厉，无处养猪”。这次猪肉价格的大涨，可以说是近十年罕见。

猪肉是个关系到国计民生的问题，它既影响人们的一日三餐，又导致消费者物价指数（consumer price index，CPI）的上涨，甚至会出现严重的通货膨胀；它既关系到农民收入的提高，又关系到与其相关的上下游企业的发展。为什么猪肉价格会出现如此暴涨的现象？

我们可以利用需求弹性与供给弹性，来分析猪肉价格暴涨的原因。

（1）从需求角度来看，我国人均收入水平的不断提高，尤其是近些年来，农民收入的增长速度更是快于城市居民收入的增长速度，收入的增长刺激了国内居民对猪肉的消费。另外，从消费偏好来分析，中国人对猪肉有一种偏好，因此近年来国内猪肉消费呈增长趋势。

（2）从供给角度来看，第一，疫病导致供给减少。自从 2018 年 8 月中国发现非洲猪瘟以来，中国各地的猪肉价格都出现较大的动荡期。猪感染非洲猪瘟后遭到扑杀，更为严重的是其中有很多还是种猪、母猪，这无疑会打击养殖户补栏的积极性。第二，产能下降，成本增加。近年来猪肉价格一直低位徘徊，很多养殖户觉得养猪亏钱，都转到其他农产品上了。所以，生猪的存栏数大幅下降。2018 年 6 月，全国 400 个定点县监测结果表明，能繁母猪存栏同比降幅达到 26.7%，而产能下降导致市场生猪供应减少。同时，生猪养殖成本在不断上升，这都会推高猪肉的价格。

（3）从宏观政策角度来看，货币政策过于宽松。2019 年 1 月两次全面降准，不仅反映到猪肉、羊肉、牛肉、鸡蛋等农产品上面，还导致资产价格到商品价格的轮番上涨。2019 年，全年居民消费价格比 2018 年上涨 2.9%，其中，城市上涨 2.8%，农村上涨 3.2%。

（4）从需求价格弹性即需求量对价格变动的敏感程度来看，一般来说，作为消费品，猪肉的价格弹性是比较大的，尤其对低收入人群更是这样。但是随着人们收入的增长，猪肉成了一日三餐的常见食物，其需求价格弹性也呈下降趋势，具有较为刚性的需求，只有当猪肉价格上升至足够高的水平时，消费者需求才会呈现出明显的下降趋势。

（5）从供给价格弹性即供给量对价格变动的敏感程度来看，当生猪前期价格较为平稳，后期价格变动较为显著时，猪肉的供给价格弹性较高，反之亦然。其原因在于，生猪的当期供给量取决于前期养殖意愿，而前期养殖意愿取决于前期价格水平及其变动趋势。从生猪养殖规模的影响来看，一般而言，养殖规模越大，养殖者的经济能力、技术水平及信息搜集和识别能力越强。小规模养殖者难以在肉价变动时对下一年的养殖数量做出准确判断，导致养殖数量难以跟上价格变动，进而导致其供给价格弹性较小。

第三节　蛛网理论

一、蛛网理论的由来

在 20 世纪 30 年代以前，对弹性理论的研究和分析都是静态或比较静态的，蛛网理论是一种早期动态分析理论。它用来说明在市场失衡时，生产周期较长的商品（主要是农产品）的价格与产量波动情况。

1930 年，有三个国家的三位经济学家分别独立发表了三篇论文，论文中都提出了一种动态分析模型。这三个人是美国经济学家 T. W. 舒尔茨、意大利经济学家 V. 里西和荷兰经济学家 J. 丁伯根。他们论述了商品价格和供求相互作用并调节产量及其如何波动和达到均衡状态。1934 年英国经济学家卡尔多把这一论述译成英文，称为“蛛网理论”。

二、蛛网理论的假设条件

蛛网理论是用来分析生产周期较长的农产品价格与产量周期性波动的，蛛网理论有如下几个基本假设条件。

第一，这种商品的市场是一个完全竞争市场，生产者与消费者都有很多，商品质量没有差别，厂商容易进出市场，生产要素可以自由流动。总之不存在垄断因素的干扰。每个生产者按不变的市场现期价格做出决策，不会影响整个市场，决策一旦决定，不到下期不能改变。

第二，市场现期商品供给量决定这种商品的市场现期价格。

第三，市场现期价格影响下一个生产周期里这种产品的产量或供给量。

第四，市场上对这种产品需求不存在时滞，价格的变化会立即影响商品需求量。

三、价格与产量周期波动的几种情况

价格与产量波动的类型取决于供求弹性的大小，这也可以看作是弹性理论的应用。在上述函数关系的假定下，当供给弹性、需求弹性不同时，价格和产量的周期波动有以下三种情况。

1. 收敛型蛛网

当供给弹性小于需求弹性（$e_s < e_d$）时，市场价格变动对供给量的影响小于对需求量的影响。在这种情况下，价格波动对于产量的影响越来越弱，价格与产量的波动幅度越来越小，最后自发地趋于均衡。这种情况反映在图形上，形成一个向内收缩、收敛于均衡点的蛛网，称为收敛型蛛网。

如图 3-8（a）所示，供给曲线 S 斜率的绝对值大于需求曲线 D 斜率的绝对值，即从图形上看起来，S 较 D 陡峭，或 D 比 S 较为平缓。或者换一种说法，供给价格弹性小于需求价格弹性，在这种场合，当市场受到干扰偏离原有的均衡状态以后，如图 3-8（b）所示，实际价格和实际产量会围绕均衡水平上下波动，但波动的幅度越来越小，最后会恢复到原来的均衡点。

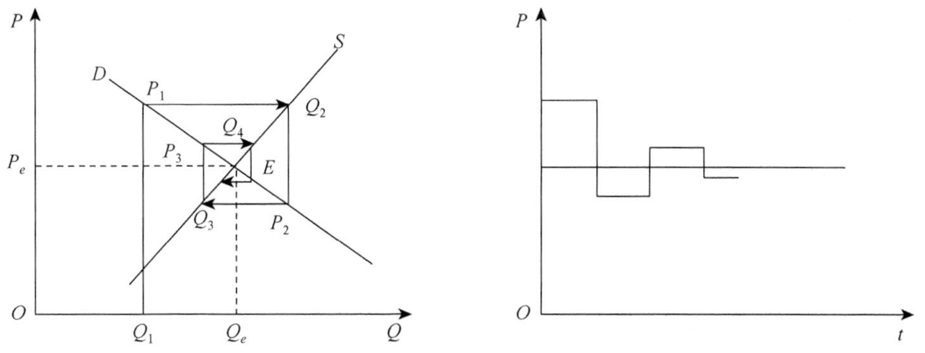

(a)　　(b)

图 3-8　收敛型蛛网

假定，在第一期由于某种外在因素的干扰，如恶劣的气候条件，实际产量由均衡水平减少为 Q_1。根据需求曲线，消费者愿意支付 P_1 的价格购买全部的产量 Q_1，于是，实际价格上升为 P_1。根据第一期较高的价格水平 P_1，按照供给曲线，生产者将第二期的产量增加为 Q_2。

在第二期，生产者为了出售全部的产量 Q_2，接受消费者所愿意支付的价格 P_2，于是，实际价格下降为 P_2。根据第二期较低的价格水平 P_2，生产者将第三期的产量减少为 Q_3。

在第三期，消费者愿意支付 P_3 的价格购买全部的产量 Q_3，于是，实际价格又上升为 P_3。根据第三期较高的价格水平 P_3，生产者又将第四期的产量增加为 Q_4。

如此循环下去，如图 3-8 所示，逐年的实际价格是环绕其均衡价格上下波动的，实际产量相应地交替出现偏离均衡值的超额供给或超额需求，但价格和产量波动的幅度越来越小，最后恢复到均衡点 E 所代表的水平。由此可见，图 3-8 中的均衡点 E 所代表的均衡状态是稳定的。也就是说，由于外在的原因，当价格和产量偏离均衡数值（P_e 和 Q_e）后，经济体系中存在着自发的因素，能使价格和产量自动恢复到均衡状态。

从图 3-8 中可以看出，供给曲线比需求曲线较为陡峭时，即供给价格弹性小于需求价格弹性，才能得到蛛网稳定的结果。所以，供求曲线的上述关系是蛛网趋于稳定的条件，相应的蛛网被称为收敛型蛛网。

2. 发散型蛛网

当供给弹性大于需求弹性（$e_s > e_d$）时，市场价格变动对供给量的影响要大于对需求量的影响。在这种情况下，价格波动对于产量的影响越来越强，价格与产量的波动幅度越来越大，偏离均衡点也越来越远。这种情况反映在图形上，形成一个向外扩散、远离均衡点的蛛网，称为发散型蛛网。

如图 3-9（a）所示，与图 3-8（a）的情况恰好相反，供给曲线 S 斜率的绝对值小于需求曲线 D 斜率的绝对值，即 S 与 D 相比较，前者较平缓。或者说，供给价格弹性大于需求价格弹性，这时，当市场受到外力的干扰偏离原有的均衡状态以后，如图 3-9（b）所示，实际价格和实际产量上下波动的幅度会越来越大，偏离均衡点越来越远。

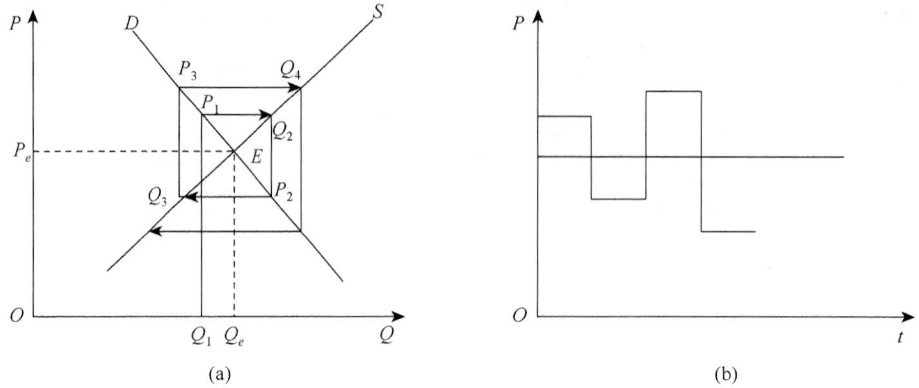

图 3-9 发散型蛛网

假定，在第一期由于某种外在因素的干扰，实际产量由均衡水平 Q_e 减少为 Q_1。根据需求曲线，消费者为了购买全部的产量 Q_1，愿意支付较高的价格 P_1，于是，实际价格上升为 P_1。根据第一期较高的价格水平 P_1，按照供给曲线，生产者将第二期的产量增加为 Q_2。

在第二期，生产者为了出售全部的产量 Q_2，接受消费者所愿意支付的价格 P_2，于是，实际价格下降为 P_2。根据第二期较低的价格水平 P_2，生产者将第三期的产量减少为 Q_3。

在第三期，消费者为了购买全部的产量 Q_3，愿意支付的价格上升为 P_3，于是，实际价格又上升为 P_3。根据第三期较高的价格水平 P_3，生产者又将第四期的产量增加为 Q_4。

如此循环下去，实际产量和实际价格波动的幅度越来越大，偏离均衡产量和均衡价格越来越远。图 3-8 中的均衡点 E 所代表的均衡状态是不稳定的，被称为不稳定的均衡。因此，当供给曲线比需求曲线较为平缓时，即供给价格弹性大于需求价格弹性，得到蛛网模型不稳定的结果，相应的蛛网被称为发散型蛛网。

3. 封闭型蛛网

当供给弹性等于需求弹性（$e_s = e_d$）时，市场价格变动对供给量的影响等于对需求量的影响。在这种情况下，价格与产量的波动幅度相同，既不趋于均衡点，又不远离均衡点。价格与产量始终围绕均衡点持续波动，循环不已。这种情况反映在图形上，形成一个首尾相连的蛛网，称为封闭型蛛网。

如图 3-10（a）所示，供给曲线 S 斜率的绝对值与需求曲线 D 斜率的绝对值恰好相等，即供给的价格弹性与需求的价格弹性正好相同，这时，当市场受到外力的干扰偏离原有的均衡状态以后，如图 3-10（b）所示，实际产量和实际价格始终按同一幅度围绕均衡点上下波动，既不进一步偏离均衡点，也不逐步地趋向均衡点。对图 3-10 中不同时点上的价格与供求量之间的相互作用的解释，与第一种情况对图 3-8 和第二种情况对图 3-9 的解释是类似的。因此，供给曲线斜率的绝对值等于需求曲线斜率的绝对值，即供给价格弹性等于需求价格弹性，蛛网以相同的幅度上下波动，相应的蛛网被称为封闭型蛛网。

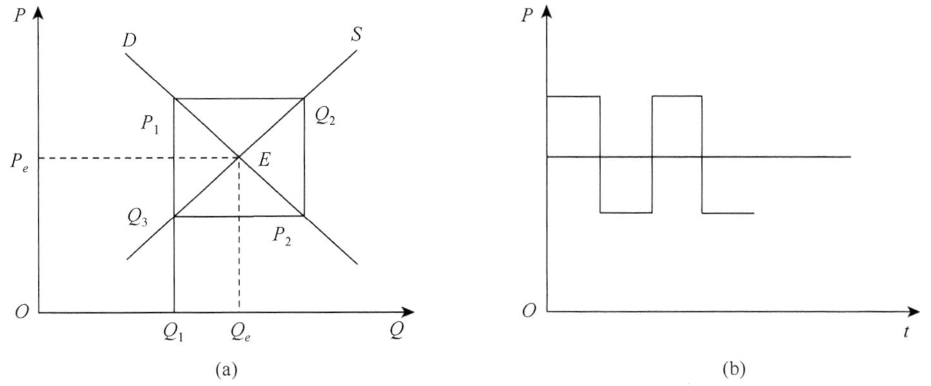

图 3-10 封闭型蛛网

四、生活中的经济学

案例 3.6

土豆的价格波动

西方经济学家认为，蛛网模型是一个有意义的动态分析模型。但是，这个模型还是一个很简单的和有缺陷的模型。根据该模型，造成产量和价格波动的主要原因是，生产者总是根据上一期的价格来决定下一期的产量，这样，上一期的价格同时也就是生产者对下一期的预期价格。而事实上，在每一期，生产者只能按照本期的市场价格来出售由预期价格（即上一期价格）所决定的产量。这种实际价格和预期价格的不吻合造成了产量和价格的波动，但是这种解释是不全面的。因为生产者会从经验中逐步修正自己的预期价格，使预期价格接近实际价格，从而使实际产量接近市场的实际需求量。关于这一点，西方经济学家阿西玛咖普罗斯（A. Asimakopulos）举出了以下事例。

1972 年美国由于暴风雨和恶劣的气候，土豆产量大幅度下降，土豆价格上涨。随着土豆价格的上涨，农场主便扩大土豆的种植面积，使土豆产量在 1974 年达到历史最高水平。结果，导致土豆价格急剧下降。以缅因州土豆为例，0.4536 千克土豆的价格由 1974 年 5 月的 13 美分降为 1975 年 3 月的 2 美分，该价格比平均生产成本还低。这种现象显然可以用蛛网模型来解释。作为补充，阿西玛咖普罗斯又举了一个特殊的例子来说明蛛网模型的缺陷，当农场主都因土豆价格下降而缩减土豆的种植面积时，唯有一个农场主不这么做。因为这个农场主根据长期的经营经验相信土豆价格将上升，而眼下正是自己增加土豆生产的时候。可见，这个农场主的预期和行为与蛛网模型所分析的情况是不吻合的。

蛛网理论说明了在市场机制自发调节的情况下，农产品市场上必然发生周期性波动。一般而言，农产品的供给对价格变动的反应大，但需求较为稳定，需求对价格变动的反应小，所以，存在最广泛的是发散型蛛网。这就是说，如果让农产品市场自发调节，农产品的波动要大于其他产品。这正是各国政府都采取各种政策手段稳定农业的原因。

蛛网理论虽然可以用来解释某些农产品价格的波动，但过于简单，随着理性预期学派的出现，蛛网理论的现实意义已经失去了。

案例 3.7

“蒜你狠”和“豆你玩”

2010 年有两个词很火：“蒜你狠”和“豆你玩”。蒜是大蒜的蒜，大蒜涨价称为“蒜你狠”。豆是绿豆的豆，绿豆、红豆、黑豆涨价，被戏称为“豆你玩”。2010 年大蒜价格突飞猛涨，超过猪肉，之后，黑豆价格继续离奇攀升，一度超过肉价。往年两三元都卖不出去的黑豆，在当年俨然成为菜市场的新晋“明星”。在各大超市，最贵的黑豆价格已达到 19 元/斤。同样的现象出现在绿豆、黑米、红豆等杂粮价格上。例如，黑米的价格从 2010 年 3 月的 3 元多 1 斤攀升到 9 元左右 1 斤。而红豆价格比 2009 年同期翻了整整一倍，就连以杂粮为主要原料的粽子，价格也随之上涨。网上存在三大传言：第一种传言是大蒜价格涨幅达到百倍；第二种传言是大蒜价格上涨是因为产量大幅下降；第三种传言是最近大蒜、绿豆似乎接替了住房和股票，成为投资致富的工具。

2010 年，各地大蒜、绿豆身价暴增。有传言说大量热钱转战农产品市场。如今五谷杂粮一夜之间已经变身投资品，不过国家统计局总经济师姚景源认为，杂粮价格上涨主要是受天气影响。没有证据证明游资大量进入农副产品市场。

姚景源对大量游资炒作农产品的说法并不认同，称现在还没有证据表明游资进入到农副产品领域。在他看来，农产品是鲜活产品，并不具有投资品的特性，“它是一个鲜活产品，有保质期，附加值又不高”。

媒体认为大蒜和绿豆价格上涨源于一些电视台和报纸开辟养生节目或专栏。

养生专家说哪个东西好，那个东西的价格就会很快上涨。当年许多养生专家频繁透露黑豆泡醋后食用，可有补肾、明目、黑发、美白、减肥等养生功效。一时间民众趋之若鹜，养生节目和专家成了大蒜、黑豆、绿豆等杂粮产品价格暴涨的推手。

大蒜、绿豆等农产品的生长周期并不长，随着价格上升，产量不久也会出现攀升。由于信息和协调生产的缺乏，大量农副产品涌上市场，往往超过当前市场价格决定下的需求量，由于供过于求，且农副产品是一个鲜活产品，有保质期，就只能削价出售，使同年市场价格下跌。看到下跌的价格，下一年农民们又会大量削减产量，结果造成下一年大蒜、绿豆供不应求，价格随之上扬。年复一年，价格就像蛛网一样运动。至于最终是否会达到稳定的均衡，这取决于需求弹性和供给弹性的比较。如果供给弹性相对小于需求弹性，则蛛网最终趋于收敛；如果供给弹性相对大于需求弹性，则蛛网最终趋于发散；如果二者相等，则蛛网无穷期地循环波动。

第四节 弹性理论在决策和政策方面的运用

一、对厂商价格决策的作用

在市场上各种商品的需求价格弹性存在很大差别，价格变化对商品需求量的影响不一样。价格提高，总收益不一定增加；价格降低，总收益也不一定减少。因此，一个厂商要想正确地制定商品价格来增加总收益，就必须对商品的弹性做出比较准确的预测与估算。

测算商品的价格弹性时，有的利用过去商品价格和需求量的统计资料进行计算，有的凭借经销活动中的实际经验进行估算，还有一批经济学家对各种商品的弹性进行考察研究和系统分析，例如，美国经济学家舒尔茨和英国经济学家斯通曾在弹性理论领域做出突出贡献。表 3-2 摘录了美国学者的研究成果，表示美国部分商品的价格弹性。

表 3-2　美国部分商品的价格弹性

缺乏弹性（$e_d<1$）	单位弹性（$0.9<e_d<1.1$）	富有弹性（$e_d>1$）
马铃薯 0.3	牛肉 0.92	家具 1.2
食糖 0.3	荞麦 0.99	电力 1.3
公共交通 0.4	公共教育 1.10	小汽车 2.1
各种食品 0.4		饭馆进餐 2.27
香烟 0.5		羊肉 2.65
汽油 0.6		妇女装饰品 3.0
衣服 0.6		
耐用消费品 0.8		

根据弹性理论做出的价格决策，有的正确而获利。例如，在 20 世纪 30 年代，美国州际贸易委员会要求东部铁路降低票价，铁路当局认为降低价格会减少收入，遭受损失，拒不采纳与执行。而美国州际贸易委员会认为，铁路客运需求弹性接近于 2，是富有弹性的。东部铁路最终勉强同意降价，结果收益还是增加了。又如，美国田纳西流域电力管理局认为，电力需求是富有弹性的，准备降低价格，邻近的电力公司最初不同意降价，后来降低了价格，电力的需求量与收益都增加了。利用弹性理论定价也可能发生错误，如对需求弹性估算不准，或对影响需求量的其他因素考虑不够。在现实多变的社会经济中，一种商品的弹性会因时间、地点不同而有很大差异，厂商在制定价格时也必须给予重视。

二、政府制定价格政策的应用

市场机制或价格机制作用具有局限性或不完善性，政府必须对某些关系人民基本生活需求的商品和关系国民经济全局的重要商品进行调节和干预，这就构成了管制价格政策。在经济发展的各个阶段，各个国家和地区都有不同形式的管制价格政策在发挥作用。

一是制定价格政策。政府在决定价格政策时必须考虑价格弹性的大小。只有正确地预算到价格变化对需求量和供给量的可能影响，才能使价格政策达到预期的目标。例如，农产品的需求一般是缺乏弹性的，农产品丰收会引起农产品价格下降，进而使农业生产者收入下降，为维护农业生产者的利益，必须要有正确的农产品价格政策。不论是发达的西方国家，还是发展中国家，都有自己的农产品价格政策。

二是制定税收政策。政府为维持正常活动与社会安定，必须实行税收政策和津贴政策。决定税收和津贴政策时，必须考虑价格弹性。

如果税收作为商品价格的一部分，就会影响到生产者的总收益和消费者的总开支。如需求弹性较小，税收负担主要由消费者承担，影响消费者总支出；反之，需求弹性较大，税收负担主要由生产者负担，影响生产者的总收益。因此，政府在制定税收政策时，应该根据政府的目标决定对哪种商品征多高的税率。

三是制定外贸政策。在国家决定对外贸易政策时，必须考虑需求价格弹性。政府要想增加本国商品出口，多增加外汇收入，对富有需求弹性的商品采取降低价格的方法，会带来薄利多销、增加收入的结果。如果对缺乏弹性的商品降低价格，会导致出口商品虽然不断增加，但总收入反而减少。政府要大力发展富有弹性的商品生产，利用本国优势增强在国际市场上的竞争能力。

三、生活中的经济学

案例 3.8

对生产者征税还是对消费者征税？

如果政府决定对某种产品征税，那么对于政府来说，需要考虑的一个问题是对生产者征税，还是对消费者征税。例如，政府决定对汽油征税，那么就有两种征税方式：一是政府直接向生产汽油的厂家征税，可以按照生产出来的汽油产量征税，也可以按照汽油的价格征税；二是向汽油的消费者征税，如在加油站向每个加油的消费者征税。

是否直接向厂家征税对消费者有利，向消费者征税则对厂商有利呢？经济学分析表明，无论向谁征税，结果都会使市场价格上升相当于税率（即单位产品所征收的税额）的水平，两种征税方式最终对消费者的影响效果完全相同。

为什么说对买者征税和对卖者征税最终效果是相同的？

对买者征税和对卖者征税的唯一差别是谁把钱交给政府。在图 3-11 中，如果从量征税，即按数量征税，每升汽油征收相同的税额 t，t 相当于图中的 FG，那么生产税的直接效应是供给曲线从 S_0 向上移动至 S_1，移动的垂直距离等于 t；消费税的直接效应是需求曲线从 D_0 向下移动至 D_1，移动的垂直距离也等于 t。因此，两种征税方式对市场均衡状态的改变效应完全相同，都表现为汽油价格以原先均衡价格为起点上下移动，而汽油数量保持不变。

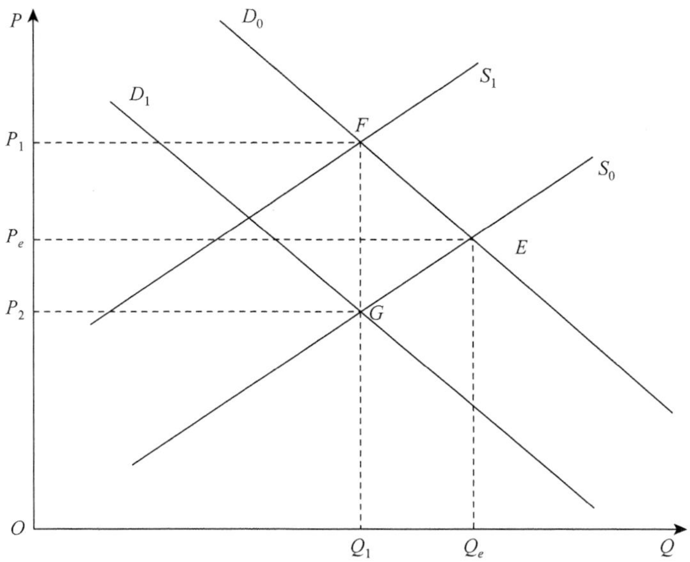

图 3-11　消费税与生产税的效应

在没有征税时，由市场供求决定的汽油价格为 P_e，汽油数量为 Q_e。如果政府对生产者征税，每升汽油的税额为 FG，则生产者的供给曲线将由 S_0 向上移至 S_1，新的均衡点 F 决定了新的均衡价格 P_1 和新的均衡数量 Q_1，即在政府对生产者征税之后，汽油价格上升了，汽油消费数量减少了。政府为此获得的税收额为$(P_1-P_2)Q_1$，即图 3-11 中矩形 P_1P_2GF 的面积。在此，消费者为每升汽油所负担的税收为(P_1-P_e)，生产者为每升汽油所负担的税收为$[FG-(P_1-P_e)] = P_e-P_2$。征税所造成的社会效率损失为三角形 EFG 的面积。

如果改为对消费者征税，每升汽油的税额仍然是 FG，则供给曲线不变，需求曲线由 D_0 向左下方移至 D_1，新的均衡点 G 决定了新的汽油价格和汽油数量，分别为 P_2 和 Q_1，即均衡价格下降了，但政府获得的税收、消费者与生产者负担的税收及征税所造成的社会效率损失都不变。

在供给非常富有弹性而需求较为缺乏弹性的市场上，卖者只承担了小部分税收负担，而买者承担了大部分税收负担；在供给缺乏弹性而需求富有弹性的市场上，卖者承担了大部分税收负担，而买者承担了小部分税收负担。税收抑制了市场活动，降低了均衡数量。因此，当对一种物品征税时，该物品在新的均衡时销售量减少了；买者与卖者分摊税收负担，买者为该物品支付得多了，而卖者得到的少了。

案例 3.9

奇怪的税项

1990 年，作为力图削减财政赤字的一揽子计划的一部分，美国国会同意对价格昂贵的奢侈品征收 10%的“奢侈品税”，如豪华游艇、私人飞机、高级轿车、珠宝首饰和皮革制品等。到了次年，有钱人为了逃避税收转而前往邻国加拿大等地购买游艇，导致美国东海岸度假胜地——南佛罗里达地区的游艇销量迅速下降了 90%，与此同时，德国奔驰和日本凌志在内的高级轿车的销量也出现急剧下降的趋势，而在这一年美国不但没有达到预期的进账，反而倒赔了钱，因此两年后宣布撤销这一税项。为什么会出现这一奇怪的结果？

首先，对于游艇的需求是富有弹性的。富人有钱，买游艇对他们来说是件小事，只要他们愿意，他们可以买别墅、买豪车，也能做慈善或者留下来给子女当作遗产。所以，游艇对富豪而言，买也行不买也行。其次，游艇的供给是缺乏弹性的。因为游艇的制造厂只能制造游艇，难以另作他用，制造厂的工人们也一时难以另换工作，无论游艇短时间内销量多少，他们都会在目前的状态上维持现状，不会换工作来适应市场环境，也就是供给缺乏弹性。因此，买不买游艇对富人来说无关紧要，但是对制造厂而言却很重要，所以奢侈品税主要由制造厂来承担，制造厂的劳动者又主要是工人。意识到这样一种情况之后，美国国会于 1993 年取消了大部分的奢侈品税（1990 年才实行）。

案例 3.10

需求第三定律

经济学家阿曼·阿尔钦（Armen Alchian）和威廉·艾伦（William Allen）在他们合写的教科书《大学经济学》（*University Economics*，1974 年）里提出了需求第三定律。

需求第三定律要回答以下四个问题。

问题一：假设有两段文字，一段是从某块石碑上抄下来的，一段是从电子邮件里随机抄出来的。这两段文字哪一段的质量更高？

问题二：有两张音乐会的门票，一张是北京市朝阳区群众组织的音乐会的门票，另一张是美国国家交响乐团的音乐会的门票。哪一个音乐会的欣赏价值更高？

问题三：每年有很多人跑到美国的拉斯维加斯赌博，赌博时是美国当地人下的赌注更大，还是不远万里跑到拉斯维加斯去的外国游客下的赌注更大？

问题四：超市里卖的一盒牛肉，上面写着“澳大利亚进口”，这盒牛肉更可能是含骨头的，还是去了骨头的？

这些问题，都是需求第三定律要回答的问题。需求第三定律到底讲了什么内容呢？

假设有两种苹果，一种是普通苹果，另一种是精选苹果。在无运费的情况下，普通苹果 1 元一个，精选苹果 2 元一个。这时候，吃 1 个精选苹果，成本就是放弃了 2 个普通苹果。但是如果要把苹果运到外地去，再加上一笔运费，情况就不一样了。因为苹果的重量和体积差不多，精选苹果和普通苹果的运输成本几乎相同。我们假设每个苹果运费都是 1 元，这时精选苹果的成本会变成 3 元，普通苹果的成本变成 2 元。我们会发现，加上运费以后，我们再吃 1 个精选苹果的成本，就从原来的 2 个普通苹果变成 1.5 个。

按照这个逻辑推演下去，如果运费不是 1 元，而是 10 元，每个精选苹果的总成本是 12 元，而普通苹果的总成本是 11 元，12 元与 11 元只差了 1 元。换句话说，加上了一笔巨大的运费 10 元以后，我们吃一个精选苹果的代价，只不过是 1.1 个普通苹果。也就是说加上一笔运费以后，消费精选品的代价变低了。这就是需求第三定律的含义。它的意思是说，精选品和普通品之间的价格本来是有较大差距的，但是加上一笔附加费以后，它们的差距就缩小了，精选品显得便宜了。而附加费越大，这种效果就越显著，精选品就显得越便宜。

反过来，当人们不得不支付一笔巨大的附加费时，就只有精选品才值得人们去运送、提供，才值得人们享受。回过头来看我们开头提的问题：能够刻在石碑上的文字，一定是精心雕琢的，而发电子邮件，是非常便宜的事，所以电子邮件里的文字质量当然是比较低的；不远万里从美国跑到中国来演出的乐团，他们要支付高昂的交通费、住宿费，这时只有高质量的乐团，才值得花这笔钱；跑到拉斯维加斯去赌博的游客，他们下的赌注比美国当地人下的要大，也是这个道理；从澳大利亚进口到中国的牛肉，运输成本可不低，当然事先要把骨头去掉。

加上一笔附加费以后，精选品就显得便宜了。那么附加成本越高越好吗？中国是出口大国，很多西方国家对来自中国的产品实施配额保护制度。那么中国的产品要卖到国外去，中国商人得到额外购买配额，也就是说要多付一笔附加费。这时只有价值更高、品质更好的产品才配得起这笔附加费，这使得中国出口商品的质量提升了。这是好事还是坏事？这是坏事！虽然中国出口商品的平均质量提高了，但是出口商品的品种减少了。国外的消费者和中国的生产商都因此蒙受了损失，减少了机会。例如，原本有各种各样品质的香烟——每包 1 元、5 元、10 元——出口到国外。如果西方国家对香烟实施配额制，说每包香烟要多付 5 元的附加费，那么这时能出口的，是便宜的香烟还是贵的香烟？答案是只有贵的香烟才值得出口，便宜的香烟就不能出口了。这样，出口的香烟种类减少了，国外消费者的选择也相应少了。这就是需求第三定律的含义：每当消费者必须支付一笔附加费时，高品质的产品相对低品质的产品就变得便宜了，这笔附加费越高，高品质产品相对就越便宜。正因为这样，我们也把这个定律称为“好东西运到远方去定律”。

第四章　效用理论与生活决策

引言：是穷人幸福还是富人幸福

对于什么是幸福，美国的经济学家萨缪尔森用“幸福方程式”来概括。这个“幸福方程式”就是：幸福＝效用/欲望，从这个方程式中我们看到欲望与幸福成反比，也就是说人的欲望越大越不幸福。但人的欲望是无限的，那么多大的效用在无限的欲望面前不也等于零吗？因此我们在分析消费者行为理论的时候不自觉地假定人的欲望是一定的。

在现实社会生活中，对于幸福不同的人有不同的理解。政治家把实现自己的理想和抱负作为最大的幸福；企业家把赚到更多的钱作为最大的幸福；教书匠把学生喜欢听自己的课作为最大的幸福；老百姓往往觉得平平淡淡、衣食无忧才是最大的幸福。幸福是一种感觉，自己认为幸福就是幸福。

鲁迅笔下的阿 Q 形象是用来唤醒中国老百姓抛弃那种逆来顺受的劣根性。但人生如果一点“阿 Q 精神”都没有，就会感到不幸福，因此“阿 Q 精神”在一定条件下是人生获取幸福的手段。市场经济发展到今天，贫富差距越来越大，如果穷人欲望过高，那只会给自己增加痛苦。倒不如用“知足常乐”和“阿 Q 精神”来降低自己的欲望，使自己虽穷却也获得幸福自在。富人比穷人更看重财富，他会追求更富，如果得不到，他也会感到不幸福。那么是穷人幸福还是富人幸福？完全是主观感觉。消费的目的是获得幸福。幸福是一种感觉，自己认为幸福就是幸福。仅把拥有的财富多少看作衡量幸福的标准，其实不尽然。因此，“知足常乐”“适可而止”“随遇而安”“退一步海阔天空”“该阿 Q 时得阿 Q”，这些说法有着深刻的经济含义，我们要为自己最大化的幸福做出理性的选择。

相关问题：

1. 什么是效用？
2. 如何才能使效用最大？

第一节　效用与生活

一、欲望

当我们观察市场时，首先看到的是多姿多彩、变化万千的商品。消费者为什么需要各种商品？因为这些商品能够满足他的各种欲望（wants）。因此，欲望是研究消费者行为的出发点。

1. 欲望的含义

欲望是人们身体和心理的需要，是一种感觉。说确切一些，欲望是人们对物品缺乏的心理感受和求得满足的主观愿望。构成欲望要有两个条件：第一，要有不足之感；第二，要有求足之愿。欲望是不足之感和求足之愿的统一，两者缺一就不能称之为欲望。

欲望是一种心理感觉，是人们消费行为的根本动机和内在动力。消费者的欲望推动消费者赚取收入、购买商品、追求消费、实现满足，而且这一行为链是一个不断重复的过程。

2. 欲望的特性

作为一种心理现象，欲望有以下主要特性。

1）欲望的无限性

从横的方面看，欲望的种类是无限的，如吃的欲望、穿的欲望、用的欲望等；从纵的方面看，欲望又是发展的，一种欲望满足之后又会产生其他的欲望，永远也没有完全满足的时候。欲望实际上是无穷的。

2）欲望的层次性

人的欲望尽管是无限的，但又有轻重缓急之分，有不同的欲望层次。美国著名心理学家亚伯拉罕·马斯洛（Abraham H. Maslow）把人的欲望按等级分为以下五个层次。

第一个层次是人的基本生理需要。它包括对衣、食、住、行等基本生存条件的需要，这是人类的最基本欲望。

第二个层次是安全需要。这主要指对现在与未来生活安全感的需要，这种欲望实际上是生理需要的延伸。

第三个层次是归属和爱的需要。这是一种作为社会中的人的需要，主要指在自己所在团体里求得一席之地，以及与别人建立友情。这种欲望产生于人的社会性。

第四个层次是尊重的需要。尊重包括自尊与来自别人的尊重。自尊包括对获得信心、能力、本领、成就、独立和自由等的愿望。来自他人的尊重包括威望、承认、接受、关心、地位、名誉和赏识。这是人更高层次的社会需要。

第五个层次是自我实现的需要。这就是成长、发展、利用自己潜在能力的需要。这种需要包括对真、善、美的追求，对完善自己的追求，以及实现自己理想与抱负的欲望。这是人类最高层次的欲望。

欲望的层次由低到高，从物质需要到心理需要，从可计量到不可计量，满足了较低需要，又追求较高需要，产生接二连三的新的需要。所以人们的需要或欲望是无穷无尽的，又是不断丰富增加的，欲望是人类经济活动的根本动机和需求的内在根源。

3）欲望强度的递减性

在一定时期内，一个人对某种物品的欲望强度随着该物品数量的增加而减少。这一欲望强度递减规律是德国经济学家戈森（H. H. Gossen）在19世纪中期提出的，被后人称为戈森第一定理。

应该指出的是，人的欲望或需要虽然是无穷的，但是满足欲望和需要的方式是有限的，要把不断满足人民日益增长的美好生活需要贯穿于实现“两个一百年”奋斗目标和实现中华民族伟大复兴的中国梦之中。造成不能完全满足人们欲望的原因既有自然资源的有限性，又有劳动时间的有限性，还有人们得到满足与满足他人的双向性。因此，西方经济学家在谈到经济学问题时，都是从“无限的欲望”、“有限的资源”及由此引起的“选择”开始的。经济学是研究稀缺资源配置的科学，而一切资源配置都是为了满足人们的欲望和需求。

二、效用

人的欲望要用物质或其他方式来满足，消费者消费物品正是为了满足自己的欲望，而欲望能否得到满足，则取决于商品的效用。

1. 效用的含义

效用是指商品或劳务所具有的满足消费者欲望的能力，是消费者在消费商品或劳务时所感受到的满足程度。

效用首先是消费者对商品主观上的感受与评价，是消费者在消费商品过程中所产生的心理活动的反映，表示商品或劳务与消费者的快乐或痛苦之间的关系。

从商品的角度看，效用是商品或劳务所具有的满足消费者欲望的能力。但这种能力是否具备，不是由商品本身是否具有使用价值所决定的，而是取决于消费者对于这种商品或劳务是否具有消费的欲望。一种商品如果能够使消费者得到某种满足或愉快，这一商品就具有效用，消费者获得的满足程度越大，商品所具有的效用也就越大；如果不能使消费者得到满足，则这一商品的效用就等于零；如果给消费者带来了不愉快和痛苦，那就成为一种负效用。

例如，有一份合格的食品，虽然在客观上具有可食性，但是对于并不饥饿的人或者不喜欢此类食品的消费者来说，该食品就没有多大的效用；对于讨厌此类食品的人来说，如果硬要消费，反而会产生负效用；可是对于饥饿的人或偏好此类食品的消费者来说，这份食品就具有相当大的效用。由此可见，效用可以说明消费者行为的动力，即从消费者的动机和追求出发说明他为什么消费或为什么不消费。效用作为反映消费者欲望、反映消费者对商品主观评价的概念，可以用来具体地衡量消费者的偏好。

2. 关于效用的几点说明

在理解效用这一概念时，需要把握以下几点。

第一，效用存在于物品自身的物质属性中，并由于其物质属性不同而不同。例如，食品和衣服由于它们的客观物质属性不同，因此可以满足人们不同的需要，从而带来不同的效用。物品种类越多，给人们带来的满足就越大。

第二，效用是消费者的主观感觉。一种物品是否有效用及效用的大小与正负，取决于消费者对这种物品的主观感受与评价。不同的消费者，主观感受不同，对同一个物品的效用评价就不同，例如，香烟对吸烟者有效用，而对不吸烟者就没有效用。不仅如此，即使对同一个人来讲，效用也会因时因地而异。人们在炎炎的酷暑中，吃根冰棍是为了解暑，此时冰棍给人们带来的效用很大；但如果在冰天雪地的隆冬季节，让你吃一根冰棍，那么有可能就是负效用。

第三，效用与使用价值是不同的。一个物品的使用价值是客观存在的，而效用却不是。例如香烟，不管你是否吸烟，它的使用价值都存在。而香烟的效用，只对吸烟者存在，对不吸烟者则没有效用，甚至是负效用。

第四，效用本身不含有伦理学的意义。这就是说，一种物品是否有效用，只是看它能否满足人的欲望或需要，而不论这一欲望或需要的好坏。例如吸毒，从伦理学看是坏欲望，但毒品（如鸦片、吗啡）能满足这种欲望，所以毒品具有效用。

由此可知，可以用效用来说明消费者行为的动力，即从消费者的动机和追求出发，说明他为什么消费或为什么不消费。此外，还可以用效用来衡量消费者的偏好。

3. 效用的两种表示方法

关于效用如何度量，有两种不同的观点。一种观点认为效用可以用具体数字来表示；另一种观点认为效用作为一种心理现象，是不能用具体数字来表示的。由此就产生了两种不同的效用理论，即基数效用论和序数效用论。

1）基数效用论

基数效用论认为，效用如同长度、重量等概念一样，可以具体衡量并加总求和，具体的效用量之间的比较是有意义的。效用的大小可以用基数（1,2,3,…）来表示，计量效用大小的单位被称为效用单位。例如，对某一个人来说，吃一盘土豆和一份牛排的效用分别为 5 个效用单位和 10 个效用单位，则可以说这两种消费的效用之和为 15 个效用单位，且后者的效用是前者的 2 倍。根据这种理论，可以用具体的数字来研究消费者效用最大化问题。基数效用论的特点有以下几个方面。

（1）效用可以具体衡量。

（2）效用可以加总求和。

（3）效用大小可以比较。

基数效用论采用边际效用分析法来研究消费者均衡问题。

2）序数效用论

序数效用论认为，既然效用是消费者的主观评价，是一种心理现象，效用的大小是无法具体衡量的，也不能加总求和，只能表示出满足程度高低的顺序。效用之间的比较只能通过顺序或等级即用序数（第一，第二，第三，……）来表示。因此，序数效用论认为，效用只能按效用的大小排序，无法用准确的绝对数字来表现和衡量。例如，消费者消费了一个苹果和一个橘子，他从中得到的效用是无法衡量的，也无法加总求和，即不能用基数来表示他得到的效用，但他可以比较从消费这两种物品中所得到的满足程度。如果他认为消费苹果所得到的满足大于消费橘子所得到的满足，那么就可以说，苹果的效用是第一，橘子的效用是第二。序数效用论的特点有以下几个方面。

（1）效用不可以具体衡量。

（2）效用不可以加总求和。

（3）效用只能根据偏好的程度排列出第一、第二、……的顺序。

序数效用论采用无差异曲线分析法来研究消费者均衡问题。

应该指出的是，两种效用理论分析思路、方法均不同，但二者的结论是完全相同的。在19世纪和20世纪初，西方经济学家普遍使用基数效用的概念，在现代微观经济学里，通常使用的是序数效用的概念。

三、生活中的经济学

案例 4.1

最好吃的东西

兔子和猫争论，世界上什么东西最好吃。兔子说："世界上萝卜最好吃。萝卜又甜又脆又解渴，我一想起萝卜就要流口水。"猫不同意，说："世界上最好吃的东西是老鼠。老鼠的肉非常嫩，嚼起来又酥又松，味道美极了！"兔子和猫争论不休，相持不下，跑去请猴子评理。猴子听了，不由得大笑起来："瞧你们，连这点儿常识都不懂！世界上最好吃的东西是什么？是桃子！桃子不但美味可口，而且长得漂亮。我每天做梦都梦见吃桃子。"兔子和猫听了，全都直摇头。那么，世界上到底什么东西最好吃？

案例 4.2

长工与地主

从前，某地闹起了水灾，洪水吞没了土地和房屋。人们纷纷爬上了山顶和大树，想要逃脱这场灾难。在一棵大树上，地主和长工聚集到一起。

地主紧紧地抱着一盒子金子，长工穷得只有一篮子玉米面饼。

几天过去了，四处仍旧是白茫茫一片。长工饿了就吃几口饼，地主饿了却只能看着金子发呆，警惕地注视着长工的一举一动，害怕长工会趁机把金子抢走。长工则提着一篮玉米面饼，呆呆地看着滔滔大水，除了这篮面饼，长工一无所有。地主舍不得用金子去换面饼，长工也不愿白白地把饼送给地主。

又几天过去了，大水悄悄退走了。长工高兴地爬到树下，捡起地主掉在地上的金子，地主却静静地趴在树上，永远留在大树上了。

案例 4.3

葱和蒜

有个商人拉了一船大葱去贩卖，在海上遇上了风暴，船被吹到了很远的一个海岛上。

那个海岛的居民从没有见到过大葱，一尝之下，惊喜异常，当作宝贝，用一船金子换了商人的一船大葱。商人回来以后，有个邻居看着眼红，他想，那个海岛的人一定也没见过大蒜，于是就拉了一船大蒜去那个海岛，也准备换回一船金子。你们猜，结果怎么样？海岛居民果然也没见过大蒜，一尝之下，也惊喜异常，当作宝贝，于是换给了他一船大葱。对商人和他的邻居来说，金子的效用远远大于大葱和大蒜，可是在海岛的居民眼里三者的效用一样大。

第二节 基数效用论

从产生的时间来看，基数效用论早于序数效用论，曾长期在价值理论方面占主导地位，并最早运用边际分析方法。

一、总效用和边际效用

为了说明消费者从一种商品的连续消费或不同种类商品的消费中所获得的总的满足程度以及为了分析消费者效用的变化情况，经济学提出了总效用和边际效用的概念。

1. 总效用的含义

总效用是指消费者在一定时间内消费一定量的商品或劳务所获得的全部效用或总的满足程度。总效用在一定范围内随着商品数量（用 Q 表示）的增加而增加，即是商品数量的递增函数，可以写作：$\mathrm{TU} = U(Q)$。

2. 边际效用的含义

边际效用是指在一定时间内消费者增加一个单位的商品或劳务消费所得到的新增加的效用。边际效用等于总效用的变动量与商品消费量的变动量之比，即

$$边际效用=\frac{总效用的变动量}{商品消费量的变动量}$$

若用 $\Delta\mathrm{TU}$ 和 ΔQ 代表总效用和商品的增量（即追加量），则有下面的公式：

$$\mathrm{MU} = \frac{\Delta\mathrm{TU}(Q)}{\Delta Q}$$

3. 总效用和边际效用的关系

总效用和边际效用是两个含义不同的概念。总效用是指连续消费某一类商品或消费不同种类商品时所得到的全部效用的总和；而边际效用是指连续消费某一类商品时，最后增加的那个单位的消费所带来的效用，或者说增加一个单位的消费所带来的总效用的增量。总效用是一个总量的概念，而边际效用是一个增量的概念。假定效用是可以计量的，则可用下面的图表来说明一种商品的消费量与总效用、边际效用之间的关系。

在表 4-1 中，某种商品的消费量从 0 增加到 1，消费者获得的效用为 12 个单位，这

时总效用由 0 增加到 12，总效用的增量即边际效用为 12；消费量从 1 增加到 2，总效用增加到 18，总效用的增量即边际效用为 6，依此类推。当消费量达到 4 时，消费者的消费量达到饱和，总效用达到最大。此后再增加消费，总效用不再增加，边际效用为 0，如果还要增加消费，就会产生负效用。微观经济学一般只研究消费达到饱和点之前的情况。

表 4-1　商品消费量与总效用及边际效用关系表

某种商品的消费量（Q）	总效用（TU）	边际效用（MU）
0	0	0
1	12	12（12–0）
2	18	6（18–12）
3	21	3（21–18）
4	22	1（22–21）
5	22	0（22–22）
6	20	–2（20–22）

图 4-1 是根据表 4-1 数据得出的总效用曲线和边际效用曲线。横轴表示消费量（Q），纵轴表示效用量（U），总效用曲线 TU 在 4 单位前向右上方倾斜，表示总效用在一定范围内随着消费量的增加而递增；当 TU 曲线为水平线时，说明总效用稳定不变；当 TU 曲线向右下方倾斜时，表示总效用下降。图 4-1 中 MU 边际效用曲线一直向右下方倾斜，表示边际效用随消费量的增加而递减，MU 在横轴之上为正效用，在横轴之下为负效用，与横轴交点边际效用为零。因此，边际效用是正值时，总效用递增；边际效用为零时，总效用达到最大值；边际效用为负值时，总效用开始下降或减少。

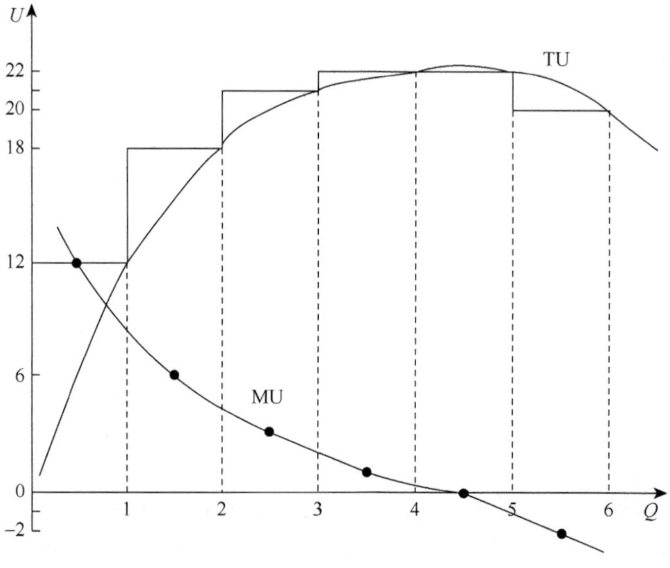

图 4-1　总效应曲线和边际效应曲线

二、边际效用递减规律

1. 含义

表 4-1 显示出随着消费量的增加，每一单位新增消费所带来的边际效用有递减的趋势，这一趋势被称为边际效用递减规律。

边际效用递减规律是指假定其他条件不变，随着所消费的商品量的增加，每一新增单位消费给消费者所带来的效用增量是递减的。也就是说，随着人们对某种商品消费量的增加，人们从增加消费中所感受到的满足程度越来越低；或者说，随着一种商品数量的增加，其稀缺性在降低，人们对其需要的迫切程度在降低，人们对于该商品效用的评价也趋于降低。

可以举例说明消费数量增加而边际效用递减。以吃饭为例，当一个人感到饥饿需要吃饭时，吃第一个面包会给他带来相当大的满足，效用较大，第二个面包可能就不如第一个面包那么迫切了，它所带来的效用增量会小于第一个面包，以此类推。如果他已经吃饱了，就不再会从吃面包中感受到满足程度的增加，面包这时对于他来说，效用已经等于零了，如果还硬要他增加消费，他就会感到难受而不是愉快，出现负效用。

2. 边际效用递减规律存在的原因

对于边际效用递减规律存在的原因，可以从两个方面来加以说明。

第一，来自人的欲望本身。按照戈森的说法，人的欲望是多种多样的，也不可能绝对地获得满足。当一种物品消费使消费者的某种欲望获得部分满足后，他对这种物品的欲望就会降低。如果该物品的消费继续增加，消费者所感受到的满足程度就会降低，即边际效用减少，如我们连续喝水时就有这种感觉。

第二，物品本身用途的多样性。一种物品具有多种用途，当它数量有限时，消费者会先把它用于最重要的用途，而后用于次要的用途，这样前者的边际效用就大于后者。例如，对于沙漠中的旅行者来说，在只有一单位水时，他必然会用它作为饮料，以维持生命，这时水的边际效用极大，总效用也大；如果再增加一单位水，饮用已不成为问题，就可以用于洗脸、漱口，但其重要性已经降低。由于水的增加而获得的总效用是增加的，但边际效用却在减少。所以如果物品有几种不同的用途，其重要性有大有小，也会使物品的边际效用递减。由此看来，这一规律是符合实际情况的。

边际效用离不开时间因素，是在特定时间内的效用。人们的欲望具有反复性或再生性，边际效用也具有时间性。例如，这次吃香蕉的边际效用由 12 降到 0，下一次吃香蕉时，第一个香蕉的效用又恢复到 12。

虽然在理论分析时边际效用有负效应，但在实际中边际效用基本都是正值。这是因为人们的欲望有多样性，理性的消费者会在一种商品边际效用趋近于零时，改变消费内容与方式，去满足其他欲望，以增加总效用。

当然也有少数的例外情形，有些商品不存在边际效用递减规律，如集邮者的例子，随着一套邮票收集得越来越齐全，他的满足程度不是在降低而是在不断提高，每一枚新增加的邮票给他带来的边际效用不是递减而是递增的。

边际效用递减具有普遍性，这在实际生活中随处可见。如果你要去买三件上衣，你会买三件不同的衣服，而不是三件相同的衣服。因为前者所带来的总效用要大于后者。人们不愿意一味地增加某一种物品的消费，不愿意把增加的消费局限在一种物品的消费上，这就是边际效用递减规律作用的结果。边际效用递减的趋向反映了人们多样化消费的倾向，也促使人们为获得最大限度的满足而追求多样化的消费。总的说来，边际效用递减的情形是具有普遍性的。边际效用概念还可以解释人们何以愿意进行商品交换。例如，甲拥有大量的商品 *A*，而乙拥有大量的商品 *B*。无论对于甲来说，还是对于乙来说，他们各自所拥有的商品的边际效用是递减的，是低的，而他们所没有的商品，是稀缺的，边际效用是高的。这样他们就会产生进行交换的动机，即用自己所拥有的商品去换取对方所拥有的商品，用对自己来说边际效用低的商品去换取自己稀缺的、边际效用高的商品，直至两种商品的边际效用相等。经济学家经常以此来说明促进贸易和分工对增进贸易各方和分工各方的利益、增进社会福利的意义。

3. 边际效用递减规律的几个特点

（1）MU 的大小与欲望的强弱成反比。

（2）MU 的大小与消费量成反比。MU = 0 时，TU 为最大。

（3）MU 是特定时间内的 *U*，这一次消费馒头的 MU 从 10 到–10，下一次消费第一个馒头的 MU 又恢复到 10。

4. 边际效用与商品的价格

边际效用概念的提出，从需求的角度解释了效用与价格形成的关系，即对人们来说，稀缺程度高的商品，人们需求的迫切程度也高，从消费中所获得的、所感受到的满足程度高，这说明消费者的评价高，边际效用高，因而商品的价格就高；反之，稀缺程度低的商品，消费者的评价就低，边际效用低，商品的价格也就低。因此，商品的价格不是一般地由商品的效用决定的，而是由商品的边际效用所决定的。MU 是决定产品价格的主观标准，MU 大，价格高，反之则低，这就是所谓的“物以稀为贵”的原因。

钻石和水的悖论是经济学中著名的“价值悖论”。价值悖论（paradox of value）又称价值之谜，指有些物品用处很大，但价格很低，如水；有些物品用处不大，但价格却很高，如钻石。为什么生命中不可缺少的水的价格要远比没有什么实际用处的钻石低？这种现象与传统的价格理论不一致。这个价值悖论是亚当•斯密在 200 多年前提出的，直至边际效用理论提出后这一悖论才得以解开。解释这一问题的关键是区别总效用和边际效用。水给我们带来的总效用是巨大的，没有水，我们无法生存。但我们对某种物品消费越多，其最后一单位的边际效用也就越小。我们用的水是很多的，因此最后一单位水所带来的边际效用就微不足道了。相反，相对于水而言，钻石的总效用并不大，但由于我们购买的钻石量极少，所以它的边际效用就很大了。根据效用最大化法则，消费者分配收入的方式是使用于一切物品的每元支出的边际效用相等。人们也是根据这一原则将收入分配于水和钻石上的：水的边际效用低，钻石的边际效用高，只有用水的低价格除以其低边际效用，用钻石

的高价格除以其高边际效用，用于水和钻石的每元支出的边际效用才能相等，即在均衡状态下有

$$\frac{\text{水的边际效用（低）}}{\text{水的价格（低）}}=\frac{\text{钻石的边际效用（高）}}{\text{钻石的价格（高）}}$$

所以，钻石的价格高，水的价格低是合理的。或者说，人们愿为边际效用高的钻石支付高价格，为边际效用低的水支付低价格是一种理性的行为。“物以稀为贵”的道理正在于“稀”的物品边际效用高，相对价格与边际效用相关，而不是总效用。

5. 货币的边际效用

货币也是商品，同样服从边际效用递减规律（货币多了，钱也就不值钱了）。基数效用论者认为，货币如同商品一样，也具有效用。消费者用货币购买商品，就是用货币的效用去交换商品的效用。商品的边际效用递减规律对于货币也同样适用。对于一个消费者来说，随着货币收入量的不断增加，货币的边际效用是递减的。这就是说，随着某消费者货币收入的逐步增加，每增加单位货币给该消费者所带来的边际效用是越来越小的。

但是，在分析消费者行为时，基数效用论者又通常假定货币的边际效用是不变的。据基数效用论者的解释，在一般情况下，单位商品的价格只占消费者总货币收入量中的很小部分，所以，当消费者对某种商品的购买量发生很小的变化时，所支出货币的边际效用的变化是非常小的。对于这种微小的货币的边际效用的变化，可以忽略不计。这样，货币的边际效用便是一个不变的常数。

三、边际效用和需求曲线

需求曲线是反映一定时期内消费者对商品需求量与价格之间关系的曲线。西方经济学认为，消费者对某种商品的需求曲线完全取决于这种商品对消费者的边际效用曲线。在市场上要购买商品必然要付出代价，这个代价就是货币。同其他商品一样，货币也具有效用，但是在经济分析中都假定货币的边际效用是固定不变的。如果某种商品能给消费者带来比较大的效用，消费者就相应地愿意付出比较高的代价；反之，如果带来的效用比较小，人们愿意付出的代价就比较低。因为随着商品数量的增多，能满足消费者的边际效用是递减的，因此，消费者购买商品愿意付出的代价也是递减的。

消费者购买商品以货币作计算单位而付出的代价，称为商品的需求价格。现假定某消费者购买的某商品数量 Q 为 1、2、3、4、5，商品对消费者的边际效用 MU 为 10、8、6、4、2，如货币的边际效用（用字母 λ 表示）固定不变为 2，那么，消费者对这一商品的需求价格 P 依次为 5、4、3、2、1，见表 4-2。

表 4-2 边际效用和需求价格

商品数量（Q）	商品的边际效用（MU）	货币的边际效用（λ）	需求价格（P）
1	10	2	5
2	8	2	4

续表

商品数量（Q）	商品的边际效用（MU）	货币的边际效用（λ）	需求价格（P）
3	6	2	3
4	4	2	2
5	2	2	1

从表 4-2 中可以看出，消费者购买一定量商品所得到的边际效用 MU，恰好等于购买该商品而付出的效用量，就是货币量的边际效用 λ 与需求价格 P 之积，写成公式是：$\mathrm{MU}=\lambda P$。

从上述公式可知，消费者为购买这种商品愿意付出的需求价格为

$$P=\frac{\mathrm{MU}}{\lambda}$$

这说明商品的需求价格等于商品的边际效用与货币的边际效用之比。根据表 4-2 的数值给出这种商品的需求曲线 *DD*，如图 4-2 所示，*DD* 是一条向右下方倾斜的需求曲线。

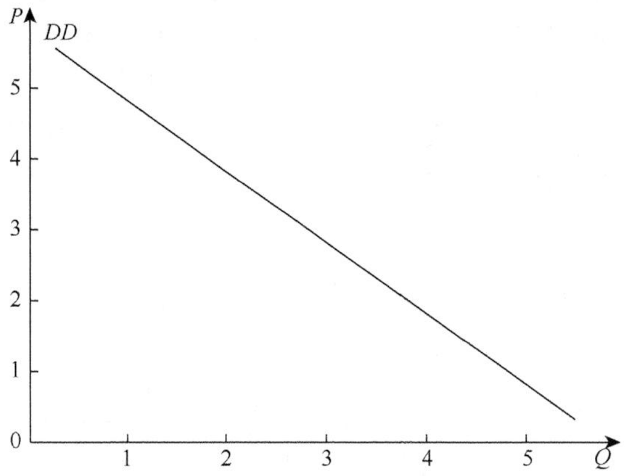

图 4-2　需求曲线

从表 4-2 和图 4-2 可以得到：在假设货币的边际效用保持固定时，某商品的边际效用曲线决定了消费者对这种商品的需求曲线。由于边际效用函数是减函数，所以商品需求函数也是减函数。需求量与价格呈反比关系的需求曲线，由于边际效用递减而向右下方倾斜。

四、效用最大化原则

消费者行为的基本目的就是获得最大限度的满足，或追求最大效用。在人们的收入水平和商品价格不变的条件下，消费者怎样使用有限的收入去获得最大的满足或最大的效用呢？这就是效用最大化原则，即消费者行为的最高准则。根据消费商品的种类不同，实现效用最大化原则有以下两种不同情况。

1. 消费一种商品时，边际效用为 0

如果消费者为满足某种欲望，而连续消费的是一种商品，要实现效用最大化就必须使其边际效用等于 0。就是说当消费最后一单位商品的边际效用 MU 为 0 时，消费者从这种商品中获得的总效用 TU 才能达到最大。

前面表 4-1 告诉我们，在连续消费一种商品，消费量 $Q=5$ 时，边际效用是 0，总效用达到最大且再也不能增加了。当消费量大于 5 时，边际效用出现负值，总效用不但不增加反而减少。当消费量小于 5 时，边际效用为正值，总效用还可以增加，并没有达到最大。当消费量为 4 时，总效用虽然已达到最大，但是边际效用仍然大于 0，这说明还可以增加消费，使总效用继续增加。从效用曲线上看，当连续不断地增加一种商品的消费时，只有当总效用曲线达到最高位置，同时相应的边际效用曲线与横轴相交时，才符合效用最大化原则，才能实现效用最大化。

2. 消费多种商品时，要使各种商品的边际效用相等

实际能满足人们各种欲望的商品多种多样。如果消费者同时消费多种商品，要获得最大限度的满足，实现效用最大化，就必须使消费者的各项开支每一单位货币（如一美元或一元人民币）购买商品所带来的边际效用是相等的。假如在购买商品时没有达到这个条件，就会把持有的钱从一单位货币获得较小边际效用的商品转移到一单位货币获得较大边际效用的商品上，直到一单位货币所获得的边际效用等于其他商品的边际效用为止。这表明，消费多种商品的消费者要实现效用最大化，就要做到使多种商品组合的效用最大化。

1）消费两种商品的情况分析

消费者同时消费 A、B 两种商品时，怎样实现效用最大化的组合呢？见表 4-3。

表 4-3　商品 A 和商品 B 的效用组合表

商品数量（Q）	1	2	3	4	5	6	7	8	总效用（TU）
商品 A 的边际效用 MU_A	11	10	9	8	7	6	5	4	60
商品 B 的边际效用 MU_B	19	17	15	13	12	10	8	6	100

仅有 A、B 两种商品，单位价格为 1 元，消费者在一定时期内的收入为 8 元，并且要全部花掉。这个消费者怎样支配他的收入，去购买多少商品 A 和商品 B，才能保证实现效用最大化或最大满足？效用最大化到底又是多大？

消费者的收入是 8 元，按商品 A 和商品 B 的价格，总共可以买 8 单位商品，购买这 8 单位商品，消费者能得到多大的总效用呢？这就取决于购买商品 A、商品 B 的组合效用。可以选择的决策有以下四种组合。

第一购买组合：8 单位商品 A，0 单位商品 B，得到的总效用为 60。

第二购买组合：0 单位商品 A，8 单位商品 B，得到的总效用为 100。

第三购买组合：商品 A、商品 B 各 4 单位，这时得到的总效用为

$$
\begin{aligned}
\text{TU} &= \text{TU}_A + \text{TU}_B \\
&= (11+10+9+8)+(19+17+15+13) \\
&= 102
\end{aligned}
$$

第四购买组合：2 单位商品 A 和 6 单位商品 B，得到的总效用为

$$
\begin{aligned}
\text{TU} &= \text{TU}_A + \text{TU}_B \\
&= (11+10)+(19+17+15+13+12+10) \\
&= 107
\end{aligned}
$$

从上述组合看，只有第四购买组合得到的总效用最大，因为这时购买 A、B 两种商品的最后一单位的边际效用都是 10，即 $\text{MU}_{A2}=\text{MU}_{B6}$。这表明消费者同时消费两种商品时，实现效用最大化有两个充分必要条件。

第一，限制条件。消费者在既定收入和商品价格既定的条件下，要花掉全部收入。

第二，实现条件。消费者用一单位货币收入购买的最后一单位的两种商品的边际效用相等。

写成方程式：

$$
\begin{cases}
P_A Q_A + P_B Q_B = M \\
\dfrac{\text{MU}_A}{P_A} = \dfrac{\text{MU}_B}{P_B}
\end{cases}
$$

式中，P_A、P_B 分别为商品 A、商品 B 的价格；Q_A、Q_B 分别为购买商品 A、商品 B 的数量；M 为消费者的货币收入。MU_A/P_A、MU_B/P_B 分别为购买一单位商品 A、商品 B 所支出货币的边际效用；MU_A、MU_B 分别为商品 A、商品 B 的边际效用。消费者之所以要按这一原则来进行购买，是因为在收入既定的条件下，多购买商品 A 就必然要少购买商品 B。随着商品 A 数量的增加，它的边际效用递减，而随着商品 B 数量的减少，它的边际效用递增。为了使所购买的商品 A 与商品 B 的组合带来最大的效用，消费者就要合理协调其所购买的商品 A 和商品 B 的数量，以达到最佳状态。当他所购买的最后一个单位的商品 A 所带来的边际效用与价格之比，等于购买的最后一个单位的商品 B 所带来的边际效用与价格之比时，总效用将达到最大。

2）消费多种商品的情况分析

实际上消费者购买的商品不可能仅有两种，而是丰富多彩、多种多样的。可供选择的商品种类如 A、B、C、……，这时消费者怎样才能实现效用最大化呢？可以用表 4-4 来进行分析。

表 4-4　多种商品的选择及其效用

商品种类	边际效用（MU）	总效用（TU）
A	10 9 8 7 6 5 4 3 2	54
B	9 8 7 6 5 4 3 2 1	45
C	8 7 6 5 4 3 2 1	36
D	7 6 5 4 3 2 1	28
E	6 5 4 3 2 1	21

续表

商品种类	边际效用（MU）	总效用（TU）
F	5　4　3　2　1	15
G	4　3　2　1	10
H	3　2　1	6
I	2　1	3
J	1	1

表 4-4 从纵向来看，商品种类 A、B、C、D、……从上到下根据各种商品对消费者的重要程度逐渐递减而排序；从横向来看，每种商品从左到右表示边际效用递减。为分析方便，假定每单位商品价格都是 1 元，那么，在不同的收入水平下，消费者必须按下列方式支配或花掉自己的收入，才能达到总效用最大化。

当消费者的收入为 6 元时，可以购买 6 单位商品，按 $Q_A = 3$，$Q_B = 2$，$Q_C = 1$ 购买，总效用为 $\text{TU} = \text{TU}_A + \text{TU}_B + \text{TU}_C = (10 + 9 + 8) + (9 + 8) + 8 = 52$，达到最大。因为这时每种商品的边际效用都是 8，其他任何商品组合的总效用都比 52 小。

当消费者的收入为 10 元时，选择购买 A、B、C、D 四种商品分别为 4 单位、3 单位、2 单位、1 单位，则总效用为 $\text{TU} = \text{TU}_A + \text{TU}_B + \text{TU}_C + \text{TU}_D = (10 + 9 + 8 + 7) + (9 + 8 + 7) + (8 + 7) + 7 = 80$，达到最大。因为这时每种商品的边际效用都是 7，其他任何商品组合的总效用达不到 80。

还可以假定消费者收入水平不断增加，分析多种商品购买组合的情况，实现效用最大化的充分必要条件方程式可扩展为

$$P_1X_1 + P_2X_2 + \cdots = I \tag{4-1}$$

$$\frac{\text{MU}_1}{P_1} = \frac{\text{MU}_2}{P_2} = \cdots = \lambda \tag{4-2}$$

式（4-1）表示收入全部花光；式（4-2）表示消费者对于任何一种商品的最优购买量：应该是使最后一次购买该商品所带来的边际效用与为购买该商品所支付一元钱的边际效用相等。

如果能够满足上述两个条件，消费者把有限的收入分配于各种物品的购买上时，其总效用（TU）就会最大。

需要注意的是，均衡条件所谈的是消费者对于任何一种商品的最优购买量应该是消费者最后一次购买商品 1、商品 2、…、商品 n 时，每一元钱所得到的边际效用相等，而不是每一种商品的边际效用相等。每一种商品的边际效用相等并不能保证消费者获得最大的效用，因为各种商品的价格是不相等的。

为便于叙述，下面以消费者购买两种商品为例，具体说明消费者效用最大化的均衡条件。

在购买两种商品情况下的消费者效用最大化的均衡条件为

$$P_1X_1 + P_2X_2 = I$$

$$\frac{MU_1}{P_1}=\frac{MU_2}{P_2}=\lambda$$

从$\frac{MU_1}{P_1}=\frac{MU_2}{P_2}$的关系出发有如下分析。

当$\frac{MU_1}{P_1}<\frac{MU_2}{P_2}$时，这说明对于消费者来说，同样的1元钱购买商品1所得到的边际效用小于购买商品2所得到的边际效用。这样，理性的消费者就会调整这两种商品的购买数量：减少对商品1的购买量，增加对商品2的购买量。在这样的调整过程中，一方面，在消费者用减少1元钱的商品1的购买来相应地增加1元钱的商品2的购买时，由此带来的商品1的边际效用的减少量是小于商品2的边际效用的增加量的，这意味着消费者的总效用是增加的。另一方面，在边际效用递减规律的作用下，商品1的边际效用会随其购买量的不断减少而递增，商品2的边际效用会随其购买量的不断增加而递减。当消费者一旦将其购买组合调整到同样1元钱购买这两种商品所得到的边际效用相等时，即达到$\frac{MU_1}{P_1}=\frac{MU_2}{P_2}$时，他便得到了由减少商品1购买和增加商品2购买所带来的总效用增加的全部好处，即消费者此时获得了最大的效用。

相反，当$\frac{MU_1}{P_1}>\frac{MU_2}{P_2}$时，这说明对于消费者来说，同样的1元钱购买商品1所得到的边际效用大于购买商品2所得到的边际效用。根据同样的道理，理性的消费者会进行与前面相反的调整过程，即增加对商品1的购买量，减少对商品2的购买量，直至$\frac{MU_1}{P_1}=\frac{MU_2}{P_2}$，从而获得最大的效用。

从$\frac{MU_i}{P_i}\neq\lambda$（$i=1,2$）的关系出发有如下分析。

当$\frac{MU_i}{P_i}<\lambda$（$i=1,2$）时，这说明消费者用一元钱购买第i种商品所得到的边际效用小于所付出的这一元钱的边际效用。也可以理解为，消费者这时购买的第i种商品的数量太多了，事实上，消费者总可以把这一元钱用在至少能产生相等的边际效用的其他商品的购买上。这样，理性的消费者就会减少对第i种商品的购买，在边际效用递减规律的作用下，直至$\frac{MU_i}{P_i}=\lambda$（$i=1,2$）的条件实现为止。

相反，当$\frac{MU_i}{P_i}>\lambda$（$i=1,2$）时，这说明消费者用一元钱购买第i种商品所得到的边际效用大于所付出的这一元钱的边际效用。也可以理解为，消费者这时购买的第i种商品的消费量是不足的，消费者应该继续购买第i种商品，以获得更多的效用。这样，理性的消费者就会增加对第i种商品的购买。同样，在边际效用递减规律的作用下，直至$\frac{MU_i}{P_i}=\lambda$（$i=1,2$）的条件实现为止。

3. 边际效用理论的运用——消费者剩余

消费者剩余是消费者愿意对某商品支付的价格与实际支付的价格之间的差额。

在消费者购买商品时，一方面，我们已经知道，消费者对每一单位商品所愿意支付的价格取决于这一单位商品的边际效用。由于商品的边际效用是递减的，所以消费者对某种商品所愿意支付的价格是逐步降低的。另一方面，需要区分的是，消费者对每一单位商品所愿意支付的价格并不等于该商品在市场上的实际价格。事实上，消费者在购买商品时是按照实际的市场价格支付的。于是，在消费者愿意支付的价格和实际的市场价格之间就产生了一个差额，这个差额便构成了消费者剩余的基础。例如，某种汉堡包的市场价格为 3 元，某消费者在购买第一个汉堡包时，根据这个汉堡包的边际效用，他认为值得支付 5 元去购买这个汉堡包，即他愿意支付的价格为 5 元。于是当这个消费者以市场价格 3 元购买这个汉堡包时，就创造了额外 2 元的剩余。在以后的购买过程中，随着汉堡包的边际效用递减，他为购买第二个、第三个、第四个汉堡包所愿意支付的价格分别递减为 4.5 元、4 元、3.5 元。这样，他为购买 4 个汉堡包所愿意支付的总价格为 $5+4.5+4+3.5=17$（元）。但他实际按市场价格支付的总价格为 $3\times4=12$（元），两者的差额为 $17-12=5$（元），这个差额就是消费者剩余。也正是从这种感觉上，他认为购买 4 个汉堡包是值得的，是能使自己的状况得到改善的。

消费者剩余可以用几何图形来表示。简单地说，消费者剩余可以用消费者需求曲线以下、市场价格线之上的面积来表示，如图 4-3 中阴影部分的面积所示。具体地看，在图 4-3 中，需求曲线以反需求函数的形式 $P=f(Q)$ 给出，它表示消费者对每一单位商品所愿意支付的价格。假定该商品的市场价格为 P_0，消费者的购买量为 Q_0，那么根据消费者剩余的定义，我们可以推断，在产量 0 到 Q_0 区间需求曲线以下的面积表示消费者为购买 Q_0 数量的商品所愿意支付的总价格，即相当于图中的面积 $OABQ_0$；而实际支付的总价格等于市场价格 P_0 乘以购买量 Q_0，即相当于图中的矩形面积 OP_0BQ_0。这两块面积的差额即图中阴影部分的面积，就是消费者剩余。

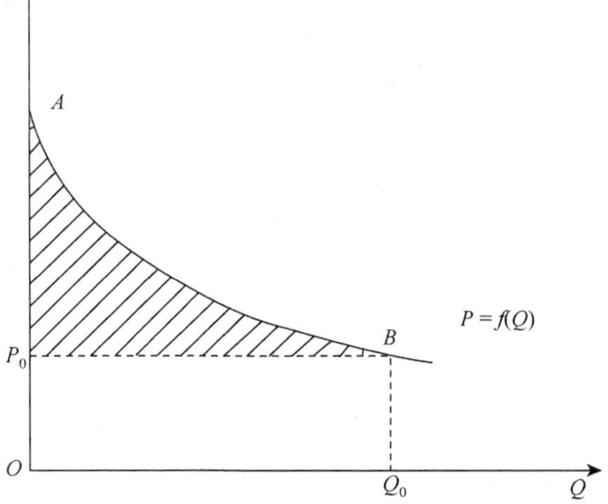

图 4-3　消费者剩余

以上，我们利用单个消费者的需求曲线得到了单个消费者剩余，这一分析可以扩展到整个市场。相类似地，我们可以由市场的需求曲线得到整个市场的消费者剩余，市场的消费者剩余可以用市场需求曲线以下、市场价格线以上的面积来表示。

在理解消费者剩余这一概念时要注意以下两点。

（1）消费者剩余并不是实际收入的增加，只是一种心理感觉。这一概念是分析某些问题时的一种工具。例如，在分析垄断存在所引起的社会福利损失时就运用了这个概念。

（2）生活必需品的消费者剩余空间大。因为消费者对这类物品的效用评价高，愿意支付的价格也高，但这类物品的市场价格一般并不高。

五、生活中的经济学

案例 4.4

边际革命——不是越多越好

到底什么是边际？边际就是“新增”带来的“新增”。例如，边际成本就是每新增一个单位产品所需要付出的新增成本；边际收入是每多卖一个产品能够带来的新增收入；边际产量是每新增一份投入所带来的新增产量；边际效用是每消耗一个单位的商品所能带来的新增效用。

明白了“边际”的概念，接下来就可以理解经济学当中最重要的原理——边际效用递减定律了。这个定律说的是，在单位时间内，随着人们消耗某种商品的数量不断增加，消耗这种商品所能带来的新增效用迟早都会下降。

美国的富兰克林·罗斯福总统是美国历史上唯一一位连任四届的总统。当他第四次当选总统以后，有位记者就问他：“第四次当选总统是什么感受？”罗斯福没有当场回答他的问题，而是请这位记者吃三明治。

吃第一块三明治的时候，这位记者觉得这是总统请客，无上的荣耀，吃得很舒服；吃第二块的时候就感觉平平了；吃第三块的时候，已经很难下咽了。当罗斯福把第四块三明治放到这位记者面前时，罗斯福说：“你把这第四块三明治吃下去，你刚才问我的问题，我就不用回答了，你自己会有亲身感受。”这就是边际效用递减的规律，它指的是每多消耗一个单位的商品，所能带来的新增的效用在递减。例如，我们吃东西的时候，食物带给我们的边际效用，通常都是递减的。

案例 4.5

幸亏我们生活在一个边际效用递减的世界里

我们设想，在其他条件不变的情况下，消费者连续消费某种商品的边际效用，将随其消费量的增加而不断增加，即边际效用是递增的。简单的例子是，一个人肚子饿了，吃一个馒头得不到很高的享受，可是吃得多了，这种享受的感觉越来越强烈，那么结果会是什么呢？这个人吃馒头将是个无底洞，永远都无法满足。吸毒就接近于边际效用递增。正因为边际效用递增，吸毒的人才会越吸越上瘾，甚至卖掉家产，抛弃家庭，宁可食不充饥、衣不蔽体，毒却不可不吸。如果人们对大多数商品的边际效用是递增的，这个世界将是一个疯狂的世界。相反，正因为边际效用是递减的，人们在一种商品的边际效用递减后，就会想方设法生产和消费另一种商品以实现最大化的总效用。事实上，商品的创新和丰富多彩皆源于人们的边际效用是递减的。所以说，幸亏我们生活在一个边际效用递减的世界里。

案例 4.6

受欢迎的自助餐

自助餐是受消费者欢迎的一种餐馆就餐方式。说到自助餐的特点或好处，人们通常总会摆出这么两点：第一，品种丰富，消费者可以随意搭配。在自助餐台上，通常会摆放着各式的冷菜、热菜、主食、饮料、甜品及水果等，每个消费者可以根据自己的口味偏好，在丰富的品种中选取所喜好的食品，放入自己的盘中享用。第二，自助餐一般是按人计费，而且每个消费者只要交了一人的就餐费，就可以不限量地享用自助餐所提供的各种食品。当然，自助餐除了这两个主要的好处之外，它的优点还包括就餐比较随意轻松、就餐通常不用排队或等候时间较短等。

有意思的是，自助餐好处有时也会被简要表述为：消费者只要交了钱，爱吃多少就吃多少。言下之意就是两个字：赚了！

难道自助餐馆的老板亏了吗？如何看待这一有趣的现象呢？首先看一下自助餐给消费者带来的好处。我们知道，消费者总是在既定的收入和价格水平下，通过选择最优商品组合来实现最大的效用水平。自助餐恰恰很好地满足了消费者这种选择行为的要求。因为一份自助餐的价格即一个消费者的用餐总支出是给定的，消费者可以在丰富的食物中进行选择。不仅如此，消费者通常每次每盘对各种食物的选择量都比较小，从而使得自己享用的食物品种更丰富、搭配更合理，更好地满足了自己的就餐偏好。此外，随着生活水平的提高，人们也越来越注重饮食健康和营养多样化的平衡。所以，相对于非自助餐只能享用有限的就餐品种而言，自助餐的丰富性和灵活性更有利于消费者实现最优的商品组合，从中获得更大的消费效用。此外，自助餐的价格相对是比较低的。由于自助餐的制作食料通常能较大批量地采购，从而降低了成本；而且自助餐的烹调制作过程和服务程序相对简单明了，也在一定程度上降低了人工等成本。这些低成本的因素使得自助餐能以相对较低的价格吸引消费者，这也自然受到消费者的欢迎。

在此要提及的就是那个重要的消费规律：边际效用递减规律。消费者在吃自助餐时确实面对丰富的食物，且享用不限量，其中有的食物可能还比较贵。但设想这样一个场景：一个人很喜欢吃比萨，他往自己的盘里放一两块比萨然后吃掉，这当然正常；如果他继续吃第三、第四、第五块比萨还可以勉强理解的话，那么他再继续吃第十块甚至更多时将会如何，那简直是无法想象的。其实，在一般情况下，随着比萨消费数量的增加，其边际效用是递减的。所以，即便是极偏好比萨的消费者，也不可能吃过多的比萨。在比萨边际效用递减的过程中，消费者一定会选择边际效用更高的其他食物来替代比萨，以获得更大的消费满足。

案例 4.7

半价买得的钟表

有一对夫妻，花了 3 个月的时间才找到了一只他们非常喜爱的古玩钟，他们商定只要售价不超过 600 美元就买下来。但是，当他们看清上面的标价时，丈夫却犹豫了。“哎哟，”丈夫低声说：“上面的标价是 800 美元，你还记得吗？我们说好了不超过 600 美元，我们还是回去吧。”妻子说：“不过我们可以试一试，看店主能不能卖便宜点。毕竟我们已经寻找了这么久才找到。”夫妻俩私下商量了一下，由妻子出面，试着与店方讨价还价，尽管她认定 600 美元买到这只钟的希望非常小。

妻子鼓起勇气，对钟表售货员说：“我看到你们有只小钟要卖。我看了上面的标价，而且价标上有一层尘土，这给小钟增添了几许古董的色彩。”停顿了一下，她接着说：“我告诉你我想干什么吧，我想给你的钟出个价，只出一个价。我肯定这会使你震惊的，你准备好了吗？”她停下来看了一下售货员的反应，又接着说：“哎，我只能给你 300 美元。”

钟表售货员听了这个价后，连眼睛也没眨一下就爽快地说：“好！给你，卖啦！”

你猜妻子的反应怎样？夫妻俩欣喜若狂了吗？不，事实的结果是正好相反。

“我真是太傻了，这钟恐怕本来就值不了几个钱……或者肯定是里面缺少了零件，要不为什么那么轻呢？再要么就是质量低劣……”妻子越想越懊恼。尽管后来夫妻俩还是把钟摆到了家中的客厅里，而且看上去效果很好，美极了，似乎走得也不错，但是她和丈夫总觉得不放心，而且他们一直被某种欺骗的感觉所笼罩。

如何用消费者效用理论解释出现这种现象的原因？如果钟表店的售货员坚持不降价或只稍微降价，你认为这对夫妻还有可能购买这只钟表吗？为什么？此时消费者剩余是多少？如果这对夫妻经过艰难的讨价还价后以 550 美元成交，消费者剩余是多少？

（1）效用是商品满足人的欲望和需要的能力和程度。从消费主体考察，消费者消费商品对自己某种需要满足程度的感觉，是消费者的一种主观感觉或感受；进一步说这种主观的感觉或感受，是一个心理的感知过程。故事中出现这种现象的原因就是那个钟表售货员居然以 300 美元把那只钟卖给那对夫妻，售货员这种爽快的行为使那对夫妻认为钟表不值 300 美元，没有实现他们消费时的效用。深入到他们的内心分析一下他们的心理反应，就是他们在购买那只钟的同时，没有从购买行为中获得一种价值感，没有获得效用最大化的实现。也就是人们常说的这个价买这东西值了；相反，就感觉上当受骗了。

（2）如果售货员坚持不降价或只稍微降价，这对夫妻仍然可能购买这只钟表，因为他们花了 3 个月的时间才找到了这只他们非常喜爱的古玩钟，他们对这只钟表具有特殊的偏好。尽管他们商定只要售价不超过 600 美元就买下来，但他们心里认定他们看上的这只钟表不止值 600 美元，所以如果经过艰难的讨价还价后，以大于 600 美元购买后还能使这对夫妻获得心理满足，其仍然可能购买这只钟表。

（3）如果你此时计算消费者剩余为 600–300 = 300（美元），那就错了。因为当售货员爽快地答应把钟表卖给这对夫妻时，他们心里愿意为此支付的最高价格就不再是 600 美元了，也可能立即降为 200 美元，从他们的心理反应过程来看，此时消费者剩余应该很小，甚至是负值。如果这对夫妻经过艰难的讨价还价后以 500 美元成交，消费者剩余是 100 美元。如果售货员掌握关于效用、消费者剩余等经济理论，可能就会在营销技巧上进行提高，使消费者在购买其商品时获得比较大的效用享受。

案例 4.8

每个人都应当是边际平衡的高手

资源是有限的，如何最有效地利用有限的资源，获得最高的效用？办法就是把资源分摊到不同的用途上，并确保资源在这些不同用途上获得的边际效用都趋于相等；如果出现不等，那就应该不断地把更多的资源挪用到边际效用较高的用途上，直到资源在这种用途上带来的边际效用下降到与其他用途的边际效用相等为止。这就是边际平衡的概念。

如果一个人这么做了，那么他得到的总效用就会达到最大。假设你是一位在校生，你应不应该在经济学这门课上拿 100 分？如果你在经济学上努力地拿 100 分，那么可能会说你不一定是一位好的经济学学生。因为你的学习总分，除了经济学这门课，还包含好多门课。在经济学这门课上，从 60 分变成 80 分相对容易，从 80 分变成 90 分就很难了。边际成本在增加，而边际效用在递减。最后，当从 99 分提高到 100 分的时候，所要付出的努力会非常大，而这些努力带给你的边际效用却非常低。

因此，每一个人都应该成为边际平衡的高手。也就是说，我们应该利用自己有限的时间、有限的精力，在自己所能涉及的所有领域、所有活动、所有选项当中，根据边际平衡的规律来分配时间、金钱、精力和其他资源，从而使总效用达到最大。

第三节　序数效用论

序数效用论认为效用是不可计量的，代之以比较先后顺序，比较不同商品组合的优劣，研究消费者怎样获得最大满足，序数效用论者是用无差异曲线分析方法考察消费者行为的，并在此基础上推导出消费者的需求曲线。序数效用论被称为现代效用论。

一、消费者偏好假定

序数效用理论认为，效用只能根据偏好的程度排列出顺序。为此，序数效用论者提出了消费者偏好的概念。所谓偏好，就是消费者根据自己的意愿，对可能消费的商品组合进行的排列。序数效用论者认为：对于各种不同的商品组合，消费者的偏好程度是有差别的，正是这种偏好程度的差别，反映了消费者对这些不同商品组合的效用水平的评价。具体来说，有以下三个假定。

第一个假定是偏好的完全性。偏好的完全性指消费者总是可以比较和排列所给出的不同商品组合。换言之，对于任何两个商品组合 *A* 和 *B*，消费者总是可以做出，而且也仅仅只能做出以下三种判断中的一种：对 *A* 的偏好大于对 *B* 的偏好；对 *B* 的偏好大于对 *A* 的偏好；对 *A* 和 *B* 的偏好相同（即 *A* 和 *B* 是无差异的）。偏好的完全性的假定保证消费者对于偏好的表达方式是完备的，消费者总是可以把自己的偏好评价准确地表达出来。

第二个假定是偏好的可传递性。偏好的可传递性指对于任何三个商品组合 *A*、*B* 和 *C*，如果消费者对 *A* 的偏好大于 *B*，对 *B* 的偏好大于 *C*，那么，在 *A*、*C* 这两个组合中，消费者必定有对 *A* 的偏好大于 *C*。偏好的可传递性的假定保证了消费者的偏好是一致的，因而也是理性的。

第三个假定是偏好的非饱和性。如果两个商品组合的区别仅在于其中一种商品的数量不相同，那么消费者总是偏好于含有这种商品数量较多的那个商品组合。这就是说，消费者对每一种商品的消费都没有达到饱和点，或者说，对于任何一种商品，消费者总是认为多比少好。

序数效用论者对消费者偏好的这三个基本假设条件又被称为消费者理论的“公理”。要注意的是，偏好不取决于商品的价格，也不取决于收入，只取决于消费者对商品的喜爱与不喜爱的程度。例如，消费者购买了一辆桑塔纳，但在他心目中仍然觉得奔驰车比桑塔纳车强，这并不矛盾，因为最后的购买决策不仅取决于偏好，还取决于消费可能性曲线。

二、无差异曲线及其特点

1. 无差异曲线的含义

无差异曲线是表示在偏好既定的条件下，消费者获得满足程度相等的商品组合的点的轨迹。这是消费者主观偏好在坐标图上的几何表示。它是西方经济学广泛运用的一个重要的分析工具。

表 4-5 是无差异表，*A*、*B*、*C*、*D* 四组是 *X*、*Y* 的组合，*X*、*Y* 数量不同，但都能给消费者带来同样的效用。由表 4-5 中数据得出一条无差异曲线，如图 4-4 所示。

表 4-5　无差异表

商品组合	商品 *X*	商品 *Y*
A	2	12
B	4	6
C	6	4
D	8	3

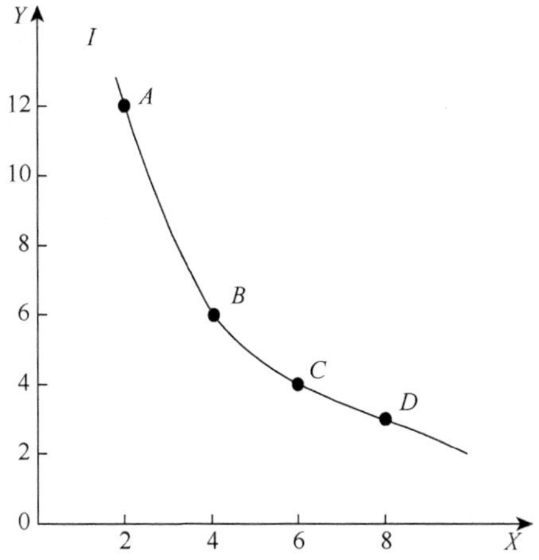

图 4-4　无差异曲线

在图 4-4 中，横轴表示商品 X 的数量，纵轴表示商品 Y 的数量，A、B、C、D 是给定的 X、Y 商品的四个组合，连接起来的曲线 I 就是无差异曲线，A、B、C、D 四种组合效用是无差异的，给消费者带来的满足程度一样。所以无差异曲线又称为等效用曲线、同好曲线、效用等高线、中立曲线。

2. 无差异曲线的特点

第一，无差异曲线向右下方倾斜，斜率为负。无差异曲线表明，两种不同数量的商品组合带来的效用是相等的。为维持相同的效用，增加商品 X 就必须减少商品 Y，两种商品之间的相互替代，此消彼长，在坐标图上表现为曲线向右下方倾斜，而且斜率是负的。

第二，在同一坐标平面上存在一组无差异曲线。在 X、Y 两种商品的商品平面上，每一点都代表 X、Y 的组合，效用量一定，这样的无差异曲线有许多条，如图 4-5 所示，Ⅰ、Ⅱ、Ⅲ是无差异曲线，距离原点 O 越远的无差异曲线所代表的满足程度和效用也较大。图 4-5 中，有Ⅲ＞Ⅱ＞Ⅰ。

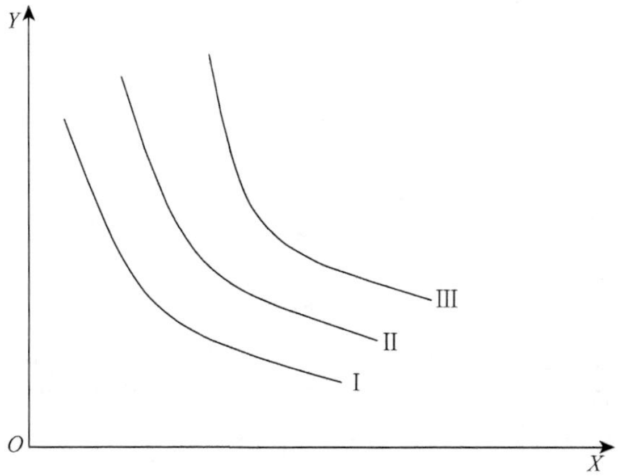

图 4-5　无差异曲线群

第三，任意两条无差异曲线不能相交。由于不同的无差异曲线代表不同的满足程度，如果两条无差异曲线相交，那么交点就同时在两条无差异曲线上，这说明交点代表的同一商品组合却给消费者带来两种不同的满足程度，这是不可能的。如图 4-6 所示，无差异曲线 I_1 和 I_2 交于 A 点，于是有 $A=B$，$A=C$，但 $B\neq C$，B 点的无差异曲线高于 C 点的无差异曲线，这与无差异曲线的定义相矛盾。

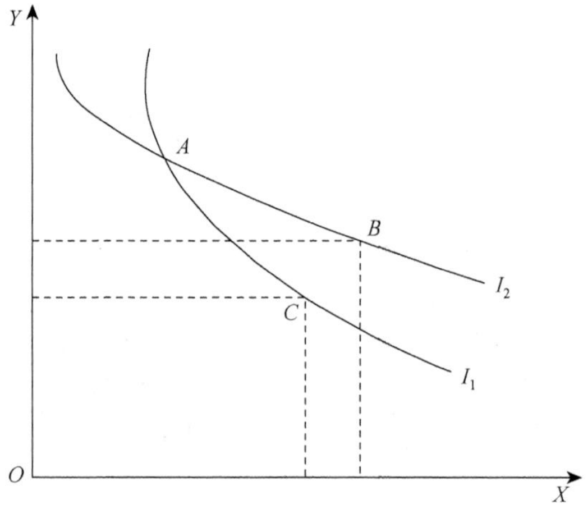

图 4-6　无差异曲线不能相交

第四，无差异曲线总是凸向原点，这一特点必须通过边际替代率来说明（也可以用边际效用递减来解释）。

3. 边际替代率

（1）边际替代率的含义及其公式。边际替代率是指为保持同等满足程度，增加一种商品的数量与必须放弃的另一种商品的数量之间的比率。例如，为增加商品 X 的数量必须放弃一部分商品 Y，就是商品 X 代替商品 Y 的边际替代率。如果用 MRS_{XY} 表示边际替代率，ΔX 表示商品 X 的增加量，ΔY 表示商品 Y 的减少量，则写成公式：

$$\mathrm{MRS}_{XY}=-\frac{\Delta Y}{\Delta X}=-\frac{Y_2-Y_1}{X_2-X_1}$$

因为 X、Y 两种商品是反方向变化的，比值是负的，所以在公式中添加负号，以便研究问题。

根据表 4-5 给定的数据，可以计算边际替代率 MRS_{XY} 的数值，见表 4-6。

表 4-6　边际替代率

变动情况	商品 X 增加量（ΔX）	商品 Y 的减少量（ΔY）	边际替代率
从 A 到 B	2	6	3
从 B 到 C	2	2	1
从 C 到 D	2	1	0.5

边际替代率的几何意义就是无差异曲线的斜率。无差异曲线越陡峭，它的斜率就越大，则边际替代率也越大；无差异曲线越平坦，它的斜率就越小，那么边际替代率也就越小。无差异曲线的斜率从左上方向右下方逐渐减少，因此它是一条凸向坐标原点的曲线。

（2）边际替代率递减规律。在维持效用水平不变的前提下，随着一种商品消费数量的连续增加，消费者为得到每一单位的这种商品所需要放弃的另一种商品的消费数量是递减的。之所以会普遍发生商品的边际替代率递减的现象，原因在于：消费者对某一商品拥有量较少时，对其偏爱程度高，而拥有量较多时，偏爱程度较低。所以，随着一种商品的消费数量逐步增加，消费者想要获得更多的这种商品的愿望就会减少，从而，他为了多获得一单位的这种商品而愿意放弃另一种商品的数量就会越来越少（同时，商品边际效用具有递减规律，也能证明这一变化规律）。边际替代率递减规律之所以成立是因为物以稀为贵，越是稀缺的物品，人们越是珍爱它，有时还不惜一切代价。

三、预算线

1. 预算线的含义

实际上，无差异曲线只能表明消费者在主观心理上对两种商品不同组合的偏好；边际替代率只是表示消费者对这两种商品相互替代能力的主观评价，不涉及消费者的收入和商品的价格。事实上，消费者能够达到哪种满足程度，还取决于消费者的收入水平和商品的价格水平。

预算线是指在既定收入和价格的条件下，消费者能够购买的最大数量商品组合的轨迹。如果说无差异曲线表示消费者的主观偏好或愿望，预算线则表示对消费者的客观限制，见图 4-7。现假定某消费者收入为 50 元，用来购买 X、Y 两种商品，每单位商品 X 的价格

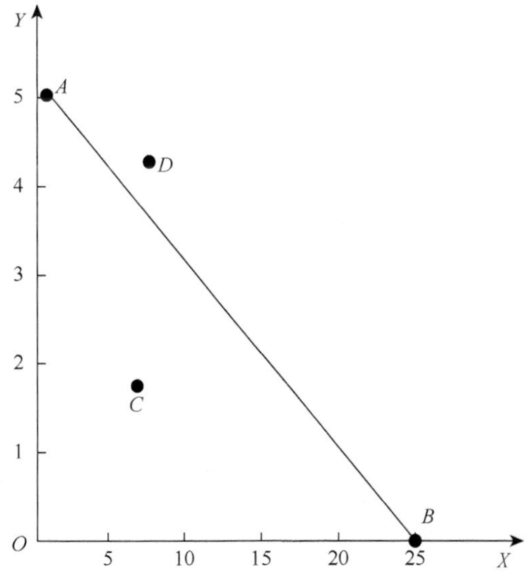

图 4-7　预算线

是 2 元，每单位商品 Y 的价格是 10 元。如果全部用来购买商品 X，可买 25 单位；如果全部用来购买商品 Y，可买 5 单位；或者可以购买两种商品的某种组合。横轴表示商品 X 的数量，纵轴表示商品 Y 的数量，消费者购买两种商品的多种组合均可由曲线上的一点表示，得出预算线 AB，预算线也称为等支出曲线。

图 4-7 中，三角形 AOB 构成预算空间，C 点表示收入没花完，D 点是消费者收入不能达到的点，只有在 AB 线上任意一点的组合，才能保证消费者收支正好相抵，所以预算线又称为消费可能线。

2. 预算约束方程式

假定消费者收入为 M，全部用于消费。P_X、P_Y 和 Q_X、Q_Y 为 X、Y 两种商品的价格和购买数量，预算方程式或预算约束方程式为

$$Q_X \cdot P_X + Q_Y \cdot P_Y = M$$

其经济意义是：在商品价格既定的条件下，消费者的全部货币收入能够买到两种商品的数量。

如果全部收入用来购买商品 X，即表现为在 X 轴上的一段截距。如果全部收入用来购买商品 Y，表现为在 Y 轴上的一段截距。

3. 预算线的移动

预算线表达了市场价格既定，货币收入对消费者能够购买商品数量的客观限制。如果市场价格和货币收入发生了变化，那么预算线将要发生移动，购买量也就随之变化。

第一种情况，预算线平行移动。如果商品价格不变，消费者收入发生变化，由于两种商品价格不变，购买两种商品的比例不变，预算线斜率也不变，这时新的预算线将与原预算线相平行而上下移动，见图 4-8（a）。收入增加，从 A_2B_2 向上平移到 A_3B_3；收入减少，则从 A_2B_2 向下平移到 A_1B_1。

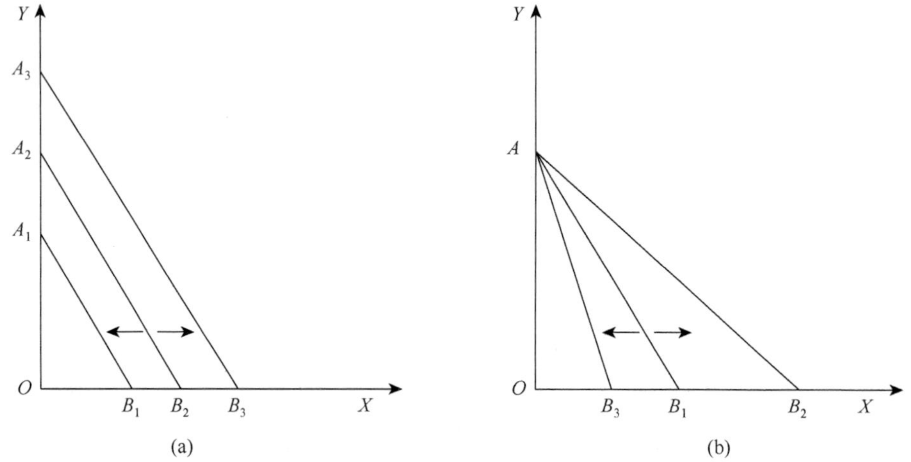

图 4-8　预算线的变动

第二种情况，预算线转动移动。假定消费者收入和商品 Y 的价格不变，而商品 X 的价格发生变化，由于商品 Y 价格不变，预算线的纵截距不变。如图 4-8（b）所示，AO 不变，但商品 X 的价格变化会使预算线以 A 为轴向左或向右移动，这样预算线的斜率发生变动。当 P_X 下降，预算线 AB_1 向右旋转移到 AB_2，购买商品 X 增加；如果 P_X 上升，则 AB_1 向左旋转移到 AB_3，购买商品 X 减少。

预算线表示在商品价格和货币收入不变的情况下，消费者客观上能购买两种商品的各种可能的数量组合，无差异曲线是消费者主观上对两种商品组合的偏好程度，把二者结合起来，就可以确定消费者最佳购买决策。

四、消费者均衡

1. 消费者均衡的含义

怎样把无差异曲线和预算线、消费者的主观愿望和客观条件结合起来，才能使消费者得到最大满足。或者说，怎样用有限的货币收入，在能够购买的商品间进行合理配置，来获得最大效用，这就是消费者均衡理论要回答的问题。

在图 4-9 中，横轴表示商品 X 的数量，纵轴表示商品 Y 的数量，I_1、I_2、I_3 是三条不同效用水平的无差异曲线，AB 是预算线，AB 与 I_2 相切于 E 点。E 点既能使消费者把收入花完，又处于较高的无差异曲线上，是消费者均衡点，这时获得的效用达到最大化。图 4-9 中，C 点表示收入未全部用完，F 点是收入达不到的购买点，D 点收入全部花完，但获得的效用处于较低水平。所以，只有 E 点才实现了均衡，表明在收入水平为 M 时，能达到最大、最高效用的组合点，在 I_2 效用水平上能实现最低支出水平。

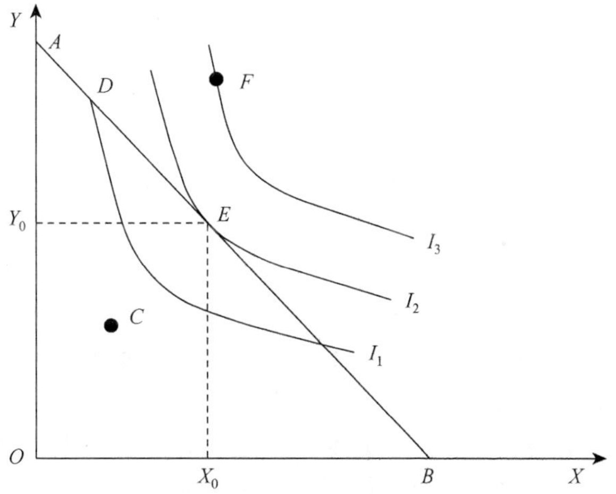

图 4-9 消费者均衡

2. 消费者均衡的实现条件

在图 4-9 中，切点正在预算线上，这就满足了效用最大化的限制条件：

$$M = Q_X \cdot P_X + Q_Y \cdot P_Y$$

同时，在切点 E 上无差异曲线与预算线的斜率相等，而无差异曲线斜率的绝对值就是边际替代率 MRS_{XY}，预算线斜率的绝对值则是两个商品价格的比。由此可知，消费者均衡的条件就是效用最大化的条件，即无差异曲线斜率的绝对值 = 预算线斜率的绝对值：

$$\text{MRS}_{XY} = -\frac{\Delta Y}{\Delta X} = \frac{\text{MU}_X}{\text{MU}_Y} \text{（无差异曲线斜率的绝对值）}$$

$$\frac{P_X}{P_Y} \text{（预算线斜率的绝对值）}$$

因此，消费者均衡的实现条件就是

$$\frac{\text{MU}_X}{\text{MU}_Y} = \frac{P_X}{P_Y} \text{或} \frac{\text{MU}_X}{P_X} = \frac{\text{MU}_Y}{P_Y}$$

这里介绍的消费者均衡与前面介绍的效用最大化法则实际是一致的，得出的均衡条件也是完全一致的。

由此可见，尽管两种效用分析方法不同，但其分析目的、分析对象和分析结论是一致的。两者在分析方法上最主要的区别在于，基数效用分析采用了效用可计量的假定，而序数效用分析采用了效用大小不可计量，只能区分大小高低排序的假定。

五、生活中的经济学

案例 4.9

奥利奥包装与消费者偏好

与在美国市场上销售的标志性产品相比，中国市场上又推出了一款奥利奥（Oreo），这款奥利奥又长又薄，四层的，不那么甜，外面裹着一层巧克力。然而，这两种奥利奥都有一个共同的特点：它们都是各自市场上最畅销的饼干。

奥利奥于 1912 年首次出现在美国市场，但直到 1996 年才被介绍给中国消费者。起初，全球第二大食品公司卡夫食品公司（Kraft Foods Inc.）在中国销售的奥利奥，与在美国销售得非常好的奥利奥是一样的。然而，奥利奥经过 5 年在中国的平淡销售业绩，从 2005 年，开始改头换面了。卡夫食品公司的营销副总裁肖恩・沃伦（Shawn Warren）描述了这种改版前的做法，他说，公司正在“实践爱因斯坦对疯狂的定义——重复做同样的事情，并期待不一样的结果”。卡夫食品的研究人员发现，中国消费者与美国消费者相比，他们对饼干有不同的偏好。更确切地说，传统的奥利奥饼干对中国人来说太甜了。相反，中国消费者喜欢含糖量更低的威化饼干。

2006 年，卡夫在中国推出了一款奥利奥，看起来与最初的奥利奥几乎毫无相似之处。新推出的中国奥利奥含糖量较低，由四层脆皮夹心香草和巧克力奶油，外裹巧克力的威化饼干组成。

重新设计的努力获得了丰厚的回报。到 2006 年底，奥利奥威化棒成为中国最畅销的饼干，在接下来的两年里，卡夫将奥利奥在中国的收入翻了一番。到 2008 年底，奥利奥在东方的额外销售额推动其全球销售额首次突破 10 亿美元。显然，关注消费者偏好的差异可以为卡夫这样的公司带来可观的红利。

——根据 Edgar K. Browning 和 Mark A. Zupan 的图书 *Microeconomics: Theory & Applications* 翻译整理而得

案例 4.10

互联网和消费者选择

在我国，互联网技术被广泛运用于商业领域，电子商务发展迅猛。数据显示：2017 年我国网络零售市场交易规模达 71 751 亿元，较 2016 年的 51 556 亿元增长 39.17%；2017 年中国网民规模达 7.72 亿人；截至 2017 年底，中国网络购物用户规模达到 5.33 亿人，较 2016 年增长 14.3%，约占网民总体的 69%。其中，实物商品的网上零售额达 54 806 亿元，增长 28.0%，占社会消费品零售总额的比重为 15.0%；在实物商品网上零售额中，吃、穿和用类商品分别增长 28.6%、20.3%和 30.8%。在零售业、餐饮业和旅游业中，互联网对消费者行为的影响是极其广泛和深刻的，消费者也由此获得更多的利益。

从整体而言，互联网到底是通过哪些方面影响消费者行为，并使消费者获利的呢？我们说一种商品的市场需求量是每一个价格水平上的该商品的所有个人需求量的加总。所以，市场需求曲线是单个消费者的需求曲线的水平加总。从整个互联网消费市场来看，有如下几种情况。

第一，各类消费网站的出现，极大地扩展了消费者的商品可选择范围，更有利于消费者根据自身的偏好去选择最优的商品组合，以实现最大的效用。

第二，利用各类消费网站来购买各种商品和劳务，为消费者节省了大量的时间和精力，即节约了消费者购物的“隐性”成本，使得购物的过程变得便捷有效，从而增加了消费者的满足程度。此外，还应该看到，这些被节省下来的大量的宝贵时间和精力，无论是被消费者用于工作、学习，还是被用于闲暇，最终都会增进消费者的效用。

第三，在网站上商家提供的商品和劳务的价格通常是比较低的。其原因可能是在网上开店省去了实体店的巨额投资而降低了销售成本，也可能是互联网带来产销对接的环节简化，降低了人力成本等支出，还可能是不少商家由于利用网站销售模式聚集了人气，能够大批量采购而获得低价位进货，等等。此外，网站上提供同种商品的众多商家之间存在着竞争使得价格不断降低。

第四，我们知道，在其他条件不变时，商品价格下降是通过替代效应和收入效应这两个机制发生作用，从而导致商品需求数量的增加和消费者效用水平的提高。因此，当网站上的商家以较低价格出售商品时，一方面，商品相对价格的下降使得消费者增加该商品的购买量，这便是替代效应的作用；另一方面，商品价格下降导致消费者实际收入水平上升，使得消费者增加商品的购买量并增进效用水平，这便是收入效应的作用。尤其进入网站消费人数的不断增加及每个消费者网购商品范围的不断扩大，由商品价格下降所导致的收入效应也更加显著。这种收入效应不仅包括单个消费者实际收入水平的提高，还包括加总意义上的商品市场上全体消费者实际收入水平的提高，这无疑是提高消费者效用水平的一个重要机制。

当然，我们还看到，在将互联网运用到商业服务业发展的过程中，还面临着一些亟待解决的问题和挑战。例如，如何更好地维护网上消费者的权益；如何建立和完善相关的法律和法规，以更好地维护商业网站的市场运行秩序与效率；网站商家如何更有效地利用物流与快递模式等。总之，我们相信我国互联网这一技术创新将会更多、更好地被运用于消费领域，它所带来的商业模式的变革将会继续使消费者得到更多的实惠与利益。

第五章 生产理论与厂商决策

引言："放心，中国的粮食可以养活中国人。"

边际报酬递减规律揭示了在短期生产中普遍存在的一个事实：在其他条件不变的前提下，随着任何一种可变生产要素投入数量的连续等量增加，该可变要素的边际产量在递增到最高水平之后一定会呈现递减的状态，甚至递减为边际产量为负。该规律通常也被称为边际产量递减规律。

由此，我们不难理解，在机器设备数量固定的情况下，不恰当地使用过多的劳动，就会导致劳动的边际产量递减，甚至在极端场合还会导致总产量下降。例如，在耕地面积一定时，如果使用过多的化肥，那么对农作物的生长肯定是不利的，甚至还会伤害农作物导致减产。在此，我们可以联想到"大跃进"时期，当时提出"人有多大力，地有多大产"的口号，这显然是不现实的、不科学的，所报道的过万斤的超高亩①产量也是虚假的、根本不可信的。因为在当时给定的技术条件和土地资源条件下，无论投入多少数量的劳动力或肥料等可变要素，其亩产量并不会无限度地增长；在边际产量递减规律的制约下，亩产量在达到自身一个最高水平之后，必然会下降。

边际产量递减规律提示我们，在一定的条件下，高投入未必带来高产出，因此要注意投入的合理限度，寻找最佳的投入数量。经济学家早在 18 世纪就提出了这一规律，英国政治经济学家马尔萨斯（1766～1834 年）于 1798 年出版了著作《人口原理》，描述出一幅人类前景悲惨的画面：因为耕地等自然资源毕竟是有限的，要粮食增产最终只能依靠劳动力的增加，但边际产量递减规律表明，劳动力投入带来的边际粮食产量递减，于是人口不断增长的必然结果是：人类不能养活自己。无独有偶，1994 年，一位叫莱斯特·布朗的经济学家重复类似悲观的预言，发表了一本题为《谁来养活中国》的小册子，宣称人口众多的中国将面临粮食短缺，进而引发全球粮价猛涨的危机。

但事实真如马尔萨斯预言的那样吗？下面来看一下我国的实际情况。

2018 年 2 月 23 日《科技日报》指出：在过去的一个世纪里，中国曾多次经历饥荒和食物短缺，政府甚至为此在 1955～1993 年实行了粮食配给制度。1981 年，伴随着土地承包制的推出，农民的生产积极性得到释放，中国粮食总产量从 1982 年的 3.54 亿吨增长到 2017 年的 6.18 亿吨，超过了同期人口 34%的增速。今天，中国用全球 7%的耕地养活了近 20%的人口。放眼未来，提高粮食产量必须更多地依靠技术进步而不是资源投入。中国正在积极着手土壤改良、降低耗水量和控制化肥施用量。正在加速推进的土地流转体系将孕育大型现代农场，规模种植效应将进一步提高农业生产效率。伴随着数字技术的发展，精准农业可以使粮食产量再提升 10%左右。

---

① 1 亩≈666.67 平方米。

生产理论的中心课题是研究怎样有效地分配和利用稀缺资源，以达到获得最大利润的目的。利润最大化原则支配着生产者的行为，预期利润的高低决定着商品生产或市场上的供给力量。从有形物质的实物角度考察投入的生产要素与产出的产量之间的物质技术关系，这就构成了生产理论。

相关问题：

1. 什么是边际产量？什么是边际报酬递减规律？
2. 为什么马尔萨斯和布朗的预言没有在中国出现？

第一节 厂　商

西方经济学把生产者称为厂商，是指能够独立做出统一生产经营决策的经济单位。从街头巷尾的零售店到庞大的跨国公司，都是厂商。

一、厂商的组织形式

通常而言，厂商有三种组织形式：个人业主制企业、合伙制企业和公司制企业。

1. 个人业主制企业

个人业主制企业是指个人出资兴办、完全归个人所有和个人控制的企业。这种企业在法律上称为自然人企业，是最早产生的也是最简单的企业形态。企业家往往同时是所有者和经营者。个人业主的利润动机明确、强烈；决策自由、灵活；企业规模小，易于管理。但个人业主制企业往往资金有限，限制了生产的发展，而且也较易破产。

个人业主制企业具有如下优点：①开设、转让与关闭等行为仅需向政府登记即可，手续非常简单；②利润全归个人所得，不需与别人分享；③经营制约因素较少，经营方式灵活；④易于保护技术、工艺和财务秘密；⑤企业主可以获得个人满足。

个人业主制企业也有如下不足。①责任无限。企业一旦经营失误，将面临资产抵押、家产抵押乃至人身抵押的困境。②规模有限。这种企业的发展受到两个方面的限制：一是个人资金的限制；二是个人管理能力的限制。③寿命有限。企业与业主往往同存同亡，业主的死亡、破产、犯罪或转业都可能使企业不复存在。因此，企业的雇员和债权人不得不承担较大的风险。债权人往往要求企业主进行人身保险，以便当企业主死亡时可以用保险公司支付的保险金抵付债务。

2. 合伙制企业

合伙制企业是由两个以上的企业主共同出资、共同经营、共负盈亏的企业。合伙人出资可以是资金、实物或知识产权。合伙制企业财产由全体合伙人共有，合伙人对企业债务承担连带无限清偿责任。相对个人业主制企业而言，合伙制企业的资金较多、规模较大，比较易于管理，分工和专业化得到加强。但由于多人所有和参与管理，不利于协调和统一；资金和规模仍有限，在一定程度上不利于生产的进一步扩大；合伙人之间的契约关系欠稳定。

合伙制企业的优点：①企业资金来源较广，信用能力较强；②突破了单个人在知识、阅历、经验等方面的限制，企业的人力资本与经验更强；③企业发展的潜力更大。

合伙制企业的不足：①企业产权转让较为困难，产权转让须经所有合伙人同意方可进行；②投资者对于企业债务都负有连带无限清偿责任；③企业寿命有限；④意见难以统一；⑤规模仍受局限。

3. 公司制企业

公司制企业指按公司法建立和经营的具有法人资格的厂商组织。它是一种重要的现代企业组织形式。公司是法人，在法律上具有独立的人格，是能够独立承担民事责任、具有民事行为能力的组织。

公司制企业又有以下几种形式。

（1）无限责任公司。这是指由两个以上负无限责任的股东出资组成，股东对公司债务负连带无限清偿责任的公司。英美法系不承认这种公司为公司法人，而大陆法系承认这种公司为公司法人。

（2）两合公司。这是指由一人以上的无限责任股东和一定人数的有限责任股东出资组成的法人企业。

（3）有限责任公司。这是指由两个以上股东共同出资，每个股东以其所认缴的出资额对公司承担有限责任，公司以其全部资产对其债务承担责任的企业法人。

依照《中华人民共和国公司法》（简称《公司法》）的规定，有限责任公司具备如下法律特征：①有限责任公司是企业法人，公司的股东以其认缴的出资额为限对公司承担责任，公司以其全部财产对公司的债务承担责任。②有限责任公司的股东人数是有严格限制的。各国对有限责任公司股东数的规定不尽相同。2018 年我国对《公司法》进行了修订，规定股东人数在 50 人以下。③有限责任公司是资合公司，但同时具有较强的人合因素。公司股东人数有限，一般相互认识，具有一定程度的信任感，其股份转让受到一定限制，向股东以外的人转让股份须得到其他股东的同意。④有限责任公司不能向社会公开募集公司资本，不能发行股票。⑤有限责任公司设立条件和程序相对股份有限公司而言较为简单和灵活，如组织机构、审批程序都比股份有限公司简单。

（4）股份有限公司。股份有限公司也称股份公司，其信用基础是公司的资本而非股东个人，是一种典型的资合公司。它是指由数量较多的股东所组成，其全部资本以股票为表现形式分为等额股份，股东以其所持股份为限对公司承担有限责任，公司以其全部财产对公司债务承担责任的企业法人。以我国为例，2018 年我国对《公司法》进行了修订后，规定股份公司的发起人数为 2 人以上 200 人以下，公司股份发行后没有最高人数限制；设立和运行中均可公开募股集资（目前证券法规不允许设立时公开募股）；股东权益转让灵活。

股份有限公司具有如下法律特征：①股份有限公司是典型的资合公司，公司的信用完全建立在资本的基础上。②股份有限公司设立条件较为严格。③股份有限公司具有严密的内部组织机构。④股份有限公司的股份是等额的。⑤股份有限公司的股份体现为股票形式。股票是一种有价证券，可以在证券市场流通，任何人购买股票都可以成为公司的股东，股票持有者可以在市场上自由转让股票。⑥股份有限公司是企业法人，依法独立承担民事责任。

在我国设立股份有限公司，应具备下列条件：①发起人符合法定资格和法定人数。设立股份有限公司，应有 2 人以上 200 人以下的发起人，且其中须有过半数的发起人在中国境内有住所。②有符合公司章程规定的全体发起人认购的股本总额或者募集的实收股本总额。③股份发行、筹办事项符合法律规定。④发起人制定公司章程，采用募集方式设立的经创立大会通过。⑤有公司名称，建立符合股份有限公司要求的组织机构。⑥有固定的生产经营场所和必要的生产经营条件。股份有限公司申请其股票上市应符合以下条件：①股票经国务院证券管理部门批准已向社会公开发行。②公司股本总额不少于人民币 3000 万元。③开业时间在 3 年以上，最近 3 年连续盈利；原国有企业依法改建而设立的，或者《公司法》实施后新组建成立，其主要发起人为国有大中型企业的，可连续计算。④持有股票面值达到人民币 1000 元以上的股东人数不少于 1000 人，向社会公开发行的股份达到公司股份总数的 25%以上；公司股本总额超过人民币 4 亿元的，其向社会公开发行股份的比例为 15%以上。⑤公司在最近 3 年内无重大违法行为，财务会计报告无虚假记载。⑥国务院规定的其他条件。

二、厂商的目标

在微观经济学中，一般总是假定厂商的目标是追求最大的利润。这一基本假定是西方经济学理性经济人的假定在生产和厂商理论中的具体化。关于这一基本假设也存在争论。因为在现实经济生活中，厂商有时并不一定选择实现最大利润的决策。

在信息不完全的条件下，厂商所面临的市场需求可能是不确定的，而且厂商也有可能对产量变化所引起的生产成本变化缺乏准确的了解。于是厂商长期生存的经验做法也许就是实现销售收入最大化或市场销售份额最大化，以此取代利润最大化的决策。

更为一般的情况是，在现代公司制企业组织中，企业的所有者往往并不是企业的真正经营者，企业的日常决策是由企业所有者的代理人——经理做出的。企业所有者和企业经理之间是委托人和代理人之间的契约关系。由于信息的不完全性，尤其是信息的不对称性，所有者并不能完全监督和控制公司经理的行为，经理会在一定程度上偏离企业利润最大化的目标，而追求其他有利于自身利益的目标。例如，经理会追求自身效用最大化，他们并不一定很努力工作，而是追求豪华舒适的办公环境，讲究排场；他们也可能追求销售收入最大化和销售收入持续增长，一味扩大企业规模，以此来增加自己的特权和收入，并提高自己的社会知名度；他们也可能只顾及企业的短期利益，而牺牲企业的长期利润目标；等等。

但是，经理对利润最大化目标的偏离在很大程度上是受到制约的。因为如果经理经营不善，企业效率下降，公司的股票价值就会下降，投资者就会完全抛售公司股票。在这种情况下，企业就有可能被其他投资者低价收购，或者董事会也有可能直接解雇原先的经理，总之，经理的职位将难以保住。而被解雇的经理再寻找合适的工作，往往是很困难的。

更重要的是，西方经济学家认为，不管在信息不完全条件下找到利润最大化的策略有多么困难，也不管经理偏离利润最大化目标的动机有多么强烈，有一点是很清楚的：在长期，一个不以利润最大化为目标的企业终将被市场竞争所淘汰。所以，实现利润最大化是一个企业竞争生存的基本准则。它具体表现为：在产量一定的情况下，追求成本最小化；在成本既定的情况下，追求产量的最大化。

三、生活中的经济学

案例 5.1

企业家是资源配置的中间人

我有一位朋友，开了一家采石场，专门采石头。有一天，他请我们去采石场玩儿，我们发现他在采石场旁买了一块空地，空地上有鱼塘，还有小树林，就问他，买这块地是要养鱼，还是用来开发房地产？

他说："我既不打算养鱼，也不打算开发房地产。买这块地，只是为了让它空着。"为什么要买块地空着呢？因为这位朋友知道，他做的是采石生意，旁边这块空地如果一直没卖出去，始终会吸引一些地产开发商。如果地产开发商买了这块地，修建住宅，居民住进去了，肯定会抱怨采石场发出的噪声，这样就会对他的采石场生意造成影响。当然，这件事情如果告上法庭，这位朋友不一定败诉，因为毕竟是居民自己搬过去的，是他们自找的。但我们知道，凡是官司，结果就不确定，这位朋友要的是一种确定性。他要让自己的生意能够稳定地进行，于是就把这块空地买了下来，即便什么也不干。

我第一次在课堂上讲这个故事时，有位同学就说："薛老师，您这位朋友买了一块地又不用，挺自私的。北京的房价已经挺高了，如果人人都像他这样，买了地又不用，会使得房价进一步上升。"我的朋友真的是自私的人吗？进一步讲，这块地真的是我朋友出钱买的吗？

表面上看，他买这块地，是他自己付的钱，但实际上，他之所以愿意付这个钱，是因为他深信有人会替他付钱，愿意付钱的人就是买石头的人。

再进一步讲，买石头的人也不会无故掏钱，他买石头可能要修一个博物馆；而之所以修博物馆，是因为他相信有人会愿意掏钱来参观。

这样一层一层推导下去，就会发现，我们看得见的，是我朋友掏出真金白银买这块地，看不见的，是最终有消费者愿意为此买单。实际上，是消费者买下了这块地，我的朋友只不过是一个中间人。他是通过合理的猜测，认为最终有人愿意买单，才去买这块地的。

其实，所有的企业家都在充当中间人的角色。他在猜有没有消费者愿意为他的经营活动买单。如果猜对了，他就赚钱；如果猜错了，就赔钱。

——摘自薛兆丰：《薛兆丰经济学讲义》，中信出版集团，2018 年

案例 5.2

杜邦收购柯诺克公司

柯诺克公司是美国的一家大公司，主要经营石油和煤炭的开发、销售。1981 年 5 月，同行业的多姆石油公司欲对柯诺克公司采取收购行为，后者采取不合作态度，并依据反垄断法对前者提出指控，迫使多姆石油公司退却。柯诺克公司的股价偏低，这使它容易成为收购的对象。在收购的威胁中，柯诺克公司与杜邦公司走到了一起。杜邦公司是美国著名的化工大企业，是化工原料的使用者，主营石油开发的柯诺克公司是其上游企业。著名的制度经济学家科斯认为：企业之所以会替代市场，是因为利用价格机制进行市场交易是有成本的。每份合约的谈判、签订、执行、监督、惩罚、终止等都会发生费用，这些在交易过程中与合约和交易有关的一切费用被统称为交易费用。这里的费用包括了体现为货币支出、时间、精力等的耗费。为节约交易费用，须减少合约数量。在市场交易中，人们为了达到上述目的，会倾向于长期合约，但长期合约面临不确定性难题。为解决这一难题，企业就从市场中演变出来了。企业是提高专用性投资效率、对付市场失灵的一体化力量。市场出现失灵，可以由专用性资产的买方或卖方发起向前或向后的一体化，将原本在市场上进行的交易“内化”到企业，从而减少交易费用。

对杜邦来说，收购柯诺克有利于稳定和扩大化工原料的供应。而对柯诺克公司来说，与杜邦的一体化可稳定杜邦这个大用户，减少市场交易费用，因为化工原料市场是一个竞争性市场。这种企业纵向并购所产生的预期协同效应使两家公司相互青睐。尽管后来美孚石油公司等半路杀出，加入竞购者行列，但似乎不能动摇杜邦与柯诺克的一体化决心。1984 年 8 月 5 日，杜邦公司公告已经控制了柯诺克公司 55%的股份，最终实现了并购目标。

第二节 生 产 函 数

一、生产和生产要素

所谓生产，就是将各种生产要素加以结合，通过改变劳动对象使之满足人类需要，创造或增加人类效用的行为。

生产要素又称投入，指生产中所使用的各种资源，它可以有很多形式，一般划分为劳动、土地、资本和企业家才能这四种类型。劳动指人类在生产过程中提供的体力和脑力的总和。土地不仅指土地本身，还包括地上和地下的一切自然资源，如森林、河流、湖泊、空气、海洋、矿藏等。资本又称资本品或投资品，是指机器、厂房等生产设备和资金。企业家才能是指企业家组织建立和经营管理企业的才能。经济学家尤其强调企业家才能，认为劳动、土地、资本只不过是根根琴弦，而将其连成音乐，赋予其灵魂和美的则是企业家才能。

生产的过程就是从生产要素的投入到产品产出的过程。

生产包括两个方面：一是物质产品的生产，即“制造”；二是劳务的生产，即服务。

按劳动对象和劳动过程，生产活动分为以下三大产业。

第一产业亦称初级产业，是指直接利用自然资源创造或增加效用的生产部门。其产品称为初级产品，如粮食、石油、木材、煤炭等。产业部门有农、林、牧、渔和采矿业。

第二产业也称次级产业，是指对初级产品进行加工，创造效用的生产部门，主要是加工工业（即制造业）和建筑业。

第三产业是指提供各种劳务和服务的部门，即整个社会经济活动除物质生产以外的所有一切劳务活动，包括的部门有交通运输、邮电通信、仓储保管、商业、金融保险、房地产、社会服务、公共服务、饮食生活服务、供气供水、文教卫生、出版发行、环保、地质勘探……随着社会经济的发展，第三产业呈加速发展的趋势。

二、生产函数的定义

生产函数是一个生产单位按照一定方式组合起来的各种生产要素的投入量与它所能产出的最大产量之间的依存关系。任何一种产品和劳务的生产，都要投入数量不同的生产要素。例如，生产面包除了要占用一定的场地外，还要投入劳动、面粉、白糖、食品添加剂及企业家的管理才能等。在一定的技术条件下，各种生产要素的不同组合和投入量的变化，必然同产出量之间存在着密切的关系。事实上，投入量小，“欠缺火候”，产出量必然会少。但并不是说大量投资，就必定使产出大增。如何恰到好处地找到最佳生产要素组合点，是一个生产中的关键性问题。

如果用 Q 代表最大产出量，L 代表劳动，K 代表资本，N 代表土地，E 代表企业家才能，则生产函数表述为

$$Q = f(L,K,N,E)$$

这一公式表示各种生产要素的投入量和投入比例，在一定的物质技术条件下，得以完全充分利用所形成的最大产出量。由于不同企业、不同产品或劳务所需要的技术水平不同，所以不同企业、不同产品或劳务存在着不同的生产函数。

为了简便起见，在分析生产要素与产量的关系时，一般认为土地是固定的，企业家才能又难以估计，可以将生产函数简化为

$$Q = f(L,K)$$

这一函数式表示，在一定的物质技术条件下，生产总产量 Q 时，需要劳动与资本一定数量的配合。同时，它也可以表明，在劳动和资本的数量与配合已知的条件下，就可以明确最大产量 Q 是多少。

生产函数表示生产中的投入量和产出量之间的依存关系，这种关系普遍存在于各种生产过程之中。一家工厂必然具有一个生产函数，一家饭店也是如此，甚至一所学校或医院同样存在着各自的生产函数。估算和研究生产函数，对于经济理论研究和生产实践都具有一定的意义。这也是很多经济学家和统计学家对生产函数感兴趣的原因。

三、生产函数的技术条件和技术系数

1. 生产函数的技术条件

生产函数总是以一定的技术水平为前提，随着科学技术的迅速发展和先进技术的推广与应用，生产函数不断发生变化。所以，在每一种既定的技术条件下都存在着一个生产函数。

2. 固定技术系数与可变技术系数

在不同企业中，生产不同商品或劳务时，各种生产要素的配合比例都不尽相同。

当一生产函数包含两种或两种以上的生产要素时，各种生产要素的配合比例称为技术系数。这个比例的大小和变化反映着技术水平的高低和变化。

若各生产要素的配合比例不可改变，此配合比例称为固定技术系数，相应的生产函数称为固定技术系数生产函数，或固定投入比例生产函数。这表明生产要素之间不能替代，生产要素的比例和搭配不变。产出的增加或减少，各种生产要素也必然要同比例地增加或减少。

若生产某种产品所需要的各种生产要素的配合比例能够在一定范围内变动，此配合比例称为可变技术系数，相应的生产函数称为可变技术系数生产函数。这种函数表明，要生产一定数量的产出，可以有各种生产要素不同的投入组合，投入的生产要素可以互相替代，如生产中较多使用劳动，可以少投入资本，也可以多投入资本，少使用劳动。

在现实经济活动中，严格、固定的技术系数的生产函数是不多的，大量存在的是可变技术系数的生产函数。

四、生活中的经济学

案例 5.3

柯布–道格拉斯生产函数

柯布和道格拉斯研究的是 1899～1922 年美国制造业的生产函数。他们指出，制造业的投资分为：以机器和建筑物为主要形式的固定资本投资以及以原料、半成品和仓库里的成品为主要形式的流动资本投资，同时还包括对土地的投资。在他们看来，在商品生产中起作用的资本，是不包括流动资本的。他们认为，流动资本属于制造过程的结果，而非原因。同时，他们还排除了对土地的投资，他们认为，这部分投资受土地价值异常增值的影响较大。

因此，在他们的生产函数中，资本这一要素只包括对机器、工具、设备和工厂建筑的投资。而对劳动这一要素的度量，他们选用的是制造业的雇佣工人数。

但是，不幸的是，由于当时对这些生产要素的统计工作既不是每年连续的，也不是恰好按他们的分析需要来分类统计的。因而，他们不得不尽可能地利用已有的一些其他数据，来估计他们打算使用的数据的数值。例如，用生铁、钢材、木材、焦炭、水泥、砖和铜等用于生产机器和建筑物的原料的数量变化来估计机器和建筑物的数量变化；用美国一两个州的雇佣工人数的变化来代表整个美国的雇佣工人数的变化等。

经过一番处理，他们得到了 1899～1922 年的产出量 Y、资本 K 和劳动 L 的相对变化的数据（以 1899 年为基准）。令人佩服的是，在没有计算机的年代里，他们从这些数据中，得到了如下的生产函数公式：

$$Y = AK^{1/4}L^{3/4}$$

式中，参数 A 为技术进步。

这一结果虽然与现代计算机统计软件的计算结果不同，但两者无本质上的差别。用严格的统计术语来说，就是在 5%的显著性水平上，不能拒绝这两者相同的原假设。这个结论告诉我们：资本不变，劳动单独增加 1%，产量将增加 1%的 3/4，即 0.75%；劳动不变，资本增加 1%，产量将增加 1%的 1/4，即 0.25%。劳动和资本对总量的贡献比例为 3∶1。

他们显然被自己的结论吓坏了。因为他们竟然表示自己千辛万苦得到的这样一个结果是值得怀疑的，强调他们的文章不在于给出结论，而在于演示方法。当然，吓坏他们的绝不是因为他们发现资本也能“创造”价值，而只是因为他们发现产出的大部分，即 3/4 的产出都应归属于劳动。

第三节　边际收益递减和一种变动要素的合理投入

一、边际收益递减规律

1. 边际收益递减规律的定义

在研究一种生产要素的最佳投入时，首先应了解经济学中著名的“边际收益递减规律”。一般来说，当某一可变生产要素不断加到其他不变的生产要素之上时，所导致的产量的增加速率变化是有规律的。也正是这一规律的存在，我们对生产的最佳状态得以确定，这一规律就是边际收益递减规律。

边际收益递减规律可以表述为：在一定的技术水平条件下，当把一种可变的生产要素不断投入到一种或几种不变的生产要素中时，最初这种生产要素的增加会使产量增加，但当它的增加超过了一定限度时，增加的产量将要递减，最终还会使产量绝对减少。

2. 边际收益递减规律的前提

边际收益递减规律要发生作用必须具备以下三个前提条件。

第一，生产技术状况不变。这是这一规律发生作用的前提条件。如果在生产中采用了更加先进的技术设备和生产工艺，使用了熟练程度更高的工人，那么同使用落后技术相比，会相应延长边际收益递减过程。现今是技术革命的时代，虽然技术进步的速度相对较快，但总会有一个相对稳定的时期，在这一时期内技术水平不变。

第二，所投入的各生产要素之间的比例可变，即技术系数可以改变。边际收益递减规律考察的就是在其他生产要素固定不变的情况下，单一生产要素变动对产量进而对收益产生的影响。这种现象在经济活动中十分常见，如在工业生产中，在机器设备等生产要素不变的情况下，增加工人人数。农业中，在土地、种子、灌溉等条件不变的情况下，增加施肥量。

第三，增加的生产要素必须具有同等的效率，或者投入的生产要素是同质的。

可以说，边际收益递减规律之所以存在，是因为可变生产要素是通过与固定生产要素相结合而发挥效能的，在量上的结合合理时，效能发挥就好，不合理时，效能发挥就不好。当某一可变生产要素的投入不断增加到某一投入量不变的固定生产要素上时，与每单位可变生产要素相结合的固定生产要素量越来越少。达到一定的结合比例后，固定生产要素的比例再减少，必然会越来越限制可变要素效能的发挥。

边际收益递减规律是一个很古老又被普遍承认的规律，现在仍被广泛地运用到一切生产函数的投入产出分析中，成为西方经济学某些概念的理论基础和分析工具。

二、单一生产要素的合理投入

边际收益递减规律的存在展现出一个生产过程中普遍存在的问题，即在一定的固定生产要素投入量的基础上，某一可变生产要素的投入量并非“韩信点兵，多多益善”。那么，怎样投入才是合理的呢？西方经济学针对这一问题首先确定了一个合理投入区域。关于合理投入区域的设定，应结合对总产量、边际产量与平均产量的分析。

1. 总产量、边际产量和平均产量

总产量（TP）又称总产品，是指在一定时间内投入一定的可变生产要素所得到的总的产出量。

$$\mathrm{TP} = f(L, K)$$

平均产量（AP）是指每一单位可变生产要素平均产出的产品数量，也就是等于总产量除以可变生产要素的投入量。

$$\mathrm{AP}_L = \frac{\mathrm{TP}_L}{L} = \frac{f(L)}{L}$$

边际产量（MP）是指每增加一单位可变生产要素投入所增加的总产量的增量。

$$\mathrm{MP}_L = \frac{\Delta \mathrm{TP}_L}{\Delta L} \text{或} \mathrm{MP}_L = \lim_{\Delta L \to 0} \frac{\Delta \mathrm{TP}_L}{\Delta L} = \frac{\mathrm{d}f(L)}{\mathrm{d}L}$$

假设某厂生产一种产品所使用的生产要素只有劳动和资本，而投入的资本固定不变，仅改变劳动的投入量，这时总产量、平均产量和边际产量见表 5-1。

表 5-1　总产量、平均产量和边际产量

资本投入量（K）	劳动投入量（L）	总产量（TP_L）	平均产量（AP_L）	边际产量（MP_L）
20	0	0	—	—
20	1	6.0	6.00	6.0
20	2	13.5	6.75	7.5
20	3	21.0	7.00	7.5
20	4	28.0	7.00	7.0
20	5	34.0	6.80	6.0
20	6	38.0	6.33	4.0
20	7	38.0	5.43	0.0
20	8	37.0	4.63	−1.0

2. 总产量曲线、平均产量曲线、边际产量曲线及其关系

表 5-1 反映出生产函数的特点。将表 5-1 的资料描点画线，可得到总产量曲线、平均产量曲线、边际产量曲线。

1）总产量曲线

在图 5-1 中，纵轴 OQ 代表产量，横轴 OL 代表劳动投入量。QOL 平面上任一点都表示劳动投入与产量间的关系。

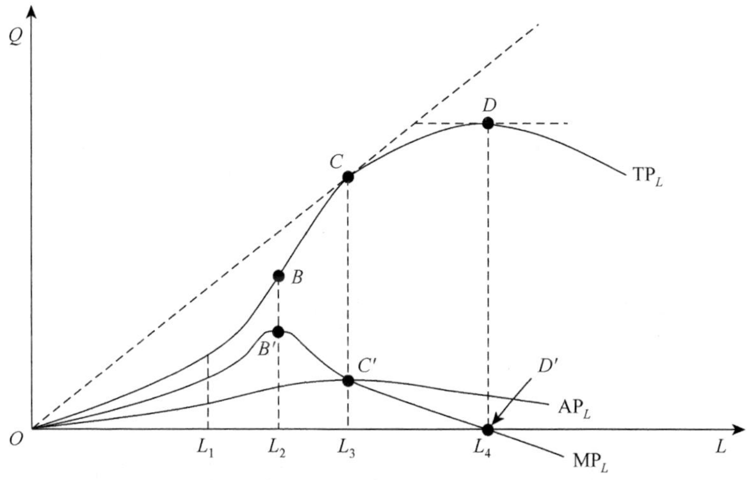

图 5-1　总产量曲线、平均产量曲线、边际产量曲线

总产量曲线按表 5-1 的速度增加；在 L_2～L_4 随着 L 的增加，以不断递减的速度增加；当劳动投入超过 L_4 后，总产量绝对减少。可以看出，随着劳动投入的增加，总产量增长速度顺次经过递增、递减和绝对减少三个阶段。

2）平均产量曲线

除根据表 5-1 数值绘制外，还可以从 TP_L 曲线推导出平均产量曲线。平均产量可以用

总产量曲线上任意点与原点连线的射线斜率表示出来。平均产量曲线就是 TP_L 上每个点的射线的斜率值的轨迹。

从图 5-1 可以看出，平均产量同射线的斜率呈正相关，射线越陡峭，即斜率越大，平均产量也就越大；反之，平均产量就越小。

3）边际产量曲线

我们也可以再从总产量 TP_L 曲线导出边际产量曲线。边际产量曲线 MP_L 是边际产量点的轨迹，也就是总产量曲线 TP_L 上每个点切线斜率值的轨迹。边际产量与切线的斜率呈正相关，切线越陡峭，斜率就越大，边际产量就越大；反之，边际产量就越小。

边际产量曲线变动的特点：边际产量在开始时，随着可变要素投入的增加不断增加，到一定点达极大值，之后开始下降，边际产量可以下降为零，甚至为负。边际产量是总量增量的变动情况，它的最大值在总产量 TP_L 曲线由递增上升转入递减上升的拐点。

4）总产量曲线、平均产量曲线和边际产量曲线的关系

第一，在总产量曲线上点 B 为拐点，相应的边际产量达到最高，而后下降。从 L_2 点后出现边际收益递减现象。

第二，过原点的射线与总产量 TP_L 曲线的切点 C 处，对应的平均产量达到最大，然后下降。边际产量 MP_L 曲线在平均产量曲线最高点，与平均产量曲线相交。边际产量曲线和平均产量曲线相交于平均产量曲线的最高点，这是因为，就任何一对边际量和平均量而言，只要边际量大于平均量，边际量就把平均量往上拉；只要边际量小于平均量，边际量就把平均量往下拉。举一个简单的实际例子：假定一个篮球队队员的平均身高为 1.90 米。如果新加入的一名队员的身高为 1.95 米（相当于边际量），那么整个队的平均身高就会增加；相反，如果新加入的一名队员的身高为 1.85 米（相当于边际量），那么整个队的平均身高会下降。

此外，由于在可变要素劳动投入量的变化过程中，边际产量的变动相对平均产量的变动而言要更敏感一些，所以不管是增加还是减少，边际产量的变动都快于平均产量的变动。

第三，对应总产量 TP_L 曲线的极值点（水平切点），边际产量 MP_L 曲线与横轴 OL 相交于 D'（即 L_4），边际产量等于零。如果继续投入，则边际产量为负，而总产量 TP_L 曲线开始下降。

3. 一种变动要素合理投入区域

在图 5-2 中可以看出增加一种变动要素给总产量、平均产量和边际产量带来的影响，由此构成了三个区域。

第一区域从原点到平均产量 AP_L 曲线的最高点 C'，称为平均产量递增区域，边际产量达到最高后又开始趋于下降，总产量在上升。

第二区域从平均产量 AP_L 曲线的最高点 C'到边际产量 MP_L 曲线与横轴的交点 D'（即 L_4），称为平均产量递减区域，边际产量虽下降但仍然为正，总产量上升直到最高点 D。

第三区域从边际产量 MP_L 曲线与横轴 OL 的交点 D'以后，边际产量为负，总产量绝对减少，这明显是生产者经营的禁区。

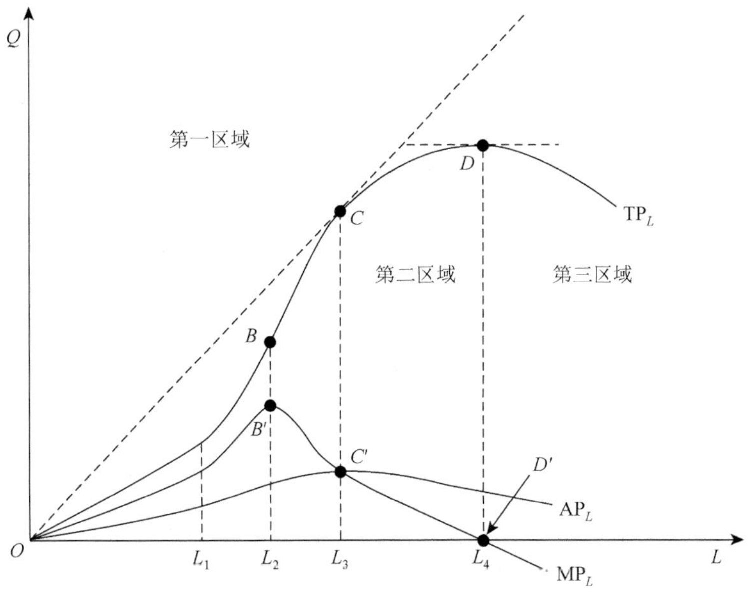

图 5-2　一种可变生产要素的生产函数的产量曲线

一种变动生产要素的合理投入同生产者行为目标相联系，从以下三个方面分析。

第一，假定生产者不以利润最大化而以产量最大化为目标，可以不考虑单位产品成本，变动要素投入以第二区域右边为界，则劳动投入量为 L_4，达到总产量最大的目标。

第二，假定生产者不以产量最大化为目标，而是追求平均成本最低，那么一种变动要素投入应在第一区域的右边界，如果劳动投入量为 L_3，则达到平均产量最大，即单位产品平均成本最低。

第三，假定生产者以利润最大化为追求目标，生产者决策如何做出呢？一种变动要素的投入起码必须达到平均产量的最高点，使单位成本最低，同时又绝不能超过总产量最高点，不然边际产量就要变负了。生产者应该选择在第二区域，即劳动投入在 $L_3 \sim L_4$，到底哪一点能达到最大化利润，还必须结合成本分析才能确定。

三、规模经济

前面考察的是单一生产要素的投入问题，若两种或多种生产要素投入量增加，也就是生产规模扩大，这时生产者的收益将会怎样变动呢？这就是规模经济理论研究的内容。

1. 规模经济的概念及变动趋势

规模经济是指在技术水平不变的情况下，当两种生产要素或多种生产要素按同样的比例增加，即生产规模扩大时，对产量和收益产生的影响。如果生产规模扩大引起了产量增加或收益增加的幅度大于生产规模的扩大，则是规模经济；反之，如果生产规模扩大引起产量或收益增加的幅度小于生产规模的扩大，甚至产量减少，则是规模不经济。

厂商扩大生产规模，一般会出现三种情况，经历三个阶段。

第一种情况是规模收益递增，是指生产规模扩大后，收益增加的幅度大于规模扩大的幅度。在生产函数$Q = f(L,K)$中，用λ表示L、K的增长率，Z表示Q的增长率，新生产函数为$ZQ = f(\lambda L,\lambda K)$。如果 $Z>\lambda$，就是规模收益递增，原因在于：大规模生产可以实行专业化分工，采用先进设备与工艺、综合经营、节约费用等。

第二种情况是规模收益不变，即收益增加幅度等于规模扩大幅度。在生产函数$ZQ = f(\lambda L,\lambda K)$中，如果$Z=\lambda$，则称规模收益不变。线性齐次生产函数就属于这种状况。

第三种情况是规模收益递减，就是收益增加的幅度小于规模扩大的幅度。在生产函数$ZQ = f(\lambda L,\lambda K)$中，如果$Z<\lambda$，就是规模收益递减。一般由于技术水平和管理水平的制约，规模扩大不能带来相应的收益。

2. 规模经济与规模不经济

在技术水平既定的条件下，生产规模不断扩大带来的规模经济，其规模收益会依次地经过递增、不变和递减三个阶段。仍以图 5-1 说明，横轴表示生产要素的投入量和生产规模，纵轴表示产量或收益，总产量 TP 曲线是规模收益曲线。在规模扩大初期（即从O到B）收益会递增，以后经过短暂不变阶段而进入规模收益递减阶段。如果到D点后，厂商还要扩大生产规模，产量不会增加反而减少，这就是规模不经济，原因在于大规模生产管理的复杂性和管理中的官僚主义。

3. 决定规模经济或规模不经济的因素

决定规模经济或规模不经济的因素可以笼统地概括为：随着各种生产要素投入的增加，即生产规模的扩大，生产工艺、生产要素结合方式、生产经营管理方式、技术研究状况、外部市场条件、原料购买条件、资料来源情况等方面发生了一定变化，使单位产品中所包含的生产要素量发生了变化，从而单位产品中包含的成本发生了变化。具体而言，决定企业规模收益的因素可以分为企业内在因素和外在因素。

决定规模收益的内在因素又可以分为内在经济性因素和内在不经济性因素。

内在经济性是企业规模扩大后其自身原因而导致产量的增加和成本的下降。这些因素包括以下几个方面。

第一，生产要素的分工和专业化协作。可以购买使用更加先进的机器设备，可以实行专业化生产。

第二，市场经营的经济性。一是采购大量原材料，可以得到价格上的折扣和优惠；二是销售大批量产品，会降低单位产品中的销售成本。

第三，获得综合开发的利益。大企业实力雄厚，可以变废为宝对副产品进行综合利用，创造更多的经济价值。

第四，管理上的经济性。一是可以缩小和降低管理人员在全部员工中的比重，节约管理费用；二是达到一定规模，采用现代化设备提高管理水平和经济效益。

这些有利因素的充分发挥，可以使企业享受到规模生产的好处，是规模收益递增的重要原因。

但是企业的生产规模并非越大越好。当一个企业自身生产规模过大而导致其产量或收益减少时，被称为内在不经济。

影响和决定内在不经济的因素主要有以下几个方面。

第一，生产规模巨大致使管理机构庞杂，一方面增加管理费用，另一方面使企业管理缺乏灵活性。

第二，企业规模过大内部容易产生内耗，工作效率降低。

第三，生产要素价格上升与销售价格下降。

第四，我国传统的企业办社会的厂商模式，更容易使企业不堪重负，增大成本，降低利润。

随着企业规模的日益扩大，这些影响规模收益的制约因素会日益明显化。

决定规模收益的外在因素主要指因行业规模扩大给企业带来影响产量或收益的外在经济因素。也就是说对一个厂商的产量和收益产生影响的，不仅有它本身的生产规模，还有一个行业的生产规模。

一个行业是由生产同种产品的厂商组成的，它的规模如何将直接影响每一家厂商的产量和收益。这种影响既可能是有利的，又可能是不利的，表现为外在经济与外在不经济。

外在经济是指整个行业规模的扩大，给个别厂商带来产量和收益的增加。引起外在经济的因素有：随着行业规模的扩大，个别厂商会从行业扩大中享受大规模的原料基地、交通运输设施、更多的信息与更优秀的人才等便利，从而使成本降低，产量和收益增加。

但是一个行业的生产规模过大也会使个别厂商的产量与收益减少，这时称为外在不经济。导致外在不经济的因素主要是：随着行业规模过大，生产同类商品或劳务的大企业之间竞争会加剧，各厂商为争夺生产要素和产品销售市场，将付出更高的代价。此外，整个行业的扩大，也会使环境污染问题更加突出，交通紧张，个别厂商要为此承担更高的代价。

4. 最佳规模

生产规模过小，效率低，不经济；生产规模过大，也会产生规模不经济。因此，每个厂商都有一个适度规模的问题，那么企业规模究竟多大才是适度的呢？

一般来讲，最佳生产规模的确定应考虑两方面的因素：一是由企业的生产技术条件所决定的企业的最低限度规模经济界限；二是由企业在节省交易成本方面的效益所决定的企业规模的最大界限。

首先，企业规模应当多大才能达到规模经济的要求，是由一系列的客观经济技术条件决定的。这些因素主要包括行业技术特点、产品本身的性质、市场条件、自然资源状况等。

就行业技术特点而言，那些投资起点高、设备复杂先进的行业，适度规模的水平一般较高，如冶金、机械制造等行业；相反，那些投资量小、所用的设备比较简单的行业，如餐饮业、食品加工业等行业的适度规模就较小。

就产品本身的性质而言，一般产品差异小、标准化程度高的行业，其适度规模大；相反，则适度规模小。

就市场条件而言，市场需求大且较为稳定的行业如重工业，其适度规模较大；相反，市场需求小的行业如服装业，它的适度规模就相对小一些。

除了行业技术特点、产品本身的性质及市场条件外，在确定适度规模经济时还应考虑到自然资源状况：如矿藏量的大小、水资源的丰裕程度等。

另外，诸如交通条件、原料供给、政府的宏观政策等其他条件，也都是在确定适度规模时必须兼顾的。

其次，确定适度规模应考察企业规模效益和交易成本问题。当今世界存在着联合兼并的潮流，巨型企业越来越多。一家企业扩大其经济规模通常最简捷的方式是通过企业联合来实现。

企业联合一般分为横向联合和纵向联合。

横向联合指的是生产同类产品的企业间的联合，如两家家电企业或者是两家汽车企业的联合等都属于横向联合。

纵向联合是指某种产品加工过程中的前后各个工艺阶段的联合，如钢铁厂和铁矿的联合，汽车制造厂同汽车零部件制造厂和销售商之间的联合等。

此外还有一种通过多样化经营方式，将不同行业的生产经营企业联合在一个大企业中，如一个主营钢铁的公司，可以生产计算机、石化，同时兼营旅馆、餐厅、文化娱乐、金融、房地产等。

通过各种方式联合而组织起来的企业规模越来越大，西方发达国家中一些大企业的年销售额可达千亿美元，如美国通用汽车公司 2019 年的年销售额已超过 1372 亿美元，这一数字相当于科威特的国内生产总值。

企业巨型化发展并不意味着企业规模越大越好，企业联合的规模取决于企业外部协作的成本同企业内部协作的成本之间的比较，即企业的交易费用同企业的行政协调费用相比较。

需要强调的是，扩大企业规模来加强协作和联合的根本动力是节省交易费用。因此，究竟是促使各个独立生产者之间的联合，还是进行大企业的分解？建立一个大企业应当具有多大的规模？最终应由经济效益决定。一般来说，企业规模过小，会有很高的交易成本。企业规模过大，虽然可以节省交易成本，但却会增加企业的行政协调成本。当企业为增大规模而增加的行政协调成本，正好等于由此而节省的市场协调成本时，才能达到企业扩大规模的界限。

四、生活中的经济学

案例 5.4

边际收益递减规律

英国政治经济学家马尔萨斯（1766～1834 年）于 1798 年出版了著作《人口原理》，并于 1803 年增订再版。马尔萨斯的人口论有一个基本的假定：在人类社会，人口在无所妨碍时，以几何级数增长；而生活资料只能以算术级数增长。他援引美国人口每 25 年翻一番，土地生产物只能以算术级数增加作为例证。于是，他认为人类社会会发生大饥荒和危机，未来的前景是可悲的。马尔萨斯这种说法的主要依据就是边际产量递减规律。

但是，实际情况并不像马尔萨斯所描述的那么糟糕，这通常主要归因于20世纪以来的技术进步发挥了积极的作用。从理论上说，尽管与其他产业一样，农业生产的边际产量也是递减的，但是由于技术进步的作用，不但使得农产品生产的边际产量最高点的位置可能推迟出现，而且边际产量曲线的整体位置也可能不断向上移动，于是，"边际"意义上的农产品的产量不断提高，其总产量也是不断增加的。

下面来看一下我国的实际情况。我国近几十年来人口增长迅速，作为一个人口大国，我国居民对粮食等农产品的需求是巨大的。表5-2和表5-3分别是我国在1978～2013年主要农产品单位面积产量和人均主要农产品产量的统计表。由表可见，在1978～2013年，除少数个别年份外，我国主要农产品（谷物、棉花、花生、芝麻等8种农产品）的单位面积产量都呈现持续上升的趋势；同时，我国人均主要农产品（粮食、棉花、油料、猪牛羊肉、水产品）的产量也是呈现增加趋势的。中国之所以能够在较短的时间内较好地解决庞大人口对粮食的巨额需求问题，或者说吃饭问题，主要来自制度和技术两方面的原因。从制度层面来看，自20世纪70年代末开始的农业领域的经济体制改革和制度创新，包括家庭联产承包责任制、农产品市场化、全面取消农业税、农村土地制度改革等，激发了农民的生产积极性，提高了农业生产率，这些也被称为制度"红利"。从技术层面来看，农业新技术的不断涌现和应用，包括良种的研发及应用、农田基础设施的改善、农业机械的使用推广、高效化肥和农药的广泛施用等，都极大地提高了农业生产率。这些制度和技术因素的作用，最终具体表现为农产品的单位面积产量、总产量及人均农产品产量的持续增加，从而满足了人们对农产品的需求。

表5-2　我国主要农产品单位面积产量（1978～2013年）　单位：公斤/公顷

年份	谷物	棉花	花生	芝麻	黄红麻	甘蔗	甜菜	烤烟
1978	—	445	1 344	506	2 639	38 496	8 166	1 717
1998	4 953	1 009	2 943	1 042	2 677	59 550	24 806	1 740
2008	5 548	1 302	3 365	1 243	3 217	71 210	40 754	2 133
2009	5 447	1 289	3 361	1 307	3 139	68 093	38 536	2 225
2010	5 524	1 229	3 455	1 312	3 686	65 700	42 498	2 219
2011	5 707	1 310	3 502	1 385	3 896	66 485	47 361	2 124
2012	5 824	1 458	3 598	1 463	3 899	68 600	49 793	2 112
2013	5 894	1 449	3 663	1 490	3 581	70 576	50 922	2 062

表5-3　我国人均主要农产品产量（1978～2013年）　单位：公斤

年份	粮食	棉花	油料	猪牛羊肉	水产品	牛奶
1978	319	2.3	5.5	9.1	4.9	—
2008	399	5.7	22.3	42.4	37.0	26.8
2009	399	4.8	23.7	44.4	38.4	26.4

续表

年份	粮食	棉花	油料	猪牛羊肉	水产品	牛奶
2010	409	4.5	24.1	45.8	40.2	26.7
2011	425	4.9	24.6	45.4	41.7	27.2
2012	437	5.1	25.4	47.4	43.7	27.7
2013	443	4.6	25.9	48.6	45.5	26.1

资料来源：《中国统计年鉴 2014》

最后，需要指出的是，在当今世界的一些国家和地区，饥荒仍然存在。而且从长期来看，随着耕地面积的减少、自然条件的恶化，以及人口增多和粮食需求增大等各种可能的影响，人类所面临的粮食问题的挑战依然是严峻的和万不可掉以轻心的。

案例 5.5

从你的平均成绩（GPA）看边际和平均的关系

假设这学期你一直在挑战自己。除了学习微观经济学，你还学习了理论物理、生物医学工程、高等微积分、英语和研究生层次的课程。虽然你学了很多课程，但是你这学期的平均成绩并没有完全反映出你所学到的知识，在传统的 4.0 的评分标准下只有可怜的 1.5 分。你上大学的总 GPA（grade point average，平均学分绩点）成绩因为你这学期所得的 1.5 分的 GPA 成绩是上升了还是下降了？正如你所想的那样，你已经学了那么多微观经济学，正确的答案（和许多其他问题一样）“这要看情况了”。也就是说，如果你之前的 GPA 成绩（前几学期的平均成绩）大于 1.5 分（你在这学期所得到的 GPA 成绩，边际学期），那么你这学期的 GPA（1.5 分）就会拉低你的总 GPA。相反，如果你之前几个学期的 GPA 成绩低于 1.5 分，那么你的边际学期的 GPA 成绩（1.5 分）就会拉升你的总 GPA 成绩。而且，如果你之前的 GPA 成绩正好是 1.5 分，那么你的总 GPA 成绩将保持不变，因为你边际学期的 GPA 成绩与之前所有学期的 GPA 成绩相等。

案例 5.6

油轮的规模

1883 年，马库斯 • 塞缪尔在伦敦开了一家贝壳商店。在获取来自里海的贝壳的过程中，他的儿子发现了一个新的机遇——从俄罗斯向远东地区出口石油。这桩生意日后发展成了壳牌（Shell）运输贸易公司。一直以来，石油运输都是通过将灌满石油的木桶装运于货轮中得以实现的。1892 年，小塞缪尔构想出了一艘形似水缸的轮船，并将其发展为世界上第一艘油轮。

其实，一艘油轮也可以被看成是一个大圆桶。圆桶的容积随表面积的增加而增加，其造价也随表面积的增加而提高。但是，从制造油轮的角度来看，圆桶容积增加的比例总是大于相应的表面积增加的比例。例如，一艘能装载 20 万吨的油轮只是能装载 2 万吨的油轮的长、宽、深的各约两倍，尽管前者的装载吨位是后者的 10 倍。显然，从油轮的造价及其运营成本来说，建造大油轮要比小油轮更合算。或者说，在这个意义上，大油轮在建造和运营中获得了规模经济的好处。

正因为如此，到 20 世纪 70 年代，出现了向大油轮发展的趋势，如表 5-4 所示。以至于到 1977 年秋，世界上的油轮运输容量出现了过剩。

表 5-4　20 世纪 50～70 年代油轮规模

年份	平均油轮规模（千吨装载量）
1956	16.2
1964	23.5
1967	35.0
1973	64.0
1978	103.0

资料来源：温曼斯菲尔德（1999）、方博亮和孟昭莉（2013）

案例 5.7

大企业的低价

在现实经济中，有许多大大小小的企业生机勃勃地存活在市场经济的沃土里，而且每一天都有无数小企业像雨后春笋一样诞生。但是小企业并不是适合于任何行业和任何门类的。在市场中大企业具有绝对的价格优势。例如，湖南有一家“老百姓大药房”，开业的时候对外宣称，5000 多种药品的价格将比原来国家核定的零售价降低 45%，有的降价竟达到了 60%以上。一般的小药店能和它们比吗？同样地，在很多大型超市里，它们的商品价格的确很低，它们出售的商品甚至比其他一些商家的进货价格还要低。这就是在生产同样商品时，大企业规模化生产导致平均成本降低，从而带来价格上的竞争优势。生活中大企业吞并小企业的案例比比皆是，在很大程度上是其占据了规模经济带来的价格优势。

第四节　厂商的最优选择

在实际生产活动中，一定数量的某种商品可以用不同的生产要素组织方式生产出来。厂商行为的目的是实现利润最大化，选择哪一种组合方式进行生产才能达到目的呢？那就是要选择生产要素的最佳组合方式，做到资源的最优配置。

一、等产量曲线

1. 等产量曲线的含义及其特点

1）等产量曲线的含义

在生产过程中，一定数量的某种商品可以通过相同生产要素的不同组合生产出来。例如，生产者为获得 100 个单位产量，可用 9 单位资本、5 单位劳动来实现，这是 *A* 种组合方式，还有 *B*、*C*、*D* 组合方式，虽然每种组合方式的资本量和劳动量不同，但都能生产 100 单位产量，如表 5-5 所示。

表 5-5 等产量表

组合	资本的投入（*K*）	劳动投入（*L*）	产量（*Q*）
A	9	5	100
B	6	10	100
C	4	15	100
D	3	20	100

根据 *A*、*B*、*C*、*D* 不同资本与劳动的组合点，在坐标平面上找到这些点，连接起来就是一条等产量曲线，如图 5-3 所示。

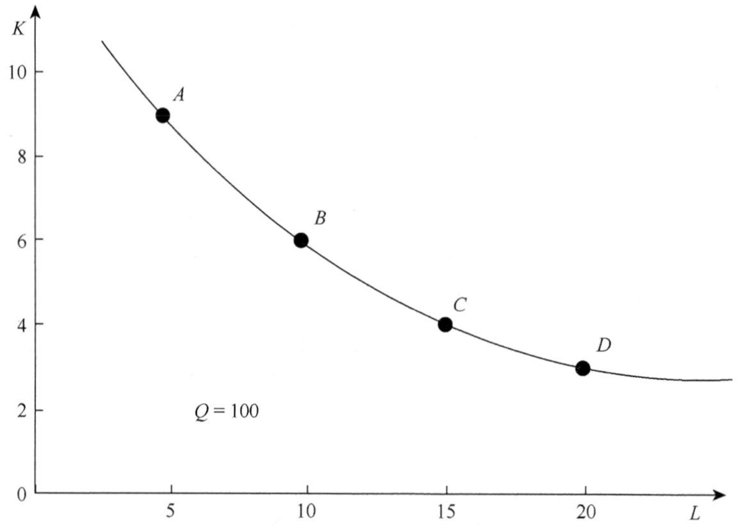

图 5-3 等产量曲线

等产量曲线是指在一定技术条件下，能够生产出同等产量的两种生产要素数量组合点的轨迹。

2）等产量曲线的特点

在等产量曲线上各点代表不同的生产要素数量组合，代表的产量是相同的、相等的。所以，等产量曲线又被称为生产的无差异曲线，其有以下几个特点。

第一，等产量曲线是一条向右下方倾斜的线。它表明在资源既定的条件下，为了达到相同的产量，在增加一种生产要素投入时，另一种生产要素必须减少，两种生产要素同时增加，是资源既定时无法实现的；两种生产要素同时减少，则很难保持原有的产量水平。

第二，在同一平面图上，可以有无数条等产量曲线。同一条等产量曲线上产量相等，不同的等产量曲线代表不同的产量水平。离原点越远的等产量曲线所代表的产量水平越高；反之，则越低。

第三，同一坐标中的各等产量曲线互不相交。

第四，等产量曲线是一条凸向原点的线。这是由边际技术替代率递减所决定的。

2. 边际技术替代率

边际技术替代率是在维持相同的产量水平时，增加一种生产要素与减少另一种生产要素的数量之比。以 ΔL 代表劳动的增加量，以 ΔK 代表资本的减少量，以 $MRTS_{LK}$ 代表用劳动代替资本的边际技术替代率，则有 $MRTS_{LK}=\Delta K/\Delta L$。

边际技术替代率应该是负值，但我们一般取其绝对值。边际技术替代率是递减的。因为随着劳动量的增加，它的边际收益在递减，随着资本量的减少，它的边际收益在递增。这样增加一定数量的劳动所能替代的资本量越来越少，即 ΔL 不变时，ΔK 越来越小，从而 $MRTS_{LK}$ 也是递减的，所以等产量曲线凸向原点。

边际技术替代率递减的主要原因在于：任何一种产品的生产技术都要求各要素投入之间有适当的比例，这意味着要素之间的替代是有限的。简单地说，以劳动和资本两种要素投入为例，在劳动投入量很少和资本投入量很多的情况下，减少一些资本投入量可以很容易地通过增加劳动投入量来弥补，以维持原有的产量水平，即劳动对资本的替代是很容易的。但是，在劳动投入增加到相当多的数量和资本投入量减少到相当少的数量的情况下，再用劳动去替代资本就将是很困难的了。

以图 5-4 中具体数字为例，当投入的劳动数量从 1 单位增加到 2 单位时，资本的投入量可由原来的 9 单位减少到 6 单位，减少了 3 单位，$MRTS = 3/1 = 3$。这里，1 单位劳动可替代 3 单位的资本。

若再增加 1 单位劳动，资本的投入量由 6 单位减少到 4 单位，即减少了 2 单位，$MRTS = 2/1 = 2$。这时，1 单位劳动仅可以替代 2 单位资本。以此类推。

前面提到，等产量曲线一般具有凸向原点的特征，这一特征是由边际技术替代率递减规律所决定的。因为由边际技术替代率的定义公式可知，等产量曲线上某一点的边际技术替代率就是等产量曲线在该点的斜率的绝对值，又由于边际技术替代率是递减的，所以等产量曲线的斜率的绝对值是递减的，即等产量曲线是凸向原点的。

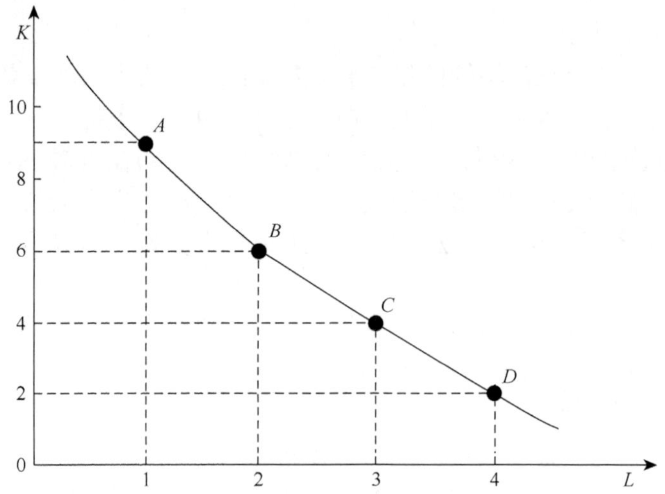

图 5-4　边际技术替代率的例证

二、等成本线

1. 等成本线的含义

等成本线又称企业预算线，它是一条在生产者的成本与生产要素价格既定条件下，生产者所能购买到的两种生产要素数量的最大组合的线。

假定厂商有成本 $C=60$ 元（能购买生产要素的总货币量），劳动（L）的价格（即工资率）$P_L=W=20$ 元，资本（K）的价格（即利息率）$P_K=i=10$ 元。如果全部用来购买劳动，可购买 3 单位；如果全部用于购买资本，可购买 6 单位。根据假设的数值，就能做出等成本线，如图 5-5 所示，图中 AB 线就是等成本线。

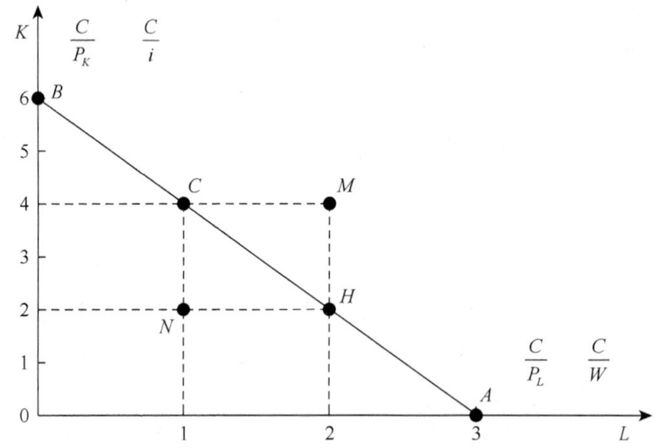

图 5-5　等成本线

该线上任何一点，都是在货币量与生产要素价格既定条件下，能购买到的劳动与资本的最大数量的组合。例如，在 C 点上，购买 4 单位资本耗用成本 40 元，购买 1 单位劳动耗用成本 20 元，正好用完 60 元货币成本。而该线内或线外的任何一点如 N 和 M 都不能满足这一条件。如 N 点位于等成本线以内，它所购买的劳动与资本的组合可以实现，但并非最大数量的组合，即存在闲置的货币成本。而 M 点位于等成本线以外，所购买的劳动和资本的组合大于 C 点，无法实现，因为此时所需要的货币超过了既定的成本。由此可以看出，等成本线是用等产量曲线方法研究生产要素最佳组合时的限制条件。

在 A 点全部购买劳动力，可以用横轴截距 C/P_L 即 C/W 来表示；在 B 点全部用来购买资本，可以用纵轴截距 C/P_K 即 C/i 来表示，等成本线斜率的绝对值为

$$\frac{\frac{C}{P_K}}{\frac{C}{P_L}}=\frac{P_L}{P_K}=\frac{W}{i}$$

等成本线斜率的绝对值是两种生产要素的价格之比，即工资率与利息率之比。

从图示及介绍中可知，等成本线的方程式或公式为

$$C=P_L\cdot L+P_K\cdot K=W\cdot L+i\cdot K$$

这是线性方程式，可以计算出在 A、B、C、H 点上，购买到的劳动与资本的四种组合，虽然购买劳动和资本的数量不同，但花费的总和都是 60 元，等于既定总成本。

2. 等成本线的移动

从等成本线的方程式来看，等成本线的变动取决于两个因素：一是总成本；二是生产要素的价格。

在生产要素价格不变的情况下，总成本的变动会带来总成本线的平行移动，即保持斜率不变（因为价格既定），如图 5-6 所示。

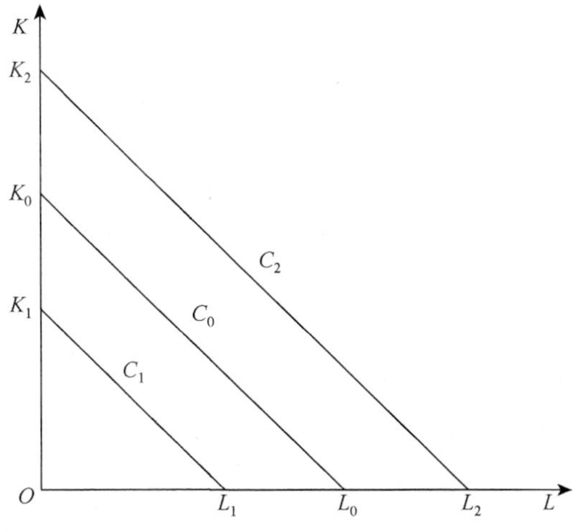

图 5-6 等成本线的平移

K_0L_0是总成本为C_0时的等成本线，如果总成本减少到C_1，则等成本线从K_0L_0平移到K_1L_1；当总成本增加到C_2时，总成本线从K_0L_0平移到K_2L_2。K_1L_1、K_0L_0、K_2L_2三条等成本线距离原点越来越远，表示较高水平或较高数量的两种生产要素组合。

假如某种生产要素（如资本）的价格保持不变，而另一种生产要素（如劳动）的价格发生变动，等成本线以价格不变生产要素的原购买量为定点（或为中心点）发生旋转。

如图 5-7 所示，在总成本和资本价格不变的条件下，资本的购买量保持为K_0。而当劳动（L）价格提高时，等成本线会从K_0L_0向左旋转到K_0L_1；当L的价格降低时，等成本线向右旋转到K_0L_2。

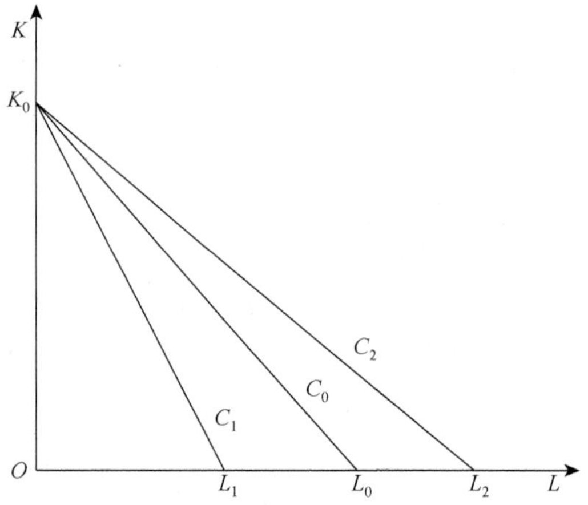

图 5-7 等成本线的旋转

三、生产要素的最佳组合

1. 生产要素最佳组合的原则

厂商为达到利润最大化的目的，在选择生产要素组合时，必然要遵循最大利益原则，就是在既定产量下，达到成本最小的生产要素组合；或在总成本既定时，实现产量最大的生产要素组合。为实现这个目标，厂商必然要考虑购买的各种生产要素所付出的价格和所能得到的边际产量。也就是要求在总成本既定的前提下，所购买的各种生产要素的边际产量与价格的比例都相等。

假设厂商使用两种要素进行生产：一是劳动（L），二是资本（K）。劳动的价格为P_L，边际产量为MP_L，购买数量为Q_L；而资本的价格、边际产量和购买数量分别为P_K、MP_K和Q_K。那么，生产要素最佳组合的原则可表示为

$$P_L \cdot Q_L + P_K \cdot Q_K = C \tag{5-1}$$

$$\frac{\mathrm{MP}_L}{P_L} = \frac{\mathrm{MP}_K}{P_K} \tag{5-2}$$

式（5-1）表明成本既定的限制条件，式（5-2）是生产要素最佳组合的实现条件。在等成本线的介绍中已说明了式（5-1），下面分析式（5-2）。

MP_L/P_L 是劳动的边际产量和价格的比率，表示在劳动这类要素上花费 1 个货币单位所带来的边际产量。MP_K/K 是资本的边际产量和价格的比率，表示在资本这类要素上花费 1 个货币单位所带来的边际产量。如果 $MP_L/P_L > MP_K/P_K$，说明用在劳动上的 1 个货币单位所带来的产出（边际产量）大于用在资本上的 1 个货币单位所带来的产出（边际产量），这样必然要转移和改变资本的投向，增加用在劳动上的开支，而减少在资本上的开支。如果 $MP_L/P_L < MP_K/P_K$，这说明用在资本上的 1 个货币单位所带来的边际产量大于用在劳动上的 1 个货币单位所带来的边际产量。那么理性厂商将要增加资本的购买而减少劳动的购买。不断调整下去，最终使 $MP_L/P_L=MP_K/P_K$ 为止。

厂商在生产中，如果使用了 a、b、…、n 若干种生产要素，生产要素最佳组合的原则扩展为

$$P_a \cdot Q_a + P_b \cdot Q_b + \cdots + P_n Q_n = C \tag{5-3}$$

$$\frac{MP_a}{P_a} = \frac{MP_b}{P_b} = \cdots = \frac{MP_n}{P_n} \tag{5-4}$$

2. 生产要素最佳组合：生产者均衡

确定和选择生产要素最佳组合，还可以用几何图形来说明。在同一坐标上寻找等成本线和等产量曲线的相切点，这就是生产要素的最佳组合点，也就是生产者均衡点，如图 5-8 所示。

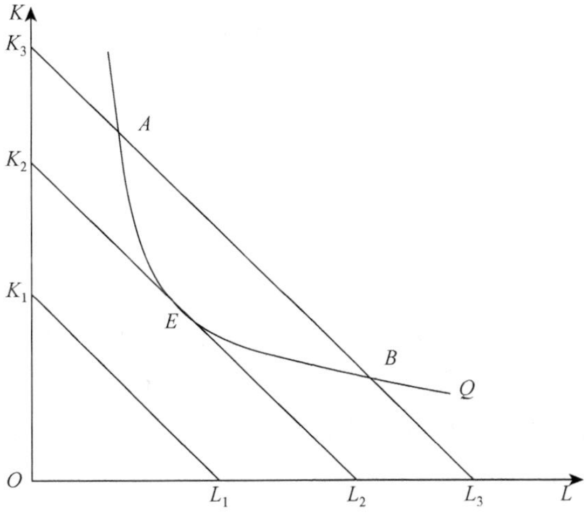

图 5-8 一定产量下成本最小的投入组合

1）一定产量下成本最小的投入组合

在图 5-8 中，Q 表示一定的等产量曲线，在价格既定下，K_1L_1、K_2L_2、K_3L_3 为三条等

成本线，其中等成本线 K_2L_2 与等产量曲线 Q 相切于 E 点。

为实现 Q 产量，选择哪种投入组合才能使成本最小或最低呢？答案只能选择等成本线 K_2L_2。在这里，低于 K_2L_2 的等成本线 K_1L_1 与等产量曲线 Q 既不相交，也不相切，表明这一成本不可能生产出 Q 产量。而高于 K_2L_2 的等成本线 K_3L_3 与等产量曲线 Q 相交于 A 点、B 点，虽然产量可达到 Q，但投入的成本却比能达到 Q 产量的等成本线 K_2L_2 要高，这不符合成本最小的要求。所以厂商要达到 Q 产量，只能选择 E 点，成本才能最小。因此，E 点是生产要素最佳组合点，即生产者均衡点。

2）一定成本下产量最大的投入组合

一定成本下产量最大的投入组合如图 5-9 所示。

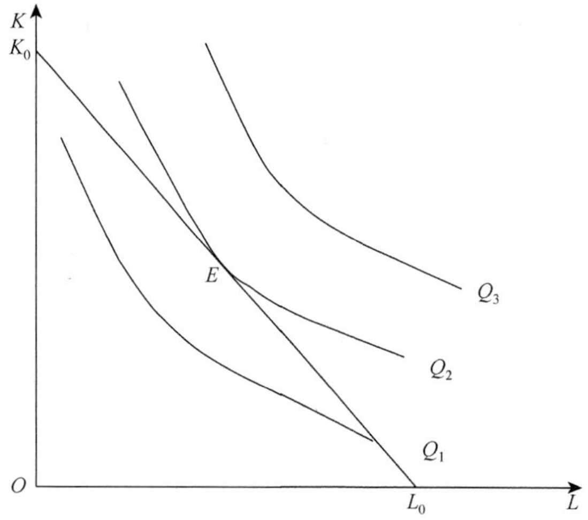

图 5-9　一定成本下产量最大的投入组合

K_0L_0 是在生产要素价格既定下的一条等成本线。Q_1、Q_2、Q_3 是三条等产量曲线。K_0L_0 与 Q_2 相切于 E 点。从图 5-9 中可以看出，现有既定成本条件下，不可能达到 Q_3 的产量水平，虽然可以达到 Q_1，但比 Q_2 水平低，唯有 K_0L_0 与 Q_2 相切的 E 点，才是厂商选择的最佳生产要素组合点。

3）生产者均衡的条件

从上面的分析中可以看出，等成本线和等产量曲线的切点才是生产要素的最佳组合点。它表明在既定成本下，可以使产量达到最高；或者在既定产量下，可以使付出的成本降到最低。这时便实现了资源的最优配置，达到了生产者均衡，处于一个相对静止、生产者满意的状态。因此，生产要素最佳组合、资源最优配置和生产者均衡完全是一致的、统一的。

实现生产要素最佳组合的条件或生产者均衡的条件时，等成本线和等产量曲线相切，即两线的斜率相等。等产量曲线斜率的绝对值就是生产要素边际技术替代率，可以用两种生产要素的边际产量之比表示。而等成本线斜率的绝对值是两种生产要素的价格之比。这样，把生产者均衡条件用公式表示为

$$\mathrm{MRTS}=-\frac{\Delta K}{\Delta L}=\frac{\mathrm{MP}_K}{\mathrm{MP}_L}=\frac{P_L}{P_K}=\frac{W}{i}$$

从公式中得出 $\frac{\mathrm{MP}_L}{P_L}=\frac{\mathrm{MP}_K}{P_K}$，这就是生产者均衡的条件。

四、生活中的经济学

案例 5.8

改革更多在于生产要素合理配置

回顾过去，改革开放给中国带来的繁荣与进步是一个有目共睹的事实。展望未来，绝大部分人都相信，唯有加大改革开放的力度才能解决中国目前面临的问题，才能持续发展。但是，中国今天的改革如何继续进行，在很大程度上取决于我们对历时 40 多年的改革的理解。

中国社会科学院前副院长蔡昉接受采访时说：“最近我把改革开放时期所赖以支持的生产率做了一些分解，由哪些因素构成？我们发现第一产业、第二产业、第三产业劳动生产率的提高，整体上支撑了中国经济的 56%的劳动生产率的提高。但还有 44%就来自三个产业之间资源的重新配置，特别是劳动力的重新配置。”

也就是说，农民工过去在农村、在农业是剩余劳动力，他不生产什么东西，有他和没他对农业生产是没有影响的，因此他从劳动生产率极低的部门转向第二、第三产业劳动生产率更高的部门，总体劳动生产率提高了。所以这三个部门之间重新配置资源，构成了经济增长的 44%。因此，我们要通过改革，优化生产要素的配置。

第六章　成本理论与厂商决策

引言：福特公司产量的安排

对于许多企业来说，总成本分为固定成本和可变成本取决于时间框架。以福特汽车公司为例，在只有几个月的时期内，福特公司是不能调整汽车生产工厂的数量与规模的。它能够生产额外一辆汽车的唯一方法是，在已有的工厂中多雇用工人。因此，这些汽车生产工厂的成本在短期内是固定成本。与此相比，如果把时间拉长，在几年中，福特公司可以通过建立新工厂和调整旧工厂，扩大其工厂规模，这些汽车生产工厂的成本在长期中就成了可变成本。

由于许多成本在短期中是固定的，但在长期中是可变的，所以企业的长期成本曲线不同于其短期成本曲线。长期平均总成本曲线是比短期平均总成本曲线平坦得多的“U”形曲线。此外，所有短期成本曲线在长期成本曲线上。这些特点的产生是因为企业在长期中有更大的灵活性。实际上，在长期中企业可以选择它想用的那一条短期成本曲线。但在短期中，它不得不用它过去选择的任何一条短期成本曲线。也就是在长期中企业通过调整生产规模使得短期的成本曲线也发生了变化，而在短期中由于生产规模不能调整，其成本曲线是无法变化的。

当福特公司想把每天的产量从1000辆汽车增加到1200辆时，在短期中除了在现有规模的工厂中多雇工人之外别无选择。由于边际产量递减，每辆汽车的平均总成本从1万美元增加到1.2万美元。但是，在长期中，福特公司可以扩大生产工厂和车间的规模，而平均总成本可以保持在1万美元的水平上。

对一个企业来说，进入长期要多长时间呢？答案取决于企业。一个大型制造企业，例如，汽车公司可能需要一年或更长。与此相比，一个人经营的柠檬水店可以在一小时甚至更短的时间内去买一个水罐。

第五章从实物角度分析了生产要素投入量和产出量之间的物质技术关系，称为生产理论。本章将从货币角度分析成本和收益之间的经济价值关系，这就是成本理论。其假设前提是厂商在完全竞争市场上购买生产要素，生产要素的价格保持不变。

相关问题：

什么是短期成本？什么是固定成本和可变成本？什么是长期成本？

第一节　成 本 概 述

一、成本概念

成本即生产费用，是指厂商在生产过程中的全部支出。西方经济学中，成本的概念包括厂商为生产必须支付的各种费用和正常利润。厂商的成本是使用各种生产要素的数量和各种生产要素的价格的乘积的加总。从生产要素所有者角度来看，成本是生产要素所有者参与生产应该得到的报酬或补偿，报酬形式如劳动的工资、资本的利息、土地的地租等。成本还应包括生产经营中所必须付出的费用，如原料费、管理费、销售费等。根据成本的含义，成本中包括正常利润，是厂商使用企业家才能支付的报酬，是企业家从事生产经营和管理活动所必须得到的最低报酬。所以，西方经济学在说到收益等于成本，利润等于零时，实际上企业家已经获得了正常利润，会继续生产经营下去。

二、成本的种类

成本按照不同标准和不同角度，可以有不同的划分。

1. 显性成本和隐性成本

显性成本是在生产要素市场购买生产要素时，厂商根据合同支付给生产要素所有者的费用。例如，工资、薪金、原料、运输费、电费、地租、利息、缴纳的税金和保险金等，这些都是以货币支付的，并体现和记载在账面上，所以也称会计成本或账面成本。

隐性成本是生产者使用自己提供的那一部分生产要素，作为报酬而应支付的费用。例如，使用自有资本应付的利息，使用自有机器设备应付的折旧，使用自己房屋建筑物应付的房租，使用自有地产应付的地租，自己经营管理、提供劳务等应付的工薪，等等。这些费用在形式上没有支付，不体现在账面上，因此也称为隐含成本。

厂商为什么要计算隐性成本呢？一是如果厂商自己没有这些生产要素，就要去租用或购买，这必须支付货币；二是如果自己不使用这些生产要素，可以卖出或出租，而得到相应收入。所以，计算隐性成本才能真实地反映出生产产品的真实花费。由于生产要素或购自要素市场或自己提供，所以厂商的成本分为显性成本和隐性成本。

2. 会计成本和经济成本

会计成本是企业经营活动的财务分析中运用的一种成本概念。会计成本是指生产活动中厂商按市场价格要支付的所有生产要素的费用。这些支付要计入在厂商会计账面上，也就是显性成本。

经济成本是指厂商从事某项经济活动的显性成本和隐性成本之和，与会计成本是不同的概念。

3. 私人成本和社会成本

厂商生产中使用的生产要素包括自有部分和购进租赁部分，其价格就是该厂商的生产费用或经济成本，也就是这个厂商的私人成本。所以私人成本是显性成本和隐性成本之和，即经济成本。

厂商和私人的生产经营活动会给社会带来不同的影响。例如，化工厂在生产中排放的废气、钢铁厂排出的烟尘、造纸厂排出的废水等，都会造成环境污染，必须投资加以治理，支付人们因受害而得到的费用，这就构成了外在成本问题，作为厂商并不为此而付出费用。将私人成本和外在成本加总就构成了社会成本，即社会成本 = 私人成本 + 外在成本。

4. 机会成本

前面我们已经提到过机会成本的概念。所谓机会成本，就是面对着稀缺的资源，在相抗衡的各个目标之间，必然做出选择，选择了其中一个，就必然放弃另一个有价值的选择，被放弃的选择的价值就是机会成本。例如，某人有 10 万元资金，可供选择的用途及各种用途可能获得的收入是：开商店获利 2 万元，开饭店获利 3 万元，炒股票获利 3.5 万元，进行期货投机获利 4 万元。如果某人选择把 10 万元用于期货投机，则放弃的其他可供选择的用途是开商店、开饭店和炒股票。在所放弃的用途中，最好的用途是炒股票（可获利 3.5 万元）。所以，在选择进行期货投机时，机会成本就是炒股票。或者说，选择进行期货投机获利 4 万元的机会成本是所放弃的炒股票时可能获得的 3.5 万元。机会成本并不是生产活动中的实际货币支出，但对经营与决策十分重要。机会成本是做出一项决策时所放弃的其他可供选择的最好用途。

在理解机会成本时要注意以下三个问题。

第一，机会成本不同于实际成本。它不是在做出某项选择时实际支付的费用或损失，而是一种观念上的成本或损失。例如，上面所举的例子中，某人做出进行期货投机选择时的机会成本是放弃炒股票，或者说获利 4 万元时机会成本是放弃获利 3.5 万元。但这绝不意味着为了获利 4 万元，必须实际支出 3.5 万元或损失 3.5 万元。10 万元的资金只能在进行期货投机获利 4 万元与炒股票获利 3.5 万元中选择其一，因为资源是有限的。“鱼与熊掌不可兼得”，你选择了一个，就必须放弃另一个。在这种情况下，你做出一项选择时，机会成本并不是实际支出或损失，仅仅是观念上的损失，或放弃的另一种可能性。

第二，机会成本并不全是由个人的选择所引起的。其他人的选择也会给你带来机会成本，你的选择也会给其他人带来机会成本。例如，当你在夜晚享受“卡拉 OK”时，你所放弃的宁静就是这种享受的机会成本。这时，你还会使别人得不到宁静，别人被迫放弃的宁静就是你这种选择给别人带来的机会成本。

第三，机会成本是做出一种选择时所放弃的其他若干种可能的选择中最好的一种。例如，在运用 10 万元资金的选择中，当选择了期货投机时，所放弃的用途有开商店、开饭店和炒股票三种，其中最好的一种用途是炒股票（在这三种可能选择的用途中获利最多），所以，进行期货投机的机会成本是放弃炒股票，而不是其他。

在经济活动中，资源的稀缺性决定了任何商品的生产都是有机会成本的。俗话说“有得必有失”，因此，在生产经营活动中，人们就要进行机会成本的计算与比较，科学决策，合理选择，从而实现资源配置的最优状态。

机会成本属于隐含成本，并不是实际发生的各种费用，它是一种无形的代价、主观的损失。机会成本虽然很抽象却很重要，是一个有用的分析工具。

在分析和比较机会成本时，必须要具备以下几个前提条件。

第一，资源的用途有多种多样的方式。

第二，资源的流动是没有任何限制的。

第三，资源的利用能够最大限度地充分发挥。

在现实经济研究中，运用机会成本的论述可以比较和分析既定资源不同用途的经济效益，为选择获利最佳方案和决策提供科学和经济的根据，使各种生产要素能够用于最优途径，实现资源的最佳配置。

三、成本函数和时间因素

1. 成本函数

成本作为生产经营中所支付的费用，要随着经营规模的扩大和产量增加而变化，可见成本和产量之间有密切的依存关系，即成本随着产量的变动而变动。用来表示这种关系的公式就是成本函数，可以写成

$$C = f(Q)$$

式中，C 为总成本；Q 为总产量。其含义是总成本是总产量的函数，总产量是自变量，总成本是因变量。将生产函数公式中 $Q = f(L,K)$ 代入后可知：

$$C = f(L,K)$$

这说明总成本既是总产量的函数，又是生产要素投入量的函数。

2. 成本分析中的时间因素

在成本分析中一般按考察期限分为短期和长期，划分的标准是厂商能否全部调整生产要素的投入量。

经济学上所说的短期指厂商不能根据他所要达到的产量来调整其全部生产要素的时期。具体来说，这一时期内它只能调整原料、燃料及生产工人数量等生产要素，而不能调整厂房、设备和管理人员这类生产要素。于是成本也就分成相应的固定成本和可变成本。

经济学上所讲的长期是指厂商能够根据所要达到的产量来调整其全部生产要素的时期。厂商不仅可以变动劳动力，还可以变动所有生产要素投入量，如厂房规模、机器设备等。在短期内，一些支出项目是固定的，不随产量的增加而变动，因而就有所谓的固定成本与可变成本的划分。但是在长期中，厂商有充裕的时间，可以根据其所要达到的产量目标来调整一切生产要素，所以一切成本支出都是可以变化的，没有固定成本与可变成本之

分。在理解长期成本时有两点需要注意：一是长期成本不是绝对根据时间长短来区分的，而是在各种可能实现的生产规模中发生的成本。在长期内，生产者可以选择不同的生产规模来达到不同的产量。二是长期成本不能脱离短期成本而存在，因为长期成本是在生产规模不断扩大的过程中由许多短期成本组合而成的。

短期和长期不但要涉及时间，而且是生产的一组条件。由于不同行业、不同厂商在技术和规模上的差异，短期和长期的时间长短也相差很大。由此，成本分为短期成本和长期成本。

四、生活中的经济学

案例 6.1

上大学值得吗？

从我们选择读大学开始到步入大学圈子一直到毕业，我们有时不得不计算一下它的成本。这里讨论两种成本，一个是会计成本，另一个是机会成本。计算一个大学生上大学四年的会计成本是上大学的学费、书费和生活费，按照现行价格标准，一个普通家庭培养一个大学生的这三项费用之和约 20 万元。这还没算上在未进大学校门前，家长为了让孩子接受最好的教育从小学到中学的各种学习、辅导和培训、择校的费用。上大学成本如此之高，为什么家长还选择让孩子上大学？因为这种选择符合经济学理论，即收益的最大化原则和机会成本最小化原则。

什么是机会成本呢？机会成本是指为了得到某种东西而所要放弃另一些东西的最大价值。那么上大学必然放弃了工作的机会，如果不上学，会找份工作，假如 4 年挣了 16 万元，那么我们说一个大学生上大学四年的机会成本是 16 万元。所以大学生上大学经济学概念的成本是 20 + 16 = 36（万元）。

我们算一下上大学与不上大学一生的成本与收益。不上大学 18 岁工作，工作到 60 岁，共 42 年，平均每年收入是 5 万元，共 210 万元。上大学 22 岁工作，工作到 60 岁，共 38 年，平均每年收入是 10 万元，共 380 万元，减去上大学的经济成本 36 万元，剩下 344 万元。与不上大学收入比较，上大学多得到的收入是 134 万元。这还没考虑学历高所带来的名誉、地位等其他效应。从而可以看出上大学的机会成本是小于不上大学的机会成本的。因此家长舍得在子女教育上投入，就在情理之中了。另外，注意两点问题：一是这里说的“选择”是有两种机会，你能考上大学和考不上大学；二是我们说的只是一般情况。

那么对一些特殊的人，情况就不是这样了。例如，一个有足球天赋的青年，如果在高中毕业后去踢足球，每年可收入 200 万元。这样，他上大学的机会成本就是 800 万元。这远远高于一个大学生一生的收入。因此，有这种天赋的青年，即使学校提供全额奖学金也不去上大学。这就是把机会成本作为上大学的代价，不上大学的决策就是正确的。同样，有些具备当模特气质与条件的姑娘，放弃上大学也是因为当模特时收入高，上大学机会成本太大。当你了解机会成本后就知道为什么有些年轻人不上大学了。可见机会成本这个概念在我们日常生活的决策中是十分重要的。

案例 6.2

利润在经济学家和会计师眼中是不同的

假设王先生用自己的银行存款 30 万元收购了一个小企业，如果不支取这 30 万元，在市场利息 5%的情况下他每年可以赚到 1.5 万元的利息。王先生为了拥有自己的工厂，放弃了每年 1.5 万元的利息收入。这 1.5 万元就是王先生开办企业的机会成本之一。经济学家和会计师以不同的方法看待成本。经济学家把王先生放弃的 1.5 万元也作为他企业的成本，尽管这是一种隐性成本。但是会计师并不把这 1.5 万元作为成本，因为在会计的账面上并没有货币流出企业去进行支付。

为了进一步厘清经济学家和会计师之间的差别，我们换一个角度，王先生开办工厂的 30 万元中，只有 10 万元是自己的储蓄，另外 20 万元是以 5%的利息从银行借贷的。王先生的会计师只衡量显性成本，将每年支付给银行贷款的 1 万元利息作为成本，因为这是从企业流出的货币量。与此相比，根据经济学家的看法，拥有的机会成本仍然是 1.5 万元。

现在我们再回到企业的目标——利润。由于经济学家和会计师用不同方法衡量企业的成本，他们也会用不同的方法衡量利润。经济学家衡量企业的经济利润，即企业总收益减去生产所销售物品与劳务的所有机会成本。会计师衡量企业的会计利润，即企业的总收益只减去企业的显性成本。

经济学家眼里的利润我们称为经济利润（economic profit），是企业的总收益和总成本之差，它和会计利润最大的区别就是不包含隐性成本（机会成本），即对自己拥有的且被用于生产要素应支付的费用不在账目上反映，如自有房屋作厂房，在会计账目上并无租金支出。而会计利润并没有将隐性成本减去，所以那些我们看来有利润的公司，在经济学家眼里，只要无法弥补其发生的隐性成本，就是亏损的。

第二节　短 期 成 本

分析短期成本有以下假定：短期内某生产要素的投入量固定不变；不变要素需同一定的可变要素配合才能发挥作用；可变要素不可以细分，只能按单位量变动。

一、短期成本的类型

短期内由于生产要素分为固定的和可变的，数量值可分为总产量、平均产量和边际产量，所以短期成本有 7 种。

1. 固定成本（FC）

厂商在短期内支付固定生产要素的费用称为固定成本，这是在既定生产规模下的固定开支，并不随着产量的变化而变化，如地租、利息、厂房设备折旧、管理人员薪金等，其公式是

$$FC = C_0（C_0是大于零的常数）$$

在坐标图上，固定成本 FC 曲线是一条在纵轴有一定截距，平行于横轴的直线，见图 6-1。

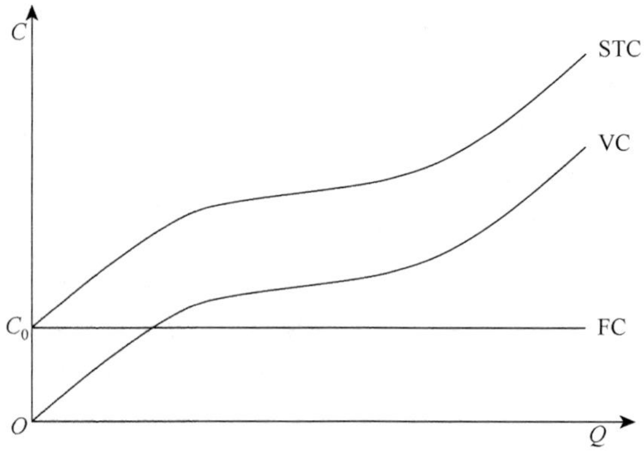

图 6-1 短期成本线

2. 可变成本（VC）

厂商在短期内支付可变生产要素的费用称为可变成本，主要有工资、原材料、动力燃料费等支出，由于可变生产要素的数量随着产量的变化而变化，可变成本 VC 也随着产量的变化而变化，是产量的函数，写成公式为

$$VC = f(Q)$$

随着产量增加可变成本也增加，$VC = f(Q)$ 是增函数。在坐标图上，可变成本 VC 曲线是一条从原点出发，从左下方向右上方上升的曲线。在产量为零时可变成本为零。

3. 短期总成本（STC）

短期总成本是生产一定数量产品的成本总额，是固定成本和可变成本之和，即

$$STC = FC + VC = C_0 + f(Q)$$

短期总成本随着产量的增加而增加，是产量的增函数，因为短期总成本中的可变成本 VC 是产量的增函数，所以短期总成本 STC 曲线是一条以纵轴截距 C_0（固定成本量）为起点的由左下方向右上方上升的曲线（图 6-1）。

4. 平均固定成本（AFC）

平均固定成本是每单位产品所均摊的固定成本，其公式为

$$\mathrm{AFC}=\frac{\mathrm{FC}}{Q}=\frac{C_0}{Q}$$

平均固定成本是随产量的增加而不断降低的，由于既定的固定成本分摊在越来越多的产品上，每单位产品所包括的固定成本必然越来越少。在坐标图上，平均固定成本 AFC 曲线是一条从左上方向右下方倾斜，且越来越贴近又不能与横轴相交的曲线（图 6-2）。

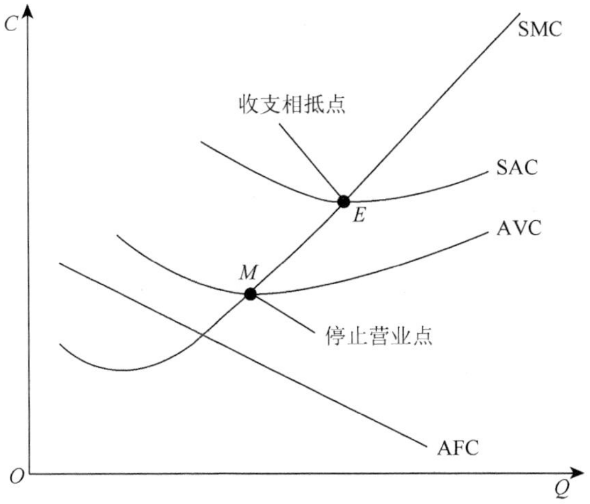

图 6-2　平均固定成本线

5. 平均可变成本（AVC）

平均可变成本是指平均每单位产品所消耗或均摊的可变成本，其公式可写为

$$\mathrm{AVC}=\frac{\mathrm{VC}}{Q}(>0)$$

西方经济学中，平均可变成本曲线通常为“U”形，开始下降，最后又上升。其确切形状由单位可变要素的平均产量而定。一般情况下，平均可变成本随着产量的变化而顺次经历三个阶段。

第一阶段为平均可变成本递减。当固定要素因为没有最低数量的可变要素相配合，而不能得到充分有效的利用时，随着可变要素增加，固定要素得到充分有效的利用，平均产量上升，产量增加速度超过可变要素增加速度，使平均可变成本下降。

第二阶段是平均可变成本不变。当可变要素增加到一定程度，使固定要素配合充分发挥作用时，在相当范围内，产量增加，可能出现平均产量不变的情况，因而平均可变成本也不变。在这一范围内，平均产量和平均可变成本维持不变状态。

第三阶段是平均可变成本递增。在生产发展、产量不断增加（厂房设备不变）的情况下，不论什么行业和哪类厂商最终总要出现平均可变成本上升的现象，这是报酬递减规律发生作用的必然结果。

6. 短期平均成本（SAC）

短期平均成本是每单位产品所消耗或均摊的总成本，其公式为

$$\mathrm{SAC}=\frac{\mathrm{STC}}{Q}=\frac{\mathrm{FC}}{Q}+\frac{\mathrm{VC}}{Q}=\mathrm{AFC}+\mathrm{AVC}$$

上述公式说明，短期平均成本是产量的函数。一般情况下，短期平均成本开始会随产量增加而递减，达到最低水平后开始递增，在坐标图上，短期平均成本曲线是一条“U”形曲线，见图 6-2。

短期平均成本曲线呈“U”形的原因和变化情况同平均可变成本类似，不再重复。

7. 短期边际成本（SMC）

短期边际成本是指产量每增加一单位所带来的短期总成本的增量，即等于短期总成本增量（ΔSTC）与产量增量（ΔQ）之比，公式为

$$\mathrm{SMC}=\frac{\Delta \mathrm{STC}}{\Delta Q}$$

这里要引起注意的是，短期中固定成本并不随产量的变动而变动，所以短期边际成本实际上是就可变成本而言的。

一般来说，短期边际成本随产量不断增加要经过递减、不变、递增的过程。在图 6-2 中，短期边际成本 SMC 曲线是一条“U”形曲线，这样的变化特征是由边际产量变动规律决定的。

二、各种短期成本的相互关系

为便于说明和理解各种短期成本之间的相互关系，假定某厂商短期成本数据如表 6-1 所示，并依据数据绘出各种短期成本曲线，见图 6-1 和图 6-2。

表 6-1 短期成本表

产量 Q（1）	总成本			平均成本			边际成本
	固定成本 FC（2）	可变成本 VC（3）	短期总成本 STC（4）=（2）+（3）	平均固定成本 AFC（5）=$\frac{(2)}{(1)}$	平均可变成本 AVC（6）=$\frac{(3)}{(1)}$	短期平均成本 SAC（7）=$\frac{(4)}{(1)}$	短期边际成本 SMC（8）=$\frac{\Delta(4)}{\Delta(1)}$
0	300	0	300	—	—	—	—
1	300	300	600	300.0	300.0	600.0	300
2	300	400	700	150.0	200.0	350.0	100
3	300	450	750	100.0	150.0	250.0	50
4	300	500	800	75.0	125.0	200.0	50
5	300	580	880	60.0	116.0	176.0	80
6	300	720	1020	50.0	120.0	170.0	140
7	300	890	1190	42.9	127.1	170.0	170

续表

产量 Q (1)	总成本			平均成本			边际成本
	固定成本 FC (2)	可变成本 VC (3)	短期总成本 STC (4) = (2) + (3)	平均固定成本 AFC (5) $=\frac{(2)}{(1)}$	平均可变成本 AVC (6) $=\frac{(3)}{(1)}$	短期平均成本 SAC (7) $=\frac{(4)}{(1)}$	短期边际成本 SMC (8) $=\frac{\Delta(4)}{\Delta(1)}$
8	300	1100	1400	37.5	137.5	175.0	210
9	300	1400	1700	33.3	155.6	188.9	300
10	300	2300	2600	30.0	230.0	260.0	900

从图 6-1 和图 6-2 中，可以清楚地看出各条曲线的特点、形状及相互关系，它们有以下变化规律。

（1）只有固定成本 FC 曲线同横轴平行、不受产量变动的影响，保持某一固定水平。其他六种短期成本都是产量函数，即随产量变化而变化。

（2）从原点出发的曲线只有可变成本曲线，表示产量是零时，可变成本也是零；短期总成本 STC 曲线不从原点出发，而从固定成本出发，表示产量为零时，只有固定成本；STC 曲线和 VC 曲线平行，距离为固定成本量 C_0，表示二者有相同的变化规律，都向右上方倾斜，由陡峭、比较平坦又到比较陡峭，说明随产量的变化，STC 曲线和 VC 曲线的增加从快到慢再到快。

（3）一直向右下方倾斜的，只有平均固定成本 AFC 曲线，这反映出平均固定成本随着产量的增加而减少。这是因为固定成本总量不变，产量增加，分摊到每一个单位产品上的固定成本也就减少了，随着产量不断增加，平均固定成本一直不断下降，它的变动规律是起初减少的幅度很大，以后减少的幅度越来越小。但永远不会是零，即不能与横轴相交。

（4）“U”形曲线有三条：平均可变成本 AVC 曲线、短期平均成本 SAC 曲线和短期边际成本 SMC 曲线。平均可变成本变动的规律是，起初随着产量的增加，生产要素的效率逐渐得到发挥，因此平均可变成本减少，但产量增加到一定程度后，由于边际收益递减规律而增加。短期平均成本的变动规律是由平均固定成本的变动规律和平均可变成本的变动规律共同决定的。当产量增加时，平均固定成本迅速下降，加上平均可变成本也在下降，所以短期平均成本迅速下降。后来，平均固定成本越来越小，它对平均成本影响力下降，平均成本更多地随着平均可变成本的变动而变动。也就是说短期平均成本的变动趋势是：先是随着产量的增加而下降，当产量增加到一定程度之后，又随着产量的增加而增加。都是在开始阶段随产量增加成本下降，下降到一定程度又开始上升。但三条曲线的最低点是在不同的产量水平上出现的，随产量增加成本下降到最低点的顺序是：SMC＜AVC＜SAC。

（5）短期边际成本 SMC 曲线与短期平均成本 SAC 曲线的最低点相交，即 E 点。按它们的定义，短期边际成本最早降到最低点并开始上升，在上升过程中与短期平均成本 SAC 曲线最低点相交，若 SMC＜SAC，则 SAC 曲线应继续下降，相交以后，SMC＞SAC，二者都开始上升。在 E 点时，SMC = SAC，E 点是短期平均成本曲线由下降到上升的转折点，即最低点。

E 点在经济学中被称为收支相抵点，这时不存在超额利润，仅获得正常利润，是实现利润最大化的均衡点。

（6）短期边际成本 SMC 曲线与平均可变成本 AVC 曲线的最低点 M 相交。相交前，SMC＜AVC；相交后，SMC＞AVC。在 M 点上，SMC = AVC，经济学上称这点是停止营业点，如果价格低于这一点，厂商生产补偿不了可变成本。

三、生活中的经济学

案例 6.3

航空公司的淡季航班

假定某航空公司有一条由北京直飞亚布力滑雪场的航线，亚布力是一个以滑雪等冬季运动为主题的旅游胜地，所以飞往亚布力的航线有较明显的旺季与淡季的区分。在淡季，这家航空公司开往亚布力的若干航班出现了亏损，公司的经营管理层需要做出决策：在淡季，这些亏损的航班到底是应该继续飞行，还是应该停飞，等旺季来临再恢复航班？

假定航空公司一次航班的总收益是 6 万元，而一次航班的可变成本支出为 4.3 万元，固定成本为 3.6 万元，即总成本为 7.9 万元。显然，总成本 7.9 万元大于总收益 6 万元，该次航班是亏损的。但是，由于总收益 6 万元大于可变成本 4.3 万元，所以，即便在淡季，只要总收益大于可变成本，就应该继续飞，其经济利益好于取消此次航班。

当然，如果此次航班的总收益小于可变成本，那就应该取消此次航班。因为在这种情况下，总收益连总可变成本都无法弥补，就更谈不上对固定成本的弥补了。由此可见，对总收益和总可变成本的比较，是航空公司经营管理层决定在淡季亏损的航班是否继续飞行的基本原则。

第三节 长期成本

一、长期总成本函数和长期总成本曲线

1. 长期总成本定义

长期总成本是厂商在长期中在各种产量水平上通过改变生产要素的投入量所能达到的最低总成本。它反映的是理智的生产者在利润最大化的驱动下通过改变生产要素的投入在不同产量点上成本的最低发生额。

2. 长期总成本曲线的推导

1）由短期总成本曲线的包络线推出

长期总成本 LTC 曲线是无数条短期总成本曲线的包络线。在短期内，对于既定的产量（如不同数量的订单），由于生产规模不能调整，厂商只能按较高的总成本来生产既定的产量。但在长期内，厂商可以变动全部的生产要素投入量来调整生产，将总成本降至最低，从而长期总成本是无数条短期总成本曲线的包络线。

如图 6-3 所示，假设长期中只有三种可供选择的生产规模，分别由图中的三条 STC 曲线表示。这三条 STC 曲线都不是从原点出发的，每条 STC 曲线在纵坐标上的截距也不同。从图 6-3 中看，生产规模由小到大依次为 STC_1、STC_2、STC_3。现在假定生产 Q_2 的产量。厂商面临三种选择：第一种是在 STC_1 曲线所代表的较小生产规模下进行生产，相应的总成本在 d 点；第二种是在 STC_2 曲线所代表的中等生产规模下进行生产，相应的总成本在 b 点；第三种是在 STC_3 曲线所代表的较大生产规模下进行生产，相应的总成本在 e 点。长期中所有的要素都可以调整，因此厂商可以通过对要素的调整，在每一个产量水平上，选择能到达最低总成本的最优生产规模进行生产。在 d、b、e 三点中，b 点代表的成本水平最低，所以长期中厂商在 STC_2 曲线所代表的生产规模生产 Q_2 产量，所以 b 点在 LTC 曲线上。这里 b 点是 LTC 曲线与 STC 曲线的切点，代表着生产 Q_2 产量的最优规模和最低成本。通过对每一产量水平进行相同的分析，可以找出长期中厂商在每一产量水平上的最优生产规模和最低长期总成本，也就是可以找出无数个类似 b 点（如 a 点、c 点）这样的点，连接这些点即可得到长期总成本曲线。

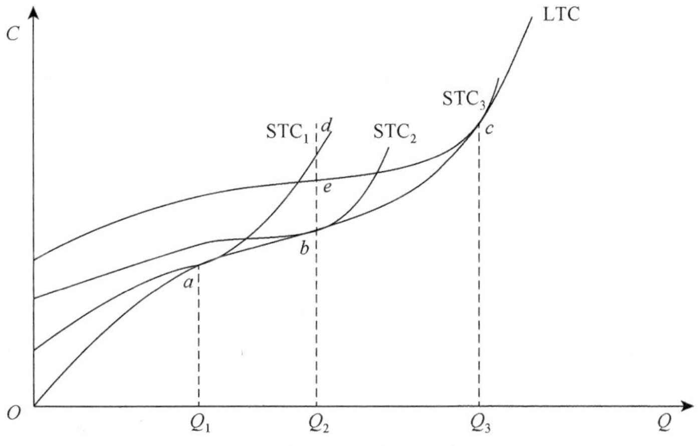

图 6-3　最优生产规模的选择和长期总成本曲线

2）由企业的扩展线推出

因为扩展线本身就表示：对于既定的产量，成本最小的两种生产要素最佳组合投入点的轨迹。而“两种生产要素最佳组合投入”就是一个长期的概念。于是，将产量点及对应于产量点所得到的成本点（可以通过 $w \cdot OB$ 或 $r \cdot OA$ 算出）在坐标图上描出，即可得到长期总成本 LTC 曲线。

说明长期总成本曲线是如何从生产扩展线中推导出来的，对理解长期成本概念很有帮助，如图 6-4 所示。

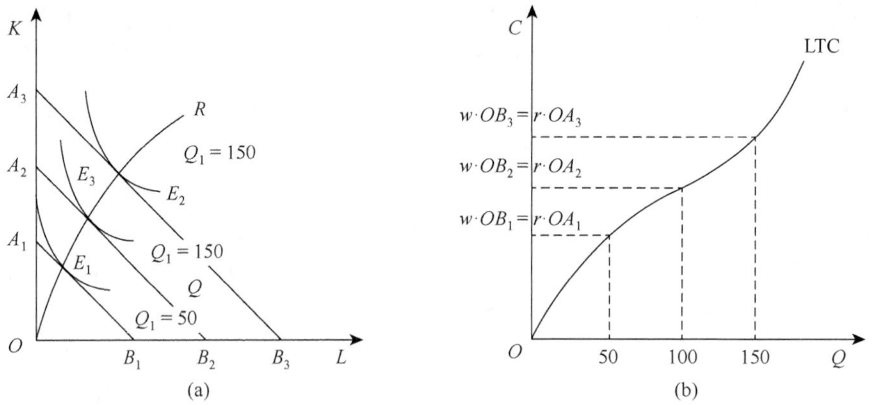

图 6-4 生产扩展线和长期总成本曲线

从前面的分析中可知，生产扩展线上的每一点都是最优生产要素组合，代表长期生产中某一产量的最低总成本投入组合，而且长期总成本又是指长期中各种产量水平上的最低总成本，因此可以从生产扩展线推导长期总成本曲线。

以图 6-4（a）中 E_1 点为例进行分析。E_1 点生产的产量水平为 50 单位，所应用的要素组合为 E_1 点所代表的劳动与资本的组合，这一组合在总成本线 A_1B_1 上，所以其成本即为 A_1B_1 所表示的成本水平，假设劳动价格为 w，则 E_1 点的成本为 $w \cdot OB_1$。将 E_1 点的产量和成本表示在图 6-4（b）中，即可得到长期总成本曲线上的一点。同样的道理，找出生产扩展线上每一个产量水平的最低总成本，并将其标在图 6-4（b）中，连接这些点即可得到 LTC 曲线。

由此可见，LTC 曲线表示厂商在长期内进行生产的最优生产规模和最低总成本。①LTC 曲线相切于与某一产量对应的最小的 STC 曲线，在切点之外，STC 曲线都高于 LTC 曲线。②LTC 曲线从原点开始，因不含固定成本。③LTC 曲线先以递减增长率上升，到一定点后以递增增长率上升。

二、长期平均成本函数与长期平均成本曲线

1. 长期平均成本

长期平均成本 LAC 表示厂商在长期内按产量平均计算的最低总成本。

2. 长期平均成本曲线的推导

（1）根据长期总成本曲线的推导。把长期总成本曲线上每一点的长期总成本值除以相应的产量，便得到每一产量点上的长期平均成本值。再把每一产量和相应的长期平均成本值描绘在平面坐标图中，即可得到长期平均成本曲线。

（2）长期平均成本曲线由无数条短期平均成本曲线的包络线画出。长期平均成本是指厂商在长期内按产量平均计算的最低成本，LAC 曲线是 SAC 曲线的包络线。公式为

$$\mathrm{LAC}=\frac{\mathrm{LTC}}{Q}$$

从上式可以看出 LAC 是 LTC 曲线连接相应点与原点连线的斜率。因此，可以从 LTC 曲线推导出 LAC 曲线。此外根据长期和短期的关系，也可由 SAC 曲线推导出 LAC 曲线。本书主要介绍后一种方法。

假设可供厂商选择的生产规模只有三种：SAC_1、SAC_2、SAC_3，如图 6-5 所示，规模由大到小依次为 SAC_3、SAC_2、SAC_1。

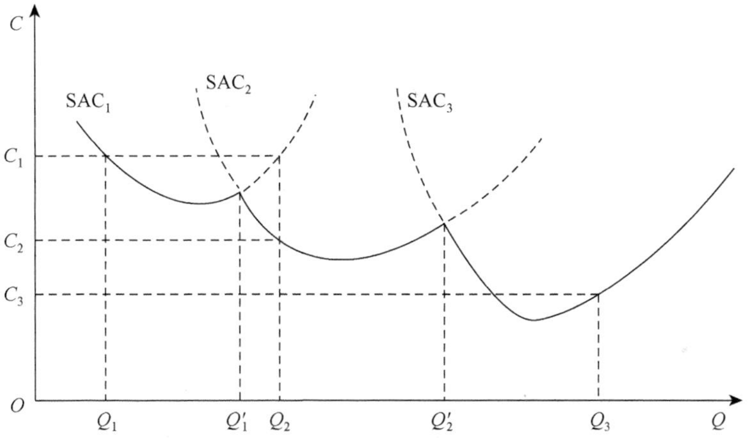

图 6-5　最优生产规模

现在来分析长期中厂商如何根据产量选择最优生产规模。假定厂商生产 Q_1 的产量水平，选择 SAC_1 曲线代表的生产规模进行生产。因此此时的成本 OC_1 是生产 Q_1 产量的最低成本。如果生产 Q_2 产量，可供厂商选择的生产规模是 SAC_1 和 SAC_2，因为 SAC_2 的成本较低，所以厂商会选择 SAC_2 曲线代表的生产规模进行生产，其成本为 OC_2。如果生产 Q_3 产量，则厂商会选择 SAC_3 曲线所代表的生产规模进行生产。有时某一种产出水平可以用两种生产规模中的任一种进行生产，而产生相同的平均成本。例如，生产 Q_1' 的产量水平，即可选用 SAC_1 曲线所代表的较小生产规模进行生产，也可选用 SAC_2 曲线所代表的中等生产规模进行生产，两种生产规模产生相同的生产成本。厂商究竟选哪一种生产规模进行生产，要看长期中产品的销售量是扩张还是收缩。如果产品销售量可能扩张，则应选用 SAC_2 曲线所代表的生产规模；如果产品销售量收缩，

则应选用 SAC_1 曲线所代表的生产规模。由此可以得出只有三种可供选择的生产规模时的 LAC 曲线，即图中 SAC 曲线的实线部分。

在理论分析中，常假定存在无数个可供厂商选择的生产规模，从而有无数条 SAC 曲线，于是便得到如图 6-6 所示的长期平均成本曲线，LAC 曲线是无数条 SAC 曲线的包络线。在每一个产量水平上，都有一个 LAC 曲线与 SAC 曲线的切点，切点对应的平均成本就是生产相应产量水平的最低平均成本，SAC 曲线所代表的生产规模则是生产该产量的最优生产规模。

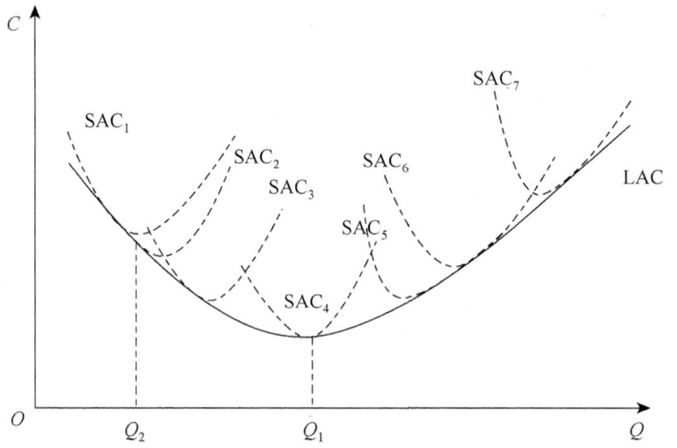

图 6-6 长期平均成本曲线

LAC 曲线相切于与某一产量对应的最小的 SAC 曲线，在切点之外，SAC 高于 LAC。LAC 曲线最低点与某一特定 SAC 曲线最低点相切，其余点，LAC 曲线并不相切于 SAC 曲线最低点。而是 LAC 曲线最低点左侧，相切于 SAC 曲线最低点左侧；LAC 曲线最低点右侧，相切于 SAC 曲线最低点右侧。

从前述内容可知，短期内，生产规模不能变动，因而厂商要做到在既定的生产规模下使平均成本降到最低。而长期决策要在相应的产量下使成本最低，如图 6-6 中的 Q_2 产量水平。虽然从短期看用小的生产规模达到了 SAC_1 曲线的最低点，但是它们仍高于生产这一产出水平的长期平均成本。尽管用 SAC_2 生产这一产量的平均成本不是在 SAC_2 曲线的最低点，但这是生产 Q_2 产量水平的长期最低平均成本。这是因为短期内厂商仍然受到固定投入的限制，不可能使生产要素的组合比例调整到长期最低水平。只有在长期中，厂商才可能对所有投入要素进行调整，使它们的组合达到最优，从而达到长期平均成本最低点，因此，在其他条件相同的情况下，短期成本要高于长期成本。LAC 曲线先下降后上升（分析同短期成本）。

3. LAC 曲线“U”形特征的原因

LAC 曲线“U”形特征是由长期生产中内在的规模经济与规模不经济所决定的。规模经济是指厂商由于扩大生产规模而使经济效益得到提高，此时产量增加倍数大于成本增加倍数。规模不经济是指厂商由于生产规模扩大而使经济效益下降，此时产量增加倍数小于成本增加倍数。规模经济和规模不经济与生产理论中提到的规模报酬不同，二者区别在于前者表示在扩大生产规模时的成本变化情况，而且各种要素投入数量增加的比例可能相同也可能不同；而后者表示在扩大生产规模时的产量变化情况，并假定多种要素投入数量增加的比例是相同的。但一般来说，规模报酬递增时，对应的是规模经济阶段，规模报酬递减时，对应的是规模不经济阶段。往往在企业生产规模由小到大扩张的过程中，先出现规模经济，产量增加倍数大于成本增加倍数，因而 LAC 下降；然后再出现规模不经济，产量增加倍数小于成本增加倍数，LAC 上升。由于规模经济与规模不经济的作用，LAC 曲线呈“U”形。

此外，外在经济与外在不经济会影响 LAC 曲线的位置，使得 LAC 曲线的位置向上或者向下发生移动。

4. 影响长期平均成本曲线变化的因素

1）规模经济与规模不经济

规模经济是指生产规模扩大而导致长期平均成本下降的情况。规模不经济是指生产规模扩大使得管理无效而导致长期平均成本上升的情况。

2）外在经济与外在不经济

外在经济是由厂商的生产活动所依赖的外界环境改善而产生的。外在不经济是指企业生产所依赖的外界环境日益恶化。

3）学习效应

学习效应是指在长期的生产过程中，企业的工人、技术人员、经理人员等可以积累起产品生产、产品的技术设计及管理人员方面的经验，从而导致长期平均成本的下降。

4）范围经济

范围经济是指在相同的投入下，由一个单一的企业生产多种产品比多个不同的企业分别生产这些产品中每一个单一产品的产出水平要高。因为这种方式可以通过多种产品共同分享生产设备或其他投入物而获得产出或成本方面的好处。

5. 不同行业的长期平均成本

以上对长期平均成本的讨论都假设生产要素的价格不变。如果考虑到生产要素价格的变动，则各行业长期平均成本变动的特点又有所不同。一般可以根据长期平均成本变动的情况把不同的行业分为三种情况：成本不变、成本递增、成本递减。

1）成本不变的行业

这种行业中各厂商的长期平均成本不受整个行业产量变化的影响，无论产量如何变化，长期平均成本是基本不变的。这种行业就是成本不变行业。

形成这些行业成本不变的原因主要有两个：第一，这一行业在经济中所占的比重很小，也就是说，与其他行业相比，它是非常微小的。这样它所需要的生产要素在全部生产要素中所占的比例也很小，从而它的产量变化不会对生产要素的价格产生影响。因此，这一行业中各厂商的长期平均成本也就不会因这一行业产量的变动而变动。第二，这一行业所使用的生产要素的种类与数量与其他行业呈反方向变动。例如，其他行业都在增加对资本的使用，减少对劳动的使用，而某一行业却反其道而行之，减少对资本的使用，增加对劳动的使用。这样它的产量变动也就不会引起生产要素价格的变动，从而保持长期平均成本不变。具有成本不变特点的行业并不多见，一般是一些小商品生产或特殊行业。

2）成本递增的行业

这种行业中各个厂商的长期平均成本要随整个行业产量的增加而增加。这种行业在经济中普遍存在。形成这些行业成本递增的原因是，由于生产要素是有限的，所以整个行业产量的增加就会使生产要素价格上升，从而引起各厂商的长期平均成本增加。这也就是以前所说的由于外部因素，一个行业扩大给一个厂商所带来的外在不经济。这种情况在以自然资源为主要生产要素的行业，如农业、渔业、矿业中更为突出。

3）成本递减的行业

这种行业中各个厂商的长期平均成本要随整个行业产量的增加而减少。这也就是前面说过的规模经济中的外在经济。形成这种行业成本递减的原因是，外在经济对这种行业特别重要。例如，在同一地区建立若干汽车制造厂，各厂商就会由于在交通、辅助服务等方面的节约而产生成本递减。但应该特别指出的是，这种成本递减的现象只是在一定时期内存在。在长期中，外在经济必然会变为外在不经济。因此，一个行业内的成本递减无法长期维持下去。

三、长期边际成本函数和长期边际成本曲线

1. 定义

长期边际成本是指长期中增加一单位产量所增加的最低总成本，公式为

$$\mathrm{LMC}=\frac{\Delta \mathrm{LTC}}{\Delta Q}$$

当 $\Delta Q \to 0$ 时，

$$\mathrm{LMC}=\lim_{\Delta Q\to 0}\frac{\Delta \mathrm{LTC}}{\Delta Q}=\frac{\mathrm{dLTC}}{\mathrm{d}Q}$$

2. 长期边际成本曲线的推导

方法一：由长期总成本曲线求导、描点得出。从上式中可以看出 LMC 是 LTC 曲线上相应点的斜率。因此可以从 LTC 曲线推导出 LMC 曲线。

方法二：由短期边际成本曲线求出。

（1）由长期总成本曲线是短期总成本曲线的包络线推出：对应于某一产量点，短期总成本曲线的包络线的长期总成本曲线每一点上两条曲线相切，该点的斜率相等，即 LMC = SMC。

（2）将每一产量点上对应的 SMC 计算出来，再用一条平滑的曲线连起来，便得到一

条光滑的曲线，即为长期边际成本 LMC 曲线。

3. 长期边际成本曲线的形状

长期边际成本曲线呈“U”形，它与长期平均成本曲线相交于长期平均成本曲线的最低点，如图 6-7 所示。

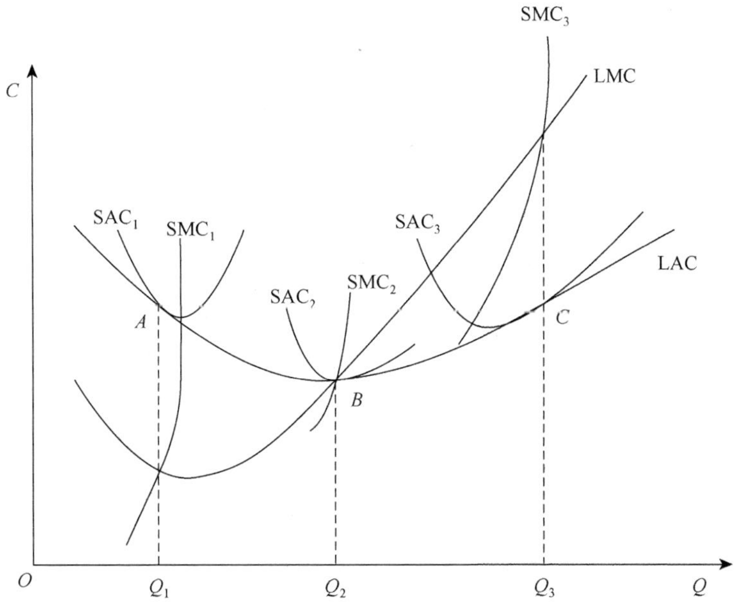

图 6-7　长期边际成本曲线

四、生活中的经济学

案例 6.4

洛阳春都的失败

在我国改革的实践中，洛阳春都集团有限责任公司（简称洛阳春都）生产规模扩张过快、过大，从而致使企业管理低效率甚至无效率，最后破产倒闭。

洛阳春都的前身是 1958 年成立的河南省洛阳市冷冻厂，当时国家投资 200 万元，职工不足百人。1968 年，洛阳地区食品公司与洛阳市冷冻厂合并，成立了洛阳食品购销站，1979 年 2 月更名为洛阳肉联厂。1985 年，国家放开生猪经营，全国 1500 多家国有肉联企业被推向了市场，结果 90%以上的肉联企业陷入了亏损困境，洛阳肉联厂也不例外。在国家对肉联企业经营提出“大变小、生变熟、粗变细、废变宝”的四个转变后，洛阳肉联厂于 1986 年引进了火腿肠生产大国日本的一台火腿肠灌装机，投资上马火腿肠生产项目。1987 年 8 月，中国第一根被命名为“春都”的火腿肠在河南洛阳诞生，并迅速在市场走红。市场的青睐使洛阳肉联厂成为河南和中国肉联行业走向辉煌的金色起跑线。春都火腿肠的生产能力在短短几年间猛增了 100 倍，生产线由 7 条增加至 20 条、40 条直至 109 条，生产规模由不足万吨扩大到年产 20 万吨，却依然无法满足市场的需求。销售额从最初的 2 亿多元猛增到 20 多亿元，年创利润 2 亿多元。春都突飞猛进带动了整个火腿肠产业在国内迅速崛起，并迅速形成了强大的产业群体优势。

也许成功来得太容易，春都的经营者头脑开始膨胀发热，为了实现“资本扩张”和“低成本运营”，洛阳春都一口气兼并了十几家亏损企业，新增了医药、饮料、木材、制革、酒店、房地产等多个经营项目，洛阳当地的制革厂、饮料厂、药厂、木材厂等一大堆负债累累、与肉食加工不相干的亏损企业被一股脑归于春都名下。据测算，春都通过各种途径融资高达 20 多亿元，仅在当地 5 家国有商业银行的贷款就有 10 亿元以上。1988 年以来，洛阳春都先后兼并了洛阳食品公司等 11 家企业，全资收购郑州群康制药厂等 6 家，与此同时，先后对河南思达科技集团等 24 家企业进行参股或控股，使集团员工很快从 1000 多人突破 1 万人。在金融机构的鼎力支持下，数亿元资金像胡椒面一样被洛阳春都撒向这些企业。几年的扩张，使得洛阳春都的资产平均每年以近 6 倍的速度递增，由 1987 年的 3950 万元迅速膨胀到 29.69 亿元。然而，扩张不仅没有为洛阳春都带来多少收益，还使企业背上了沉重的包袱。由于战线过长，而且洛阳春都兼并和收购的 17 家企业中半数以上亏损，近半数关门停产，最终洛阳春都对 20 多家企业参股和控股的巨大投资也有去无回。作为中国最大的火腿肠生产基地，春都一度成为中国火腿肠的代名词，其市场占有率最高 70%以上，资产达 29 亿元之巨。然而，仅仅经历几年的短暂辉煌，这家明星企业便倏然跌入低谷。到 20 世纪 90 年代末期洛阳春都上百条生产线全线告停，企业亏损高达 6.7 亿元，并且欠下了 13 亿元的巨额债务。

反思洛阳春都从崛起到陷落的历程，一个新兴且快速崛起的产业旗舰迅速由盛转衰的原因是多方面的，但企业的生产规模扩张过快、过大而导致管理低效率或无效率，从而使其进入规模但不经济阶段是其中一个主要的原因。洛阳春都是在没有做好成为大企业准备的情况下，仓促间变成这么一个庞然大物，由于企业实际上不具备大企业的管理资质和水平，所以它就难以支撑和运作自己庞大的身躯。由于基础差、战线长、顾此失彼，规模是上去了，但效益却下来了，质量也下来了，占有率也下来了，以至得不偿失，损失惨重。在市场上，洛阳春都不但未能有力与竞争对手展开角逐，而且反应迟钝，处处被动、挨打，终于被竞争对手横扫出局。

第四节 收益和利润最大化

在市场上，消费者购买商品与劳务的消费支出就是生产者的销售收入或收益，厂商要比较付出的成本和得到的收益来决定生产规模，从成本和收益的变化，确定出最佳的生产规模和产量，以实现利润最大化。

一、收益的概念

收益是指生产者销售商品或劳务所获得的收入。收益可分为总收益、平均收益和边际收益。

1. 总收益（TR）

总收益是指厂商生产并销售一定数量商品和劳务的收入总额，或销售的全部收入。假如厂商生产多种多样的商品，那么总收益就是每种商品的卖价（用 P 表示）与每种商品销售数量的乘积的加总。若用 P_1、P_2、P_3、…、P_n 表示每种商品的销售价，用 Q_1、Q_2、Q_3、…、Q_n 表示每种商品的销售量，则有公式：

$$\mathrm{TR} = P_1Q_1 + P_2Q_2 + P_3Q_3 + \cdots + P_nQ_n$$

如果厂商生产一种产品，则总收益为价格和销售量的乘积，即

$$\mathrm{TR} = P \cdot Q$$

在价格既定的条件下，总收益是销售量的递增函数。

2. 平均收益（AR）

平均收益是厂商出售一定数量的商品时，从出售每单位商品所得到的平均收入也就是平均每单位商品的价格，等于总收益与销售量之比，公式为

$$\mathrm{AR} = \frac{\mathrm{TR}}{Q} = P$$

平均收益就是单位商品的售价。

3. 边际收益（MR）

边际收益是厂商增加销售一单位商品而获得的总收益的增量，即最后一单位商品的卖价。

如果用 $\Delta\mathrm{TR}$ 代表总收益的增量，ΔQ 表示产量的增量，则 $\mathrm{MR} = \Delta\mathrm{TR}/\Delta Q$。

4. 收益和产量

在既定价格的条件下，收益是商品销售量的函数，如果厂商顺利地出售自己的商品，销售量就等于产量。

生产理论说明，总产量、平均产量和边际产量是以实物计量的产量形式，销售价格若都是 P，那么以价值形式对应的总收益、平均收益和边际收益就可以表示为

$$总收益=总产量\times价格 \qquad \mathrm{TR} = \mathrm{TP} \cdot P$$

$$平均收益 = 平均产量\times价格 \qquad \mathrm{AR} = \mathrm{AP} \cdot P$$

$$边际收益 = 边际产量\times价格 \qquad \mathrm{MR} = \mathrm{MP} \cdot P$$

5. 总收益、平均收益和边际收益曲线

总收益函数 $TR = f(Q)$ 表明：总收益是随产量（或销售量）的变化而变化的。总收益变化规律是随着产量的增加，总收益开始时递增，接着升到最高或达到极大值，而后开始递减，在图 6-8（b）中总收益是一条倒“U”形曲线。

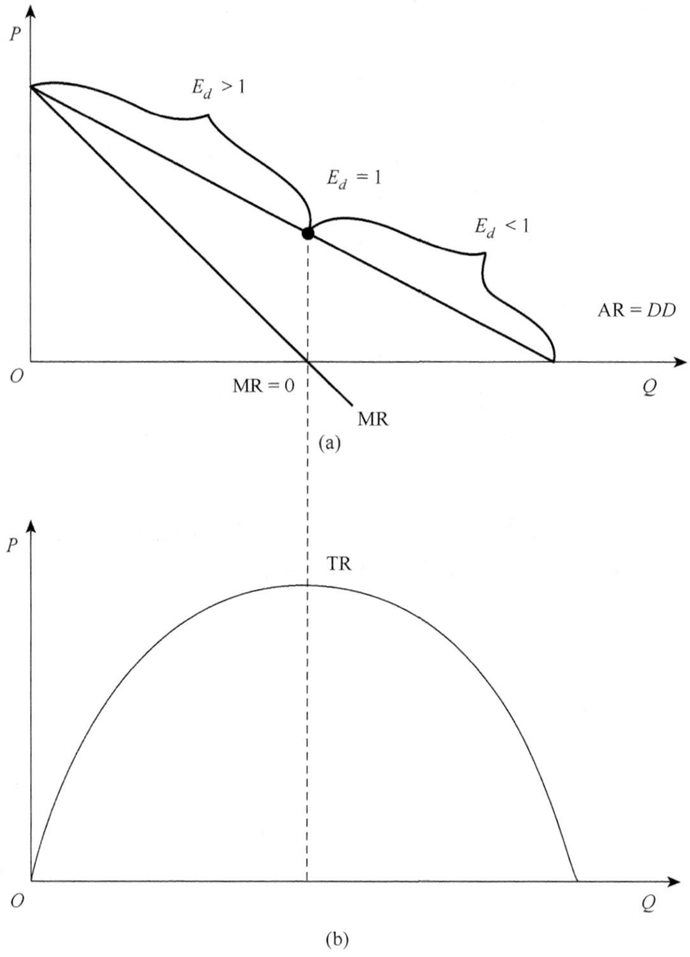

图 6-8 总收益、平均收益和边际收益

平均收益等同于商品卖价或价格，则厂商的平均收益函数与它的需求函数是同一函数，平均收益曲线与需求曲线为同一条向右下方倾斜的线，见图 6-8（a）。平均收益曲线可看作在不同价格下的销售量，即生产者的销售曲线；从消费者角度可看作在不同价格下的购买量，即消费者的需求曲线。因此生产者的平均收益曲线、生产者的销售曲线、消费者的需求曲线是同一含义和同一曲线。

边际收益 MR 曲线见图 6-8（a），随产量或销售量的增加是递减的，且下降速度比平均收益曲线要快。为什么边际收益小于平均收益呢？根据定义，边际收益是每增加销售一单位商品引起总收益的增量。根据需求定理，增加的商品要能卖出去，全部商品的价格必须降低。于是，在计算边际收益时，必须从最后一单位新增商品的销售收益中，减去以前各单位商品由于降价而损失的部分，因而边际收益总是低于平均收益。

二、厂商的目标

在社会经济活动领域，作为市场主体的厂商从事生产经营的目标是什么？对这个问题的回答是多种多样的。

长期以来，在经济学界被普遍接受的观点是：厂商的目标就是追求最大利润或实现利润最大化。如果从事生产经营，厂商不能获得利润，生产就不会继续进行下去。所以，一般来说，利润是厂商行为的动机和目的。因此，在经济学理论考察分析中，假定厂商的目标是利润最大化。

在西方经济学中，利润中的正常利润包括在成本之中，是企业家应得的报酬。一般来说，利润额被看作总收益 TR 和总成本 TC 之差，公式是：利润 = 总收益–总成本。

如果用 π 来表示利润，上式可写作

$$\pi = \mathrm{TR} - \mathrm{TC}$$

若 TR＞TC，则 $\pi>0$，厂商获得超额利润；若 TR = TC，则 $\pi = 0$，厂商只获得正常利润，这时参与生产的每个要素都得到了应有的报酬；若 TR＜TC，则 $\pi<0$，厂商处于亏损状态。因为总收益和总成本都是销售量的函数，利润也必然是销售量的函数。因此，上式可写为

$$\pi = R(Q) - C(Q)$$

这就是厂商的目标函数，厂商的目的是追求利润最大化。

在第二次世界大战后，特别是 20 世纪五六十年代，西方经济学家对利润最大化目标提出了许多不同的观点，主要有以下三种。

第一，“令人满意的”行为假定。厂商的目的是获得令人满意的利润，而不是最大利润；认为行动的动机在于需要，需要得到满足就行了。经济学家对令人满意的利润标准争论不休，提出许多观点，运用起来含糊易变。

第二，多种目的。围绕着最大利润假定，有提出多项目的：保持或增加市场份额，为增长而增长；创造或保持一种称心如意的社会“形象”，履行社会责任；保持一种满意的财务状况；建立良好的劳资关系；等等。实际上这些目标和最大利润是不能分开的。

第三，销售额最大化假设。这是美国经济学家鲍莫尔提出的模型，是把利润限制在股东所能接受的必需的最低水平，以销售额最大化作为目标，不去追求利润最大化。

三、利润最大化条件

在经济分析中，利润最大化的原则是边际收益等于边际成本。为什么在边际收益等于边际成本时能实现利润最大化呢？

如果边际收益大于边际成本，表明厂商每多生产一单位产品所增加的收益大于生产这

一单位产品所增加的成本。这时，对该厂商来说，还有潜在的利润没有得到，厂商增加生产是有利的，也就是说没有达到利润最大化。

如果边际收益小于边际成本，表明厂商每多生产一单位产品所增加的收益小于生产这一单位所增加的成本。这对该厂商来说就会造成亏损，更谈不上利润最大化了，因此厂商必然要减少产量。

无论是边际收益大于边际成本还是小于边际成本，厂商都要调整其产量，说明这两种情况下都没有实现利润最大化。只有在边际收益等于边际成本时，厂商才不会调整产量，表明已把该赚的利润都赚到了，即实现了利润最大化。厂商对利润的追求要受到市场条件的限制，不可能实现无限大的利润。这样，利润最大化的条件就是边际收益等于边际成本。用公式表示为

$$\text{边际收益} = \text{边际成本}，\quad MR = MC$$

四、生活中的经济学

案例 6.5

餐饮业是如何降低成本的？

餐饮业是我国规模最大的产业之一。2013 年，中国餐饮企业超过 300 万家，餐饮产业营业规模超过 6 万亿元，产业链上下游从业人员超过 1 亿人。在新的市场条件下，餐饮业面临着重大挑战。例如，为应对公务员、公款消费的直线下降，高端餐饮企业应如何尽快转型与市场需求相契合？又如，随着居民消费水平提高，对大众餐饮的需求迅速增加，大众餐饮企业又应如何提升发展空间？其间，很重要的一点是，餐饮企业共同面临着高成本、低利润的严峻压力。数据显示，2013 年我国餐饮酒店业的食材成本和设备成本上升近两成，而利润率的上升却不到 5%。这种高成本、低利润的经营状态，威胁着餐饮企业的生存与发展，餐饮商家在此压力下联合起来，尝试利用 B2B（business to business）电子商务，通过抱团建立行业自己的采购平台来降低成本，谋求发展。

2014 年 12 月 11 日，由 300 家领袖品牌餐饮企业联合发起的众美联餐饮酒店 B2B 云采购平台宣告成立并上线交易，这也是中国最大的餐饮酒店 B2B 全球采购平台，当时的协议订单就已经达到 120 亿元。相比传统的线下交易模式，预计餐饮企业至少可以节省 10%的成本，利润率可以增加 5%以上。

我们知道，在生产活动中为了实现最大的利润，厂商必定会追求成本最小化。那么餐饮企业联合起来“触网”求变，其 B2B 采购平台又是通过哪些渠道来降低餐饮企业成本的呢？

第一，采购平台省去了传统供货渠道的层层中间商，从供应链上游直接供货，从而为餐饮企业节省了大量的采购成本。采购平台还为餐饮企业省去了在传统采购模式中所消耗的大量人力、物力和财力。

第二，采购平台聚集了大量的餐饮商家，大规模的食材和设备采购数量使得餐饮商家能够获得较低的采购价格，致使成本下降。而且采购平台上供货商之间的市场竞争，也将有利于餐饮商家的成本下降。

第三，采购平台可以在规模意义上有效地使用物流服务，从采购运输的角度为餐饮企业节省成本。

第四，采购平台模式引入了银行和供应链金融公司，为采购平台交易活动提供有效便捷的金融服务。这有利于 B2B 交易双方合理控制资金周转期，保持现金流量的适度规模及其稳定性，从而提高资金利用效率，降低资金使用成本。

第五，采购平台有能力去处理传统行业解决不了的庞大数据、信息处理问题，为餐饮企业提供关于供应商的全面信息和行业信息，在较大程度上克服了传统模式的信息不对称、行业信息闭塞、市场信息不透明等问题。从信息收集、处理和使用的角度，为餐饮企业节约大量成本。

第六，商品安全是对我国餐饮业的一个冲击。采购环节对食品安全尤为重要。原本一家餐饮企业需要配置一定数量的人力进行采购和监督，现在由一个统一的采购平台来帮助企业寻找、筛选供应商并监督食品安全，可以帮助企业节约食品安全的监督成本，而且还能较好地避免由商品安全问题可能导致的巨大经济损失。众美联在前期招募了 7000 多家食品供应商，最后被选择进入平台的不到 1/3。

2014 年底我国餐饮业由买方商家联合发起成立的网上众美联商城，是我国互联网 B2B 食品类采购平台的又一个具有相当规模的新商城。相信它将和其他的 B2B 食材与食品设备采购平台一起在自身不断完善的过程中，有力地促进我国餐饮业的成本节约与全面发展。

厂商为达到利润最大化的目的，在选择生产要素组合时，必然要遵循最大利益原则，就是在既定产量下，达到成本最小的生产要素组合；或在总成本既定时，实现产量最大的生产要素组合。为实现这个目标，必然要考虑购买的各种生产要素，所付出的价格和所能得到的边际产量。也就是要求在总成本既定的前提下，所购买的各种生产要素的边际产量与价格的比例都相等。上述例子中，企业就充分利用了成本最小化的思路以实现利润最大化的目的。

案例 6.6

泛美国际航空公司的倒闭

1991 年 12 月 4 日，世界著名的泛美国际航空公司关门倒闭。这家公司自 1927 年投入飞行以来，曾经创造了辉煌的历史，其公司的标志是世界上最广为人知的企业标志之一。然而，对于熟悉内情的人来说，这家公司的倒闭是意料之中的事情，奇怪的是什么支撑了这个航空业巨子这么多年？因为整个 20 世纪 80 年代中，除了一年以外，这家公司年年都在亏损，亏损总额将近 20 亿美元。1991 年 1 月，该公司正式宣布破产，然而这时距离公司关闭的日子又将近一年。究竟是什么力量支持垂死的“巨人”又多活了一段时间，而且在1980年出现首次亏损后，为什么没有马上停止该公司的业务？又是什么因素使得这家公司得以连续亏损经营12年之久？这些是我们所关心的问题。从前面分析中我们知道，只要企业能够提出一个高于平均可变成本的价格并被顾客接受，那么尽管该价格低于总平均成本而使得企业亏损，企业的经营在弥补所有可变成本之余尚可弥补部分固定成本，企业的经营还是有经济意义的，企业也会继续维持经营。然而，企业在亏损的状态下维持经营是要付出代价的，它必须通过出售其原有资产来弥补生产中的亏空。泛美国际航空公司在其辉煌时代积累下了巨大的财富，足够它出售很长时间。自1980年开始亏损之后，泛美国际航空公司先后多次变卖身家，包括以4亿美元的价格将泛美大厦卖给美国大都会人寿保险公司，国际饭店子公司以5亿美元的价格出售，向美国联合航空公司出售太平洋和伦敦航线等。到1991年，泛美国际航空公司已经准备将自己缩减成以迈阿密为基地的小型航空公司，主要经营拉美地区的航线，而将其余的航线全部出售。换句话说，尽管泛美国际航空公司整个20世纪80年代仍在坚持运行，但是同时已经开始逐步退出国际航空。其实，在现实世界中，企业通常是通过逐步缩减规模，从而退出某一行业的。

第七章 市场结构理论与厂商决策

引言：中国啤酒市场的竞争

目前，我国已经成为世界啤酒第一产销大国，啤酒市场进入了成长期。入世之后，越来越多的国际资本正势不可挡地涌入中国，与急需增强资本优势开拓国际国内市场的中国啤酒企业展开合作，互相形成优势互补，共同开拓中国啤酒市场。

外资第一次大规模进入中国啤酒市场是在 20 世纪 90 年代初期，50 多家外资啤酒品牌全面进军中国，当时国内大多数大中型啤酒企业被外资控股或收购，市场上出现大量外资啤酒品牌。20 世纪 90 年代中后期，由于中国啤酒市场地方保护严重、价格战等一系列恶性竞争，绝大多数外资啤酒企业水土不服，大规模撤出中国市场。中国加入世界贸易组织（World Trade Organization，WTO）后，外资又纷纷重新抢滩中国啤酒市场。现在，外资在策略上已经比较成熟和现实，找到了更为可行的介入方式——“改用资本说话”，绝大部分采用参股控股国内强势企业的策略。目前，我国三大啤酒品牌（青岛、燕京和珠江）都有外资参股控股。这样，啤酒市场在外资推动下，新一轮的品牌整合将渐次展开，寡头垄断竞争格局有可能出现。

分析人士指出，就啤酒业而言，国际啤酒市场趋于饱和，自 2010 年以来增长缓慢。中国啤酒市场有很大潜力，每年有 5%～10%的增长。2013 年中国人年均消费量约 19 升，如果要达到国际中等人均消费 30 余升的水平，我国啤酒年产量将达到 4000 万吨的规模，市场空间巨大。随着啤酒产品结构的改善和西部、农村地区消费需求的进一步挖掘，啤酒市场尤其是中低档啤酒市场的春天会再次来临。

前面我们分析了厂商利润最大化的实现条件，回答了在成本既定时，厂商应该选择多大的生产规模，安排适当的产量以实现收益最大化，或者在目标产量给定的条件下，如何安排各种生产要素的数量组合，来实现成本最小化的问题。所有这些问题的讨论都是从厂商内部因素出发的，而没有考虑到外部环境即厂商所面临的市场条件。事实上，市场条件也是决定和影响厂商利润水平的一个极其重要的因素。显然，一个小农场和一个大飞机制造厂所面临的市场是有很大差异的。在农产品市场上，一个小农场面临着和其他无数小农场的激烈竞争，而一个飞机制造厂只和与它相似规模的飞机制造厂竞争。每个企业面临着不同的市场状况，因此不同市场上的不同企业家，就要依据千差万别的市场条件来决定如何确定自己的产量与价格，以便实现利润最大化目标。

根据市场上不同的竞争和垄断程度可以将市场分为完全竞争市场、完全垄断市场、垄断竞争市场和寡头垄断市场四种不同类型，其中完全竞争市场和完全垄断市场是两个极端，而垄断竞争市场和寡头垄断市场是介于这两个极端之间的状态，是垄断和竞争不同程度的结合。

相关问题：

1. 啤酒市场竞争可以看作是什么类型的市场？为什么？
2. 20世纪90年代中后期，进入中国啤酒行业的外资为什么大规模撤出中国？
3. 中国加入WTO后，为什么越来越多的国际资本涌入中国？

第一节 完全竞争市场的厂商均衡

一、完全竞争市场

1. 完全竞争市场的含义

完全竞争市场又称纯粹竞争市场，是指一种不受任何阻碍、干扰和控制的市场结构，没有任何外力参与活动，没有厂商勾结行为。美国经济学家张伯伦认为，完全竞争就是没有任何“垄断因素”的竞争。

竞争是市场的竞争，按通俗意义的理解，一般是指经济活动中激烈的人格化竞争，参与竞争者的决策要充分估计给竞争对手的影响及其反应。在西方经济学中所说的完全竞争不同于上面对竞争含义的理解，它的基本特征是非人格性，因为在完全竞争市场上有许多厂商，某个厂商不可能把某个厂商看作自己的竞争对手。

2. 完全竞争市场条件

1）市场上存在大量卖者与买者

每一个人所提供或购买商品的数量占整个市场商品的数量的比重极小，个人的经济行为不能影响市场价格。而市场商品价格是由商品需求量和供给量相互作用形成的，许许多多的卖者和买者都是市场价格的接受者。

2）产品无差别是同质的

市场上所有厂商提供的商品，从品种、质量到产品的包装、牌子及销售条件都一样。这就表明对消费者来说，在价格水平相同的条件下，从哪家厂商购买商品都一样，厂商没有办法通过自己产品的差别来影响价格和市场。

3）资源的自由流动

各种生产资源都可以对市场信息做出灵活反应，能不受限制地自由流动，对新厂商进入市场或原厂商退出市场，不存在任何自然的、社会的或法律的限制和障碍；劳动力可以在不同的地理区域和工作行业上自由选择与流动；每种生产要素和资源的使用不为某人或团体所垄断。一般来说，各种资源的充分自由流动是从长期着眼的。在短期内，即便是完全竞争市场，某些生产要素也是没法从一种用途转到另一种用途上的。

4）完全的市场信息

市场上所有的消费者、生产要素所有者和生产者对现在及未来商品价格和成本都具有充分的信息和完备的知识，不会轻易上当受骗，可按理性原则做出科学与正确的决策。

在形成完全竞争市场的条件中，前两个条件是最基本的。现实生活中完全套用上述四个条件，可能找不到任何一个可以视为完全竞争的实例。最接近于这些条件的市场是农产品市场。因此，一般把农产品市场作为完全竞争市场。完全竞争市场的假定对于了解真实世界里的资源分配和价格形成，是十分有用的。

3. 厂商和行业的需求曲线

在完全竞争市场上，必须区分整个行业和个别厂商。对整个行业来讲，需求曲线是一条向右下方倾斜的线，供给曲线是一条向右上方倾斜的线。整个行业产品的价格就由这种需求和供给决定。在图 7-1 中，*DD* 表示行业需求曲线，是市场上所有消费者的需求曲线加总而来，*SS* 表示行业供给曲线，*DD* 与 *SS* 交于 *E* 点，确定价格水平为 P_0。但对个别厂商来讲情况就不同了。当市场价格确定以后，对个别厂商来说，这一价格就是既定的，厂商只是价格的接受者，无论如何增加产量都不能影响市场价格。换句话说，在既定的价格之下，市场对个别厂商产品的需求是无限的。因此，市场对个别厂商的需求曲线是一条从既定市场价格出发的平行线，如图 7-2 所示。

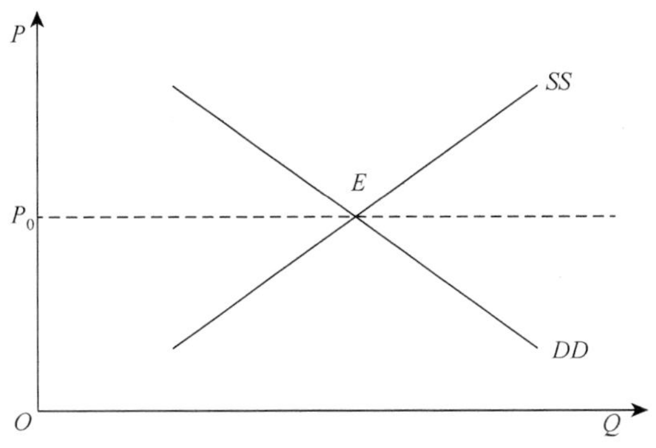

图 7-1　整个行业需求曲线

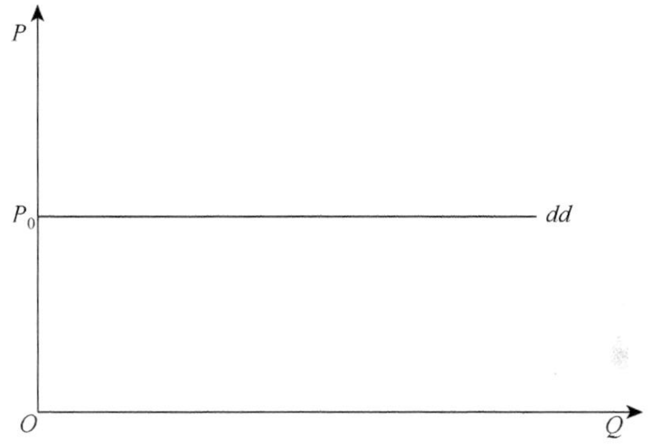

图 7-2　个别厂商需求曲线

完全竞争厂商的需求曲线是一条水平线，实际并不意味着价格水平不能改变，它只是表明厂商自身行为不能影响价格。假如一个完全竞争市场上所有的厂商或大部分厂商同时增加或减少产量，供给曲线会发生移动，市场价格必然发生变动，变化后的价格对单个厂商就是一个既定的价格水平，可按此价出卖任何数量商品，而不会影响价格水平。

4. 厂商的总收益、平均收益和边际收益

厂商的总收益等于商品的销售量与商品价格之积，即 $\mathrm{TR} = P \cdot Q$。总收益曲线是从原点出发的一条直线，其斜率不变表示价格维持不变，见图 7-3。

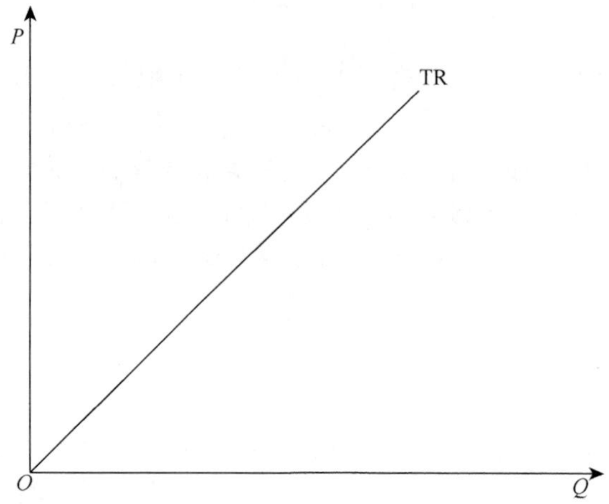

图 7-3 总收益曲线

厂商的平均收益 AR 是按销售量平均计算的收益，为总收益除以销售量。实际平均收益等于单位产品的卖价，即

$$\mathrm{AR} = \mathrm{TR}/Q = P \cdot Q/Q = P$$

由于需求曲线表示消费者在某一价格下的购买量，或购买一定量商品而支付的价格，所以它可以代表厂商平均收益曲线，都是同一条平行于横轴的水平线，见图 7-4。

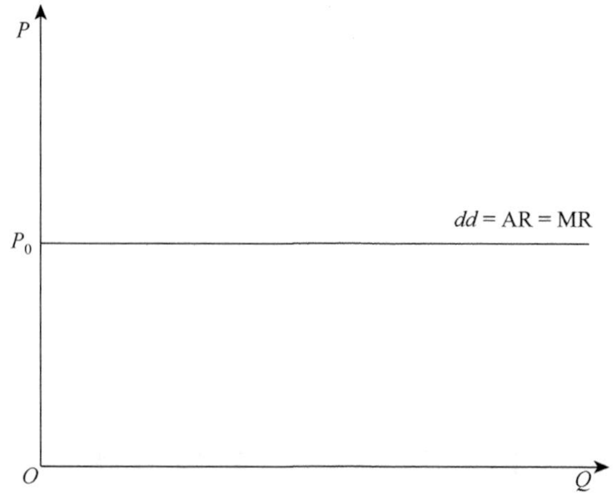

图 7-4 平均收益曲线

厂商的边际收益 MR 是总收益的增量与销售量增量之比，公式为

$$\mathrm{MR} = \Delta\mathrm{TR}/\Delta Q = \Delta Q \cdot P/\Delta Q = P$$

因为在完全竞争条件下，不论厂商销售多少商品，其单位价格不变。所以一单位商品的边际收益等于市场价格和平均收益，即 $\mathrm{MR} = P = \mathrm{AR}$ 。

因此，MR 曲线、AR 曲线与需求曲线是同一条水平线，见图 7-4。

二、完全竞争下的价格与产量

在完全竞争条件下，价格与产量的决定可以用短期和长期来加以说明。

短期内，供给不能根据市场需求发生变动，就会出现供不应求或供过于求的情况。若供不应求，则由于供给不足，市场价格上升，因此厂商就可以获得额外的利润；若供过于求，则由于供给过剩，市场价格下跌，这时厂商就会薄利甚至亏损。

但是长期内，上述情况就会发生变化。因为长期中厂商可以根据市场要求的变动来改变生产规模。因此，若出现供不应求的情况，厂商在高额利润的引诱下，就会增加产量，同时其他行业的厂商也会转到这个行业，从而产品的供给量会增加，价格随之下跌，利润趋于减少。由于利润趋减，反作用于生产，商品的供给量将会随之减少，最终实现均衡状态。反之，若出现了供大于求的情况，厂商利润很少甚至有亏损存在时，它们就会压缩产量或退出此行业，于是该行业的供给量减少，市场价格会反向回升，致使供给量又有所增加。

因此，从长期来看，如果有超额利润存在，厂商就会增加产量，新厂商也会进入该行业；如果发生亏损，厂商就会减少产量或退出这一行业。结果只有在既没有超额利润，又没有亏损存在，即在边际收益等于边际成本的条件下，厂商才不会再增减产量，也不会进入或退出这个行业，价格达到均衡，这时整个行业的厂商所获得的利润总额达到最大。

总之，在完全竞争市场中，价格就像一只“无形的手”，它看不见摸不到，却有着不可言喻的神奇力量，在指挥着生产。通过价格“魔棒”的调节，每个厂商都会把生产规模调整至最佳状态，从而使供求平衡，资源配置更加合理化。

三、生活中的经济学

案例 7.1

农村春联市场：完全竞争的缩影

去年临近春节，我有机会对某村农贸市场的春联销售进行了调查，该农贸市场主要供应周围 7 个村 5000 余农户的日用品需求。贴春联是中国民间的一大传统，春节临近，春联市场红红火火，而在农村，此种风味更浓。

在该春联市场中，需求者有 5000 多农户，供给者为 70 多家零售商，市场中存在许多买者和卖者；供应商的进货渠道大致相同，且产品的差异性很小，产品具有高度同质性（春联所用纸张、制作工艺相同，区别仅在于春联所书写内容的不同）；供给者进入退出没有限制；农民购买春联时的习惯是逐个询价，最终决定购买，信息充分；供应商的零售价格水平相近，提价基本上销售量为零，降价会引起利润损失。原来，我国有着丰富文化内涵的春联，其销售市场结构竟是一个高度近似的完全竞争市场。

供应商在销售产品的过程中，都不愿意单方面降价。春联是农村过年的必需品，购买春联的支出在购买年货的支中只占很小的比例，因此其需求弹性较小。某些供应商为增加销售量，扩大利润而采取的低于同行价格的竞争方法，反而会使消费者认为其所经营的产品存在瑕疵（例如：上年库存，产品质量存在问题等），反而不愿买。

该农村集贸市场条件简陋，春联商品习惯性席地摆放，大部分供应商都将春联放入透明的塑料袋中以防尘保持产品质量。而少部分供应商则更愿意损失少部分产品暴露于阳光下、寒风中，以此展示产品。因此就产生了产品之间的鲜明对照。暴露在阳光下的春联更鲜艳，更能吸引消费者目光、刺激购买欲望，在同等价格下，该供应商销量必定高于其他同行。由此可见，在价格竞争达到极限时，价格外的营销竞争对企业利润的贡献不可小觑。

在商品种类上，例如“金鸡满架”一类小条幅，批发价为 0.03 元/副，零售价为 0.3 元/副；小号春联批发价为 0.36 元/副，零售价为 0.50 元/副。因小条幅在春联中最为便宜且为春联中的必需品，统一价格保持 5 年、6 年不变，因此消费者不对此讨价还价。小条幅春联共 7 类，消费者平均购买量为 3～4 类，总利润可达 1.08 元，并且人工成本较低。而小号春联相对价格较高，在春联支出中占比重较大，讨价还价较易发生；由此，价格降低和浪费的时间成本会造成较大利润损失，对小号春联需求量较大的顾客也不过购买 7 到 8 副，总利润至多 1.12 元。因此，我们不难明白浙江的小小纽扣风靡全国、使一大批人致富的原因；也提醒我们，在落后地区发展劳动密集、技术水平低、生产成本低的小商品生产不失为一种快速而行之有效的致富方法。

春联市场是一个特殊的市场，时间性很强，仅在春节前存在 10 天左右，供应商只有一次批发购进货物的机会。供应商对于该年购入货物的数量主要基于上年销售量和对新进入者的预期分析。如果供应商总体预期正确，那么该春联市场总体商品供应量与需求量大致相同，市场价格就会相对稳定。一旦出现供应商总体预期偏差，价格机制就会发挥巨大的作用，将会出现暴利或者亏损。

综上可见，小小的农村春联市场竟是完全竞争市场的缩影与体现，横跨经济与管理两大学科。这也就不难明白经济学家为何总爱将问题简化研究，就像克鲁格曼在《萧条经济学的回归》一书中，总喜欢以简单的保姆公司为例得出解决经济问题的办法，这也许真的有效。

——摘自杨晓东：《农村春联市场：完全竞争的缩影》，经济消息报 559 期，2004 年 6 月 25 日

案例 7.2

政府办的大型养鸡场为什么赔钱？

在 20 世纪 80 年代，一些城市为了保证居民的菜篮子，由政府出资办了大型养鸡场，但成功者少，许多养鸡场最后以破产告终。这其中的原因是多方面的，重要的一点在于鸡蛋市场是一个近似的完全竞争市场。政府建立的大型养鸡场在这种完全竞争的市场上并没有什么优势，它的规模不足以大到控制市场，产品也没有特色。它要以平等的身份与那些

分散的养鸡专业户或把养鸡作为副业的农民竞争。但这种大型养鸡场的成本都要大于行业平均成本，因为这些养鸡场的固定成本远远高于农民的成本。他们要建大鸡舍，采用机械化方式，且有相当一批管理人员，工作人员也是有工资的工人。这些成本的增加远远大于机械化养鸡所带来的好处，因为农民养鸡几乎没有什么固定成本，也不用向自己支付工资，差别仅仅是种鸡支出和饲料支出。大型养鸡场由政府出资办，自然是国有企业，它也同样有产权不明晰、缺乏激励机制、效率低的共性。从这种意义上说，政府出资办大型养鸡场是出力不讨好，动机也许不错，但结果不好。其实这些完全竞争行业，完全可以让市场调节，农民去办，政府不要与农民争利，何况也争不到利。

第二节　完全垄断市场的厂商均衡

一、完全垄断的特征

完全垄断又称垄断或独占，是指整个行业的市场完全处于一家厂商所控制的状态，即一家厂商控制了某种产品的市场。

在理解完全垄断时要注意两方面：一是完全垄断市场只有一家厂商，没有第二家，即“独此一家，别无分店”。二是完全垄断也是经济中一种极端的情况。假定在烈日炎炎的沙漠中仅有一家冷饮店，饥渴的过客只能也必须从此店买到一瓶救命的冰水。这时我们就可以说，茫茫沙漠之中，这家冷饮店就是处于完全垄断的状态。当然，在现实经济生活中，很少有这样的特例，任何行业都不能真正地实现一个厂商“独步天下”的局面。

完全垄断的特点如下：其一，厂商即行业或产业。完全垄断市场只有一家厂商，控制整个行业的商品供给，行业或产业就是厂商，因此，厂商与行业合二为一。

其二，供给不能替代的商品。完全垄断厂商提供的商品，没有相类似的替代品，需求交叉弹性为零，不受竞争威胁。

其三，新厂商不能进入。完全垄断市场上不存在竞争者，完全垄断厂商通过对价格或原料的有效控制，任何新厂商都不能进入这个行业。

其四，独自定价并实行差别价格。完全垄断厂商不但控制商品供给量，而且控制商品价格，是价格制定者，可使用各种手段定价，保持垄断地位。完全垄断厂商还可以依据不同的销售条件，实行差别价格来获取更多的超额利润。

理解和认识完全垄断市场应注意以下两点。

第一，完全垄断行业并非活动于“真空”地带。在复杂的社会经济活动中，各种商品和劳务之间都存在竞争，或存在潜在竞争，这对完全垄断厂商有制约作用，不能把价格定得过高而失去或缩小市场。

第二，完全垄断厂商最基本的特点是对某种供给的控制。在现实经济生活中，绝大多数商品都有一定替代性，纯粹垄断是罕见的。如果在某个市场上，一个厂商能排斥他人，控制这种商品的供给，进而又能控制价格，就应该认为这是垄断厂商。例如，由政府控制的行业或特许的行业，都是垄断行业或市场。

二、垄断产生的原因

在社会经济领域，垄断的产生是一个很复杂的问题，有各种各样的论述和分析，可归纳为两方面。

1. 法定垄断或人为垄断

任何社会都不能没有政府或国家对经济活动的管理和调节，为某种需要批准某一厂商生产某种产品而形成垄断。

第一，政府法律、法令规定，特许某个别厂商在某种商品生产或经营上垄断。例如，许多国家政府对铁路、电信、供水、供电等公用事业的完全垄断。又如烟酒的专营专卖，麻醉药品的生产与销售，武器弹药的生产、销售及管理。英国历史上的东印度公司就曾经由于英政府的特许而垄断了对东方的贸易。

第二，专利发明权。由于厂商具有生产某商品独特的技术，或具有生产某种特殊产品的唯一权利，形成和产生垄断。一般国家以专利发明形式保护发明者的利益。在享受特权期间内，其他厂商不准生产和销售同类产品，发明者具有一定垄断权。例如，美国的可口可乐公司就长期控制了可口可乐饮料的配方，从而垄断了这种产品的供给。美国专利法允许发明者拥有生产某种商品或运用某特殊工艺的独占权，有效期限是 17 年。实行专利法具有经济上的合理性，假如发明成果能被他人随意复制和模仿，却没有为发明、研究承担任何费用，那么厂商和个人就不会用大量投资去从事科研和革新等活动，这对科技发展和社会经济发展都是不利的。

2. 自然垄断

自然垄断是指并非法律和政府原因，而是由自然因素和产业本身特点形成的垄断。

第一，需要大量资金，投资规模巨大，不宜多家经营的行为，造成完全垄断。在国民经济中有些部门或产业，生产经营方面有特殊性，一般来说需要庞大的固定机器设备，建造的工期比较长，在相当大的范围内生产成本递减，具有大规模生产的利益。例如，铁路运输、采矿、水利工程、邮电通信等。

第二，控制投入造成垄断。如果一个厂商控制了用于生产某种商品的基本投入的生产要素或独特的生产知识和工艺，就能成为一个垄断者。例如，第二次世界大战前的半个世纪中，美国铝业公司一直是美国唯一生产铝的公司，原因就在于该公司控制全部炼铝原料——铝矾土矿产资源。

第三，规模经济。如果某种商品的生产技术具有特殊的性质，一个大厂商能以有利的价格而且这个价格较低，供给全部商品，适应市场需要，就会形成垄断。因为由一家全部供给时平均成本最低，若有两个以上经营者必然造成浪费。这种自然垄断广泛存在于公用事业，如某地区的供电、供水和服务部门。

三、垄断厂商的需求曲线

在完全垄断条件下，一家厂商控制了生产，它的供给增加，价格下降，需求就会增加；它的供给减少，价格上升，需求也会减少。供给影响着价格，价格与需求量呈反方向变动，因此，需求曲线是一条向右下方倾斜的线。这同完全竞争厂商有根本区别：完全竞争厂商是价格的接受者，有一条水平的需求曲线，只能按市场价格出卖任何数量的商品；而完全垄断厂商是价格的制定者，如果提高价格，销售量就必然下降，虽然他能控制价格和产量，也只能是在高价少销与低价多销之间做出抉择。它所决定的价格就是产品的市场价格，消费者只是既定价格的接受者。销售价仍然等于平均收益，因此需求曲线仍与平均收益曲线重叠为一条线。这时厂商每增加一单位产品，价格就会下降，因为平均收益是下降的，边际收益也是下降的。如前所述，当平均收益减少时，边际收益一定小于平均收益。因此，边际收益曲线和平均收益曲线都是向右下方倾斜的线，而且边际收益曲线一定在平均收益曲线的下面，且比较陡峭些。

四、完全垄断条件下的厂商收益

在完全垄断条件下，厂商仍然会追求最大利润，它可以通过控制产量和价格来获取利润，但是也不一定总能获得利润。这可以分为短期和长期来分析。

在短期内，如果独占厂商就生产的产量，其平均收益高于平均成本，厂商当然就有了利润。不过对厂商而言，只有把生产量决定在边际收益等于边际成本的水平上，才能获得最大利润。

图 7-5 中，*DD* 为厂商的需求曲线，MR 为边际收益曲线，AC、MC 为平均成本曲线、边际成本曲线。当 *DD* 位于 AC 之上或与 AC 相交时，根据 MR = MC 的原则把产量确定在 Q_1 点，与此产量对应的价格为 OP_1（$=Q_1A$），平均成本为 OC（$=Q_1B$）。这时，AR = $P>$ AC（Q_1B），厂商能获得超额利润。

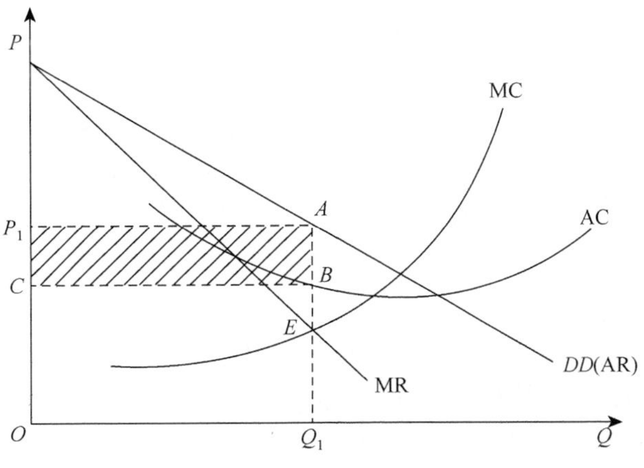

图 7-5　存在超额利润的短期均衡

厂商生产 OQ_1 花费的总成本为 $OQ_1 \cdot OC$，即 OQ_1BC，销售收入为 $OQ_1 \cdot OP_1$，即 OQ_1AP_1。超额利润等于总收益减去总成本，即 $OQ_1AP_1 - OQ_1BC = CBAP_1$，阴影部分矩形 $CBAP_1$ 是超额利润或称经济利润。

但独占厂商也不能永远高枕无忧，坐享利润，也有亏本的时候。这就是当供过于求，价格下跌时，或者投入要素价格提高，成本上升时，厂商生产的平均总成本大于销售价格，独占厂商必然在劫难逃了。因为在短期内，厂商无法改变固定生产要素的投入，因此无论是否生产，固定成本都是要支付的，所以发生亏本的独占厂商是否停止生产，要分两种情形：一是若价格仍然高于平均可变成本，厂商的收益就可以弥补一部分固定成本的支出，因此厂商可以继续生产；二是若价格低于平均可变成本，那么厂商必须立即停止生产。

当垄断厂商的需求曲线低于短期平均成本 SAC 曲线，高于平均可变成本 AVC 曲线时，不论在哪个产量水平，厂商都会亏损。

如图 7-6 所示，为降低亏损，厂商按边际收益等于边际成本的原则，把产量水平决定在 Q_2 上，这时，价格水平为 OP_2，平均成本为 OC，总收益为 OQ_2AP_2，总成本为 OQ_2BC，总成本大于总收益，P_2ABC 为亏损，且为亏损额最小。若 MR＞MC，增加销售使亏损减少；若 MR＜MC，减少销售使亏损减少；只有当 MR＝MC 时，亏损降到最低。

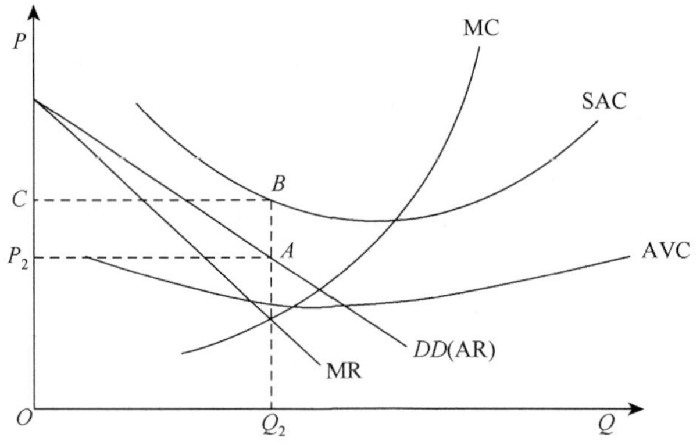

图 7-6　存在亏损的短期均衡

在长期中，独占厂商可以获得超额利润。因为完全垄断市场由厂商独家提供商品，不会遇到竞争。因此，从长期来看，在适当的生产规模和最佳产量水平上，只要厂商获得利润或收支相抵，厂商就会经营下去。在市场需求曲线既定的情况下，厂商会不断地扩充或减少设备、调整规模，把产量调整到能获得最大利润的水平上，可独占最大利润。长期里也不会有新厂商进入独占市场，因此它可以一直保持其拥有的超额利润。

当然这种超额利润的获得也不是绝对的，一旦垄断的铁壁被摧毁，会使原来的厂商面临优胜劣汰的威胁。即使没有人与之竞争，但如果生产的东西没有人认可，如水加汽油制成的饮料，仍然赚不到钱。可见，垄断也不是赚钱的同义语。

五、完全垄断厂商没有供给曲线

在完全竞争市场上，不论厂商还是行业都有供给曲线，反映着产品价格和产量供给量之间一一对应的关系，价格提高，供给增加；价格降低，供给减少。供给曲线具有正斜率，价格与供给量呈正相关。然而在完全垄断市场上，商品价格和产量之间并不存在对应关系，或者说，完全垄断厂商或市场没有供给曲线。

为什么完全垄断厂商没有供给曲线？按供给曲线的定义，是指在既定价格条件下，厂商或行业愿意并且能够提供的商品量。在完全竞争市场上，厂商是价格接受者，不能控制或影响价格，而是只能按既定价格通过调整产量来实现利润最大化。而在完全垄断市场上，不存在价格和产量的对应关系，垄断厂商的产量是与价格同时决定的，所以没有供给曲线。

在完全垄断的条件下，价格和产量是同时决定的，所以在需求曲线移动时，同一价格下可能会产生一系列不同的产量，或者同一产量水平也可能导致不同的价格，垄断厂商不存在价格与数量一一对应的供给曲线。

六、垄断厂商的差别定价

在现实经济领域，垄断厂家为获取最大的垄断利润，可以通过差别定价方法来增加总收益。差别定价是指厂商对同一种商品向不同的消费者索取两种或两种以上的价格。例如，同样质量的一套房子，向有钱的老板开价 100 万元，而向低收入者开价 50 万元。

实行价格歧视应有以下两个前提条件。

第一，各个市场是彼此分割的，这样厂商在实行价格歧视时，买方很难去价格低的市场购买此产品。例如，沙漠中一个因饥饿而生命危在旦夕的人，当时当地唯一拥有食品的人可以漫天要价，因为此时饥饿的人没有能力再向前走出很远寻觅食物。

第二，卖者要能够了解不同层次的买者购买商品的意愿和能力，恰当定价。一般垄断者会对需求弹性小的市场实行高价格，以获得垄断利润。

价格歧视一般根据价格差别的程度分为三种类型。

第一，一级价格歧视。该类型又称完全价格歧视，是指垄断厂商根据消费者愿意为购买产品或劳务付出的最高价格，而向不同的消费者索要不同的销售价格。典型事例是西方社会的个体自由职业者，如律师、医生、会计师等，一般根据当事人的经济状况收取劳务费。如牙医会对不同的病人（如有钱的或贫困的病人）索取不同的费用。在差别价格下消费者剩余被垄断厂商获得。

第二，二级价格歧视。这就是根据不同购买量确定不同的价格，指垄断厂商把产品分批定价销售，以获取最大利益；或者指厂商将商品按消费者购买量分成两个以上的组别，按组别分别定价，部分消费者剩余被垄断厂商获得。例如，供水部门对一定量以内的水量实行一种价格，对再增加的水量实行另一种价格。

第三，三级价格歧视。厂商对不同市场的不同消费者实行不同价格，如电力部门对工业用电与民用电实行不同的价格；公园对儿童减价售票，商店对老主顾打折服务等。一般对外贸易中存在第三级价格差别。

显然，垄断对于一个厂商来说简直是妙不可言，而对于消费者是相当不公平的。因为在特定情形下，有一些消费主体，如危在旦夕的病人、饥饿得奄奄一息的路人、情人节时抢购玫瑰的男士，他们很有可能会被厂商狠宰一笔。政府一般都会对这类问题有所干预。为了防止厂商利用垄断地位而大敲竹杠，政府会利用价格限制，规定最高价格或收费标准，以保护处于劣势的消费者。

七、生活中的经济学

案例 7.3

麦当劳连锁店的折扣券

在经济学里，价格歧视通常分为以下三种。

第一种是完美的价格歧视，也就是一级价格歧视，卖家对消费者所消费的每一个单位产品，都分别收取最高价格。任何一宗交易的成交价，都比买家心目中的最高价要低，要比卖家心目中的最低价要高，因而买卖双方是皆大欢喜的，他们都获得了剩余。这部分剩余我们称为“交易剩余”。其实这部分剩余，是他们双方共同产生、共同拥有、共同瓜分的，谁多得一点、谁少得一点，没有必然的对错。但在这里，完美的价格歧视指的是卖家把交易剩余全占有了、全夺走了。

卖家会向一个饥肠辘辘的消费者说：“来，我一口一口地卖给你食物，第一口你愿意出的最高价是多少？”这个很饿的人说：“我出的最高价是 100 元一口。”卖家先赚第一个 100 元，然后说：“第二口、第三口你愿意出的最高价是多少？”消费者说：“第二口是 99 元，第三口是 98 元。”这样一口一口地卖，结果交易剩余就全被卖家占有了。

这种价格歧视——对顾客消费的每个单位产品都分别收取最高价格的办法，就称为完美的价格歧视。当然，这只是一种理论上的假设。在现实生活中，要实施这种完美的价格歧视，有很多障碍，实际上做不到。更常见的是二级价格歧视，也就是对不同的购买量收取不同的价格，多买就便宜一点，多买多送。

但有时候，要仔细衡量消费者到底买了多少，还是比较麻烦的。于是卖家就会采用第三种更加粗糙的价格歧视办法，称为三级价格歧视，就是对不同的人群或不同地域的人收取不同的价格。在现实中，很多产品有学生版、家庭版、专业版、终极版，它们针对的就是不同的人群。也有很多产品，它们在不同的地域、不同的国家，有不同的销售策略、不同的定价。这是由于不同地域、不同国家的消费者，对同样一种产品具有不同的需求弹性。

要成功实施价格歧视，最重要的就是要防止消费者之间对同样的产品进行转售。越是难以阻止消费者转售的产品，就越难实施价格歧视。

例如，瓶装的可口可乐就很难在校园里实施价格歧视。如果卖给学生一个低价，卖给教授一个高价，教授就会让学生代自己购买，价格歧视策略就会失败。但对于那些不能转售的商品或者服务，商人就会进行大量价格歧视，例如，在餐厅里喝的水和饮料，与餐厅以外的便利店相比，它们的价格差距就非常大。

麦当劳连锁店一直采取向消费者发放折扣券的促销策略。他们对来麦当劳就餐的顾客发放麦当劳产品的宣传品，并在宣传品上印制折扣券。为什么麦当劳不直接将产品的价格降低？

回答是折扣券使麦当劳公司实行了三级差别价格。麦当劳公司知道并不是所有的顾客都愿意花时间将折扣券剪下来保存，并在下次就餐时带来。此外，剪折扣券意愿与顾客对物品支付意愿和他们对价格的敏感相关。富裕而繁忙的高收入阶层到麦当劳用餐弹性低，对折扣券的价格优惠不敏感，不可能花时间剪下折扣券保存并随时带在身上，以备下次就餐时用，而且折扣券所省下的钱他也不在乎。但低收入的家庭到麦当劳用餐弹性高，他们更可能剪下折扣券，因为他们的支付意愿低，对折扣券的价格优惠比较敏感。

笔者对麦当劳连锁店进行了真实的调查，发现来麦当劳的消费者平均 10 个顾客就有一个没有带折扣券，假定每天来麦当劳就餐的顾客有 500 人，就有 50 人没有享受折扣，如果折扣是 3 元，那么麦当劳就从中得到超额收入 150 元。

三级价格歧视是指厂商的同一种产品在不同消费群和不同市场上分别收取的不同价格。折扣券是麦当劳公司实行了三级差别价格。麦当劳连锁店通过只对这些剪下折扣券的顾客收取较低价格，吸引了一部分低收入家庭到麦当劳用餐，成功地实行了价格歧视，采取了三级差别价格，并从中多赚了钱。如果直接将产品价格降低，从不带折扣券的高收入阶层的高意愿消费中多得的收入就会流失。

——根据网络资料《〈西方经济学（微观部分）〉案例分析》整理而得，https://wenku.baidu.com/view/fa2be3dd28ea81c758f578b2.html，2021 年 8 月 10 日

案例 7.4

不同行业的价格歧视

（1）航空公司。实名制的飞机票也是大量实施价格歧视的典型案例。我们坐飞机时环顾四周，身边几乎没有一个人付的机票价格跟我们的是完全一样的，虽然我们获得的服务完全一样。航空公司可以说是机关算尽，用尽了所有的办法，把不同需求的乘客区分开来。他们按照乘客买票的时间段、乘客所买的舱位、乘客同行的人数，以及乘客和同行人之间的关系来做细分，收取不同的价格。航空公司之所以能这么做，是因为机票不能在乘客之间自由转售。

（2）教育机构。同理，在教育机构，学生的学籍不可以在学生之间自由转让，学校就有条件对学生实施价格歧视：成绩好的、成绩差的同学待遇不一样；第一次到这个学校读书的学生与祖孙三代都在这个学校读书的待遇不一样；同样一所学校，读的年级不一样，

收费也不一样。除了在同年龄段的学生之间进行价格歧视，大学往往还会在跨层级的学生之间进行价格歧视。一般来说，本科教育是比较同质化的教育，大学更倾向于“认钱”，只要学生符合相应的条件，学校就招收，但学费不会减免；而研究生是教授选择的研究伙伴，大学就更倾向于认人，研究生往往不仅不需要交学费，还能拿奖学金和补贴。不管怎样，教育机构也是一个常常实施价格歧视的地方。

（3）旅游景点。很多旅游景点也暗中实施价格歧视。例如，美国环球影城的每一游玩景点都需要重新排队，基本上都要排一个小时。也就是说，这个影城一天进入的游客过多，游客实际上一天下来只能体验 1/3～1/2 的游乐项目。而与此同时，环球影城还卖另外一种不用排队的门票，这种门票的价格是普通门票的二倍。对环球影城的游乐项目不是很热衷的游客，大概一天能够体验 1/3；而那些特别着迷的游客，多付一倍价格就能把所有的游乐项目在一天内玩遍。同一项目，不同的消费者缴纳不同的费用，这是隐性的价格歧视。

（4）图书和演唱会。图书出版也常有价格歧视的安排。在欧美，一般新出的书都是精装，精装的书比平装的书成本高一点，但定价却高很多，它的目的就是向那些特别热心、特别渴望读到这本书的读者收取更高的价格。等过了一段时间，出版社再出平装版，让那些需求不是那么强烈的读者，能够以较低的价格、在较晚的时间读到这本书，这也是一种价格歧视。演唱会还有一种非常有趣的价格歧视：歌星在发售演唱会门票时，有时会刻意把门票的价格降低。如果演唱会门票价格过低，歌迷就不得不展开价格以外的竞争，那就是排队等候。什么人更愿意排队等候呢？是那些时间成本比较低的人，通常是年轻人。这样做的结果，是能够把那些更年轻、更热情、更奔放的歌迷吸引到演唱会现场，这样演唱会的现场就会更加火爆。

案例 7.5

施乐仍然等于照相复印吗？

你可能听别人说过：“我去施乐那个文件”（I am going to Xerox the document），而说话者的意思通常是他要复印一份文件，并不一定是用施乐（Xerox）牌复印机。不过，直到 20 世纪 70 年代早期，“施乐”仍然被当作“复印操作”的同义词。该公司发明了世界上第一台照相复印机，拥有超过 17 000 件有关照相复印过程的专利，而在美国国内的复印机订单中，大约 95%是开给施乐公司的。

1972 年，美国联邦商业委员会起诉施乐公司，理由是该公司曲解专利法对发明创造实施一定时间保护的用意，而将其作为垄断复印机市场的一种策略，故步自封。而垄断是美国反垄断法明文禁止的。经过几年的调查和辩论，最后宣布施乐与该委员会“达成一致”。施乐并没有承认自己做错任何事情，但同意改变过去的做法。1975 年 7 月，施乐允许其他竞争对手使用该公司的专利，甚至允许他们查阅部分尚未获得专利的新技术。另外，施乐撤回对其他公司的侵权起诉。联邦商业委员会的发言人称这些步骤（连同其他一些步骤）将“减低施乐独占复印机行业的可能性”。

第三节 垄断竞争市场的厂商均衡

一、垄断竞争的含义和特征

1. 垄断竞争的含义

垄断竞争是指一种既有竞争又有垄断，两者相结合的市场结构类型，这是一种有许多厂商销售相类似但又不完全相同的商品市场。在这种市场上，有许许多多独立的厂商，厂商间存在竞争，能够不受限制地进入和退出市场。从这方面看，这类市场与完全竞争相似，厂商是竞争者；厂商生产和销售的既是同类相似的、可以互相替代的商品，又是有差别的、不能完全替代的商品，这样厂商对商品具有一定的垄断力量。从这方面看，这类市场与完全垄断相似，厂商又是垄断者。因此，这类市场的厂商是竞争的垄断者，这些厂商所在的市场就是垄断竞争市场。

2. 垄断竞争市场的特征

第一，市场上存在较多的买者和卖者。厂商可以施加给市场的影响是有限的，不可能达到互相勾结、控制价格的程度。规模不大的厂商所做出的任何一次决策对其他厂商影响都不大，厂商行为是独立的。

第二，各厂商生产的商品存在着差别。厂商生产有差别的商品是从消费者方面说的。产品差别是指同类产品在消费者心中存在的差异。这可能是现实的差别也可能是想象中的差别，差别产生的原因：①商品自身的品质、性能、设计、颜色、式样和包装的不同，这是实质性差别；②专利、广告、商标牌号和商品名称的不同，造成消费者主观感受上的差别，这是想象上的差别；③销售地点（如距消费者居住地区的远近）、经营方式、工作效率、交易信誉、服务态度和时间等方面的差别。理解有差别商品要注意的是，同类性或相似性是第一位的，而差别性居第二位。商品的差别不是大得不能互相替代，但又不能完全替代，从产品差别性产生一定程度的垄断，差别越大，垄断程度就越大。从产品替代性形成激烈竞争，替代性越大，竞争程度越高。所以，厂商既是垄断者又是竞争者。

第三，厂商进入或退出行业比较容易。厂商规模不大，运用资金较少，进退没有什么障碍和阻力，比较自由。在垄断竞争市场上存在超额利润，会吸引新厂商加入，使其也从事这类行业或产业，当存在亏损时，原有厂商也会退出而转入其他行业或市场。

垄断竞争是现实经济生活中普遍大量存在的现象，比较接近现实，如零售商业、手工业、轻工业等。

二、垄断竞争厂商的市场均衡

在垄断竞争市场中，短期的产量、价格的变动与垄断的情形相同。因为短期内，各厂商都难以改变其生产规模，因此各厂商凭借自己有差别的产品而垄断一定份额的市场，它为了获得最大利润，必须按边际成本小于边际收益的原则来决定产量，安排生产，按由此确定的均衡价格出售产品。

从长期来看，当垄断竞争厂商获得超额利润时，不但本行业原有厂商会扩大生产规模，而且新厂商也会加盟，因此各厂商之间的竞争加剧。竞争的结果必然引起产量增加、价格下跌，从而使价格从大于平均成本逐渐回落，甚至垄断厂商出现了亏损，一些厂商必然会压缩生产或者退出该行业，从而使产量下降，价格上升，直到回到平均成本为止。这样，长期内不会存在超额利润，也不会亏本，从而实现了长期均衡。

总之，在垄断竞争市场中，厂商在短期内可以保有一定的垄断地位，长期内又必须进行有效的竞争，这既保证了市场的相对稳定性，又使得消费者可以有所选择，所以这种市场对于社会是比较有利的。

三、垄断竞争市场上的产品差别竞争

相同产品的竞争容易导致价格战。企业为了避免竞相削价，往往给自己的产品添加一些特色，以便于与竞争对手的产品保持一定的距离，这样的产品称为差别产品。随便观察一下市场上的各种产品，我们发现同一市场上不同厂商的产品总是有些不同的。电视机有不同的大小、质量和功能；家具有不同的式样和材料；同是连衣裙，有不同的款式，不同的面料，不同的色彩。必须指出，差别产品之间不一定存在物理、化学等方面的实质性差别，只要消费者认定两种产品是不同的，它们就是差别产品。一家生产隐形眼镜的厂商在美国市场上推出两种产品，其中一种标为质量较高，因而价格也较高。后来有人披露，这两种产品是完全一样的，它们用相同原料和生产工艺，经过同一生产线。但因为有些顾客认为其中一种的质量比较高，因而愿意付较高的价格。因此，厂商常常通过广告、品牌来制造产品差异。

四、生活中的经济学

案例 7.6

充分竞争才是市场的最佳选择

我们以彩电市场为例，2002 年我国彩电市场容量为 2000 万台左右，而生产能力有 4000 万台左右，明显供大于求，注定了市场竞争将会日趋激烈。各个彩电企业又都是单独的利益主体，它们在市场竞争中当然会从争取更多的顾客和市场份额的动机出发，选择对自己有利的策略——竞相降价当为正常举措。但是，当一些企业在日趋激烈的价格竞争中感到盈利下跌，难以招架时，该怎么办？它们可以设法扩大规模，也可相机转产，改变原有的投资方向。这便是市场经济条件下企业争取规模效益，或是灵活调头的发展之路。

如果一个企业只想靠价格联盟来形成和保持垄断利益，坐享固定的市场份额，最终会发现，在商品供大于求的背景下，去签一个自己和竞争对手们都不会认真遵守的协议（除非协议有超级监督力和强制力），不过是徒劳之举。

对于政府部门和行业协会来说，也没有必要让所有彩电企业都有饭吃，致使先进企业发挥不了长处，落后企业也不被淘汰。竞争的市场是商品价格的最终决定因素。在供大于求的背景下，通过价格、品牌、服务、质量等方面的竞争，强势企业可以增加市场份额、兼并重组，不断扩大规模而成为市场经济下竞争产生的"巨舰"；弱势企业则需利用市场退出机制，或寻找新的投资点，以扬长避短，或者被其他企业兼并、联合，成为"巨舰"的一部分。只有如此，才会产生具有国际竞争力的大企业。所有消费者也将从产品价格不断降低、质量和服务日益提升中受益。国际和国内历史的经验表明，希望通过政府"拉郎配"的办法去组建大企业，或者价格联盟保护垄断与落后均非好的办法，唯有充分竞争才是市场的最佳选择。

案例 7.7

一个最需要广告宣传的市场

打开电视，扑面而来的广告都是垄断竞争市场的产品。通过这种大众媒体做的广告大多数是化妆品、洗涤用品、牙膏、药品、家电等轻工业产品，而从来也没有看到过石油、煤炭、钢铁，更没有看到过大米、白面、水、电（不包括公益广告）。这是为什么？

大米、白面最接近完全竞争市场。在这个市场上有很多的消费者也有很多的生产者，在这个市场上产品是没有差别的。打开电视经常映入你眼帘的电视广告，一般都是轻工业产品，这个市场就是垄断竞争市场。

这个市场存在的基本条件是产品有差别，如自行车市场，消费者的个人偏好不同，每一款自行车都可以自己的产品特色在一部分消费者中形成垄断地位。但另外，由于不同品牌的自行车在功能方面是可以互相替代的，不同品牌的自行车又不可能形成完全垄断，因此在自行车市场就形成了一种垄断竞争的状态。正是基于这种市场状态，各个品牌的自行车企业为了提高市场的占有度，不惜血本大做广告。不仅如此，在这个市场上各个商家定价决策要充分考虑同类产品的价格，正确估计自己的商品在市场上的地位，定价过高会被同类产品替代，失去本来属于自己的市场份额。

有差别的产品需要做广告，就是把自己产品的特色告诉消费者。例如，"农夫山泉有点甜"突出了它的特色在于口感与其他矿泉水不同，从而赢得了市场。创造品牌是企业重要的营销策略。品牌的创造是产品质量和广告宣传相结合的产物，两者缺一不可。"好酒也怕巷子深"是说好酒也需要吆喝着卖，但没有好酒，再吆喝也没有用。

美国宝洁公司成功的广告宣传，使它的"海飞丝""飘柔""沙宣"家喻户晓，占领了洗发水 80%的市场，这就是产品质量和广告宣传有机结合的典型范例。西方人说销售如果不做广告，就如同在黑暗中向情人暗送秋波，别人根本就不知道你在干什么。

案例 7.8

钻石恒久远，一颗永流传

关于一种关键资源所有权垄断的典型例子是南非的钻石公司戴比尔斯。戴比尔斯控制了世界80%左右的钻石生产。虽然这家企业的市场份额不是100%，但它已经大到足以对世界钻石价格产生重大影响的程度。

戴比尔斯拥有多大的市场势力呢？答案主要取决于有没有这种产品的相近替代品。如果人们认为翡翠、红宝石和蓝宝石都是钻石的良好替代品，那么戴比尔斯的市场势力就较小了。在这种情况下，戴比尔斯任何一种想提高钻石价格的努力都会使人们转向其他宝石。但是，如果人们认为这些其他石头都与钻石非常不同，那么戴比尔斯就可以在相当大的程度上影响自己产品的价格。

戴比尔斯支付了大量广告费，乍一看，这种决策似乎有点奇怪。如果垄断者是一种产品的唯一卖者，为什么它还需要广告呢？戴比尔斯广告的一个目的是在消费者心目中把钻石与其他宝石区分开来。当戴比尔斯的口号告诉你“钻石恒久远，一颗永流传”时，你马上会想到翡翠、红宝石和蓝宝石并不是这样（而且要注意的是，这个口号适用于所有钻石，而不仅仅是戴比尔斯的钻石——戴比尔斯垄断地位的象征）。如果广告是成功的，消费者就会认为钻石是独特的，不是许多宝石中的一种，而且这种感觉就使戴比尔斯有更大的市场势力。

第四节　寡头垄断市场的厂商均衡

一、寡头垄断市场的含义与条件

寡头垄断又称寡头，其原意是指为数不多的销售者，寡头垄断是指少数几家厂商垄断了某一行业的市场，控制这一行业的供给，它们的产量在该行业的总产量中占绝大部分比重。这里所说的“少数”要少到什么程度呢？可以理解为每个厂商都在总产量中占有相当的份额，从而每个厂商对整个行业的价格与产量的决定有着举足轻重的影响，以至于任何一家厂商在价格或产量方面的变动，都会引起同行的反应，这样就可以认为是一种少数状态。所以在寡头垄断市场上，每个厂商做出价格与产量的决策时，仅仅考虑自身的成本收益情况还不够，必须眼观六路，耳听八方，相机而动。

寡头市场在经济中具有十分重要的作用。例如，美国的汽车、钢铁、火车、铝、石油、飞机制造等重要行业都是寡头垄断市场，这些行业中大都是四五家公司的产量占全行业产量的 70%以上。那么为什么在钢铁、汽车制造等行业中容易形成寡头垄断呢？最主要的是因为这类产品只有在大规模生产时，才能获得好的经济效益。由于这些行业都要运用大型技术设备，有精细的专业分工，需要的投资规模大、周期长，一般的厂商很难进入。因此，寡头市场的形成首先是由产品的生产与技术要求决定的。

此外，这些寡头本身所争取的种种排他性措施，以及政府对这些寡头的扶植与支持，也促使了寡头市场的形成。

二、寡头市场的价格与产量

在寡头条件下，少数大厂商所生产的几乎是完全相同的商品，而且各自的产量相当大，因此，寡头厂商所面临的是与自己势均力敌的强劲对手，一不留神就会两败俱伤。

寡头市场上价格与产量的决定取决于厂商之间是否存在勾结。在厂商勾结和不勾结的情况下，产量和价格的决定是有差异的。

首先考察一下产量的决定。如果各厂商之间存在勾结，产量是由各寡头之间协商确定的，而协商结果有利于谁则取决于各寡头实力的大小。这种协商可能是对产量的限定，如石油输出国组织对各产油国规定的限产数额，也可能是对销售市场的瓜分。一般来讲，这种勾结往往是短期内的一种协调制衡，当各寡头的实力发生变化之后，就要重新确定产量或瓜分市场。在不存在勾结的情况下，各寡头根据其他寡头的产量决策调整自己的产量，来追求利润最大化目标。

寡头垄断市场上的价格决定也要区分存在或不存在勾结。在不存在勾结的情况下，价格决定的方法是价格领先制和成本加成法；在存在勾结的情况下，则是卡特尔。

第一种：价格领先制。寡头垄断厂商为了减少相互之间的竞争和各自独立决策的不确定性，保护各自的利润或阻止局外人加入，从而保持已有的垄断权力，通常采取相互勾结、协调行动的行为方式。这种勾结或协调可以采取多种形式。它可以是像卡特尔这样的正式协议型，但大多是非正式的大家默然同意的一些“行动准则”。例如，相互承认削价倾销是违反商业道德的；相互尊重对方的市场份额和销售范围，使用同一种方法计算价格，认可已经进行了一段时间的价格水平和竞争行为；等等。

价格领先制是指一个市场的价格通常由某一厂商率先制定，其余厂商追随其后确定各自的产品销售价格。如果产品是同质的，那么价格通常是相同的；如果产品是有差别的，价格可能是相同的，也可能是差别定价。这个领先的厂商不时地宣布变动价格，如上涨10%，随后，其他厂商的价格也各提高10%。价格领先制通常的形式是所谓“晴雨表型”的价格领先制。领先变动价格的厂商被称为晴雨表型厂商，这个厂商可能是该市场中规模最大或效率最高的厂商，也可能是在某些方面，如管理或把握市场行情变化动向方面有较好的判断力。如果一个市场的产品需求继续保持呆滞，积压的存货日益增多，许多厂商都认为需要降低价格了，这时通常由某种非正式的协商形式经“晴雨表型”的厂商第一个宣布调整价格，其他厂商随即宣布降低各自的价格。

领先确定价格的厂商一般是本行业中最大、最有实力的厂商。它根据自己的成本、收益核算，按照利润最大化原则，确定产品价格及变动规律，被称为价格“领头羊”。领先价格一出，其余规模较小的厂商竞相仿效，以此为蓝本对自己的产品定价或做出调整。

第二种：成本加成法。这是寡头市场上一种最常用的方法。它先估计每一单位产量的平均成本，然后再加上一定百分比的利润。这种定价方法可以缓和竞争，降低不确定的程度，避免寡头之间的恶性价格竞争而导致的“两虎相争，两败俱伤”。

第三种：卡特尔。各寡头之间的公开勾结，组成卡特尔，协调彼此行动，共同确定价格。石油输出国组织就是此类的国际卡特尔。

总之，寡头垄断在经济中十分重要。一般来讲，它具有两个明显的优点：一是可以实现规模经济，从而降低成本，提高经济效益。二是有利于科学技术进步，如美国著名的贝尔实验室对电子、物理等科学技术的发展做出了突出贡献，而它是以美国电话电报公司的雄厚经济力量为后盾的。当然，寡头之间的勾结往往会抬高价格，损害消费者利益和社会经济福利。

三、寡头垄断市场的理论模型

1. 双头垄断理论

双头垄断是指一种产品市场上只有两个卖者。因此，双头垄断可以看作寡头垄断的一个特例。双头垄断是法国经济学家古诺在 1838 年出版的《财富理论的数学原理的研究》一书中最先提出的一个模型，所以也称为古诺模型。

古诺的双头垄断模型属于生产者之间不存在任何勾结的类型，它考虑到竞争者相互依存这个因素，并假定每一方都知道对方将怎样行动。此外，它还把每个生产者都以利润最大化作为决策目标。为了使这个模型能够得出确切的结论，古诺模型做出了一些十分抽象且严格的假定。

（1）两个生产者都生产完全相同的产品。

（2）产品的生产成本为零。这个假定只是为了简化论证说明。事实上，只要假定两个生产者以相同的成本进行生产，并且在任何产量范围时，单位成本是固定不变的，也可得出相同的结果。因为单位产品成本固定不变表示边际成本是常数，从而利润取决于销售价格与销售量的乘积。

（3）两家公司分享市场，总需求曲线是线性的。

（4）每家公司都确切知道总需求，且知道需求曲线上的每一个点。

（5）一方都根据对方采取行动，并假定对方会继续这样行事，来做出自己的决策。

（6）两家公司都通过调整产量，并根据市场需求状况调整价格，以实现最大限度的利润。

古诺模型设想，开始时是一家厂商完全垄断了该市场，然后有一个竞争者进入该市场，这两个竞争者将在上述假定下不断调整自己的产量，最终达到有确切答案的厂商均衡。

2. 弯折的需求曲线

寡头垄断市场 70%以上的产量是由几家大型公司提供的，这一特点导致这些厂商相互依存和各自的决策产生结果的不确定性，这种不确定性促使厂商尽可能减少价格的变动。同时，经验研究表明，寡头垄断市场的产品价格比较稳定，并不紧密地随成本的变化而变化，一般只在一些成本项目，如税收、重要原材料和工资等价格提高时，可以确定每个竞争者都会提价时才会提价。因此寡头垄断厂商之间的竞争，一般不在价格方面展开，而主要集中于改变产品的设备、促销活动等方面。为了解释寡头垄断厂商产品的价格刚性，美国经济学家保罗·斯威齐在《寡头垄断条件下的需求》一文中提出一种假说：认为寡头垄断厂商的产品价格之所以是一种刚性价格，在某一水平固定下来后不经常变动，是因为这种产品的市场需求曲线不是一条光滑曲线，而是在某一价格水平出现拐折点，然后折转向下倾斜的。这种需求曲线被称为拐折的需求曲线。

四、博弈论的运用

博弈论是研究人们在各种策略的情况下如何行事的理论。这里的“策略”是指每个人在决定采取什么行动时，必须考虑其他人对这种行动会做出什么反应的状况。由于寡头垄断市场上企业数量很少，每家企业都必须按策略行事。每个企业都知道，它的利润不仅取决于它生产多少，还取决于其他企业生产多少。在做出生产决策时，寡头市场上的每个企业都必须考虑它的决策会如何影响所有其他企业的生产决策。

“囚徒困境”是博弈论中最经典的例子之一，讲的是甲、乙两名嫌疑犯作案后被警察抓住，隔离审讯。警方的政策是“坦白从宽，抗拒从严”，如果两人都坦白则各判 8 年；如果一人坦白另一人不坦白，则坦白的放出去，不坦白的判 10 年；如果都不坦白则因证据不足各判 1 年。由此可以推想，如果甲、乙之间互不合作，他们很快就会发现，无论对方选择坦白还是抗拒，自己总是选择坦白最有利；如果对方坦白，则自己坦白要比抗拒少判两年徒刑；如果对方抗拒，则自己坦白便可无罪释放。显然，两个囚徒最终都会“聪明”地选择坦白。囚徒困境反映了个人理性追求利益最大化的自利行为将导致集体非理性的矛盾。

寡头在力图达到垄断结果时的博弈也类似于两个处于困境的囚徒的博弈。垄断结果对寡头是共同理性，但每个寡头都有违背协议的激励。正如利己使囚徒困境中的囚犯坦白一样，利己也使寡头难以维持低产量、高价格和垄断利润的合作结果。

五、生活中的经济学

案例 7.9

OPEC：卡特尔的兴衰

石油输出国组织（Organization of the Petroleum Exporting Countries，OPEC）是世界上最著名的卡特尔。它建立于 1960 年，由五个主要的石油出口国组成：沙特阿拉伯、伊朗、伊拉克、科威特和委内瑞拉。该组织确定如下两个目标。

（1）协调并统一各成员国的石油政策。

（2）采取措施确保价格稳定、消除有害而又不必要的价格波动。

在1960年以前，这些石油生产国与国际石油公司的冲突越来越激烈，它们根据“让步的协议”进行石油开采。根据这份协议，石油公司有权开采石油，并为此支付特许权使用费。这意味着石油生产国在石油产品的产量和价格方面几乎没有发言权。尽管1960年成立了OPEC，但直到1973年石油生产的控制权才由石油公司转到石油生产国，由OPEC决定石油的产量并以此决定其石油收入。此时，OPEC已拥有13个成员国。

在整个20世纪70年代，OPEC的定价政策包括以下几方面：把沙特阿拉伯（它是市场领导者）原油价设定为市场价，然后其他各成员国依据这个价格设定它们自己的石油价格，形成了“支配型企业”价格领导地位的一种形式。只要需求一直保持上升态势，同时价格又无弹性，那么这项政策就会导致价格大幅度提高，从而收入大量增加。1973年和1974年，在阿拉伯-以色列战争过后，OPEC把石油价格从每桶3美元左右提高到每桶12美元以上。这个价格一直延续到1979年，而石油的销售量并没有明显下降。

1979年之后，石油价格进一步由每桶15美元左右提高到每桶40美元，但是这一次石油的销售量开始出现了下降。这主要是因为20世纪80年代初期西方主要的石油消费国发生了经济衰退，石油的需求量持续下降。1979～1983年，世界市场日消费量减少了590万桶，从5160万桶降至4570万桶，向OPEC提出的石油需求量比1979年降低了43%。面对油价下跌和市场份额缩小，OPEC在1982年之后同意限定产量并分配产量定额，试图维持这个油价。1984年达成协议，最高产量为每天1600万桶，并对每个成员国的产量确定了最高限额。但是在此时，非OPEC成员国的石油产量上升，而在OPEC内部，某些成员国采取“欺骗行为”，产量超过分配给它们的限额，从而导致全球石油的供给量没有下降反而上升。在供给和需求双方面的夹击下，石油市场呈现出供过于求的局面，OPEC再也不能维持这个价格了。石油的“现货”价格（公开市场上石油交易的每天价格）不断下降。1986年初，石油价格下降至每桶20美元以下，7月23日，石油价格已跌破每桶10美元大关，石油价格由1985年11月的31.75美元/桶，降至1986年4月的10美元/桶，降幅达69%。至此，石油价格基本上跌至谷底。1986年12月OPEC举行了第80届部长级会议，设置了每桶18美元的目标价格，而这一价格在1987年1月就被打破了。

20世纪80年代末期，石油价格下降的趋势有所逆转。随着世界经济开始复苏并繁荣起来，石油的需求也开始上升，它的价格也开始上涨。1990年伊拉克入侵科威特，海湾战争爆发。由于科威特和伊拉克停止了石油供应，石油供应量开始下降，石油价格急剧上涨。随着这场战争的结束，再加上20世纪90年代初的经济不景气，石油价格又开始快速下跌，此后随着世界经济开始再次恢复，石油价格只是缓慢提高。从需求方面来说，节能技术的发展加上燃油税的提高，导致石油消费增长缓慢。从供给方面来说，非OPEC成员国石油产量所占比例不断上升，加上1994年OPEC确定的最高产量比较高，达到每天2450万桶，这意味着供给增长速度快于需求增长速度。

到了20世纪90年代末，远东经济危机的爆发对OPEC更为不利。石油需求每天大约下降200万桶。到1999年初，石油价格已经下降到每桶10美元左右，若按1973年价格计，只有2.7美元！OPEC成员国对此做出的反应是同意把每天的石油产量减少430万桶，目的是把价格重新上抬至每桶18～20美元。可是，随着亚洲经济的复苏及世界经济增长普遍比较快，石油价格迅速上升，很快就超过了每桶 20 美元。到 2000 年初，每桶达到 30 美元，仅仅 12 个月就增加了 2 倍。

在 OPEC 的这 40 年经历中，可以看出很难用供给配额来达到特定价格的目的。在需求具有价格无弹性而具有收入弹性（对世界收入变化有反应）的情况下，再考虑需求变化具有很大的投机性，某一既定供给配额的均衡价格可能波动很大。不过，在 2001 年底，OPEC 和非 OPEC 生产者之间的关系发生了变化。OPEC 卡特尔的 10 个成员国决定把每天的产量削减 150 万桶，后来又与该卡特尔之外的五大石油生产者达成协议，它们也减产，目的是要上抬石油价格。OPEC 与非 OPEC 石油生产者之间的这种联盟是石油行业中的首例。结果，OPEC 又有可能控制石油市场。

依据卡特尔的宗旨，协调每个成员的生产决策，主要是限制产量，并从中分享所有可能获得的好处。例如，OPEC 通过压低成员国的产量来维持石油的高价格，从而使所有的成员国获利，卡特尔有时候也采取规定价格的形式。但是维持一个卡特尔是很困难的，许多问题都牵涉到信息的对称性。例如，OPCE 内部的国家之间在商议生产配额的时候，有一条重要的原则是生产成本较低的国家获得较多的配额，于是每个国家都有低报它们的生产成本的倾向。这是卡特尔协议成立以前的信息欺骗。协议成立以后，新的博弈问题又出现了。成员国可以为共同的利益达成协议，但它们会严格遵守吗？在达成协议的情况下，出现俗称“偷步”的欺骗动机很大。既然一个国家降低它的产量因而帮助市场提高价格的收益可以为所有的成员国共同分享，那就是说，高价格的收益具有非排他性。这样，每个国家都会要求别人把产量降低到配额以下，但是自己却可能偷偷地把产量升上去，最终的结果就是协议瓦解，原有目标无法实现。

卡特尔的成立已经为它的瓦解准备了力量。对以压缩产量抬高价格的卡特尔来说，价格抬高越是成功，卡特尔成员“偷步”悄悄把产量提上去可能获得的利益就越大，从而对违反协议“偷步”的激励越大。这种“越成功越容易瓦解”的内在矛盾注定了卡特尔寿命不长。从世界范围来说，OPEC 虽然吵吵嚷嚷、跌跌撞撞，可还算难得的比较成功的卡特尔。这里说比较成功，主要是说维持时间很长，并不是说可以避免卡特尔天生的困境。例如，1998 年 12 月，利比亚的领导人卡扎菲就建议 OPEC 各国完全停止石油生产几个月，以免世界市场的石油价格进一步下跌。为什么一再下跌？主要原因是大家都有偷偷增加产量的动机。

案例 7.10

大猪与小猪的博弈

在博弈论经济学中，“智猪博弈”是一个著名的纳什均衡例子；假设猪圈里有一头大猪，一头小猪。猪圈的一头有猪食槽，另一头安装着控制猪食供应的按钮，按一下按钮会有 10 个单位的猪食进槽，但是谁按按钮就会首先付出 2 个单位成本，若大猪先到槽边，大小猪吃到食物的收益比是 9∶1；同时到槽边，收益比是 7∶3；小猪先到槽边，收益比是 6∶4；那么，在两头猪都有智慧的前提下，最终结果是小猪选择等待。

实际上小猪选择等待，让大猪去按控制按钮，而自己选择“坐船”（或称为“搭便车”）的原因很简单：在大猪选择行动的前提下，小猪也行动的话，小猪可得到 1 个单位的纯收益（吃到 3 个单位的食品同时也耗费 2 个单位的成本，以下纯收益计算相同），而小猪等待的话，小猪则可以获得 4 个单位的纯收益，等待优于行动；在大猪选择等待的前提下，小猪如果行动的话，小猪的收入将不抵成本，纯收益为–1 单位，如果小猪也选择等待的话，那么小猪的收益为零，成本也为零，总之，等待还是要优于行动的。

第五节　不同市场的经济效率比较

一、不同市场组织的经济效率

经济效率是指利用经济资源的有效性。高的经济效率表示对资源的充分利用或能以最有效的生产方式进行生产；低的经济效率表示对资源的利用不充分或没有以最有效的方式进行生产。不同市场组织的经济效率是不相同的，市场组织的类型直接影响经济效率的高低。西方经济学家通过对不同市场条件下厂商的长期均衡状态的分析得出结论：完全竞争市场的经济效率最高，垄断竞争市场较高，寡头市场较低，垄断市场最低。可见，市场的竞争程度越高，则经济效率越高；反之，市场的垄断程度越高，则经济效率越低，有如下具体分析。

在完全竞争市场条件下，厂商的需求曲线是一条水平线，而且厂商的长期利润为零，所以在完全竞争厂商的长期均衡时，水平的需求曲线相切于 LAC 曲线的最低点；产品的均衡价格最低，且等于最低生产的平均成本；产品的均衡产量最高。在不完全竞争市场条件下，厂商的需求曲线是向右下方倾斜的。厂商的垄断程度越高，需求曲线越陡峭；垄断程度越低，需求曲线越平坦。在垄断竞争市场上，厂商的长期利润为零，所以在垄断竞争厂商的长期均衡时，向右下方倾斜的、相对比较平坦的需求曲线相切于 LAC 曲线的最低点的左边；产品的均衡价格比较低，且等于生产的平均成本；产品的均衡产量比较高；企业存在着多余的生产能力。在垄断市场上，厂商在长期内获得利润，所以在垄断厂商的长期均衡时，向右下方倾斜的、相对比较陡峭的需求曲线与 LAC 曲线相交；产品的均衡价格最高，且大于生产的平均成本；产品的均衡产量最低。设想，垄断厂商若肯放弃一些利润，价格就可以下降一些，产量就可以增加一些。在寡头市场上，厂商的需求曲线不太确定。一般认为，寡头市场是与垄断市场比较接近的市场组织，在长期均衡时，寡头厂商的产品的均衡价格比较高，产品的均衡数量比较低。

除此之外，西方经济学家认为，一个行业在长期均衡时是否实现了价格等于长期边际成本即 $P=\text{LMC}$，是判断该行业是否实现了有效的资源配置的一个条件。商品的市场价格 P 通常被看成是商品的边际社会价值，商品的长期边际成本 LMC 通常被看成是商品的边际社会成本。当 $P=\text{LMC}$ 时，商品的边际社会价值等于商品的边际社会成本，它表示资源在该行业得到了有效的配置。倘若不是这样，当 $P>\text{LMC}$ 时，商品的边际社会价值大于商品的边际社会成本，它表示相对于该商品的需求而言，该商品的供给是不足的，应该有更多的资源投入到该商品的生产中来，以使这种商品的供给增加，价格下降，最后使该商品的边际社会价值等于商品的边际社会成本。这样，社会的境况就会变得好一些。

在完全竞争市场，厂商的长期均衡点上有 $P=\text{LAC}$，它表明资源在该行业得到了有效的配置。在不完全竞争市场，不同类型厂商的长期均衡点上都有 $P>\text{LAC}$，它表示资源在行业生产中的配置是不足的。尤其在垄断市场，独家厂商所维持的低产高价，往往使得资源配置不足的现象更为突出。

以上是西方经济学家在不同市场组织的经济效率比较问题上的基本观点。此外，西方经济学家对这一问题的研究还涉及以下几个方面。

（1）关于垄断市场与技术进步的关系。有的西方经济学家认为，垄断厂商会阻碍技术进步。因为垄断厂商只要依靠自己的垄断力量就可以长期获得利润，所以垄断厂商往往缺乏技术创新的动力，甚至为了防止潜在竞争对手的新技术和新产品对其垄断地位造成威胁，还有可能通过各种方式去阻碍技术进步。但也有不少西方经济学家认为，垄断是有利于技术进步的。因为一方面垄断厂商利用高额利润所形成的雄厚经济实力，使其有条件进行各种科学研究和重大的技术创新。另一方面，垄断厂商可以利用自己的垄断地位，在长期内保持由技术进步带来的更高的利润。这些经济学家还认为，处于垄断有利于技术进步的观点，在一定程度上对寡头厂商也是适用的。

（2）关于规模经济。西方经济学家认为，对不少行业的生产者来说，只有大规模的生产，才能得到规模经济的好处，而这往往只有在寡头市场和垄断市场条件下才能做到。不能设想，无数个如同完全竞争行业或垄断竞争生产集团内的企业，可以将钢铁生产和铁路运输经营在有规模经济的水平上。

（3）关于产品的差别。西方经济学家认为，在完全竞争市场条件下，所有厂商的产品是完全相同的，它无法满足消费者的各种偏好。在垄断竞争市场条件下，众多厂商之间的产品是有差别的，多样化的产品使消费者有更多的选择自由，可满足不同的需要。但是，产品一些虚假的非真实性的差别，也会给消费者带来损失。在产品差别这一问题上，产品差别寡头行业也存在与垄断竞争生产集团相类似的情况。

（4）关于广告支出。西方经济学家认为，垄断竞争市场和产品差别寡头市场的大量广告，有的是有用的，因为它为消费者提供了信息。但是，过于庞大的广告支出会造成资源的浪费和销售价格的抬高，再加上某些广告内容过于夸张，这些都是对消费者不利的。

二、生活中的经济学

案例 7.11

波音与麦道的合并案

波音公司和麦道公司分别是美国航空制造业的老大和老二，是世界航空制造业的第 1 位和第 3 位。1996 年底，波音公司用 166 亿美元兼并了麦道公司。在干线客机市场上，合并后的波音不但成为全球最大的制造商，而且是美国市场唯一的供应商，占美国国内市场的份额几乎达百分之百。但是，美国政府不仅没有阻止波音兼并麦道，还利用政府采购等措施促成了这一兼并活动。其主要原因是：首先，干线民用飞机制造业是全球性寡头垄断行业，虽然波音公司在美国国内市场保持垄断，但在全球市场上受到来自欧洲空中客车公司越来越强劲的挑战。面对与空中客车公司的激烈竞争，波音和麦道的合并有利于维护美国航空工业大国的地位。其次，尽管美国只有波音公司一家干线民用飞机制造企业，但由于存在与势均力敌的欧洲空中客车的竞争，波音公司不可能在开放的美国和世界市场上形成绝对垄断地位。如果波音滥用市场地位提高价格，就相当于把市场拱手让给空中客车。

由此可见，美国政府在监管企业购并时，不仅仅根据国内市场占有率来判断是否垄断，还要考虑在整个市场范围内是否能够形成垄断。对全球寡头垄断行业，需要分析全球市场的条件，而不局限于本国市场范围。同时，还要考虑国家整体产业竞争力。因此，在执行反垄断法时，美国政府还是以国家利益为重，为了提高美国企业在全球的竞争力，支持大型企业的重组和并购。

案例 7.12

对分解微软的不同意见

微软公司是世界上最大的软件公司，占世界软件市场的 80%以上。曾经有 19 个州和哥伦比亚地区法院指控微软公司利用其市场力量非法挤垮竞争对手。地区司法部提出了把微软分解为两个企业的方案，而一些经济学家从市场效率的角度出发，对司法部的设想提出不同意见。

哥伦比亚地区法院的法官认为微软的行为在一定程度上是反竞争的，不仅侵害了消费者的利益，更重要的是打击了竞争对手。一是微软占有巨大的、稳定的市场份额；二是微软公司把浏览器捆绑在 Windows 操作系统上，把软件系统固化到芯片上，从而阻止竞争对手进入市场；三是微软的操作系统到目前为止还没有真正的竞争对手。

而一些经济学家认为，如果把微软的操作系统和“Office”应用软件分离开，将有以下几个主要问题：一是如果垂直分解微软公司，微软的操作系统将仍占市场的 85%以上，Office 应用软件也将占据美国市场的 90%以上。因此，两个企业都可以分别在各自的市场区划中占垄断地位，很可能两个公司都提价，危害消费者利益。二是如果水平分解微软公司，那么小型公司在销售 Windows 软件时，可能竞相压价，不利于维护知识产权。三是分解微软公司的目的是促进竞争和技术创新，希望其他企业能开发出与微软竞争的软件，但是靠分解微软达到这一目的希望较小。

比较微软和波音两个案例，尽管微软在操作系统市场上的垄断程度还不如合并后的波音公司对美国国内干线飞机市场的垄断程度高，但监管机构没有制止波音和麦道的合并，却要分解微软。微软与波音的不同境遇，充分反映了全球化背景下美国的反垄断战略：为了保持市场竞争，促进技术进步，反垄断是要继续坚持的。但是，对一个企业是否采取反垄断措施，则要从全球竞争而不仅是国内市场竞争着眼，考虑最终是否可能损害一个国家的利益。

第八章　生产要素价格与收入分配

引言：漂亮的收益

美国经济学家丹尼尔·哈莫米斯与杰文·比德尔在《美国经济评论》1994 年第 4 期上发表了一份调查报告。根据这份调查报告，漂亮的人的收入比长相一般的人高 5%左右，长相一般的人又比丑陋一点的人收入高 5%～10%。为什么漂亮的人收入高呢？

经济学家认为，人的收入差别取决于人的个体差异，即能力、勤奋程度和机遇的不同，漂亮程度正是这种差别的表现。个人能力包括先天的禀赋和后天培养的能力，长相与人在体育、文艺、科学方面的天才一样是一种先天的禀赋。漂亮属于天生能力的一个方面，它可以使漂亮的人从事其他人难以从事的职业（如当演员或模特）。漂亮的人少，供给是有限的，因此市场价格高，他们的收入自然也就高。

漂亮不仅仅是指人的脸蛋和身材，还包括一个人的气质。在调查中，调查者认为漂亮实际是外形与内在气质的一种综合。这种气质是人内在修养与文化的表现。因此，在漂亮程度上得分高的人往往是文化程度高、受过良好教育的人。两个长相接近的人，也会由于受教育程度的不同所表现出来的漂亮程度不同。所以，漂亮是反映人受教育水平的标志之一，而接受教育是个人能力的来源，接受教育越多，文化程度越高，收入水平高就是正常的了。

漂亮也可以反映人的勤奋和努力程度。一个工作勤奋、勇于上进的人，自然会打扮得体、举止文雅，有一种朝气，这些都会提高一个人的漂亮程度。漂亮在某种程度上反映了人的勤奋，与人和收入水平呈现出正相关的关系。

漂亮的人的收入高于一般人。两个各方面条件大致相同的人，由于漂亮程度不同而得到的收入不同。这种由漂亮引起的收入差别，即漂亮的人比长相一般的人多得到的收入称为“漂亮贴水”。

最后，漂亮的人机遇更多。有些工作只有漂亮的人才能从事，漂亮往往是许多高收入工作的条件之一。就算在所有人都能从事的工作中，漂亮的人也会更有利。漂亮的人从事推销更易于被客户接受，当老师会更受学生热爱，当医生会使病人觉得亲切，所以在劳动市场上，漂亮的人机遇更多，雇主总爱优先雇用漂亮的人。有些人把漂亮的人机遇更多、更易于受雇称为一种歧视，这也不无道理。但有哪一条法律能禁止这种歧视？这是一种无法克服的社会风气。

收入分配理论，顾名思义就是研究社会生产出来的产品是如何在社会各阶级、各集团之间进行分配的。西方经济学认为，社会各阶级都是生产要素的所有者和提供者，他们又各自按其所提供的生产要素在生产中所做出的贡献而获得相应收入。这种收入就是生产要素的价格，所以解决收入分配问题就是要解决生产要素的价格决定问题。具体而言，生产要素无非是劳动、资本、土地和企业家才能四种，它们的所有者和提供者相应的就是工人、资本家、土地所有者（或资本主义社会中的地主）和企业家，因而收入就具体地表现为：劳动的价格——工资，资本的价格——利息，土地的价格——地租，企业家才能的价格——利润四种形式。因此，西方经济学的收入分配理论研究的就是上述四种收入是如何决定的，或者说劳动、资本、土地和企业家才能四种生产要素的价格是如何决定的问题。

相关问题：

1. 什么是收入分配理论？什么是生产要素的价格？
2. 生产要素的价格由什么决定？
3. 如何判断收入分配是否平等？

第一节　生产要素价格的一般理论

一、生产要素的需求

在经济学上称厂商对生产资料的需求为引致需求，又称派生需求，因为它是厂商为了生产产品满足消费者的需求而产生的对生产资料的需求，这种需求不是为了本身自己的消费。生产者之所以需要生产要素，并不是希望直接从生产要素的使用中得到满足，而是为了生产市场上需要的产品，以便从中获取利润。由于生产者的产品本身就是消费品，或者将直接、间接地用于消费品生产，因此生产者对于生产要素的需求最终取决于消费者对于消费品的需求。也就是说，对于生产要素的需求归根结底是由对消费品的需求引起的或引致的。例如，钢铁的生产者之所以需要雇用劳动力等生产要素，是因为汽车等消费品的生产者对于钢铁有需求，而汽车等消费品的生产者之所以要购买钢铁，是因为消费者对于汽车等消费品有需求。由此可见，钢铁生产者对劳动等生产要素的需求最终是由消费者对于汽车等消费品的需求引起的。

二、生产要素的边际生产力

厂商对生产要素的需求是引致需求，而这种引致需求是大还是小？它是由生产要素的边际生产力决定的。边际生产力这一术语是美国经济学家约翰·克拉克于 19 世纪末首创的。按他的解释，在其他条件不变的情况下，最后追加的一单位某种生产要素所形成的生产率称为边际生产力（或边际生产率）。

假定某一生产过程中所使用的生产要素只有资本和劳动两种。当劳动的投入量不变，而资本的投入量连续增加时，最后增加的一单位资本所带来的产量的增量，即为资本的边际生产力（或资本的边际生产率）；同样，当资本的投入量不变，而劳动的投入量连续增加时，最后增加的一单位劳动所带来的产量的增量，即为劳动的边际生产力（或劳动的边际生产率）。如果以实物来表示某生产要素的边际生产力，则可以称为该生产要素的边际生产实物量（以 MPP 来表示）；如果以收益来表示某生产要素的边际生产力，则可以称为该生产要素的边际收益产量（以 MRP 来表示）。由于边际收益产量中包含了价格因素（以 P 来表示），是用货币单位来表示的边际生产实物量，所以就有如下的关系：

$$\mathrm{MRP} = \mathrm{MPP} \cdot P$$

前面我们讲过边际收益递减规律，正是由于这一规律的存在，当生产过程中其他生产要素的投入量不变，而某一生产要素的投入量连续增加时，产量的增加会呈现递减的趋势。这就意味着，在其他生产要素投入不变的条件下，某一生产要素的边际收益产量（MRP）也是递减的，因为边际收益与边际收益产量实质上是同一个内容，从而某一生产要素的边际生产力也就是递减的。生产要素的所有者和提供者被认为是按照生产要素在生产中的边际生产力或边际收益产量而取得各自的报酬的。

三、生产要素的供给

一般来讲，生产要素的供给同其他商品的供给一样，取决于生产它所需要的成本，随着价格增加，供给也增加；随着价格下降，供给也减少，供给曲线是一条向右上方倾斜的线。但生产要素毕竟不是一般的商品，它的供给有其特殊性，需按不同的要素做具体分析。

所谓土地的供给，是指土地所有者对于各种不同的地租水平所愿意提供的土地数量。西方经济学认为，和其他生产要素相比，土地的最大特点为它是大自然的赐予。从整个社会的角度来看，土地的数量基本上是不变的。由于土地所有者能提供的生产性服务不用它的所有者付出任何代价，因此只要地租大于零，土地的所有者就有可能出租他的土地。所以，整个社会的土地供给曲线是一条垂直线。由图 8-1 可以看出，土地的供给曲线 S 是垂直于横坐标的直线，它表明无论地租是高是低，土地供给量都是固定不变的。

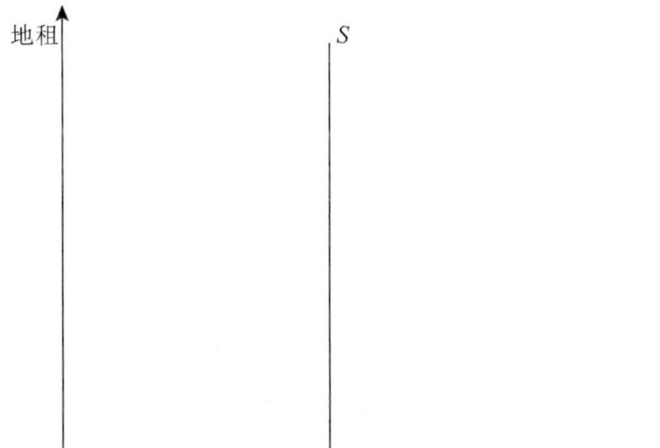

图 8-1　土地的供给曲线

所谓劳动的供给，就是整个社会在各个不同的工资水平下愿意提供的劳动数量。西方经济学认为，劳动者在承受劳动过程中的不舒适或痛苦即所谓负效用，是为了得到收入即为了得到工资的代价。对于任何一个单个劳动者来说，他在不同工资水平下愿意提供的劳动数量，取决于他对收入和闲暇（即不干工作的时间）为他带来的效用有什么样的评价。一般来说，当工资提高时，由于一单位劳动时间可以取得更多的收入，劳动者愿意牺牲自己的一部分闲暇时间，以取得更多的收入。但是，收入的不断提高也会使劳动者更重视闲暇时间，而对于进一步增加收入的评价越来越低，这种情况最终导致下述结果：当收入达到一定水平以后，工资的增加便不会进一步吸引劳动者增加劳动时间，劳动供给也就不会增加；相反，它还会促使劳动者在不断减少收入的情况下增加自己的闲暇时间，即减少劳动的供给。因此，劳动的供给曲线被认为是一条先向右上方倾斜，然后再向左上方反转的曲线。由图 8-2 可以看出，劳动供给曲线 S 有这样的特点：起初劳动的供给与工资同方向变化，工资越高劳动供给越多；后来两者变成反方向的关系，这时工资增加劳动的供给反而减少。

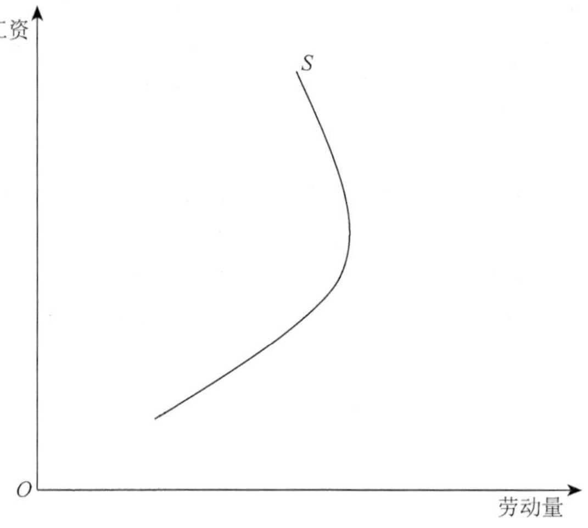

图 8-2 劳动的供给曲线

所谓资本的供给，就是整个社会在各个不同的利率水平下愿意提供的资本数量。资本的供给取决于人们在既定收入下的消费——储蓄决策。储蓄是人们把消费推迟到将来，推迟现期消费是一种“节欲”行为，包含着某种牺牲，所以储蓄者要求一定的补偿，即要求将来所能得到的消费数量大于现期暂时放弃的消费数量。一般来说，得到的补偿越大，人们愿意储蓄的数量也就越大。储蓄的本身就是资本的供给。人们因储蓄而得到的补偿大小可以用利率的高低来表示。由于资本的供给量和利率按照同一方向变动，因此资本的供给曲线是一条向右上方倾斜的线。由图 8-3 可以看出，利率越高资本供给越多，利率越低资本供给越少，两者同方向变化。

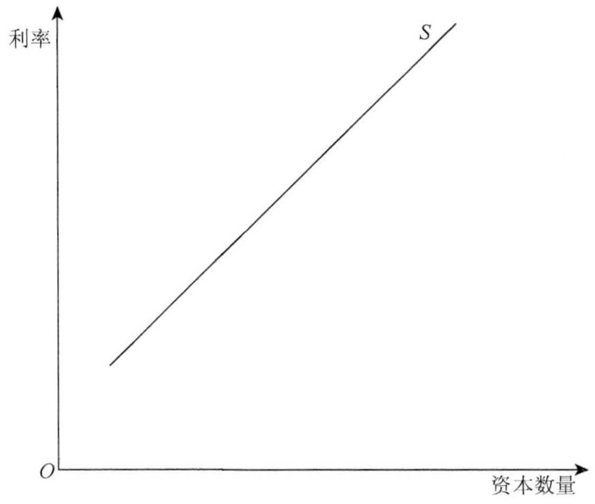

图 8-3　资本的供给曲线

四、生产要素价格的形成

企业在做资源投入决策时，生产要素价格是一个很重要的依据。一般来说，生产要素价格的形成与一般商品价格的形成并无不同，两者都取决于供给和需求的相互作用。而生产要素价格决定（即分配理论）则是以边际分析为基础的：生产要素的需求取决于其边际生产力；生产要素的供给则取决于其边际生产成本。生产要素的均衡价格仍由两者趋于一致时来决定，或者说，生产要素的均衡价格是这样的水准：在这个水准下，要素的供给量恰好等于要素的需求量。如果市场价格水平超过均衡价格，要素的供给量必然超过厂商愿意买进的数量，从而迫使价格下降；反之，如果市场价格低于均衡价格，这意味着要素的价格低于要素的边际生产力，厂商为了增加利润总量必然增加生产要素数量，一直到要素的价格上升到其均衡价格为止，见图 8-4。

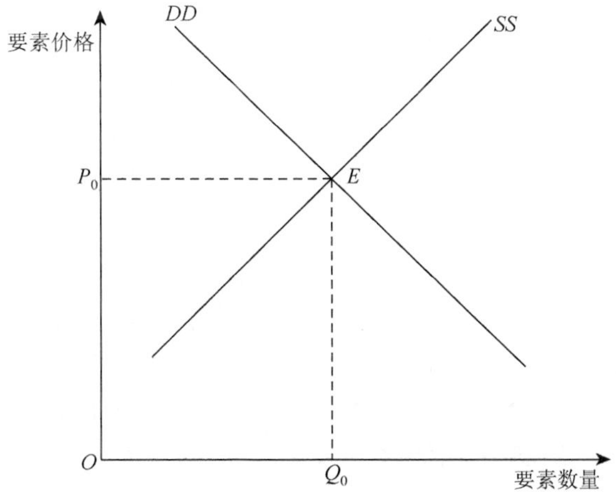

图 8-4　生产要素的均衡价格及均衡数量

在图 8-4 上，*DD* 线是生产要素的需求曲线，*SS* 线是生产要素的供给曲线，纵坐标表示要素价格，横坐标表示要素数量。在交点 E 处，生产要素的供给与需求相等，这时的价格就是生产要素的均衡价格，这时的数量就是生产要素的均衡数量。此时，生产要素市场处于均衡状态。

五、生活中的经济学

案例 8.1

加班工资引发的纠纷

何女士是某公司的员工，自从 2000 年进入公司以来，在工作中一直勤勤恳恳，服从公司的各项安排，对于公司的加班规定也毫无怨言。公司按照基本工资、加班工资和计件工资计算劳动报酬，加班工资的计算标准为超过工作时间累计满 8 小时支付 30 元，星期六加班也按此标准。2006 年底，何女士因琐事与公司发生纠纷，公司通知何女士办理终止劳动合同手续。

由于双方对何女士加班工资的给付标准及数额发生纠纷，何女士拒绝办理终止劳动合同手续，并于 2007 年 1 月向当地劳动争议仲裁委员会提起仲裁。仲裁后，何女士不服仲裁裁决，于是向法院提起诉讼。何女士在诉状中称，自其进入公司以来，工作日每天工作都是 10 小时，每星期工作时间远远超过了法律规定的 40 小时，然而 2004 年之前公司从未发过加班工资。后来，即使公司在接受劳动部门检查后发放了加班工资，但发放标准仍低于国家规定。

我国劳动法规定，工资应当以货币形式按时足额支付给劳动者本人，且有下列情形之一的，用人单位应当按照下列标准支付高于劳动者正常工作时间工资的工资报酬：①平日安排劳动者延长工作时间的，支付不低于工资的百分之一百五十的工资报酬；②休息日安排劳动者工作又不能安排补休的，支付不低于工资的百分之二百的工资报酬；③法定休假日安排劳动者工作的，支付不低于工资的百分之三百的工资报酬。

2007 年 3 月 17 日，当地人民法院审结此案，认定该公司支付职工何女士的加班工资违反了相关规定标准，一审判决被告支付原告何女士加班工资、超时工资及补偿金共计 24 000 余元。

在完全竞争市场上，厂商使用生产要素的最优数量是边际产品价值等于生产要素价格成本，即 $\mathrm{VMP}=W$。假定生产要素为劳动，用 L 表示，单位生产要素价格为工资，用 W 表示，厂商要素支出总额为 $C=W\cdot L$。这样，厂商为保持最优生产要素的使用数量，以达到利润最大化，就要减少要素支出的总成本 $C=W\cdot L$。在厂商不减少 L（工人数量）的情况下，要想减少总成本 C，只能减少 W（工资）。减少工资可采用的方法有两种：绝对数量的减少和相对数量的减少。

（1）厂商延长劳动时间、不发加班工资的做法，就是从相对工资和绝对工资两方面缩减工人工资的，追求其利润最大化。何女士一直对公司加班毫无怨言，可以看出对何女士起主要作用的是替代效应。从劳动供给曲线上看，即处于供给曲线的下半部分。

（2）因为从何女士加班的态度上看，其毫无怨言，说明对她来说可能满足基本生活需要的压力大，其替代效应大于收入效应，即她愿意牺牲闲暇时间用于加班，来赚取更多的工资以满足基本生活需要。从劳动供给角度考虑，劳动者的工资取决于劳动者对既定时间资源的分配，即劳动和闲暇的分配。

如果劳动者愿意牺牲闲暇时间去进行劳动，劳动供给增加，替代效应大于收入效应；反之，劳动供给减少，收入效应大于替代效应。在大多数劳动者替代效应大于收入效应的情况下，由于劳动者每天的时间是一定的（24 小时），所以替代效应也是受到限制的，即劳动者不应把 24 小时全部用来工作，必须保证他有一定的闲暇时间用来吃饭、休息和睡眠等。从这个角度上说，《中华人民共和国劳动法》的作用正是保护劳动者的闲暇时间，以利于劳动者的身心健康。如果让劳动者在休息时间加班，必须保证劳动者享有较高的工资，提高劳动者的收入效应；同时，增加厂商的要素成本，减少其利润，降低他们迫使劳动者加班的积极性。

第二节 生产要素价格的决定

一般来说，参与生产的生产要素包括劳动、资本、土地、企业家才能四种。它们为生产做出了贡献，按照市场经济的分配原则参与分配，分别获得其各自的报酬，即工资、利息、地租、利润。

一、工资理论

工资是劳动这一生产要素提供劳务所获得的报酬。在完全竞争市场上，它由劳动的需求和劳动的供给共同决定。工资是劳动的需求价格和供给价格相均衡时的价格。

1. 劳动的需求

厂商对劳动的需求取决于多种因素，如市场对产品的需求、劳动的价格（即工资水平）、劳动在生产中的重要性等。但劳动的需求主要还是取决于劳动的边际生产力。劳动的边际生产力是指在其他情况不变的条件下，增加一单位劳动所增加的产量。一般来说，劳动的边际生产力是递减的。厂商在购买劳动时为实现利润最大化，就要使劳动的边际成本（即工资）等于劳动的边际产品。如果劳动的边际产品大于工资，劳动的需求就会增加；如果劳动的边际产品小于工资，劳动的需求就会减少。这表明劳动的需求与工资呈反方向变动，劳动的需求曲线是一条向右下方倾斜的曲线。

2. 劳动的供给

如前所述，劳动的供给主要取决于由工资变动所引起的替代效应与收入效应，当替代效应大于收入效应时，劳动供给随工资增加而增加；当收入效应大于替代效应时，劳动供给随工资增加而减少。在较低的工资水平时，替代效应大于收入效应；在较高的工资水平时，收入效应大于替代效应。因此，劳动的供给曲线是一条向后弯曲的曲线。当然，劳动的供给还取决于人口增长率、就业与退休的年龄、劳动力的流动性、移民的规模等其他因素。

3. 工资的决定

下面分别讨论完全竞争市场和不完全竞争市场上工资的决定。

（1）完全竞争市场上工资的决定。在完全竞争市场上，劳动的需求和供给共同决定工资水平。

在图 8-5 中，劳动的需求曲线 *DD* 与劳动的供给曲线 *SS* 相交于点 *E*，决定了均衡的工资水平为 P_0，这一工资水平等于劳动的边际生产力。这时劳动的需求与供给达到均衡，需求量与供给量相等，都等于 Q_0。20 世纪 30 年代以前，经济学家一般认为，当劳动的需求大于供给时，工资会上升，从而会增加劳动的供给，减少劳动的需求；当劳动的需求小于供给时，工资会下降，从而会减少劳动的供给，增加劳动的需求。工资的调节使劳动市场实现供求平衡，并实现充分就业，犹如价格的调节使物品市场供求相等，进而实现均衡一样，如图 8-5 所示。

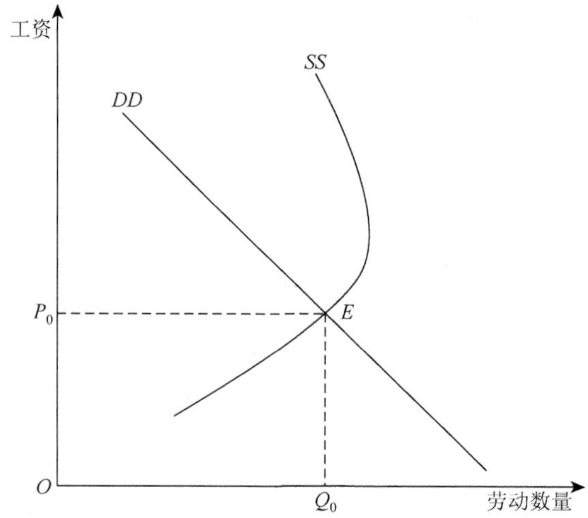

图 8-5　均衡工资的决定

（2）不完全竞争市场上工资的决定。现实中劳动市场往往并不是完全竞争的，即存在着垄断。不完全竞争就是指劳动市场上存在着不同程度的垄断，它主要包括劳动供给的垄断和劳动需求的垄断两种情况。劳动供给的垄断是指劳动者对劳动的垄断，即劳动者组成工会，垄断了劳动的供给。劳动需求的垄断是指厂商对劳动购买的垄断。如果劳动供给的垄断和劳动需求的垄断同时存在，就是双边垄断。

在不完全竞争市场上，由于存在垄断，工资可能高于或低于劳动的边际生产力。具体来说，当存在工会对劳动供给的垄断时，工资可能高于其边际生产力；当存在厂商对劳动需求的垄断时，工资可能低于其边际生产力。而实际工资水平取决于工会与厂商双方的力量，即劳资双方力量的对比，以及其他一些经济与非经济的因素（如经济的繁荣还是萧条、政府的干预等）。实际货币工资水平是劳资双方协商的结果。

二、利息理论

利息是资本的报酬，是资本这种生产要素的价格。资本家提供了资本，就可以得到利息。利息的计算方式和工资不同，它不是用货币的绝对量来表示，而是用一个相对量即利息率来表示。利息率是利息在单位时间内（如 1 年）占货币资本的比率。例如，货币资本为 10 000 元，利息 1 年为 500 元，则利息率为 5%，或称年息为 5%。这 5%就是货币资本在 1 年内提供生产性服务的报酬，即这 10 000 元货币资本的价格。

1. 利息的合理性

经济学家曾提出各种理论来解释利息的合理性，即为什么要给资本支付利息，以及为什么资本可以带来利息。

第一，为什么要给资本支付利息？经济学家认为，人们普遍具有一种时间偏好，即在未来消费与现期消费中，人们是偏好现期消费的。换句话说，现在多增加一单位消费所带来的边际效用大于将来多增加这一单位消费所带来的边际效用。人们之所以偏好现期消费，是因为未来是难以预期的，人们对物品未来效用的评价总要小于现在的效用。例如，人们对现在还是 3 年后购买同一辆汽车所带来效用的评价就不同。或许他认为现在更需要这辆汽车，3 年后就不如现在这样需要，因此现在这辆汽车带来的效用就比未来大；或许他认为未来汽车会逐渐普及，不像现在这样稀缺，所以未来汽车的效用就不如现在；或许他认为自己 3 年中可能会发生什么意外，所以现在购买这辆汽车能够给他带来效用，3 年之后则没有任何效用了。人们总是喜爱现期消费，但是放弃现期消费把货币作为资本就可以得到利息报酬。

第二，为什么资本可以带来利息？经济学家用迂回生产理论来解释这一点。所谓迂回生产，就是不直接去生产某种产品，而是先生产生产资料（或称资本品），然后再用这些生产资料去生产产品。迂回生产提高了生产效率，而且迂回生产的过程越长，生产效率越高。例如，原始社会人们直接徒手去打猎，是直接生产，当他们发明了弓箭后，先制造弓箭而后用弓箭去打猎，这就是迂回生产。弓箭打猎比徒手打猎的效率要高。如果延长迂回生产的过程，先采矿，再炼铁，而后造机器，最后制造出猎枪，用猎枪打猎，则效率会大幅提高。现代生产的特点就在于迂回生产。但迂回生产实现的前提就是必须有资本。也就是说，资本使迂回生产成为可能，从而提高了生产效率。这种由于使用资本而提高的生产效率就是资本的净生产力。资本具有净生产力是资本能够带来利息的根源。

2. 利息率的决定

利息率是由资本的需求与供给共同决定的。资本的需求主要是厂商投资引起的对资本的需求，因此可以用投资来代表对资本的需求。资本的供给主要是储蓄，因此可以用储蓄来代表资本的供给。这样，就可以用投资与储蓄来说明利息率的决定。

（1）资本的需求。厂商买入资本进行投资，目的是实现利润最大化，这样投资就取决于利润率与利息率之间的差额。利润率与利息率的差额越大，即利润率越是高于利息率，纯利润就越大，厂商也就越愿意进行投资；相反，如果利润率与利息率的差额越小，即利润率越是接近于利息率，纯利润就越小，厂商也就越不愿意进行投资。一般来说，各行业的利润率是一定的。这样，在利润率既定时，利息率与投资呈反方向变动，资本的需求曲线就是一条向右下方倾斜的曲线。

（2）资本的供给。人们要进行储蓄，就必须放弃现期消费，进行未来消费。放弃现期消费是为了获得利息。利息率越高，人们越愿意放弃现期消费，增加储蓄；利息率越低，人们越不愿意放弃现期消费，减少储蓄。这样，利息率与储蓄呈反方向变动，资本的供给曲线就是一条向右上方倾斜的曲线。

（3）利息率是由资本的需求与供给共同决定的，见图 8-6。

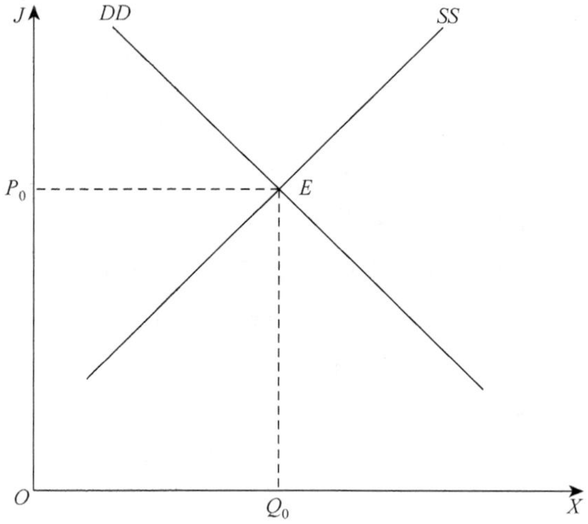

图 8-6　利息的价格决定

在图 8-6 中，横轴 *OX* 代表资本量，纵轴 *OJ* 代表利息率，*SS* 曲线是资本供给曲线，*DD* 曲线是资本需求曲线，供给曲线与需求曲线的交点 *E* 使资本市场达到均衡状态，这时的均衡利率水平是 P_0，均衡资本量是 Q_0。

还可以用可贷资金的需求与供给来说明利息率的决定。可贷资金的需求包括厂商的投资需求、个人的消费需求与政府支出的需求。可贷资金的供给包括个人与企业的储蓄，以及中央银行发行的货币。可贷资金的需求与利息率呈反方向变动，可贷资金的供给与利息率呈同方向变动。可贷资金的需求与供给共同决定利息率的原理与投资、储蓄决定利息率的原理相同。

3. 利息的作用

在市场经济中，利息有着十分重要的作用。首先，利息的存在可以鼓励少消费、多储蓄，满足市场对货币资本的需求。因此，增加储蓄是发展经济的关键，而鼓励人们增加储蓄的最有力的手段是提高利息率。所以，很多国家在经济发展刚刚起步时总要采取提高利息率的政策，以提高储蓄，为经济发展积累资金。其次，利息的存在可以使资本得到更加有效地利用，使人们更加珍惜资本这种生产要素。同时，如果市场的利息率水平是既定的，人们就会把资本用于利润率最高的部门，而利润率高的部门也往往是资本最能发挥其作用的部门。最后，当一个社会出现了通货膨胀时，提高利息率，可以压抑对可贷资金的需求，刺激可贷资金的供给，从而抑制通货膨胀。

正是因为利息有着上述作用，所以经济中利用利息率来调节经济是很重要的。

三、地租理论

地租是土地这种生产要素的价格。经济学中，土地可以泛指生产中使用的各种自然资源，地租也可以理解为使用这些自然资源的租金。

1. 地租的产生

一方面，地租的产生在于土地本身具有生产力，也就是说，土地具有一种“原始的、不可摧毁的力量”，使用土地理应付出地租；另一方面，土地作为一种自然资源，具有数量有限、不能流动，以及不能再生等特点，也就是说，相对于其他生产要素，土地资源更加稀少。因而，使用土地必须付出地租。地租的产生与归属是两个不同的问题。地租的产生可以归结于以上两个原因。这表明，无论在什么社会里，实际上都存在地租，地租一般归属土地产权所有者所有。

2. 地租的决定

地租是由土地的需求与供给共同决定的。

土地的需求取决于土地的边际生产力。土地的边际生产力是递减的，所以土地的需求曲线是一条向右下方倾斜的曲线。也就是说，土地的需求与地租呈反方向变动，即土地的需求随着地租的上升而减少，随着地租的下降而增加。

土地作为一种自然资源，其供给是固定的。因为在每一个地区，可供利用的土地总是有一定限度的。也就是说，土地的供给不会随着地租的上升而增加，也不会随着地租的下降而减少。因此，其供给曲线是一条与横轴垂直的曲线。

地租是由土地的需求与供给决定的，见图 8-7。

在图 8-7 中，S 曲线是土地供给曲线，它是固定不变的，不受地租高低的影响，DD 曲线是土地需求曲线。供给曲线与第一条需求曲线 D_1D_1 相交在 E_1 点，由此决定了均衡地租水平为 P_1。

3. 地租的发展趋势

随着经济的不断发展，对土地的需求总是不断增加的，而土地的供给不能增加，这样，地租就有不断上升的趋势，见图 8-7。

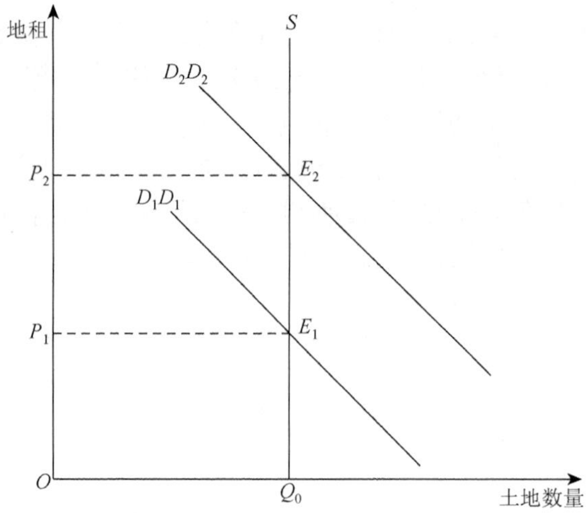

图 8-7 土地数量与地租的关系

在图 8-7 中，土地的需求曲线由 D_1D_1 移动到 D_2D_2，表明土地的需求增加了，但土地的供给不变，仍然是 S，D_2D_2 与 S 相交于 E_2 点，此时决定的地租为 P_2，高于原来的地租 P_1，说明由于土地需求的增加，地租上升了。

四、利润理论

利润是企业家才能这种生产要素的价格。企业家不仅要从事经营管理活动，还要在经营管理活动中进行创新和承担风险。因此，经济学家把利润分为正常利润和超额利润两种。

1. 正常利润

正常利润是企业家才能的价格，也就是企业家才能这种生产要素所获得的报酬，它包括在厂商的生产成本之中。其性质与工资类似，它是由企业家才能的需求与供给共同决定的。

厂商对企业家才能的需求很大，因为企业家才能在整个生产中起着重要的作用，有时甚至是生产好坏的关键。能使劳动、土地和资本有机结合在一起，生产出丰富多彩的产品的决定性因素就是企业家才能。

但企业家才能的供给量很小，因为并不是每个人都具有企业家的天赋，也不是每个人都能受到良好的教育。只有那些有胆识、有能力，又受过良好教育的人，才具有企业家才能。所以，培养企业家才能所耗费的成本是非常高的。

企业家才能需求与供给的特点，决定了企业家才能的报酬，也就是正常利润，其是非常高的。也可以说，正常利润是工资的一种，是一种特殊的工资，其特殊性就在其数额远远高于一般劳动所得的工资。

正常利润包括在成本之中，而且往往作为一种隐性成本。所以，厂商收支相抵后就获得了正常利润。在完全竞争条件下，利润最大化实际上就是获得正常利润。

2. 超额利润

超额利润就是超过正常利润以外的那部分利润。在完全竞争的条件下，在静态的社会中，不会有超额利润产生。只有在不完全竞争的条件下，或在动态的社会中，才会产生这种利润。不完全竞争就是存在垄断，动态的社会涉及创新和风险。超额利润来源不同，其性质也不同。

1）垄断的超额利润

由垄断而产生的超额利润，又称为垄断利润。垄断的形式有两种：卖方垄断和买方垄断。

卖方垄断也称垄断或专卖，是指垄断了某种产品的出售权。垄断者可以借垄断抬高产品的销售价格，获得超额利润。当然，它是以损害买方的利益为前提的。

买方垄断也称专买，是指垄断某种产品或某种生产要素的购买权。垄断者可以借垄断压低收购价格，获得超额利润。当然，它是以损害卖方即生产者或生产要素供给者的利益为前提的。

2）创新的超额利润

创新是企业家对生产要素实行的新的组合。例如，引进一种新产品可以使这种产品的价格高于其成本，从而产生超额利润；采用一种新方法，或者获得一种原料的新来源，或者革新企业的组织形式，都可以提高生产效率、降低成本，产生超额利润；开辟一个新市场，则可通过提高价格而获得超额利润。

创新是一个社会进步的动力。因此，由创新所获得的超额利润是合理的，是社会进步必须付出的代价，也是社会对创新者的奖励。

3）风险的超额利润

风险是人们从事某项事业时失败的可能性。由于未来具有不确定性，风险是普遍存在的。在经济活动中，供求关系随时都可能发生难以预测的变动，如自然灾害、政治变动、政府政策变化等，以及其他偶发事件也会影响经济活动，使经济中充满着风险。而且，并不是所有的风险都可以用保险的方法加以弥补。这样，从事有风险的生产就应该以超额利润的形式得到补偿。

生活中，人们崇尚勇于承担风险，风险是社会进步的另一股动力。因此，由承担风险所获得的超额利润也是合理的。

五、生活中的经济学

案例 8.2

怎样的收入是合理的？

劳动力获得的报酬不仅有金额高低的问题，还有发放的节奏问题，不同的行业、不同的工种有不一样的收入节奏。劳动力收入的高低及收入的节奏是由哪些因素决定的？充分了解这些因素，能让我们在看到各种各样工资收入差异时，保持理性的态度。

1. 劳动力收入是怎么决定的？

一个人的收入高低是由什么决定的呢？员工在一个企业里的议价能力，取决于他在别处的机会。他在别处的机会越多，他在这个企业里议价的能力就越高，因为他随时可以选择离开。而如果一个人在别处的机会已经用尽，目前的收入已经是众多选择里最高的了，那么他就没什么议价能力可言，只能老老实实待在这个企业里工作。但像月嫂这样看似散兵游勇的职业，近年来工资却越来越高了，这是为什么呢？那是因为总有别的人在别的地方给她们开更高的工资。因而哪怕月嫂没有形成一个组织，没有进行什么集体议价，她们的工资也仍然节节上升。

有一位教授发明了一种肥猪丸。一颗肥猪丸能使猪多长 100 斤①，理论上这位教授的收入应该约等于他带来的额外贡献，即接近 100 斤猪肉的收益。这是决定收入高低的另一个非常重要的原则——任何个人在团队里得到的回报，与他给这个团队带来的边际收入应该相称。一个团队成员的收入多少是由他们带来的边际收入决定的。

还有一种收入分配的方式，那就是在一个企业里，有的人拿固定工资，有的人拿剩余的收入。有些人的工作绩效比较容易衡量和监督，这种人就根据他们工作的投入来获取工资回报，拿固定工资。而另外一种人，他们对企业的贡献很难衡量、很难监督，这种人就后拿收入，拿企业剩下的收入，他们被称为“剩余索取者”。这里的一个核心要点就是，工资是由市场的力量、市场的规律来决定的，而不是由老板的慷慨或者贪婪决定的。

2. 收入的节奏如何决定收入水平？

如果我们仔细观察不同的职业，会发现工资支付方式有很大的不同。例如，有些工作叫小时工，是按小时计算的；有些工作叫计件工，是按产量计算的。还有一些工资支付的时间要长一点，工资按月支付；再长一点计算的就是年薪。时间跨度越大的薪水，给人的自由度就越大。自由度越大，人的灵活度就越高，就越有机会做一些新的尝试，眼光也越长远。例如，教授拿的是年薪，就不需要每天都有贡献，这样他就有机会做一个周期长一点的科研和教学计划。

有些工作是按照投入来支付的，只要干了就有收入。扫地的工作、打字的工作、营业员的工作，付出了劳动就获得收入。但有些工作却不是按照投入来支付的，而是按照成果来支付的。一些歌唱比赛的第一名可以获得一份唱片公司的合约，从此名闻天下，第二名、第三名就几乎什么都得不到。这种工作风险性很大，它根据结果来支付报酬，与前期投入几乎没有关系。

我们再来观察另外一种有趣的现象。在一部电影拍摄的过程中，群众演员和大明星的收入都是在很短时间内就支付完毕的。群众演员拍电影时可能就已经拿到收入，明星在电影上映以后不久也应该能拿到已经产生的收入。与此相对，大学老师的收入是在很长时间里支付

---

① 1 斤＝500 克。

的，很多大学老师签的是终身合约。为什么演员不签一个终身合约，一辈子做演员、一辈子做明星呢？而教授为什么不一下子拿一大笔钱，而是要把工资收入摊在一个漫长的时间里，一直拿一份不太高的收入呢？那是因为演员所提供的产品的品质很容易鉴别。一部电影受不受欢迎，几乎在电影上映几天后就能够知道；但是学者的作品，无论是论文还是思想观点，往往需要很长时间的鉴别、评估和比较，人们才能够正确地认识他们所做的贡献大小。

因此人们想出一个解决的办法，那就是先让教授工作一段时间，当他们的绩效达到一个基本水平以后，学校就跟他们签订一个长期的合同，工资虽然不算高，但他们也能够衣食无忧，安心做研究了。

有些收入是当场给的，有些是终身给的，这个跨度还不算最大，还有些收入是代际支付的，在两代人之间支付。例如，以前的师父与徒弟之间的关系，徒弟在很长时间里获得的工资都很低，不仅低，还要有各种各样的付出，来赢得师父的赏识。如果把这些加起来，徒弟的工资甚至是负数。原因之一是师父的手艺往往得不到知识产权的保护，一旦教会了徒弟，师父就没饭吃了。所以师父教徒弟时会特别小心，他选的不是普通徒弟，而是忠心耿耿、像儿子一样的徒弟。这种师徒关系就要经历一个很长时间的训练期、试用期，等到师父完全放心了或者师父根本就做不动了，他才会把生意的命脉交给徒弟。可能有人会说这徒弟不是亏了吗？其实徒弟没亏，多年媳妇熬成婆，当徒弟成了师父以后，他就可以“剥削”下一代的徒弟了。只要这个风俗习惯、这个传统能够一代一代地传承下去，那么谁也不会亏，谁也不会赚。问题就在于，如果这种传统忽然间发生改变，那么就会有赢家和输家。例如一个老徒弟，好不容易当上了新师父，这时传统的师徒关系被打破了，这位新师父就要蒙受亏损。

第三节　收入的不平等

一、洛伦兹曲线

洛伦兹曲线（Lorenz curve）是用来反映社会收入分配（或财产分配）的平等程度的线。如果把社会上的人口分为10个等级，各占人口的10%，按他们在国民收入中所占份额的大小可以列出表8-1。

表8-1　洛伦兹曲线表　　单位：%

级别	每级占人数的百分比	每级占人数的百分比合计	每级占总收入的百分比	每级占总收入的百分比合计
第1级	10	10	2.0	2.0
第2级	10	20	3.5	5.5
第3级	10	30	4.5	10.0
第4级	10	40	5.5	15.5
第5级	10	50	6.5	22.0
第6级	10	60	7.5	29.5

续表

级别	每级占人数的百分比	每级占人数的百分比合计	每级占总收入的百分比	每级占总收入的百分比合计
第 7 级	10	70	9.0	38.5
第 8 级	10	80	11.5	50.0
第 9 级	10	90	15.5	65.5
第 10 级	10	100	34.5	100.0

根据表 8-1 可作图 8-8。

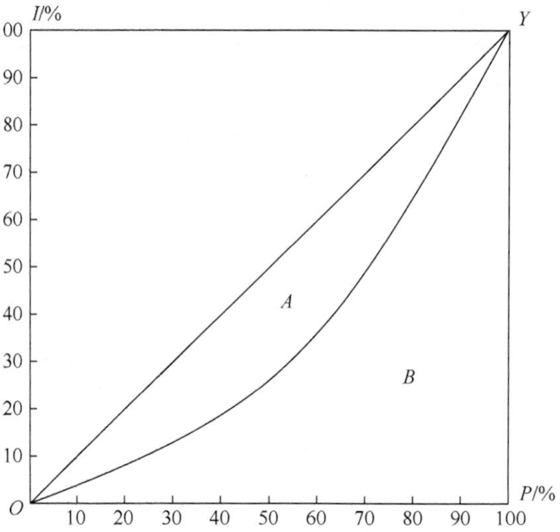

图 8-8 洛伦兹曲线

在图 8-8 中，横轴 *OP* 代表人口百分比，纵轴 *OI* 代表收入的百分比。*OY* 为 45° 线，在这条线上，每 10%的人口得到 10%的收入，表明收入分配绝对平等，称为绝对平等线。*OPY* 表示收入绝对不平等，是绝对不平等线。根据表 8-1 所作的实际反映收入分配状况的洛伦兹曲线介于这两条线之间。洛伦兹曲线与 *OY* 越接近，收入分配越平等，与 *OPY* 线越接近，收入分配越不平等。

根据洛伦兹曲线可以计算出反映收入分配平等程度的指标，这一指标称为基尼系数（Gini coefficient）。如果我们把图 8-8 中实际收入线与绝对平等线之间的面积用 *A* 来表示，把实际收入线与绝对不平等线之间的面积用 *B* 来表示，那么计算基尼系数的方法是

$$基尼系数=A/(A+B)$$

当 $A=0$ 时，基尼系数等于零，这时收入绝对平等；当 $B=0$ 时，基尼系数等于 1，这时收入绝对不平等。

实际基尼系数总是大于 0，而小于 1。基尼系数越小，收入分配越平等；基尼系数越大，收入分配越不平等。

二、洛伦兹曲线的运用

运用洛伦兹曲线可以对各国收入分配与各种政策的收入效应进行比较，可用图 8-9 来说明这一问题。

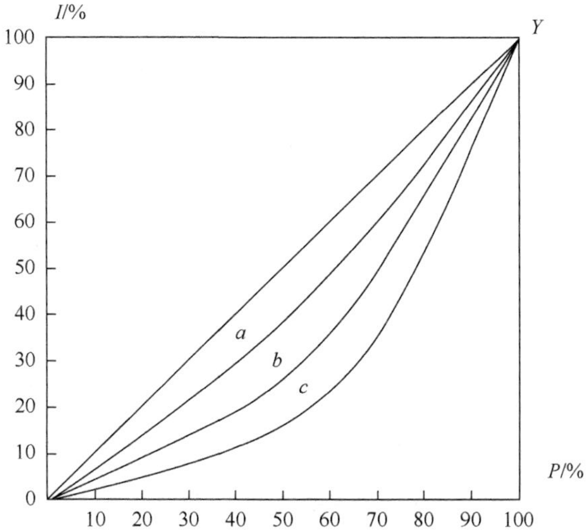

图 8-9　收入分配与各种政策的收入效应比较

在图 8-9 中，a、b、c 是三个不同国家的洛伦兹曲线，这样就可以看出，a 国的收入分配最平等，b 国的收入分配平等程度次之，c 国的收入分配最不平等。

如果把 a、b 作为执行某一项经济政策前后的洛伦兹曲线，假设 a 是执行该政策前的洛伦兹曲线，b 是执行该政策后的洛伦兹曲线，那就可以看出，在执行该政策后社会收入分配更加不平等了。

洛伦兹曲线作为一种反映社会收入分配情况，分析政策的收入效应的工具是有用的。但是，有些西方经济学家根据经过歪曲的统计数字，用洛伦兹曲线来掩盖资本主义社会收入分配严重不平等的状况。例如，萨缪尔森就通过洛伦兹曲线来证明发达国家中收入分配平等，而发展中国家收入分配不平等，以此为资本主义制度进行辩护。

三、收入不平等的原因

根据当代西方经济学家的解释，收入不平等是由下述因素造成的。

第一，财产的差别。在西方国家里，少数人掌握了绝大部分财产，多数人没有或只有少量财产。这种财产分配的不均是造成收入分配差别的主要原因。另外，由于财产是世袭的，由财产差别而产生的收入差别将继续存在。

第二，能力的差别。人有着不同的智力、体力和艺术能力。智力较高的人可以从事需要专门知识的高收入的职业，智力较低的人只能从事简单的低收入的工作。身体强壮和协调性较好的人可以成为高收入的运动员。具有艺术天赋的人则可成为高收入的艺术家。总之，人的能力差别造成了收入的差别。

第三，教育和训练的差别。不同的人受教育和训练的程度不同。有的人有机会接受更高的教育，而有的人因生活困难不得不放弃升学，这样就形成了教育和训练的差别。这种差别导致职业和技术的差别，从而带来了收入的差别。

第四，工作偏好和冒险精神。有的人甘愿从事危险劳累的工作，愿意不辞劳苦地日夜兼职，或敢冒投资的风险，这些人的收入就高；反之，那些厌倦工作、保守、畏缩的人，收入就低。

四、生活中的经济学

案例 8.3

基尼系数是什么？

根据世界不平等数据库（World Inequality Database，WID），1980～2016 年，全球收入前 1%的群体收入占比从 16.28%上升至 20.44%，增加了 4.16 个百分点；全球收入后 50%的群体收入占比仅增加 1.68 个百分点。根据联合国开发计划署（United Nations Development Programme，UNDP）的数据，2000 年全球人类发展指数（human development index，HDI）排名第一的国家（挪威）的小学、初中和高中入学率合计是最后一名（尼日尔）的 6.5 倍，2017 年上升至 40.5 倍。收入不均对发展程度低的国家具有更大的负面作用。美国基尼系数从 2008 年的 0.466 上升到 2018 年的 0.486，最低 20%的低收入群体收入占比从 1967 年的 4%下降到 2008 年的 3.4%，2018 年这一比例更是下降到 3.1%；最高 20%的高收入群体收入占比从 1967 年的 43.6%上升到 2008 年的 50%，2018 年这一比例更是上升到 52%；前 5%的最高收入人群的收入占比从 1967 年的 17.2%上升到 2008 年的 21.5%，2018 年这一比例高达 23.2%。欧盟的基尼系数从 2010 年的 0.305 上升到 2018 年的 0.307。

改革开放以来我国在效率不断提高的情况下，收入分配差距拉大了，使反映收入分配平等的指标——基尼系数有扩大趋势，这引起了经济学者的重视。如何缩小偏大的基尼系数，归纳经济学家的观点，应从以下方面采取相应的对策。

第一，大力发展生产力，繁荣社会主义经济。这是缩小偏大的基尼系数的前提和基础。我国收入差距的拉开和扩大，是在社会主义市场经济条件下，不断解放和发展生产力的过程中出现的，收入差距的逐步缩小也必须建立在不断解放和发展生产力的基础上，其根本途径是深化改革，不断解放和发展生产力，加快经济发展，把“蛋糕”做得越来越大，不断增强国家的经济实力。只有这样，才能保证在人民生活水平普遍不断提高的基础上，为逐步缩小收入差距奠定日益雄厚的物质基础。

第二，加快农村经济的发展，不断增加农民的收入。这是缩小偏大的基尼系数的核心内容。我国目前基尼系数偏大的一个重要原因是农村居民与城镇居民的收入差距偏大。因此，缩小偏大的基尼系数的关键是加快农村经济的发展，不断增加农民的收入。当前我国政府向农业倾斜的各项政策是缩小偏大的基尼系数的有效政策。

第三，加强宏观调控，实现区域经济协调发展。这是缩小偏大的基尼系数的重要途径。地区差距是形成收入差距的一个重要方面，缩小地区差距的关键是实现区域经济的协调发展，区域经济协调发展的关键是优势互补、统筹兼顾。

第四，规范收入分配关系，调节收入差距。这是缩小偏大的基尼系数的主渠道。规范收入分配关系主要应从五个方面入手：一是保护合法收入；二是取缔非法收入；三是整顿不合理收入；四是调节过高收入；五是保障最低收入。

第九章　市场失灵与政府的微观规制

引言：市场能解决所有的经济问题吗？

太湖是中国第三大淡水湖，这里物产丰富、风光秀丽，养育了无数的贤人志士。太湖流域地区经济发达，文化底蕴深厚，科技实力较强，交通、通信、公用设施、商业、服务业、金融业等条件良好。太湖流域地区自古以来是中国的粮仓和国库的重要来源地，目前该地区的国民经济总产值占全国国民经济总产值的近 1/10。但是随着太湖流域工业化程度的不断提高，太湖流域的污染问题也日益严重，全流域每天排放废水超过 1000 万吨，而且这些污水大部分未经处理。水污染来自工业排污、农业的农药和化肥流失，以及城市生活用水、水运船舶排污等，污染物以有机污染为主，其排入量超过河流的自净能力，太湖流域的水质逐渐恶化。

为了保护太湖流域的水资源，中国加大了对太湖流域水污染的防治工作。1998 年国务院批准了《太湖水污染防治“九五”计划及 2010 年规划》，开始了太湖流域大规模的治理工作。经过近 20 年的治理，太湖流域的污染已经有了极大的改善。但是在这一治理中，也出现了一系列问题。

以无锡市为例，无锡市新城水处理厂要处理 69 万平方公里内所产生的工业废水和生活污水，处理后的尾水排入周泾浜，经京杭大运河最终排入长江。但是将水质从一级 B 提标到一级 A，污水处理成本从 0.9 元/吨增加到约 1.2 元/吨。同时由于污水处理的难度大，水处理厂的设备要不断更新换代，使得污水处理成本正在不断上升。随着污水处理成本的上升，水价也在上升。2000 年无锡市民用水价格为 1.4 元/吨，2015 年无锡市开始实行阶梯水价，其中第一阶梯水价为 3.9 元/吨，上涨了约 1.79 倍。

前面各章论证了所谓的“看不见的手”在市场经济中的重要作用，但是西方经济学家也不得不承认：市场不是完美无瑕的，也就是说，市场不能完全达到资源最优配置的目标。在现实中有些领域市场的力量无法达到，如公共物品领域，有些领域市场配置的结果又是不能令人接受的，又如收入分配的两极分化。这就要求我们必须用另一种手段来干预和纠正市场的不足，政府的微观经济干预政策即是一种可供选择的手段。

市场失灵是指由于市场价格机制在某些领域、场合不能或不能完全有效发挥作用而导致社会资源无法得到最有效配置的情况，导致市场失灵的因素主要有垄断、外部性、公共物品和不完全信息。

相关问题：

1. 太湖为什么会被污染？
2. 企业为什么会将工业废水直接排放到太湖中？
3. 太湖治理为什么要依靠政府？政府应当如何治理？
4. 政府在治理太湖污染时会存在哪些问题？

第一节　垄断与反垄断政策

产品质量不是同质而是存在差别，现实的市场并不是完全竞争市场，而是存在不同程度的垄断现象。这些市场的厂商由于具有垄断势力，都能在不同程度上自己决定价格和产量，再加之其需求曲线由于受需求规律的作用向下倾斜，因而当这些厂商按照边际收益等于边际成本的最大利润原则确定产量和价格时，都比完全竞争长期均衡时的产量更低、价格更高。这表明生产要素没有得到充分利用，资源没有实现有效配置。在存在垄断因素的市场上，厂商为了保持自己的垄断地位和利润，会尽可能地设置障碍以阻止新的厂商加入竞争，从而阻碍生产要素的自由流动，结果社会损失了获得更多产品和更低价格的好处。

一、垄断所造成的损失

从前面章节中可以知道，垄断厂商在决定商品价格的时候也是采取边际成本等于边际收益的方法，也就是说为了取得最大利润，垄断厂商一般会把商品的价格确定为当边际成本等于边际收益时的价格水平。这样从垄断厂商的角度来看，企业的利润实现了最大化，但是整个社会的福利却会由于垄断遭受损失。

帕累托最优的定价原则是产品的边际成本等于产品的价格。但是在垄断条件下，产品的价格会高于产品的边际成本。这是因为，垄断厂商的边际收益是一条向右下方倾斜的曲线，并且边际收益曲线是在需求曲线下面，这就意味着边际收益曲线与边际成本曲线相交时的价格必然要高于需求曲线与边际成本曲线相交时的价格，也就是说垄断条件下将会出现高价格，帕累托最优无法实现，这种生产是无效率的。当然对消费者来说，高价格意味着消费者剩余的减少。另外，垄断者利用高价格增加的生产者剩余并不能抵消消费者剩余的减少，即整个社会的总剩余会下降。我们可以通过比较垄断者选择的产量水平和有效率的产量水平来评价垄断的福利效应。正如我们已经说明的，垄断者选择生产并销售边际收益与边际成本曲线相交的产量水平：有效率的产量是需求与边际成本曲线相交的产量，图 9-1 表示这种比较。垄断者生产的产量小于社会有效率的产量。

由于垄断收取高于边际成本的价格，并不是所有对物品评价高于物品成本的消费者都会买它，为了维持高价，垄断者的产量会低于社会有效率的水平。需求曲线与边际成本趋势线之间的三角形代表着无谓损失。这种无效率必然与垄断的高价格相关：当企业把价格

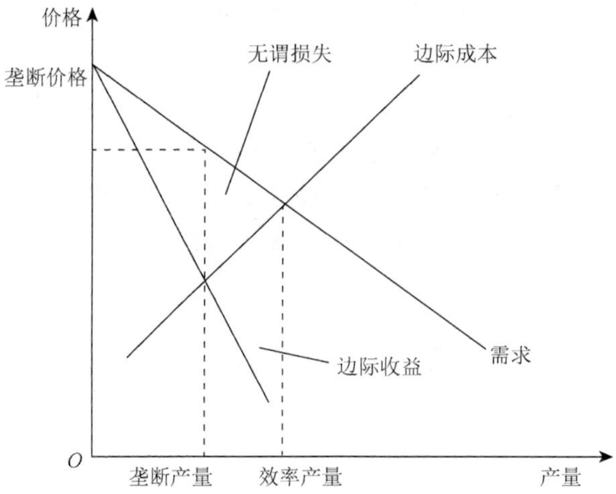

图 9-1 产量与价格的关系

提高到边际成本以上时，消费者买得少了。但是垄断者仍能从销售的产品数量中获得利润，只是产生了无效率的低产量。

二、政府如何解决垄断造成的低效率

对于垄断所带来的问题，政府常采用的方法有制定反垄断法和对垄断进行管制。

1. 反垄断法

垄断带来的低效率造成了社会总剩余的无谓损失，而且由于垄断厂商的市场实力过于强大，不仅带来了社会剩余的损失，还会压制其他厂商的竞争，从而阻碍技术进步。因此，各国政府对垄断行为都进行了不同程度的约束，其中反垄断法或反托拉斯法就是最重要的做法。

美国是制定反托拉斯法最早也是最完善的国家。美国第一个反托拉斯法是 1890 年通过的《谢尔曼反托拉斯法》，目的就是减少当时主宰经济的大而强的“托拉斯”的市场势力。从 1890 年起，美国相继制定了一系列的反垄断法案，包括《谢尔曼反托拉斯法》（1890 年）、《克莱顿法》（1914 年）、《联邦贸易委员会法》（1914 年）、《罗宾逊-帕特曼法》（1936 年）等，统称为反托拉斯法。美国的这些反托拉斯法规定，限制贸易的协议与共谋、垄断或企图垄断市场、兼并、排他性规定、价格歧视、不正当竞争或欺诈行为都是非法的。例如，《谢尔曼反托拉斯法》规定，任何以托拉斯或其他形式进行的兼并和共谋，任何限制州际和国际的贸易和商业性的合同都是非法的，任何人垄断和企图垄断，伙同其他人联合和共谋垄断州际和国际的一部分贸易或商业的，均应认为是犯罪，违法者要受到罚款或判刑。《克莱顿法》修正和加强了《谢尔曼反托拉斯法》，宣布导致削弱竞争或造成垄断的不正当做法为非法。这些不正当的做法包括价格歧视、排他性或限制性契约、公司相互持有股票活动时相互兼任。《联邦贸易委员会法》规定：建立联邦贸易委员会作为独立的管理机构，授权防止不公平竞争及商业欺骗行为，包括禁止虚假广告和商标等。

美国反托拉斯法的执行机构是联邦贸易委员会和司法部反托拉斯局。前者主要反对不正当竞争行为，后者主要反对垄断行为。对犯法者可以由法院提出警告、罚款、改组公司与判刑。西方国家虽然在形式上存在反垄断法，但对它们的执行并不十分认真，西方的企业合并浪潮屡次出现，生产的规模越来越大，市场集中度越来越高。

2. 对自然垄断者进行价格管制

在垄断的各种情况中，自然垄断是最普遍的情况。由于产业的特点或者是政府的特许，某些产业中存在着自然垄断者。垄断者所提供的产量低于有效率的产量，而且由于产品的价格高，垄断者获得高额利润。因此，政府一般要对自然垄断者进行价格管制。如果在没有价格管制的情况下，自然垄断者会按照边际成本等于边际收益的原则来制定价格，因此，价格会明显高于完全竞争条件下的价格，这样会造成社会总福利的损失，而且是低效率的产量。为了提高产量降低社会总福利的损失，政府应该对产品的价格进行管制。

一般情况下，当平均成本曲线在边际成本曲线下面时，管制价格应为厂商边际成本曲线与需求曲线相交时的价格。在这种情况下，由于价格高于厂商的平均成本，自然垄断厂商仍可以获得利润，但产量要比垄断条件下大，而且价格要低，这样社会福利的损失会下降。也就是说，政府对价格进行管制减少了垄断所带来的无谓损失，但是政府不能将价格继续降低到厂商的平均曲线与需求曲线相交时的价格水平，这是因为此时的价格会低于边际成本，帕累托最优的状态也不会实现。当平均成本曲线高于边际成本曲线时，按照边际成本曲线与需求曲线相交时的价格，政府对自然垄断厂商进行价格管制，就会出现垄断厂商的收益无法弥补平均成本，于是厂商会退出市场。因此，政府针对这种情况会一方面进行价格管制，保证消费者剩余不减少；另一方面对厂商进行补贴，保证产品的供应。

三、生活中的经济学

案例 9.1

新经济时代微软反垄断案

2001 年 11 月 2 日，美国联邦法官科林·科特利批准了司法部和微软达成的结案协议书，微软和司法部握手言和，长达几年的微软反垄断案尘埃落定。根据协议，微软将不会被拆分。但是为了防止微软的垄断行为，司法部在和微软达成的协议中，对它设置了多方面的限制：一是微软向其他公司公开其部分计算机代码，使这些公司能设计和微软的视窗兼容的软件，其中包括为服务器设计软件的公司，这一协议条款将防止微软利用其视窗对服务器市场进行垄断；二是协议要求微软不得干涉计算机制造商选择什么样的软件，除非这些软件和微软的视窗有技术上的冲突；三是为了保证反垄断措施的实施，司法部有权检查微软的代码、企业内部文件、账户及相关的记录等；四是司法部还将在微软总部设立一个 3 人专家委员会，专门监督微软对协议的执行情况。专家由微软和政府各选一名，另一名由双方协商挑选，委员会的费用由微软全部支付。司法部还和微软商定，这一协议有效期5年，届时视情况可延长2年。

在这一事件中，我们关心两个问题：一是微软的垄断为什么成立？二是法院为什么没有对存在垄断的微软进行拆分。

1. 事件的缘由

早在1990年，美国联邦贸易委员会就开始对有关微软垄断市场的指控展开调查，杰克逊法官曾于1997年底裁定，禁止微软将其网络浏览器与“视窗”捆绑在一起销售，但1998年5月上诉法院驳回了杰克逊的裁决。

基于这种事实，1998年5月，美国联邦政府司法部协同包括美国的加利福尼亚州和首都华盛顿市在内的18州1市，以微软违反反托拉斯法为由，将世界上最有权势的公司推上了法庭。2001年6月28日，美国哥伦比亚特区联邦上诉法院做出裁决，驳回地方法院法官杰克逊2000年6月做出的将微软一分为二的判决，但维持有关微软从事了违反反垄断法的反竞争商业行为的裁决。最终微软逃脱了一分为二的险境，但是对其垄断行为仍然是判断成立。

2. 事件的分析

美国的反垄断法几乎适用于所有行业和公司。反垄断法禁止三类违法行为：一是阻碍交易的行为；二是有可能大幅降低某一特定市场竞争程度的企业兼并行为；三是旨在获得或维持垄断地位的反竞争行为。美国政府实施反垄断法的最终目的是“通过促进市场竞争来保护经济自由和机会”。根据美国反垄断法的内容，我们可以看到两点：一是通过“不正当行为”维持或获得垄断地位是违法的；二是拥有垄断地位或企图获得垄断地位不一定违法。也就是说，通过正当的行为（如市场行业）获得垄断地位是不违法的，因此在这一情况下，即使存在垄断也是允许的，所以不构成拆分的理由。

从理论上，一家企业形成垄断可以通过四个途径：一是行政垄断。美国电话电报公司的垄断地位就是通过美国政府的特殊政策而确立的，因此于1984年被拆分。二是企业通过对资源的独家垄断拥有了优势后而形成的垄断。美孚石油公司依靠其对石油资源的垄断，通过兼并竞争对手成为行业的垄断公司，影响了行业的自由竞争而于1911年被拆分。三是自然垄断。自然垄断的公司由于其规模经济而使得它只有在垄断经营时才是最有效率的，因此不会被拆分，这些公司一般是公用事业企业，如污水处理厂、供热厂、发电厂等。四是由于拥有生产某种产品的专利权，形成技术垄断，进而垄断了市场。这一种垄断是通过市场形成的。这种垄断不会对市场的效率产生负面影响，反而可以通过对企业的保护刺激企业的创新，尤其是在美国新经济时期，对技术创新的保护推动了全社会新经济的发展。微软公司的垄断就属于这种形式。

在新经济时代，网络科技具有高竞争性及快速更新换代的特点，任何领先的技术都将被更加先进的技术所代替，在高速发展的科技领域，垄断往往是一时的事情。首先，微软是新经济的代表，新经济的生命力在于不断的技术创新。但是微软在操作系统上的地位是通过市场竞争获得的，基本上是靠自我发展起来的垄断公司。其次，微软的发展是以知识产权和知识创新为基础的。最后，微软虽然对个人电脑操作系统市场拥有绝对垄断权，但并没有利用这一垄断优势无理地抬高价格，其网络浏览器开始时还是赠送的。因此对微软的垄断判定基础是否对市场的效率产生了负面的影响，这是对其进行判决的重要依据。

微软案件是美国进入新经济时代以来最具代表性的反垄断案件，其结局很可能成为今后高技术领域反垄断案件的一个判例。因此针对这样一个具有里程碑意义的案件，美国司法部打出了“推动创新”的旗号。在杰克逊 2001 年做出分割微软的判决前夕，当时的司法部部长雷诺表示，对微软采取反垄断行动是为了创造竞争环境，以增加消费者的选择。新经济时代，美国以反垄断为核心的做法发生了变化，从过去的维护价格竞争转向新经济时代的促进创新。

3. 事件的后续

2001 年 11 月 2 日之后，和美国联邦政府共同状告微软的 18 州 1 市出现了不同的意见，加利福尼亚州和华盛顿市在内的 9 州 1 市，认为司法部和微软的协议不足以抑制微软的垄断倾向，难以保护消费者的利益，决定继续和微软较量下去，其他 9 个州则认可了微软案的协议，打算从此偃旗息鼓。这说明市场仍然对微软的垄断行为不认同。

未来微软将会重视竞争对手和消费者的反应，一是 2001 年美国上诉法院 7 位法官对微软做出的不正当竞争行为的司法判决还存在；二是微软的竞争对象、电脑制造商 Sun 微系统公司将继续力劝各州对该案提起上诉。除此之外，微软作为一家技术创新型企业，所处的行业处在快速变化中，创新更迭速度加快，同样也会对微软产生威胁，因此为了维护市场与消费者，微软将会改变企业的竞争策略。

案例 9.2

乞丐没有白拿的施舍

与“租”的概念密切相关的另一个概念是“寻租”。理解了寻租的概念，我们就能明白为什么每个国家的人都很忙，但有些国家很富裕，有些国家却非常贫穷。寻租的概念起源于经济学家戈登·塔洛克写过的一篇文章《关税、垄断和偷窃的福利成本》(“The welfare costs of tariffs, monopolies and theft”, 1967 年)，在这篇文章里他提出了一个很天真的问题：贼对社会有什么害处？贼偷东西大家当然认为是不对的，但从经济学的角度来看，贼并没有减少资源的总量，他只不过是把资源从一个人的口袋转移到另一个人的口袋。在经济学家看来，贼的害处在哪里呢？塔洛克指出，贼的害处在于他们平添了人们造锁的成本。人们为了防范偷窃，需要消耗真实的资源。这些资源是社会不得不承担的净损失。如果贼都洗心革面、重新做人了，那社会上节省下来的资源，就可以用到别处去，产生额外的经济价值。塔洛克这篇文章发表于 1967 年，这一年就正式标志着寻租概念的诞生，虽然他在这篇文章里并没有用到“寻租”这个词。“寻租”这个词是过了 7 年后，另外一位经济学家安妮·克鲁格（Anne Krueger）发表了《寻租社会的政治经济学》(“The political economy of the rent-seeking society”，1974 年）一文，才正式确定的术语。但不管怎样，经济学界就把 1967 年看作是寻租概念的起点，把塔洛克看作寻租概念的创始人。

塔洛克为什么要写这样一篇文章呢？原因在于，当时有一些经济学家说，政府给一些企业特殊照顾、给它们垄断权无伤大雅。有些企业得到政府的特别庇护，具有垄断经营的权利，照理说应该赚很多钱。但是有些经济学家去调研，发现这些企业赚得并不多。既然赚得不多，也就算了，别批评它们了。塔洛克见此便做出反驳：我们不能只看那些企业本身赚了多少钱，它们多赚的钱当然是由消费者掏腰包，但我们还要看到另外一块很大的社会损失：这些企业在争取获得政府的优惠政策的过程中，本身就消耗了大量的资源。例如，政府官员手上有一项优惠政策，它值 100 元。张三想要得到这个优惠政策，花了 50 元来争取；李四也想得到这个优惠政策，又花了 70 元；最后王五花了 90 元把政策争取到手了。对王五而言，争取优惠政策物有所值，但净挣得也不多。我们要看到的是，社会上争夺这项优惠政策的竞争成本，是张三、李四和王五付出的总和，竞争的成本所造成的内耗，远远超过了优惠政策本身的价值。

塔洛克的寻租理论，起源于他对乞丐行为的观察。表面上看，乞丐得到施舍，就像是天上掉下来的馅饼，是白拿的，但只要仔细观察就会发现，乞丐为了得到施舍，也要付出很多努力。例如，一天到晚蹲在那里，看着路过的行人还要点头哈腰。如果行人给的钱多的话，还会吸引一群乞丐，这时候乞丐和乞丐之间就会产生竞争。如果人们习惯把钱给遇到的第一个乞丐，乞丐发现这个规律以后，会每天抢占最优的位置；如果钱最有可能给外表最惨的乞丐，乞丐发现后，就会互相比惨，不洗脸、不洗澡，把自己弄得脏兮兮的。如果这样还斗不过对方的话，他们甚至会自残。这就是塔洛克了不起的发现：乞丐看上去好像能够凭空拿到施舍，但他们拿施舍的过程本身是有竞争的，而竞争本身也是要消耗资源的。只要能够带来收入的资源都称为资产，而对资产的付费就称为租。照理说，寻找能够带来收入的资产，是人类共同的行为。但塔洛克指出，这些行为可以明显地分为两类：一是类似医生研制出治疗癌症的药物、歌星迈克尔·杰克逊改善自己舞姿的行为；二是好像某个年轻人花了 10 年青春在官僚机构里谋取了一份正式的闲职的行为，或者像某家公司通过公关手段拿下垄断经营权的行为。这两种行为，表面上看都是在努力工作，但实际上它们对社会财富有不同的意义。前者增加了社会财富，而后者消耗了社会财富。在经济学界，“寻租”这个词则专指后者的行为，即那些向政府争取优惠政策，让自己得到好处，同时导致社会总资源发生耗散的行为。在很多国家，由于制度设计不当，寻租行为非常普遍。这解释了为什么在这些国家里，人们虽然每天都很忙，但整个国家非常穷。

第二节 外 部 性

一、外部性的定义与分类

前面我们在讨论微观经济理论，特别是其中“看不见的手”的原理时，都没有考虑经济活动的外部性，即假定单个消费者或生产者的经济行为对社会上其他人的福利没有影响，即不存在所谓“外部影响”。但是，在实际经济中，这个假定往往并不能够成立。在很多时候，某个人（生产者或消费者）的一项经济活动会给社会上其他成员带来好处，但他自己不能由此得到补偿。或某个人（生产者或消费者）的一项经济活动会给社会上其他成员带来危害，但他自己却并不为此支付足够抵偿这种危害的成本。

当某种商品的生产或消费所产生的效应扩散与波及当事人之外时，就出现外部经济效果，即外部效应或外部影响。

外部性可以有以下几种分类。

按影响的范围划分，外部性可以分为“消费外部性”和“生产外部性”。消费外部性指的是一个消费者的消费活动直接影响了另一个经济主体的生产或消费，而消费者不用付出一定代价。例如，一个人的效用可能因为其他人吸烟、放高音喇叭而受损，也会因邻居种植鲜花、美化环境而受益。生产外部性指的是厂商的生产影响了其他人的福利，但不用计入生产成本的现象。例如，河流下游的渔场受到上游钢铁厂排放废料的损害，养蜂业受益于果树种植面积的扩大。

根据外部影响的“好与坏”，外部性可分为正的外部性和负的外部性。正的外部性也称“外部经济”，指某个经济行为主体的行动使他人或社会受益，而受益者无须花费代价。例如，种花、栽树等行为对邻居的影响，养蜂业对果树种植的影响等。负的外部性也称“外部不经济”，指某个经济行为主体的行动使他人或社会受损，而造成外部不经济的人却没有为此承担成本。负的外部性的特征是某经济当事人的行动引起他人效用的减少或成本的增加。抽烟、噪声、污染等造成的影响就是如此。

具体来讲外部性主要有以下四种。

1. 生产的外部经济

当一个生产者采取的行动对他人产生了有利的影响，而自己却不能从中得到报酬时，便产生了生产的外部经济。生产的外部经济的例子很多。例如，一个企业对其所雇用的工人进行培训，而这些工人可能转到其他单位去工作。该企业并不能从其他单位索回培训费用或得到其他形式的补偿。因此，该企业从培训工人中得到的私人利益就小于该活动的社会利益。

2. 消费的外部经济

当一个消费者采取的行动对他人产生了有利的影响，而自己却不能从中得到补偿时，便产生了消费的外部经济。例如，当某个人对自己的房屋和草坪进行保养时，他的隔壁邻居也从中得到了不用支付报酬的好处。此外，一个人对自己的孩子进行教育，把他们培养成更值得信赖的公民，这显然也使其隔壁邻居甚至整个社会都得到了好处。

3. 生产的外部不经济

当一个生产者采取的行动使他人付出了代价而又未给他人以补偿时，便产生了生产的外部不经济。生产的外部不经济的例子也很多。例如，一个企业可能因为排放脏水而污染了河流，或者因为排放烟尘而污染了空气。这种行为使附近的人们和整个社会都遭到了损失。再如，因生产的扩大可能造成交通拥挤、对风景的破坏等。

4. 消费的外部不经济

当一个消费者采取的行动使他人付出了代价而又未给他人以补偿时，便产生了消费的外部不经济。和生产者造成污染的情况类似，消费者也可能造成污染而损害他人。吸烟便是一个明显的例子。吸烟者的行为危害了被动吸烟者的身体健康，但并未为此而支付任何东西。此外，还有在公共场所随意丢弃果皮、瓜壳等。

上述各种外部影响可以说是无所不在、无时不在。尽管就每一个单个生产者或消费者来说，他造成的外部经济或外部不经济或许对整个社会微不足道，但所有这些消费者和生产者加总起来，所造成的外部经济或外部不经济的总的效果将是巨大的。例如，由于生产扩大而引起的污染问题现在已经严重到危及人类自身生存环境的地步了。

二、外部性带来的后果

各种形式的外部影响的存在造成了一个严重后果：完全竞争条件下的资源配置将很难达到最优状态。换句话说，即使假定整个经济仍然是完全竞争的，但由于存在着外部影响，整个经济的资源配置也不可能达到最优状态。“看不见的手”在外部影响面前失去了作用。

为什么外部影响会导致资源配置失当？原因非常简单。例如，我们先来考察外部经济的情况。假定某个人采取某项行动的私人利益为 V_p，该行动所产生的社会利益为 V_s。由于存在外部经济，故私人利益小于社会利益，即 $V_p<V_s$。如果这个人采取该行动所遭受的私人成本 C_p 大于私人利益而小于社会利益，即 $V_p<C_p<V_s$。尽管从社会的角度来看，该行动是有利的，但这个人显然不会采取这项行动。例如，进行研究与开发的活动。由于别人很容易模仿创新成果，从而分享该创新者的利润，进行研究与开发的报酬减少。出于创新很难受到保护，这就使得创新的动力不足，市场无法为创新提供足够的经费，创新的提供量低于了社会对它的需求量。

再来考察外部不经济的情况。假定某个人采取某项活动的私人成本和社会成本分别为 C_p 和 C_s。由于存在外部不经济，私人成本小于社会成本，即 $C_p<C_s$。如果此人采取这一行动的利益 V_p 大于它的私人成本 C_p 而小于社会成本 C_s，即 $C_p<V_p<C_s$。尽管从社会的角度来看，该行动是不利的，但此人会采取这一行动。如果此人放弃行动，他将损失(V_p-C_p)。例如，一个化工厂把污染物直接排放出来，污染了环境。由于污染者的行为使其他人的利益受到了侵害，受害人有权要求补偿，污染者也应该为自己行为的后果负责，但是这种改进却很难实现。这是因为，如果没有外力的作用，污染者是不会主动承担责任的，并且当污染涉及面较大时，污染者与受害者就很难达成协议，其中也难免有免费搭车者，并且对于污染所造成的伤害，无论是在程度的确定，还是在法律条款的使用上都存在着难度。

三、外部性的校正方法

1. 行政措施

当采用经济的手段不能纠正由外部性引起的资源配置低效率时，就存在着国家行政调节的可能性。政府调节机构将确定资源的最优配置，用行政指示生产者提供最优的产量组合，调整工业生产布局，严格限制厂址的选择。

在公共资源领域和市场上，有些发达国家正在建立发布行政计划因素的制度框架。例如，强行建立限制捕鱼区，规定渔网每平方米的孔数和制定一些其他规则，以减缓这些公共资源过度使用造成的无效率现象。在美国，石油资源可以归私人所有，但政府实行包括分配制、油田统一管制在内的管理办法。政府还可以对某些生产过程进行管制。例如，不允许使用某些品种的煤，或者要求公司修建规定高度的大烟囱，等等。在个人消费领域和一些公共场合，政府行政机构也可以颁布一些禁令或规则，如把车厢、飞机场或某些场所划分成无烟区，设置吸烟室，强令私人小汽车安装消除污染的设备，等等。

2. 税收和补贴

对造成外部不经济的企业，国家应该征税，其数额应该等于该企业给社会其他成员造成的损失，从而使该企业的私人成本恰好等于社会成本。例如，在生产污染的情况下，政府向污染者收税，其税额等于治理污染所需要的费用；反之，对造成外部经济的企业，国家可以采取津贴的办法，使得私人利益与社会利益相等。无论哪种情况，只要政府采取措施使得私人成本和私人利益与相应的社会成本和社会利益相等，则资源配置就可以达到帕累托最优状态。

3. 内部化

如果一个企业的生产影响到另一个企业，就会出现外部性。如果影响是正的，也就是发生外部经济，则这个企业的生产会低于社会的最优水平；反之，如果影响是负的，即外部不经济，则这个企业的生产会高于社会的最优水平。但是如果把这两个企业合并为一个企业，此时外部性就会消失，即被内部化了。合并后的单个企业为了自己的利益将使自己的生产确定在其边际成本等于边际收益。这样，外部影响就不会出现，故合并企业的成本与收益就等于社会的成本与收益，于是资源配置达到帕累托最优状态。

4. 划分产权

在很多情况下，外部影响之所以导致资源配置失当，是因为财产权不明确。如果财产权是完全确定的并得到充分保障，则有些外部影响就可能不会发生。例如，某条河流的上游污染者使下游用水者受到损害。如果给予下游用水者以使用一定质量水源的财产权，则上游的污染者将因把下游水质降到特定质量之下而受罚。在这种情况下，上游污染者便会同下游用水者协商，将这种权利从他们那里买过来，然后再让河流受到一定程度的污染，而上游化工厂也就为自己的污染付出了成本。同时，遭到损害的下游用水者也会使用他出售污染权而得到的收入来治理河水。总之，由于污染者为其不好的外部影响支付了代价，于是就会出现私人成本与社会成本相等，外部性会消失。

四、科斯定理

关于科斯定理，科斯本人并没有一个明确的说法，其他西方经济学家则给出了许多不同的表达方式。虽然这些表达方式大体上是相同的，但仍然存在着细微的差别。下面是一种比较流行的说法：只要财产权是明确的，并且其交易成本为零或者很小，则无论在开始时将财产权赋予谁，市场均衡的最终结果都是有效率的。

为了说明这一定理，我们举一个具体的例子。假设有一个工厂，它的烟囱冒出的烟尘使得居住于工厂附近的 5 户居民所洗晒的衣服受到污染，由此造成的损失每户为 75 元，从而 5 户的损失总额为 $5\times75=375$（元）。再假设存在着两种治理污染的办法：一是在工厂的烟囱上安装一个除尘器，其费用为 150 元；二是给每户居民提供一台烘干机，使他们不需要到外面去晒衣服。烘干机的费用为每户 50 元，5 户的成本总和是 250 元。显而易见，在这两种解决办法中，第一种的成本低，因而代表着最有效率的解决方案。这种最有效率的解决方案在西方经济学中就被称为帕累托最优状态。

按照科斯定理的含义，在上面的例子中，不论给予工厂烟囱冒烟的权利，还是给予 5 户居民晒衣服不受烟尘污染的权利（即上述的财产所有权的分配），只要工厂与 5 户居民协商时其协商费用（即上述的交易成本）为零或者很小，那么市场机制（即自由进行交易）总是可以得到最有效率的结果（即采用安装除尘器的办法）。

为什么会如此呢？按照科斯等西方经济学家的解释，一方面，如果把排放烟尘的财产所有权给予工厂，即工厂有权排放烟尘，那么 5 户居民便会联合起来，共同给工厂的烟囱义务安装一架除尘器，因为除尘器的费用只有 150 元，远远低于 5 台烘干机的费用 250 元，更加低于未装除尘器时晒衣服所受到的烟尘之害（375 元）。另一方面，如果把晒衣服不受烟尘之害的财产权给予 5 户居民，那么工厂便会自动地给自己安装除尘器，因为在居民具有不受污染之害的财产权的条件下，工厂就有责任解决污染问题，而在两种解决污染的办法中，安装除尘器的费用较低。因此，科斯定理宣称，只要交易成本为零或者很小，则不论财产权归谁，自由的市场机制总会找到最有效率的办法，从而达到帕累托最优状态。

当然，科斯定理的结论只有在交易成本为零或者很小的情况下才能得到。如果不是这样，结果就会不同。例如，假设在工厂具有排放烟尘的财产权的条件下，如果 5 户居民联合在一起共同行动的费用很大（125 元），那么为了共同行动给工厂安装除尘器，他们的总支出就是 $125+150=275$（元）。在这种情况下，5 户居民便会各自去购买一台烘干机，因为这样做的结果总共只需要花费 250 元。然而，这却不是一个最有效率的结果。

虽然科斯定理能够解决一些外部性问题，但是有些条件是难以满足的。例如，财产权的明确问题，一些资源的财产权就很难划分清楚，如空气等。共有财产的产权则是模糊的和非排他性的，其使用权名义上属于公众，实际上任何人都可以自由使用公共财产而无须征得他人的同意或缴纳相应费用。作为污染物载体的空气和水就是典型的公共财产。对于这一类公共财产来说，明确产权即使在理论上说得通，在现实中也根本做不到。假定政府采用明确产权的办法来试图消除因空气污染导致的外部性，即规定任何人只能污染属于他个人的那一份空气，这样做的结果必然是：明确产权所必需的监督和强制执行成本（即为确定某一经济当事人所污染的空气的产权归属所需要的交易成本）不但大大高于空气污染造成的损失，而且很可能高得达到人类社会无法承受的地步。显然，在这种情况下，通过国家干预来防治空气污染才是现实的选择。另外，即使财产权划分清楚了，是否能够转让还是个很难解决的问题。在高交易成本的条件下，假定污染者排污给受害者带来的经济损失高于污染者从中得到的私人纯收益，那么在污染者有排污权的前提下，高交易成本使受害者无法阻止污染者排污；反之，如果是否可以排污的决定权在受害者手里，则污染者将被迫安装污水处理装置或停产。

五、生活中的经济学

案例 9.3

紫金矿业污染事件

紫金矿业集团股份有限公司是一家以金、铜等金属矿产资源勘查和开发为主的大型跨国矿业集团。公司于 2000 年成立，经过近 20 年的发展，公司资产规模、营业收入和累计利税均超过 1000 亿元，是中国矿业行业效益最好、控制金属矿产资源最多、最具竞争力的大型矿业公司之一。公司先后在香港 H 股和上海 A 股整体上市。

紫金矿业的董事长于 20 世纪 90 年代找到了用氰化钠溶液提炼黄金的方法，使原先没有开采价值的低品位矿具有了开采价值。紫金矿业的采矿成本大大低于同行业，2007 年紫金矿业每克矿产金的成本只有 57.64 元，仅为国内平均水平的 45%。但是这种低成本的开采带来了巨大的污染。在这种方法提炼黄金的过程中，会产生含剧毒氰化钠的废水和含金属的有毒污水，通常要集中处理，否则就会严重污染环境。2007 年紫矿业收购湖北鑫丰矿业后，将鑫丰矿业的生产工艺进行了改造，但是改造后产生了大量残余水分的尾矿渣，成为新的污染隐患。

在紫金矿业的发展中，曾出现过重大的污染事件。2006 年位于贵州省贞丰县境内的紫金矿业贞丰水银洞金矿发生溃坝事故，尾矿库中约 20 万立方米含有剧毒氰化钾等成分的废渣、废水溢出，下游两座水库受到污染。2009 年 4 月底，紫金矿业下属的、位于河北张家口崇礼县的东坪旧矿尾矿库回水系统发生泄漏事故，对当地水资源产生污染。2009 年底，福建龙岩市环保局连收到两封投诉信，称“紫金矿业污染武平下村村矿区水源非常严重，连池塘的鱼都死了”。这些污染事件不但对当地的生态系统产生了严重的威胁，更为重要的是已经对人民的生活产生了深远的负面影响。

2010 年 7 月 3 日，紫金山金铜矿所属铜矿湿法厂污水池中含有铜酸性废水渗漏后，最终流入汀江，泄漏含铜酸性废水 9176 立方米，造成下游水体污染和养殖鱼类大量死亡，上杭县城区部分自来水厂停止供水 1 天。2010 年 7 月 16 日，用于抢险的 3 号应急中转污水池又发生泄漏，泄漏含铜酸性废水 500 立方米，再次对汀江水质造成污染。这致使汀江河局部水域受到铜、锌、铁、镉、铅、砷等的污染，造成养殖鱼类死亡达 370.1 万斤，经鉴定鱼类损失价值人民币 2220.6 万元；同时，为了网箱养殖鱼类的安全，当地政府部门采取破网措施，放生鱼类 3084.44 万斤。2013 年 6 月 18 日最高人民法院公布了对紫金矿业紫金山金铜矿重大环境污染事故案的处罚，紫金矿业被处罚金人民币 3000 万元，多名企业负责人被追究刑事责任。

在紫金矿业的发展中，虽然对地方经济的发展做出了贡献，但是对当地的环境也造成了极大的破坏，这一问题的解决最终没有依靠市场，而是通过法律手段部分解决这一问题。从这一案例中，我们可以看到市场是不能完全解决外部不经济问题的，也要依靠非市场手段来加以解决。

案例 9.4

产权兴起动力之一：外部性

经济学家哈罗德·德姆塞茨（Harold Demsetz）曾经分析过产权在美洲兴起的过程。在美国，起初并没有非常明确的产权界定。当时人们打猎，见到一只动物，谁打到就是谁的，不需要进行非常明确的产权界定。这种状况一直持续到航海的兴起。航海兴起后，动物的毛皮可以通过航海运送到欧洲去卖，毛皮变得值钱了，因此打猎的人越来越多。打猎的人越多，动物的数量就越少。这时就产生了所谓的外部性，我们多打一只，别人就少打一只。因此，社会就逐步产生了对产权保护的需求。但问题是，动物的产权怎么界定？动物到处跑，不能指着动物说“这只动物是我的，那只动物是他的”，这时人们就需要依靠自然环境的帮助。在美国的东北部，大多数动物都是穴居动物，它们有个特点，就是离自己的窝不会太远。因此人们虽然很难界定动物归谁，但是可以界定哪个山头归谁。只要山头确定好了，基本就可以确定山里的动物归谁了。这时就形成了产权界定和行使的一个雏形，一个一个山头，就从原来的公有慢慢界定到集体所有，甚至界定到家庭所有。美国西南部的产权界定：牛仔与铁丝网。美国的西南部虽然也有大量动物，但在那里却没形成产权的制度安排。因为美国的西南部是大量的平原，那里的动物大部分是迁徙动物，经常从一个地方迁徙到另外一个地方，所以很难像美国东北部那样根据山头来判定动物的归属。只有修墙才可以确定一大片平原的具体归属，但是一大片平原的修墙成本非常高。当时美国西南部用的是“人肉墙”，也就是通过牛仔骑着马巡逻的方式进行产权的界定。而美国西南部真正的产权界定，是从铁丝网的普及开始的。美国有产权经济学家做过研究统计，在 19 世纪 60 年代的那 10 年间，美国国家专利局颁布了 360 多项关于铁丝网使用的专利。

而到了 1880 年，也就是在 20 年间，美国总共卖出了超过 8000 万磅①的铁丝网，这些铁丝网能够修筑 50 多万英里②的墙。这时，美国才对这些大面积平原的土地产权进行界定。

案例 9.5

产权兴起动力之二：人口集聚

产权兴起的另一个重要原因是，交通运输成本持续大幅下降，使得人和货物远距离的旅行和运输成为可能，而这导致的直接后果就是人和货物的高度集聚。人可以密集地居住在一起，这时人与人之间的各种冲突也就越来越多，于是便产生了对产权，也就是对“排他性权利安排”的需求。美国黄石国家公园是一个保护大自然的天堂，但它不是由环保人士，而是由铁路公司建立起来的。因为当时美国有《宅地法》，一块地谁占了，谁在上面耕作，它就归谁，大片的荒地就这样被人占有了。这时铁路公司发现自己的利益受到了损害。因为很多人坐火车，在铁路沿途观光也是一大需求，如果所有的地都被人开发了，沿途美景遭到了破坏，铁路公司的生意就会大受影响。于是铁路公司开始不断向国会游说，说要保护沿途的自然景观不受破坏。最后黄石国家公园就在这样的目的下建立了。

第三节　公 共 物 品

微观经济学是以单个经济单位的行为作为考察对象，所以前面所分析的物品都是私人物品，其特点是消费中的竞用性和排他性。但是，在实际经济生活中也有不存在竞用性和排他性但又是供人们消费的物品，西方经济学把这类物品称为公共物品。

一、私人物品与公共物品

私人物品是指在使用价值上具有排他性和竞用性特征的商品，包括衣服、食品、住房、交通工具等各种供个人消费的商品和劳务。私人物品有两个鲜明的特点：一是排他性，即只有为商品支付价格的人才能够使用该商品；二是竞用性，即如果某人已经使用了某个商品，则其他人就不能再同时使用该商品。而公共物品作为由公共部门提供的产品和劳务，在使用价值上具有非排他性和非竞用性的特征。由于商品消费受益的外在化，任何个人消费了某种商品并不排斥任何其他个人消费同种商品。这样，消费同种商品的不同个人就不会为消费同种商品而相互竞争，因而消费者个人也不可能为消费公共物品而自愿出价。公共物品与私人物品的区别主要表现在以下几个方面。

一是公共物品的使用不具有排他性与竞用性。也就是居民甲的使用并不影响居民乙的使用。有些公共物品甚至可以由全体居民共同享用，典型的如国防；而私人物品的特征之

① 1 磅=0.453 592 千克。

② 1 英里=1.609 344 千米。

一就是使用中的排他性与竞用性。商场里一件商品卖给居民甲就不能同时再卖给居民乙。居民甲要想多消费一件某产品，居民乙就必须相应少消费一件居民甲想要的那种产品。

二是公共物品的生产和提供所需的资金来自税收。依法纳税是各国公民的基本义务。在纳税过程中政府参与社会成员收入的再分配。而私人物品的购买由居民自己出钱，居民甲和居民乙想买什么，需要花自己的钱。

三是居民对公共物品的享受与花费不是一对一的。人们享用公共物品，有人花费（纳税）多，有人花费少，还有人没有花费。而对私人物品的享用与花费是一对一的，多享用多花费，不享用不花费。

四是公共物品的提供与筹资决策过程也是公共的。公共物品的提供和使用都要经过一定的程序，由公众或者其代表来共同决定。而私人物品的决策由个人做出。

二、公共物品的分类与特点

公共物品按其使用价值特点可分为纯公共物品和准公共物品。所谓纯公共物品，是指同时具有非排他性和非竞用性的商品，即任何个人从中享有的受益都不排斥其他人同时从中受益，任何个人也不会为享有利益而相互竞争，如国防、治安、航海灯塔等。

准公共物品指具有有限的非竞用性和非排他性的物品，如公路、桥梁、教育、医疗等可供个人和企业使用的设施和服务。准公共物品分为两类：一类是与规模经济有联系的物品，称之为自然垄断型公共物品，如下水道系统、供水系统、铁路运输系统、公路交通系统、天然气煤气系统、电力输送系统、电话电信系统、道路照明与桥梁涵洞设施、警察消防服务、基础科学研究工作等。这类公共物品一般来说都属于社会基础设施。另一类为绩效型公共物品，即那些不论人们的收入水平如何都应该消费或得到的公共物品。这类绩效型公共物品的典型例子包括社会卫生保健、住房、中小学教育、传染病免疫措施、必要的娱乐设施、必要的社会安全保障条件等。

准公共物品的这两类物品有一个共同的特点，即它们具有“拥挤性”，尤其是自然垄断型公共物品和绩效型公共物品中的教育与娱乐文化设施等。换言之，在准公共物品的消费中，当消费者的数目从零增加到某一个可能是相当大的正数即达到了拥挤点时，就显得十分拥挤。在没超过拥挤点的范围内，可以增加额外的消费者，而不会发生竞争。当超过拥挤点以后，增加更多的消费者将减少全体消费者的效用。在达到拥挤点之前，每增加一个消费者的边际成本是零，例如，在音乐厅欣赏音乐，人们在街道和桥梁上行走，在公园里赏花，等等。随着消费者的不断增加，超过拥挤点以后，新增加的消费者的边际成本开始上升。当最后达到容量的绝对限制时，增加额外消费者的边际成本趋于无穷大。再如，餐厅服务、体育表演、野营地、风景区、猎场及绝大部分基础设施的消费等。

三、公共物品的最优数量

从理论上来讲，如果每个人都能了解自己对公共物品的需求，则可以通过加成的方法得出整个社会对公共物品的需求，但这里需要注意的是公共物品的市场供给曲线不是个人需求曲线的水平相加，而是它们的垂直相加。因为公共物品具有消费品的非竞用性，每个消费者消费的都是同一商品总量，因而每一消费者的消费量都与总消费量相等。但对于这个总消费量所支付的价格，却是所有消费者支付的价格总和。这样，市场需求曲线和市场供给曲线的交点决定了公共物品的均衡数量，它也代表着公共物品的最优数量，因为在这个产量水平上，公共物品的边际成本等于总的社会的边际效益。仍需注意的是，公共物品的最优标准不同于私人物品的最优标准。因为私人物品的最优数量取决于每个消费者的边际效益与边际成本相等，而公共物品的最优数量取决于每个消费者的边际效益之和与边际成本相等。造成这种区别的根本原因仍在于消费是否具有竞用性。

虽然我们从理论上分析出公共物品的最优数量的决定，但是在实际经济生活中很难确定它的最优数量，因为公共物品的市场需求曲线是假定的，原因有二：一是消费者不能准确地陈述他对公共物品的需求与价格的关系；二是消费者为了少支付价格或不支付价格，会低报或隐瞒自己的偏好，都想不支付成本而得到利益。正因为如此，我们无法得到每个消费者对公共物品的需求曲线，更说不上把它们加总得到公共物品的市场需求曲线了。

即使能够得到公共物品的市场需求曲线，但在实际中，市场本身提供的公共物品通常低于最优数量，也就是说通过市场机制来配置公共物品生产的资源常常会不足。因为在竞争的市场中，如果是私人物品，则市场均衡配置是最优的。生产者之间的竞争将保证消费者面对的是等于商品的边际成本的同样价格，消费者则在既定的商品产出量上展开竞争。某个消费者消费一单位商品的机会成本就是在市场价格上卖给其他消费者的同样一单位商品，故没有哪一个消费者会得到低于市场价格而买到商品的好处。但是，如果是公共物品，即使它是可排他的，情况也将完全不同。任何一个消费者消费一单位商品的机会成本总为零，也就是说，没有任何消费者要为他所消费的公共物品去与他人竞争。因此，市场不再是竞争的，如果消费者认为他自己消费的机会成本为零，他就会尽量少支付给生产者以换取公共物品的权利。如果所有消费者都这样行事，则消费者支付的数量就将不足以弥补公共物品的生产成本，结果便是低于最优数量的产出，甚至是零产出。

对于私人物品而言，由于商品具有排他性和竞用性的特征，适宜于按市场原则，通过价格竞争来决定由谁消费、消费多少，生产者也根据消费者出价所显示的消费者偏好来决定生产什么、生产多少，并使资源得到有效配置。然而，就公共物品而言，由于商品具有非排他性和非竞用性的特征，按市场原则，通过价格竞争决定商品的提供方式变得不可行，或者低效率。这是因为对于非排他性商品，每个人都从消费中分享受益，自然不会出价购买公共物品，从而使个人取得公共物品的机会成本为零。然而，提供公共物品都要花费成本、付出代价。对于具有竞用性的准公共物品，也可能由于代价太大而不得不放弃消费。所以说，对于公共物品，市场机制调节资源配置的作用完全失灵，市场机制无能为力，这必然要求由政府介入提供公共物品，否则免费搭车问题会越来越严重。

四、公共物品的供应

公共物品的生产和消费问题不能由市场上的个人决策来解决。因此，政府必须对公共物品的提供进行干预。政府如何来确定某种公共物品是否生产、生产多少及如何生产呢？一般采用成本-收益分析方法。这种方法首先要顾及一个项目所需的成本及它所可能带来的收益，然后将两者加以比较，最后根据比较的结果来决定项目是否可行。

虽然公共物品的提供需要政府进行干预，但是并不意味着所有的公共产品必须由政府来提供。一般来讲，公共物品的供给可以由政府提供，也可以由私人单位来提供。而即使是私人单位来提供，同样也需要政府的参与或调节。

政府是纯的公共物品供给者，如国防、灯塔等。而对于一些准公共物品，各国政府的做法有所差异。欧洲（尤其北欧）各国地方政府在许多绩效型公共物品（准公共物品）供给方面表现出直接经营的一些特点，而美国较多地通过私人企业进行间接经营，日本和法国等就另有一种特点：主要由地方公共团体经营。日本的国有企业在日本经济中起着重要作用。随着产业演进从第一产业向第二产业的转移，基础设施显得越来越重要，基础设施不完备就必然影响投资效益。但基础设施远不如重化工业利润多，因此私人很少愿意投资，而只能由国家以国有企业的形式来承担基础设施投资。因此，日本自然垄断型的公共物品几乎全部由国有企业来提供。日本的国有企业是由地方公共团体来经营的。地方公共经营的这些企业可以从事有利于地方居民福利的任何事业，其“法定事业”有 7 项：自来水、工业水、铁路、汽车运输、地方铁路、电、煤气。

西方国家在公共物品的私人生产与经销方面可以归纳为以下六种方式。

（1）签订合同。采用与私人公司签订合同经营公共物品是发达国家使用最普遍、范围最大的一种形式。适用于这一类的公共物品主要是具有规模经济性的自然垄断型公共物品，大部分为基础设施，还包括一部分公共服务行业。

（2）授予经营权。在发达国家，许多公共领域都以这种方式委托私人公司经营，如自来水公司、电话、供电等。此外，还有很多公共项目也是由这种方式生产经营的，如电视台、广播电台、航海灯塔、电影制作、报纸、杂志、书籍等。

（3）经济资助。欧美国家对民营公共物品经济资助的途径和方式非常多，主要形式有补助津贴、优惠贷款、无偿赠款、税收、直接投资等。财政补贴的主要公共领域是科学技术、住宅、教育、卫生、保健、图书馆、博物馆等。

（4）政府参股。政府参股的方式主要有：收益分享债券、收购股权、国营企业经营权转让、公共参与基金。政府参股方式主要应用于桥梁、水坝、发电站、高速公路、铁路、电信系统、港口、机场等。比较引人注目并且效果较好的参股领域之一是高科技开发研究。

（5）法律保护私人进入。用法律的手段允许、促进并保护私人进入公共物品的生产经营领域不但减轻了国家的财政负担，而且能提高服务质量和消费效率。这个办法不仅适用于自然垄断型公共物品，还通用某些绩效型公共物品，如教育、医疗等领域。

（6）社会自愿服务。传统上讲，几百年来西方国家在许多公共领域允许社会各种团体和个人持合法执照经营。只要遵守宪法和有关法律，不管是个人、团体、教堂、慈善机构、股份公司、企业家、基金会、境外人士等，均可以参与经营。此外，营利性动机和非营利性动机都可以被核准经营。

五、生活中的经济学

案例 9.6

青藏铁路促进了区域经济发展

青藏铁路是一条连接青海省西宁市和西藏自治区拉萨市的铁路，起于青海省西宁市，途经格尔木市、昆仑山口、沱沱河沿，翻越唐古拉山口，进入西藏自治区安多、那曲、当雄、羊八井，最终到西藏自治区拉萨市。青藏铁路是中国新世纪四大工程之一，是通往西藏腹地的第一条铁路，也是世界上海拔最高、线路最长的高原铁路。

青藏铁路早在 1995 年就开始了论证工作，在后续的 6 年中，中国政府各个部门进行了全方位的认证工作。2001 年 6 月 29 日，中央政府决定修建青海格尔木至西藏拉萨的铁路。2002 年 5 月青藏铁路冻土试验全面铺开，2003 年 3 月青藏铁路铺轨穿越昆仑山隧道，2003 年 8 月青藏铁路铺架工程成功通过可可西里无人区，2005 年 8 月 24 日，青藏铁路铺轨通过唐古拉山，2005 年 10 月 12 日，青藏铁路全线铺轨完成。2006 年 7 月 1 日青藏铁路全线开通试运营，2011 年 6 月 29 日，青藏铁路西格段复线建设完工并实现电气化运营。2016 年 9 月 12 日，青藏铁路换轨工程正式完工。

青藏铁路的建成运行使中国主要城市与尼泊尔贸易的陆路运输时间从 12～18 天缩短到一周以内，极大地降低了进出西藏货物的运输成本，提高了经济效益。这有利于促进西藏在工业、旅游业、采矿等产业的发展，对改变青藏高原贫困落后面貌，促进青海与西藏经济社会又快又好地发展产生广泛而深远的影响。

在青藏铁路全长 1956 千米的路途中，需要穿越戈壁荒漠、沼泽湿地和雪山草原，铁路穿越海拔 4000 米以上的地段达 960 千米，最高点为海拔 5072 米。在建设中面临着三大世界铁路建设难题：千里多年冻土的地质构造、高寒缺氧的环境和脆弱的生态。在进行铁路建设时，建设者还面临着严寒与高原反应，对建设者的身体造成了威胁和伤害。为了战胜高寒缺氧的恶劣环境，保障铁路建设者的生命健康，铁道部、卫生部投入近 2 亿元，在全线建立医疗卫生保障点；建立健全了三级医疗保障机构；铁路沿线共设立医疗机构 115 个，配备医务人员 600 多名。青藏铁路从认证到最后竣工，历时 22 年的时间。因此青藏铁路修建的成本高、周期长。

早在规划时期，就有人预言这条铁路会是一条赔钱的路。甚至有些人通过估算，得出青藏铁路的平均运营成本是普通铁路平均运价的三倍多。但是，青藏铁路的建设对国家、西藏、青海地区的人民具有重要意义，因此在这一背景下，由政府出资进行建设，使得青藏铁路得以顺利建成。青藏铁路总投资 330 亿元，其中 75%的资金来源于国债，25%来源于中国的铁路建设基金。

青藏铁路建成投资后，运营部门通过多种措施降低运营成本，提高运营效率。青藏铁路通车的第一年，就为西藏节约运输成本 1.73 亿元，2006 年客运量达到了 648.2 万人次，货运量达到了 2491 万吨。2018 年客运量增长到 1655.6 万人次，货运量达到 3400.3 万吨，年增长率分别为 8.1%、2.6%。青藏铁路的建成取得了社会效益和经济效益的双丰收。

案例 9.7

庇古论道路拥堵

中国乃至世界上的各大城市都面临一个共同的问题，那就是道路拥堵。100 多年前有一位名叫阿瑟·塞西尔·庇古（Arthur Cecil Pigou）的经济学家，最早讨论了道路拥堵问题。他出版过一部书，叫《福利经济学》(*The Economics of Welfare*，1918 年)。在书中，庇古举了这样一个例子。在 A 地和 B 地之间有两条路，一条是快速通道，另一条是慢速通道。快速通道的缺点是比较窄，慢速通道虽然很宽，但泥泞、坎坷。如果人们要从 A 地到 B 地，会选择哪一条道路？当然，第一个人会选择比较狭窄的快速通道，第二个人也选择快速通道，之后的每一个人都选择快速通道，但随着车辆越来越多，快速通道开始变得拥堵，车辆行进的速度就一点点地慢下来了。最终会有那么一个人，还是继续选择了快速通道，但恰恰是由于这最后一人的进入，快速通道上车辆运行的速度进一步下降，下降到了与那条慢速通道一样的水平。庇古说，最后这个人的选择，对快速通道上的每一辆车都造成了影响，因此，自由经济不好。当每个人都追求自己的利益最大化时，就会伤害别人，所以政府应该管一管，要想办法阻止一些人进入这条比较窄的快速通道。庇古提出用征税的办法，把一部分司机从这条路上赶走。庇古建议的这种税，被后来的经济学家称为“庇古税”。

第四节 不完全信息

完全竞争市场的一个重要假定是信息的完全充分性，即市场的供求双方对于所交换的商品有充分的信息，并具有同等的了解。例如，消费者充分了解自己的偏好，了解商品的性能、价格、质量等；生产者充分了解自己的生产函数，了解自己以何种价格出售何种商品等。这种买卖双方对产品的特征和可能的价格具有完全的市场信息，是完全竞争市场得以有效配置资源的一个重要前提。

一、不完全信息与其影响

在实际经济生活中完全信息的假定是不能成立的。因为，首先，从消费者来看，对于产品的质量不可能有全面的了解，当然也不可能对产品可能提供的效用进行正确评价。其次，商品价格水平的决定受多种因素的影响，所以消费者对于商品的价格也不可能具有完全的信息。再次，从生产者来看，在一个复杂多变的经济环境中，他不可能对自己的产品完全了解，也不可能对消费者完全了解。最后，买卖双方在对产品信息的了解上具有不对称性。例如，在劳动力市场上，雇员推销自己时，他知道自己的能力，而雇主不了解；在旧货市场上，卖方清楚自己的旧货质量，但买方却很难了解清楚。

因此，这里所讲的信息不完全不仅是指那种绝对意义上的不完全，即由于认识能力的限制，人们不可能知道在任何时候、任何地方发生或将要发生的任何情况，还指相对意义上的不完全，即市场经济本身不能够生产出足够的信息并有效地配置它们，也就是信息的不对称性。

信息不对称是如何来影响市场对资源的配置的呢？下面用一个旧车市场的例子来解释信息不对称导致的市场后果。假设有一个旧车市场，在市场刚开始形成的时候，市场中既有高质量的旧车，又有低质量的旧车。对于旧车的卖家来说，他对旧车的质量是清楚的。而对于旧车的买家来说，他对于旧车的质量是不太清楚的，或者说是不清楚的。这样在买卖双方就出现了对旧车质量信息上的不对称。在这种情况下，为了简化起见，再排除卖家以次充好的情况，即卖家按照车的质量来标价。高质量旧车的卖家会标一个高的价格，而低质量旧车的卖家会标一个低的价格。但是由于存在着信息不对称，买家难以准确掌握旧车的质量，根据理性人的原则，买家当然不会按照高价来出价。另外为了成交，卖家也不会按照低价进行出价，因此最后市场成交价格必然是中间价格。这样，一部分高质量旧车的卖家会由于买家出价太低，不愿意出让而退出市场；低质量旧车卖出了好价钱，反而会吸引更多的低质量旧车进入市场。当更大比例的低质量旧车进入市场之后，市场成交的价格将会进一步降低，于是又有更多的高质量旧车退出市场。如果这个过程继续进行下去，最终的结果就是在市场上只剩下低质量旧车。这样就出现了劣货驱逐良货的情况。这就是信息不对称所导致的市场逆选择。市场不能实现资源的有效配置，从而出现市场失灵。

除了在旧车市场上，在保险市场也会出现不完全信息的现象。在进行医疗保险时，保户要比保险公司更清楚自己的身体状况和日常的生活习惯，这样就出现了信息不对称。保险公司使用统一的保险合同，面对同样的保险条款，身体好而且没有什么不良生活习惯的人就不会去参加保险，相反身体不好而且有不良生活习惯的人会更积极地参加保险，这样保险公司的风险就会增加。如果过程继续的话，也会出现旧车市场上的逆选择现象。参加保险的只剩下身体不好且有不良生活习惯的人。这样，保险公司不得不停止保险业务。

另外，由于信息不对称，保险市场上还会出现道德风险，或者是败德行为，即当某一顾客投保之后，保险公司不可能完全监控投保人在购买保险后行为会发生何种改变，这样在保险公司与保户之间就存在着信息不对称，这类问题又被称为道德风险。简言之，当投保人能够影响决定支付保险理赔金额的事件发生的概率和大小时，道德风险就发生了。例如，如果一个人有全额医疗保险，就会比只有限额医疗保险时多到医院就诊。如果承保者能监督投保人的行为，他就会向该保户要求更高的保费。但是，如果不能监督投保人的行为，保险公司会发现，它的保险理赔金额支付的比预期的要多。道德风险将迫使保险公司提高它的保费，甚至迫使保险公司完全拒绝承保。

除了以上的例子外，不完全信息还会出现在企业的委托人-代理人问题中。委托人-代理人问题是由于委托人不能确定代理人的行为而产生的问题；它是指经理或工人可能追求他们自己的目标而以牺牲所有者的利益为代价。一旦企业出现委托人-代理人问题，其后果不仅是企业所有者的利润受损，还使社会资源配置的效率受损。

在企业内部，企业所有者是委托人，企业的雇员包括经理与工人都是代理人。利润最大化是资本所有者或者企业财产所有者的目标。而这一目标需要通过经理与工人等代理人的行为来实现。但是，代理人有自身的目标：经理可能追求企业规模的扩张以扩大自己对企业的控制力；工人可能追求工资收入的最大化，或者在工资收入既定的条件下追求闲暇的最大化，因而可能在工作时偷懒、怠工。企业主当然可以对经理与工人的努力程度进行监督，但监督本身是需要成本的。即使企业主可以做到在经理或工人的工作时间监督他们，但他仍然不完全知道经理或工人是否以百分之百的努力在工作。只有经理或工人本人才知道他自己工作努力的程度。由于企业所有者与经理或工人所追求的目标不同，并且他们所掌握的信息不对称，所以产生了委托人-代理人问题。显而易见，在存在信息不完全、不对称的现实生活中，市场的作用受到了很大的限制，市场的价格机制不能有效地解决资源合理配置问题，出现了市场失灵。

二、不完全信息问题的纠正

不完全信息所产生的问题很严重，以至于在破坏市场的运作时，政府有必要进行干预，或通过法律解决问题。例如，药品市场因非对称信息而产生的假药充斥市场的问题需要政府出面干预，或者将假药生产者或出售者绳之以法。

不完全信息的问题在许多领域都存在，但是在不完全信息出现的场合并非总需要政府的干预。事实上有许多市场会存在不完全信息，但是通过某些有效的制度安排或有效措施的实施可以消除因不完全信息而产生的逆选择问题，因而无须政府的干预。以旧车市场为例，次品充斥市场是因为购买者并不确切知道旧车的质量，因而只愿出较低的价格购买旧车，这导致卖者只愿拿次品出售。如果出售者能够向购买者发送某些有关产品质量的信号，使购买者能够确切知道其旧车的质量，则不会产生旧车市场的逆选择问题。例如，向旧车购买者提供有关旧车的质量证明书，一旦买者在某一期间使用的旧车出现问题，卖者将负责赔偿或保修，这种措施将有助于解决旧车市场的逆选择问题。卖者以某种方式向买者传递产品质量信息以消除因不完全信息而产生的逆选择问题称为向市场发送信号。

卖者向买者发送市场信号的办法说明：只要有适当的措施，存在不完全信息的市场并不一定导致旧车市场那种逆选择问题，也并不总是需要政府的干预。在修理业、餐饮业等行业也存在不完全信息问题，但是这些行业在没有政府直接干预的情况下照样顺利运转，原因在于买者或卖者自己设计了某些有效的制度保证了交易的正常进行。

保险市场上的信息不对称问题，可以通过设计不同的合同条款来解决。例如，可以根据投保人的年龄设计不同的保险合同，年龄大的保费高，年龄小的保费低。另外，可以对投保人的身体状况进行检查，身体状况好的保费低，身体状况差的保费高。通过不同的合同条款，可以自动地筛选出高质量的投保人，降低保险公司的风险。

对于保险市场上败德行为的纠正：败德行为是在承保人无法觉察或监督投保人行为的情况下发生的，解决的办法只能通过某些制度设计使投保人自己约束自己。例如，在家庭财产保险中，保险公司并不对投保人实行全额保险，而规定某些最低数量的免赔额。一旦投保人的财产发生损失，投保人自己也将负担一部分损失。医疗保险公司根据参加医疗保险人的实际就医情况经常调整医疗保险费用，以便消除投保人的败德行为。即使由政府统筹解决个人的医疗保险问题，也要让个人承担相应的份额，否则个人的败德行为将会使任何形式的政府医疗保险方案都难以维系。

对于经理人市场存在的委托人-代理人问题，设计合同能给予代理人某种使其有效率地生产的激励条款。例如，根据企业利润的多少，确定代理人的奖金数目，给予管理者一定的期权，规定在未来一个时间，管理者可以根据协议的价格来购买本企业的股票，这样只有在企业经营状况良好、股票价格上升的情况下，管理者的期权才能获利，从而使所有者和管理者的利益得到统一，于是就可以避免一些委托人-代理人问题。

对于因工人不努力工作而产生的委托人-代理人问题，可以实行一种称为效率工资的方案解决。效率工资是高于市场工资率同时又使雇员不发生偷懒行为的工资。这一方案最初由伊伦于 1984 年提出。这一方案的基本思想是，由于非对称信息，雇主不知道雇员的生产力，为了防止雇员工作时偷懒，雇主发给雇员效率工资。效率工资率高于市场均衡工资率。因此，在效率工资下，将会导致一部分工人失业。失业工人的存在对在业工人构成一种潜在威胁。在业工人偷懒行为一旦被发现，就将被解雇，其工作岗位将被失业者替代。而一旦失业，工人所遭受的损失是比较大的，因此失业的威胁使在业工人必须尽力工作，不敢偷懒。

三、生活中的经济学

案例 9.8

獐子岛公司从明星企业到亏损企业

企业在股票交易市场发行股票，主要的目的是拓展企业的融资渠道，完善企业的法人治理结构。但是在中国股票市场发展的 30 多年中，有些上市公司控股股东利用对企业的控制权，将上市公司的资产转移，直至企业亏损、无法经营，最终退出股票市场。獐子岛公司作为一家海洋农业产业化龙头企业，于 2006 年在深圳证券交易所上市，创造了曾经的辉煌。但是自 2014 年以来，企业问题频出，经营业绩一路下滑，企业小股东的利益不断被侵蚀。

獐子岛集团股份有限公司成立于 1958 年，曾先后被誉为“黄海深处的一面红旗”“海上大寨”“黄海明珠”“海底银行”“海上蓝筹”。公司以水产养殖为主，是集海珍品育苗、养殖、加工、贸易、海上运输于一体的综合性海洋食品企业。公司拥有唯一的国家级虾夷扇贝原良种场和国内一流的海参、鲍鱼等海珍品育苗基地，地处世界公认的海珍品适宜生长地带——北纬 39 度，在渤海、黄海、东海拥有远离大陆 56 海里的国家一类清洁海域 100 余万亩，是国内最大的海珍品增养殖基地。在大连、山东荣成等地建有 6 座水产精深加工基地，拥有中国最大的海胆和金枪鱼加工厂，年总加工能力超过 2 万吨。正是由于天然的海洋资源，该公司成为农业产业化的国家重点龙头企业。

多年来，公司在生产、质量等方面获得多项农业部和辽宁省授予的称号，同时被国家、辽宁省、大连评定为守信用的企业，2008 年登榜福布斯中国潜力企业，2010 年被评为中国最受信赖的十大品牌。公司于 2006 年 9 月 28 日在深圳证券交易所上市，上市后公司股价一路高涨，2008 年 1 月 24 日达到 151.23 元/股的最高价，创造出了中国农业第一个百元股。

但是正是这样一家生产良好、信誉良好的企业，于 2014 年 10 月 15 日公告表示："獐子岛集团股份有限公司（以下简称'公司'）拟披露与公司底播增殖海域相关的重大事项（底播增殖是指，在适宜养殖的海域按一定密度投放一定规格的海珍品苗种，使之在海底自然生长、不断增殖的一种海珍品养殖方式），具体情况正在核查当中，核查结果尚存在不确定性，为保证公平信息披露，维护投资者利益，避免引起公司股价异常波动，根据《深圳证券交易所股票上市规则》的有关规定，经公司向深圳证券交易所申请，公司股票（证券简称：獐子岛，证券代码：002069）自 2014 年 10 月 14 日（星期二）开市起停牌，公司将在相关事项确定后复牌并公告相关事项。敬请广大投资者注意投资风险。"停牌 16 天后，即 2014 年 10 月 30 日晚间，公司发布公告，因北黄海遭到几十年一遇异常的冷水团，公司在 2011 年播撒的 109 万亩和 2012 年播撒的 29 万亩即将进入收获期的虾夷扇贝绝收，共计成本 10 亿元。受此影响，公司前三季业绩"大变脸"，由预报盈利变为亏损约 8 亿元，全年预计大幅亏损。基于此，公司股票继续停牌。公司股票于 2014 年 12 月 8 日复牌后，股价大幅度下跌，从 2014 年 10 月 14 日 15.46 元/股的收盘价，一路下行，到 2014 年 12 月 22 日下降到 11.46 元/股，市值蒸发了 22 亿元。

2018 年 1 月獐子岛公司发布公告，公司的扇贝又被"饿死"。2018 年 2 月 9 日獐子岛公司收到证监会下发的《调查通知书》，因公司涉嫌信息披露违法违规，根据《中华人民共和国证券法》的有关规定，证监会决定对公司立案调查。同日，大连证监局对上市公司和公司董事长在内的 3 名高管合计出具了 4 份警示函。2018 年 2 月 27 日早晨，由 30 余人组成的调查组进入獐子岛公司进行调查。

2019 年 4 月，獐子岛公司发布公告称，獐子岛公司遭受灾害，企业严重亏损。2019 年 7 月，证监会对獐子岛公司开出行政处罚及市场禁入事先告知书，因涉嫌财务造假、虚假记载、未及时披露信息等，证监会拟对獐子岛公司进行 60 万元的顶格处罚，公司董事、监事等高管被处以 3 万～30 万元罚款不等，对董事长吴厚刚则开出了终身证券市场禁入的处罚。

案例 9.9

柠檬市场的故事

在现实生活中，信息不对称有很多不同的表现。表现之一：欺骗（cheating）。例如，卖假货给别人。表现之二：偷懒（shirking）。例如，两个人在搬一块石头，石头朝其中一人倾斜，说明这个人没有真的卖力。表现之三：逆向选择（adverse selection）。例如，银行把贷款利率提高，本来是要吸引那些有还款能力的人，结果跑来借钱的可能是那些根本就不打算还钱的人。表现之四：道德风险（moral hazard）。例如，保险公司卖保险本来是要冲抵掉意外所产生的成本，但人们买了保险以后，做事情掉以轻心，反而增加了意外发生的机会。表现之五：敲竹杠（hold-up）。例如，河流上游的人对下游的人说，我们一起修一个大坝吧，下游的人答应了。等大坝修好了，上游的人又对下游的人说，我们重新谈谈分成的比例吧，如果你不答应，我就把河水引到别的地方去。要是没有水，下游修好的大坝就成了废品，下游的人只好答应。

生活当中，这些现象比比皆是，而人类社会又是如何应对这些问题的呢？经济学家乔治•A. 阿克洛夫（George A. Akerlof）有一个关于柠檬市场的研究。柠檬就是我们吃的水果柠檬，它在美国也是个俚语，是指那些成交以后买家才发现有问题的汽车。我们都知道，买一辆汽车特别是二手车，有些毛病不是买车的时候就能发现的，有时需要开上一段时间，甚至要开上一年，经过四季气候的变化，我们才知道它到底有哪些问题。阿克洛夫关于柠檬市场的研究做了这样一番假设：他先假定有 100 位二手车的卖家，这些卖家的二手车价格从 1 元钱到 100 元钱平均分布。同时，另外有 100 位买家，而且这些买家对每一辆车的估值，都比卖家要高 50%。所以这 100 辆车每一辆都能够顺利卖出去，买家和卖家皆大欢喜。但如果把条件改一下，假定只有卖家知道自己车的质量，而买家只知道这 100 辆二手车的质量分布，不知道具体某一辆车的质量，那会发生什么样的情况呢？买家可以预见，他们随机买的话，能买到一辆平均质量为 50 元的车。按照我们前面的假定，买家对车的估值要比卖家高 50%，所以买家最高愿意付 75 元来买这些他并不知道具体质量的车。这时，车的质量高过 75 元的卖家就会离开市场，不卖了。这时市场就只剩下比较低端的汽车，也就是品质在 1～75 元的汽车。买家知道这个消息后，又进一步调低他们的期望值。如果市场上汽车的品质只是 1～75 元的，那么汽车的平均价值就降低到 37.5 元，而买家愿意出的最高价，就下降为 56 元。这时候，那些手上汽车的质量比 56 元高的卖家，也离开了市场。于是，在这个市场里剩下的车的平均质量，又进一步下降。这个过程循环往复几次，卖家就都跑光了。结果，原来每一辆车都能顺利卖出去、买家和卖家皆大欢喜的局面就不复存在，市场崩溃了。市场之所以崩溃，并不是因为市场里有低端的产品。有低端的产品不要紧，低端的产品可以低价卖。市场崩溃的根本原因在于，买家不知道每一件商品具体的品质。

第十章　国民收入的核算与衡量

引言：国民收入是什么？

经初步核算，2018 年中国国内生产总值为 900 309 亿元，比上年增长 6.6%。其中，第一产业增加值 64 734 亿元，增长 3.5%；第二产业增加值 366 001 亿元，增长 5.8%；第三产业增加值 469 575 亿元，增长 7.6%。第一产业增加值占国内生产总值的比重为 7.2%，第二产业增加值比重为 40.7%，第三产业增加值比重为 52.2%。

2018 年中国全年粮食产量 65 789 万吨，其中，夏粮产量 13 878 万吨，早稻产量 2859 万吨，秋粮产量 49 052 万吨。全年谷物产量 61 019 万吨，其中，稻谷产量 21 213 万吨，小麦产量 13 143 万吨，玉米产量 25 733 万吨。

2018 年工业品产量如下：纱 2958.9 万吨，化学纤维 5011.1 万吨，彩色电视机 18 834.8 万台，原煤 36.8 亿吨，原油 18 910.6 万吨，粗钢 92 800.9 万吨，发电机组 10 600.5 万千瓦，集成电路 1739.5 亿块，移动通信手持机 179 846.4 万台，工业机器人 14.8 万台（套）。

2018 年全年货物运输总量 515 亿吨；全年旅客运输总量 179 亿人次；全年全国棚户区住房改造开工 626 万套，基本建成 511 万套；全年国内游客 55.4 亿人次。

——摘自国家统计局：《2018 年国民经济和社会发展统计公报》，http://www. stats.gov.cn/tjsj/zxfb/201902/t20190228_1651265.html，2019 年 2 月 28 日

相关问题：

1. 一个国家一年生产的产品多种多样，如何核算？
2. 一个国家在经济核算中用什么方法？
3. 如何衡量一个国家的国民收入？

第一节　国民收入核算与国内生产总值

一、两种不同的国民经济核算体系

在西方，国民经济核算的兴起对宏观经济管理和宏观经济学的发展起到了十分重要的作用，先后有三位经济学家因为在国民经济核算方面的杰出贡献获得了诺贝尔经济学奖。国民经济核算是以国民经济为整体，或者说是以社会再生产总过程为对象的宏观核算，它包括了生产核算、分配核算、流通核算和使用核算。如果把各种核算有机地结合起来，便构成了国民经济核算体系。

长期以来，国际上存在两种不同的国民经济核算体系，一个是指苏联等中央计划国家

采用的核算体系——国民经济平衡表体系，或称物质产品平衡表体系（the system of material product balances，MPS），又称东方体系；另一个是指美国、英国、日本等发达国家和许多发展中国家采用的核算体系——国民账户体系（the system of national accounts，SNA），又称为西方体系。MPS 与 SNA 这两大核算体系差别很大，表现为核算范围、核算方法和核算内容的差异，但其中最主要的或者说最根本的差异，是在核算范围上的差异，即对生产活动划分范围的不同。

MPS 是为适应计划经济国家的需要而建立起来的国民经济核算体系。该体系以马克思再生产理论为依据，将社会总产值和国民收入作为反映国民经济活动总成果的基本指标。这个体系由物资平衡表、财政平衡表、部门联系平衡表、劳动力平衡表等组成，以社会总产品和国民收入的核算为主，采用综合平衡的方法，对社会再生产的条件、过程和结果做出综合说明，为国家对国民经济的计划管理服务。MPS 认为只有物质生产才是生产部门，才能创造价值。从使用价值来看，由工业、农业、建筑业三大物质生产部门所提供；从价值形成过程来看，还包括了由产品经过商业、运输业等流通渠道进入消费领域所追加的价值。国民核算的主要任务之一是从价值上核算社会产品再生产的总成果，因而工业、农业、建筑业、商业和运输业被认为是物质生产部门，社会产品的总价值是五大物质生产部门所创造价值的总和。五大物质生产部门以外的文化教育、医疗卫生、生活旅游和城乡公用事业等，则称为非物质生产部门。它们提供多种多样的服务，无论是为生产服务还是为生活服务，统统不作为生产，也不计算产值。

在 20 世纪 90 年代冷战结束以前，MPS 主要被苏联、东欧及我国等传统计划经济国家采用。这种核算体系与高度集中的计划管理体制相适应，曾发挥过重要作用，但随着全球市场经济体制的改革和发展，其缺陷日益突出。例如，MPS 不能突破五大物质生产部门的限制，不能反映信息、劳务等非物质生产部门的发展，不利于反映综合国力和合理调整产业结构；它不能系统反映社会资金运行的情况，不利于国家宏观管理和调控；不能反映国民经济循环全貌及各环节间衔接的情况，不利于国家掌握整个经济运行的综合平衡。特别是不承认价值规律和市场调节的作用，因而日益脱离世界各国的需要。因此，东欧、俄罗斯等经济转轨国家和我国也逐渐采用了西方国民经济核算体系。自 1985 年起，我国正式采用国内生产总值（gross domestic product，GDP）指标作为考核国民经济发展和制定经济发展战略目标的主要指标。

SNA 是在西方经济理论的指导下，为适应市场经济国家的需要而建立起来的国民经济核算体系。该体系以西方经济理论为依据，认为创造物质产品和提供服务的劳务活动都是创造价值的生产活动，将 GDP 作为核算国民经济活动的核心指标。这一体系由生产、消费、积累和国外四大基本账户组成，以国民生产总值的核算为主，采用复式记账和矩阵的方法对国民经济运行过程及其联系进行系统、全面的描述与核算，为国家制定经济政策、进行国家干预提供依据。与 MPS 相对应，采用了综合性生产的观点，对于生产范围的划分，除了五大物质生产部门以外，还包括各种服务部门，如文化、教育、医疗卫生、生活旅游、金融、保险、国家管理和军事国防部门等，都是生产部门，并计算产值，因而 SNA 计算产值的范围比 MPS 的范围远远地扩大了。

SNA 是目前大多数国家所采取的一种核算国民经济的方法，是一种比较合理和科学的核算体系。首先，在世界经济全球化、一体化、市场化、信息化趋势不断加强的今天，信息、知识、技术、劳务部门在经济生活中的地位日益重要，第三产业创造的价值在现代经济生活中所占的比重越来越大，而物质生产在整个经济生活中的地位已相对下降。因此，在国民收入核算体系中应把非物质生产劳务计算在内，把一切有偿劳务的市场价值计入GDP。其次，SNA 核算国民收入时可以避免重复计算，区分名义 GDP 和实际 GDP 等也都有合理性。当然，这种体系以 GDP 来衡量国民经济总产出水平、经济发展程度、生活水平等也是有缺陷的。例如，非市场交易活动（如家务活动、自给自足生产）得不到反映，无法说明人们闲暇的享受与安全，无法反映一国环境污染的程度，其中也不可避免地有一些重复计算，等等。

二、国内生产总值的含义

在国民收入核算中最重要的是核算国内生产总值。因此，我们首先要了解什么是国内生产总值，并且要深入理解这一概念。

在西方经济学中，国内生产总值是经济社会（即一国或一地区）在一定时期（通常一年）内运用生产要素所生产的全部最终产品（物品和劳务）的市场价值。要正确理解这一概念，需注意以下几点。

1. GDP 是一个市场价值的概念

GDP 是按价格计算的。产品市场价值就是用这些最终产品的单位价格乘以产量获得的。例如，某国一年生产 10 万件上衣，每件上衣售价 50 美元，则该国一年生产上衣的市场价值为 500 万美元。在用价格计算 GDP 时，可以用两种价格：如果用当年的价格计算GDP，则为名义 GDP；如果用统计机构确定的基年价格计算 GDP，则为实际 GDP。某个时期名义 GDP 与实际 GDP 的差别，可以反映出这一时期和基期相比的价格变动的程度。

2. GDP 测度的是最终产品的价值，中间产品价值不计入 GDP

中间产品价值不计入 GDP，否则会造成重复计算。例如，如果把生产上衣所用的棉花、纱、布及制衣厂手中的成品价值加总后都算作这一时期生产的价值，则其总额将超过50 美元，但其卖价只能是 50 美元，因为 50 美元的价值才是这件上衣生产中真正被创造出来的价值，而绝不能把重复计算的价值计算在内。例如，如果小麦的价值是 50 亿元，面粉为 60 亿元，面包为 80 亿元，这 3 种产品中只有面包是最终产品，GDP 只计算面包的价值 80 亿元，如果把小麦 50 亿元、面粉 60 亿元也计算在内，则 GDP 为 190 亿元，其中 110 亿元为重复计算。在现实中有时难以区分中间产品与最终产品，可用增值法，即计算各个生产阶段的增值。在上例中，小麦增值为 50 亿元，从小麦变为面粉增值为 10 亿元，从面粉变为面包增值为 20 亿元，这些增值加起来与最终产品价值一样。从上例可引申出这样一个道理：某国一定时期所生产的 GDP 等于该时期所生产的全部物品和劳务的市场价值减去所有中间产品的价值。这一市场价值总额等于这个国家在这一时期的生产中所增加的价值。

3. 计入 GDP 的最终产品中既包括物质产品，又包括非生产性劳务

随着社会经济技术的不断发展，非生产性劳务即第三产业占现代经济的比重日益增加。现在一些发达国家的第三产业规模，不论是产值还是就业人数，都占到整个国民经济的 60%～70%，而且呈现一种不可逆转的趋势。非生产性劳务虽然不同于物质生产，但能够满足社会生产和人们生活的需要，是社会经济发展不可缺少的部分，属于现代的综合生产。因此，只有把非生产性劳务计入 GDP，才能够更准确地反映整个国民经济的活动情况，也才能准确地反映国民的生活水平。这样，创造 GDP 的最终产品的行业不仅包括农业、工业、建筑业，还应包括流通部门（交通运输业、邮电通信业、商业、饮食业、物资供销和仓储业）、服务部门（金融、保险业、地质普查业、房地产公用事业、居民服务业、旅游业、咨询信息服务业等）、社会发展部门（教育、文化、卫生、体育、广播电视、科学研究和社会福利事业等）及社会公务部门（国家机关、党政机关、社会团体、军队、警察机关等）。

4. GDP 是指在一年中所生产的，而不是所销售的最终产品价值

GDP 是一定时期内（往往为一年）所生产而不是所销售的最终产品价值。若某企业年生产 100 万美元产品，只卖掉 80 万美元，所剩 20 万美元产品同样应计入 GDP；相反，虽然生产 100 万美元产品，然而却卖掉了 120 万美元产品，则计入 GDP 的仍是 100 万美元，只是库存减少了 20 万美元而已。以 2018 年房地产开发为例，2018 年住宅施工面积 569 987 万平方米，竣工面积 66 016 万平方米，销售面积 147 929 平方米，在这三个面积中，计入 GDP 的是哪个面积呢？这就要看在这些面积中哪一部分是当年完成的，只有当年完成的，才能将这部分面积的价值计入 2018 年的 GDP 中。

5. GDP 是计算期内生产的最终产品价值，因而是流量，而不是存量

流量是一定时期内发生的变量，存量是一定时点上存在的变量。若某人花 20 万美元买了一幢旧房，这 20 万美元不能计入 GDP，因为它在生产年份已计算过了，但买卖这幢旧房的经纪人费用可计入 GDP，因为这费用是经纪人买卖旧房过程中提供的劳务的报酬。

在我们的生活中，除了有二手房交易外，还有一些商品比较特殊，产生的时间越长，它的交易价格越高，如一些艺术品。文森特·威廉·梵高（Vincent Willem van Gogh，1853～1890 年）是世界著名的画家，梵高四幅著名的画作：《加歇医生》、《没胡子的自画像》、《鸢尾花》和《向日葵》，拍卖价最高的是 1990 年在纽约佳士得拍卖的《加歇医生》，价格为 8250 万美元，1987 年《向日葵》的拍卖价格为 3950 万美元。那么是不是这些当年进行交易的艺术品的价格 8250 万美元、3950 万美元也要计入当年的 GDP 呢？当然是不合理的，一是重复计算，二是价值虚增。

6. GDP 一般仅指市场活动导致的价值

家务劳动、自给自足的非市场活动不计入 GDP 中。

经济学家萨缪尔森说过：如果一个人同他的管家或者厨师结婚，GDP 将下降。例如，一位女富豪雇用了一位男管家，每月支付他 6000 美元的工资，男管家负责打理女富豪的一切家庭事务，有一天女富豪与男管家结婚了，女富豪不再给男管家支付任何报酬了，不过曾经的男管家如今的男主人依然管理着女富豪的一切家庭事务，两个人的生活质量并没有因此而降低反而提高了生活的幸福感。但是当我们核算这个国家一年的 GDP 时，发现 GDP 总量减少了 72 000 美元。那么 GDP 为什么会减少了呢？根据理论，GDP 的统计核算中只统计市场活动产生的价值，那么有一些产品和服务没有在市场中通过交易而获得，因此就不能计入 GDP 中。但是这些产品和服务确实增加了我们全社会的财富水平，那么为什么不将这些产品和服务计入 GDP 中呢？根据 GDP 的定义，我们在核算 GDP 时是将所有产品和服务按市场价格进行核算的，市场价格是通过市场交易而形成的，那些没有通过市场交易而获得的产品和服务是没有价格的，因此在核算 GDP 时，就没有计算的标准，也就无法核算到 GDP 中。所以在 GDP 的统计中就存在了漏出项，如家务劳动、自给自足的非市场活动。

三、生活中的经济学

案例 10.1

GDP 在生活中的应用

在现实生活中，我们用 GDP 这一指标来衡量国家的总体财富水平，根据这一指标我们可以对经济体的经济总体运行状态进行判断，而人均 GDP 用来衡量经济体内国民生活的平均水平。

由表 10-1 我们可以看到，全世界最富有的国家是美国，2018 年美国的 GDP 总量超过了 20 万亿美元。最贫穷的国家是图瓦卢，2018 年图瓦卢的 GDP 总量只有 0.4 亿美元。2018 年全世界 GDP 总量超过 1 万亿美元的国家有 16 个，这 16 个国家 GDP 的总量占全世界总量的 75%，通过这些数据我们可以看到，一方面，全世界的财富主要集中在前 20 个国家，全世界富有国家大部分位于美洲、欧洲和亚洲，全世界的经济也主要集中在这三个地区。另一方面，GDP 总量排在全球 100 位以后的国家主要集中在非洲和大洋洲，更进一步说明全球财富呈现了集聚的状态。

表 10-1 2018 年部分国家 GDP 与人均 GDP 排名

序号	国家	所在洲	GDP/亿美元	GDP 排名	人均 GDP/美元	人均 GDP 排名
1	美国	美洲	205 443	1	62 794	11
2	中国	亚洲	136 081	2	9 770	81
3	日本	亚洲	49 713	3	39 289	30

续表

序号	国家	所在洲	GDP/亿美元	GDP 排名	人均 GDP/美元	人均 GDP 排名
4	德国	欧洲	39 476	4	47 603	21
5	英国	欧洲	28 552	5	42 943	25
6	法国	欧洲	27 775	6	41 463	29
7	印度	亚洲	27 187	7	2 009	155
8	意大利	欧洲	20 838	8	34 483	32
9	巴西	美洲	18 686	9	8 920	85
10	加拿大	美洲	17 133	10	46 232	23
11	瑞士	欧洲	7 051	20	82 796	4
12	卢森堡	欧洲	708	72	116 639	2
13	刚果（金）	非洲	472	88	561	190
14	冰岛	欧洲	258	107	73 191	8
15	阿富汗	亚洲	193	115	520	193
16	莫桑比克	非洲	147	123	498	194
17	马达加斯加	非洲	129	138	527	192
18	尼日尔	非洲	92	144	413	197
19	索马里	非洲	74	147	498	195
20	布隆迪	非洲	30	166	271	199
21	中非	非洲	22	171	475	196

资料来源：根据世界银行数据（https://data.worldbank.org/indicator/NY.GDP.MKTP.CD，2020 年 8 月 6 日）整理而得

从人均 GDP 的指标来看，全球居民生活水平最高的国家是摩纳哥，人均 GDP 达到了 185 741 美元，而人民生活水平最低的国家是布隆迪，人均 GDP 只有 271 美元。2018 年人均 GDP 超过 1 万美元的国家和地区有 65 个，这些国家仍然主要分布在欧洲、美洲和亚洲，非洲地区只有 3 个国家的人均 GDP 超过了 1 万美元。另外，全球最不富裕的居民主要在非洲，在全球最贫穷的 10 个国家中，有 9 个是非洲国家。

但是也要注意到 GDP 和人均 GDP 所表达的内涵是有差异的。例如，从人均 GDP 指标来看，摩纳哥排名第一，人均收入水平最高，经济发达、国民富裕、人民生活水平极高，但是其 GDP 总量在全世界排名 71 位。另外，我们看中国，GDP 总量居全球第二，但是人均 GDP 居全世界第 81 位，人民生活水平还没有达到中等发达国家的收入水平。因此这两个指标在反映财富状况时是有差异的。GDP 这一指标是从总量上表现一个国家的经济状况，它更能体现一个经济体的市场规模、总量水平，而人均 GDP 才能真正表现出人民的生活状况。但是这两个指标也是高度相关的，人民生活水平富裕的前提是国家要富裕，这一点从欧洲发达的国家中就可以看到。欧洲发达的国家一般 GDP 总量居于世界前列，人均生活水平也比较高，如德国、英国、法国、意大利等国家。人民生活水平提高后，国家的教育、科技等水平提高，经济增长的动力持续，才能真正实现国家富强与人民富裕。

第二节　国内生产总值的核算方法与运用

一、国内生产总值的核算方法

核算 GDP 可用支出法、收入法和生产法，后两种方法是现实中更为常用的方法。

1. *用支出法核算* GDP

用支出法核算 GDP，就是从产品的使用出发，把一年内购买的各项最终产品的支出加总而计算出的该年内生产的最终产品的市场价值。这种方法又称最终产品法、产品流动法。

如果用 Q_1、Q_2、…、Q_n 代表各种最终产品的产量，P_1、P_2、…、P_n 代表各种最终产品的价格，则使用支出法核算 GDP 的公式是

$$Q_1P_1 + Q_2P_2 + \cdots + Q_nP_n = \text{GDP}$$

在现实生活中，产品和劳务的最后使用主要是居民消费、企业投资、政府购买和出口。因此，用支出法核算 GDP，就是核算一个国家和地区在一定时期内居民消费、企业投资、政府购买和出口这几方面支出的总和。

居民消费（用字母 C 表示）包括购买冰箱、彩电、洗衣机、小汽车等耐用消费品的支出，以及服装、食品等非耐用消费品的支出和用于医疗保健、旅游、理发等劳务的支出。购买住宅的支出不属于消费。

企业投资（用字母 I 表示）是指增加或更新资本资产（厂房、机器设备、住宅及存货）的支出。资本不是中间物品。资本物品（如厂房设备等）和中间物品是有重大区别的：中间物品在生产别的产品时全部被消耗掉，但资本物品在生产别的产品中只是部分地被消耗。一个钢铁厂若用 40 年，则每年只耗费 1/40 的价值。资本物品由于损耗造成的价值减少称为折旧。折旧不仅包括本物品的物质磨损，还包括资本老化带来的精神磨损。例如，一台设备使用年限虽然未到，但过时了，其价值就要贬损。

投资包括固定资产投资和存货投资两大类。固定资产投资指新造厂房、购买新设备、建筑新住宅的投资。为什么住宅建筑属于投资而不属于消费呢？因为住宅像别的固定资产一样是长期使用、慢慢被消耗的。存货投资是企业掌握的存货价值的增加（或减少）。如果年初全国企业存货为 2000 亿美元而年末为 2200 亿美元，则存货投资为 200 亿美元。存货投资可能是正值，也可能是负值，因为年末存货价值可能大于也可能小于年初存货。企业存货之所以被视为投资，是因为它能产生收入。

投资是一定时期内增加到资本存量中的资本流量，而资本存量是经济社会在某一时点上的资本总量。假定某国家在 2003 年的投资是 900 亿美元，该国 2003 年末资本存量可能是 5000 亿美元。若机器厂房每年要消耗即折旧 400 亿美元，则上述 900 亿美元中的 400 亿美元要用来补偿旧资本消耗，净增加的投资只有 500 亿美元。另外 400 亿美元因用于重置资本设备，故称重置投资，净投资加重置投资是总投资。用支出法计算 GDP

时的投资，指的是总投资，即重置投资与净投资之和，重置投资也就是折旧。

投资和消费的划分不是绝对的，具体的分类取决于实际统计中的规定。

政府购买（用字母 G 来表示）是指各级政府购买物品和劳务的支出，它包括政府购买军火、军队和警察的服务，政府机关办公用品与办公设施，实施诸如道路等公共工程、开办学校等方面的支出。政府支付给政府雇员的工资也属于政府购买。政府购买是一种实质性的支出，表现出商品、劳务与货币的双向运动，直接形成社会需求，成为 GDP 的组成部分。政府购买只是政府支出的一部分，政府支出的另一部分如政府转移支付、公债利息等都不计入 GDP。因为政府购买时通过雇请公务员、建立公共设施、建造舰队等为社会提供了服务，并直接形成了对商品或劳务的需求，而转移支付只是把收入从一些人或一些组织转移到另一些人或另一些组织，没有相应的物品或劳务的交换发生。例如，政府给残疾人发放救济金，不是因为这些人提供了服务、创造了价值，而是因为他们丧失了劳动能力，要靠救济生活。政府转移支付是政府不以取得本年生产出来的商品与劳务作为报偿的支出，包括政府在社会福利、社会保险、失业救济、贫困补助、老年保障、卫生保健、对农业的补贴等方面的支出。政府转移支付是政府通过其职能将收入在不同的社会成员间进行转移和重新分配，将一部分人的收入转移到另一部分人手中，其实质是一种财富的再分配。有政府转移支付发生时，即政府付出这些支出时，并不相应得到什么商品与劳务，政府转移支付是一种货币性支出，整个社会的总收入并没有发生改变。因此，政府转移支付不计入 GDP 中。

净出口（用 $X\text{–}M$ 表示，X 表示出口，M 表示进口）是指进出口的差额。进口应从本国总购买中减去，因为它表示收入流到国外，同时，也不是用于购买本国产品的支出；出口则应加进本国总购买量之中，因为出口表示收入从外国流入，是用于购买本国产品的支出，因此，净出口应计入总支出。净出口可能是正值，也可能是负值。

把上述四个项目加起来，就是用支出法计算 GDP 的公式：

$$\mathrm{GDP} = C + I + G + (X - M)$$

2. 用收入法核算 GDP

用收入法核算 GDP，就是从收入的角度，把生产要素在生产中所得到的各种收入相加起来计算的 GDP，即把劳动者所得到的工资、土地所有者得到的地租、资本所得到的利息及企业家得到的利润相加来计算 GDP。这种方法又称为要素支付法、要素成本法。

严格说来，最终产品市场价值除了生产要素收入构成的成本，还有间接税、折旧、公司未分配利润等内容，因此用收入法核算的 GDP 应包括以下一些项目：①工资、利息和租金等生产要素的报酬。工资包括所有对工人的酬金、津贴和福利费，也包括工资收入者缴纳的所得税和社会保险税。利息在这里指人们给企业提供的货币资金所得的利息收入，如银行存款利息、企业债券利息等，但政府公债利息及消费信贷利息不包括在内。租金包括出租土地、房屋等租赁收入及专利、版权等收入。②非公司企业主收入。如医生、律师、农民和小店铺主自己的收入，他们使用自己的资金，自我雇用，其工资、利息、利润、租金常混在一起。③公司税前利润。包括公司所得税、社会保险税、股东红利及公司未分配利润等。④企业转移支付及企业间接税。企业转移支付包括对非营利组织的社会慈善捐款和清偿消费信贷呆账等；企业间接税包括货物税或销售税、周转税。这些税收虽然不是生产要素创造的收入，但要通过产品价格转嫁给购买者，所以也应计入 GDP。⑤资本折旧。它虽然不是要素收入，但包括在总投资中，也应计入 GDP。

这样，按收入法计算的 GDP 是

$$GDP = 工资 + 利息 + 利润 + 租金 + 间接税和企业转移支付 + 折旧$$

收入法和支出法计算的 GDP 从理论上说是相等的。但实际核算中常有误差，因而还要加上一个统计误差。

3. 用生产法核算 GDP

生产法又称部门法。它从生产的角度把一定时期内所有提供最终产品的部门的产值加总计算 GDP。

运用这种方法进行计算时，各生产部门要把使用的中间产品的产值扣除，只计算所增加的价值。也就是将本部门销售产品所得的收益减去从其他部门购买的商品和劳务的价值后的余额作为其 GDP，这样避免部门间重复计算。商业和服务等部门也按增值法计算。卫生、教育、行政、家庭服务等部门无法计算其增值，就按工资收入来计算其服务的价值。

按生产法核算 GDP，可以分为下列部门：农林渔业，矿业，建筑业，制造业，运输业，邮电和公用事业，电、煤气、自来水业，批发、零售商业，金融、保险、不动产，服务业，政府服务和政府企业。把以上部门生产的 GDP 加总，再与国外要素净收入相加，考虑统计误差项，就可以得到用生产法计算的 GDP 了。

二、生活中的经济学

支出法、收入法和生产法这三种方法是从不同的角度对 GDP 进行考察和计算的，各有不同的作用。从理论上讲，用这三种方法计算出来的 GDP 应该是相等和一致的。但在实际中，采用三种计算方法得出的计算结果并不一定相等，其主要原因是计算中不可避免地出现误差。一般情况下，把支出法作为核算 GDP 的最基本的方法。

案例 10.2

生活中的 GDP 是如何核算出来的？——支出法

用支出法核算 GDP 是从产品的终端对最终产品进行核算，要看最终产品的使用。从最终产品的方向看，包括了消费、投资、政府购买和净出口。

1978～2018 年的 40 多年间，中国居民消费所占的比重保持在 40%左右。改革开放初期，居民消费所占比重较高，达到 50%左右，随着收入的不断提高，居民的消费水平上升，消费总额也在上升，但是在 GDP 中所占的比重有所下降，1990 年以后下降到 50%以下。这一方面说明随着中国国民收入的上升，居民的消费水平并没有同步增加，也说明在这一时期消费增长的速度低于投资增长的速度。2000 年以后，中国居民消费所占比重持续下降，尤其是在 2005 以后，进一步下降到 40%以下。与美国相比，中国居民消费的占比偏低，这是多方面因素造成的，主要包括以下几点：一是中美两国的发展阶段不同，美国已经过了快速发展的时期，投资所占比重必然会低一些；二是中美两国在世界经济中的地位不同，在全球产业链中的作用不同，也导致了其消费、投资比重的差异；三是中国居民的收入水平与美国居民的收入水平相比差距较大，收入决定消费，因此中国居民的消费水平也不高。宏观环境因素决定了两国居民之间的消费存在根本差异。

与消费相比，投资所占比重波动较大，在改革开放的初期，中国百废待兴，但是那时由于资金的缺乏，投资所占比重一般在 35%左右，1985 年、1988 年、1994 年达到 39%以上，这些年投资的快速增长，拉动了经济的快速发展。但是经济的过快增长会带来经济的过热，1994 年之后中国经济表现出了过热的状况，因此政府进行了调控，使投资所占比重下降到 35%以下，这一状况一直持续到 2002 年。2002 年中国迎来了新一轮的经济增长，2003 年投资所占比重超过了 40%，到 2004 年投资所占的比重超过了消费所占的比重。自此之后，投资所占比重一直上升，2011 年投资所占比重达到了 48%的历史高点，即当年 GDP 中约一半的贡献来自投资。

政府购买是 GDP 构成的四个项目中最稳定的一项，政府购买主要包括政府对物品和劳务的支出。政府的这些支出是由政府机构决定的，当政府机构比较稳定时，其支出也就比较稳定，在这 40 多年中，中国政府运行稳定，其支出所占比重也较稳定，所占比重保持在 12%～17%。1978～1997 年，政府购买所占比重一直保持在 12%～14%，但是这种情况在 1997 年之后有所改变。政府的支出与经济发展状况、制度、政策等因素密切相关，1997 年以后中国政府用市场化手段对经济进行干预。1997 年发生了亚洲金融危机，中国刚刚实现了经济的软着陆，在内外部经济环境大变化的情况下，中国政府实施了刺激性的宏观经济政策，政府购买所占比重逐渐上升。1998～2003 年，政府购买所占比重超过了 14%，2000 年甚至达到 16.5%。在此之后政府购买所占比重下降到 13%左右，一直持续到 2018 年。

净出口对中国经济持续的贡献是在 1994 年以后才体现出来的，尤其是 2001 年中国加入 WTO 之后，净出口在 GDP 中所占的比重持续上升，2007 年达到历史的最高值 8.62%。但是在 2008 年金融危机之后，逆全球化的趋势加大，虽然中国的净出口额仍然比较高，但是在 GDP 中所占比重持续下降，2017 年下降到了 0.84%。

案例 10.3

生活中 GDP 的核算——生产法

用生产法核算 GDP 是中国进行国民收入核算的主要方法。改革开放 40 多年来，中国第一产业的比重大幅度下降，第二产业比重反复波动，但总体来看比较稳定。第三产业比重大幅度上升，目前第三产业所占比重已超过 50%。

改革开放初期，中国的工业水平较低，第一产业是中国重要的产业，第一产业占 GDP 的比重达到 30%左右，这一比重持续到 1984 年，1985 年以后农业所占比重持续下降，1995年第一产业比重下降到了20%以下，2009年更是进一步下降到10%以下，目前第一产业比重保持在8%左右。第一产业比重的下降与中国经济结构不断调整紧密相关。第一产业不断发展的同时，第一产业的一些要素释放出来转移到第二产业、第三产业，例如劳动力，中国近40年快速发展的动力之一就是大量的劳动力从第一产业转移到了第二产业、第三产业。虽然第一产业的从业人员数量在下降，但是随着效率的提高，第一产业的增加值仍在持续上升，保证了中国人民生活的供给。

第二产业包括制造业和建筑业，是国家的重要产业。改革开放之初，第二产业所占比重为48%左右，1980年之后这一比例下降到了45%以下，第二产业所占比重持续下降，1990年下降到了41%。这一状况到1992年开始改变，1992年第二产业的比重开始上升，在此之后第二产业所占比重一直保持在45%左右，这一趋势在2014年开始改变，2015年第二产业所占比重下降较大，2016年更是下降到了40%以下，目前维持这一比重。2014年之后第二产业占比的改变与改革开放初期的下降是不同的。改革开放初期，中国处于工业化社会的早期，第二产业与第一产业所占比重超过75%，而在之后的近40年间，中国已经向工业化社会的后期发展，第一产业所占比重大幅度下降，社会向服务型社会转变，第三产业所占比重超过了第二产业所占比重。

第三产业是中国改革开放40多年来发展最快的产业，由最初的低附加值生产和生活性服务业向高附加值的金融、科技、教育等产业发展。改革开放初期，第三产业所占比重一直在25%左右，1987年超过了30%，2001年超过了40%，2012年第三产业所占比重超过了第二产业所占比重，2015年第三产业所占比重超过了50%，也就是说中国的GDP中，一半以上的增加值来自第三产业，第三产业真正成了中国经济增长的支柱产业。

第三节　国民收入的其他衡量指标与调整

在国民收入的核算中，除了国内生产总值，我们还可以用其他指标来核算和衡量，即在国民收入核算中应该包括多个基本概念。

一、国民收入的其他衡量指标

1. 国内生产净值（NDP）

国内生产总值计算一定时期内一个国家的所有的生产活动。“某年某国产出多少？”就是指国内生产总值，国内生产总值中的“总”字意思是，在计算各个生产单位的产出时，未扣除当期的资本耗费，如果扣除资本耗费，那就是国内生产净值。任何产品价值中不仅包含消耗的原材料、燃料等的价值，还包含使用的资本设备的折旧。最终产品价值并未扣去资本设备消耗的价值，因此，还不是净增价值，因而最终产品市场价值总和只能称国内生产总值。如果把最终产品价值中消耗的资本设备价值也扣除了，就得到了国内生产净值。因而从国内生产总值中扣除资本折旧，就得到了国内生产净值。“总”和“净”对于投资也具有类似意义。总投资是一定时期内的全部投资，即建设的全部厂房设备和住宅等，而净投资是总投资中扣除了资本消耗或者重置投资部分。例如，某企业某年购置 10 台机器，其中 2 台用来更换报废的旧机器，则总投资为 10 台机器，净投资为 8 台机器。

2. 国民收入（NI）

国民收入有广义和狭义之分。广义的国民收入泛指五个总量指标，即国民收入可以指国内生产总值、国内生产净值、国民收入，也可以指个人收入和个人可支配收入等。国民收入决定理论中所讲的国民收入就是指广义的国民收入。以后所提到的国民收入，指广义的国民收入。狭义的国民收入是指一个国家一年内用于生产各种生产要素所得到的全部收入，即工资、利润、利息和租金的总和，也就是按生产要素报酬计算的国民收入。

从国内生产净值中扣除间接税和企业转移支付再加上政府补助金，就得到一国生产要素在一定时期内所得的报酬即狭义的国民收入，即工资、利息、租金和利润的总和意义上的国民收入。间接税是指可以转嫁给消费者的税收，企业转移支付包括企业捐赠和呆账。间接税和企业转移支付虽然构成产品价格，但不成为要素收入；相反，政府给企业的补助金虽不列入产品价格，但成为要素收入。故在国民收入中应扣除间接税和企业转移支付，而加上政府补助金。

3. 个人收入（PI）

个人收入是指一个国家一年内个人所得到的全部收入。生产要素报酬意义上的国民收入并不会全部成为个人的收入。因为一方面利润收入中要给政府缴纳公司所得税，公司还要留下一部分利润不分配给个人而用作积累，只有一部分利润才会以红利和股息形式分给个人。职工收入中也有一部分要以社会保险税（费）的形式上缴有关机构。另一方面，人们也会以各种形式从政府那里得到转移支付，如退伍军人津贴、工人失业救济金、职工养老金、职工困难补助等。因此，从国民收入中减去公司未分配利润、公司所得税及社会保险税（费），加上政府给个人的转移支付，大体上就得到个人收入。

4. 个人可支配收入（DPI）

个人可支配收入是指一个国家一年内个人可以支配的全部收入，即人们可以用来消费或储蓄的收入。个人收入不能全归个人支配，因为要缴纳个人所得税，所以缴纳个人所得税以后的个人收入才是个人可支配收入，即个人可用来消费与储蓄的收入。

个人可支配收入（DPI）= 个人消费 + 个人储蓄

5. 五个总量之间的关系

上述国民收入核算中的四个总量都与 GDP 有密切关系，而且各总量指标之间也是相互联系的。它们的关系用公式表示如下：

NDP = GDP − 折旧

NI = NDP − 间接税−企业转移支付+政府补助金

或 NI = 工资 + 利息 + 利润 + 地租 + 津贴

PI = NI − 公司所得税 − 公司未分配利润 − 社会保险税+政府对居民的转移支付

$$DPI = PI - 个人所得税 = 消费 + 储蓄$$

二、国民收入的调整

1. 国民生产总值与国内生产总值

有一家人，妻子在家里种苹果，一年的产值是 1 万元。丈夫在外地卖馄饨，一年的产值是 2 万元。夫妻两人将一间房屋出租给外人做豆腐，一年的产值是 10 万元。如果将这个家庭所拥有的“房屋”作为界限来定义产出水平，那么这个家庭的产出就是 11 万元。如果将这个家庭所拥有的“成员”作为界限来定义产出水平，那么这个家庭的产出就是 3 万元。二者的产出水平差异这么大，主要原因在于二者核算的对象不同。这就是国内生产总值（GDP）与国民生产总值（GNP）的区别。

国民生产总值是和国内生产总值相联系但又有区别的经济总量指标。国内生产总值是指一定时期内在本国领土范围内生产的最终产品和劳务的市场价值的总和。它以地理上的国境为统计标准，即按所谓的“国土原则”计算。也就是说，凡是在本国领土范围内所生产的最终产品和劳务，无论所有权属谁，经营者是谁，服务对象是谁，其价值都应计入本国的 GDP；相反，超出本国领土范围，即使所有者、经营者或服务对象是本国领土的，也不能计入 GDP。具体来说，它包括本国居民与外国居民在本国领土上所生产的最终产品的价值总和。

国民生产总值是按“国民原则”计算的，是指本国常住公民所生产的最终产品和劳务的市场价值的总和，它以人口为统计标准，即凡是本国公民所生产的最终产品和劳务，其价值都应计入 GNP。在国民生产总值中既包括本国常住公民在国内生产的最终产品，也包括本国常住公民在国外生产的最终产品，但不包括外国公民在本国生产的最终产品。由此可以看出 GDP 与 GNP 存在以下关系：

$$\begin{aligned} GDP &= GNP - 国外要素净收入 \\ &= GNP - 本国公民在国外生产的最终产品的价值总和 \\ &\quad + 外国公民在本国生产的最终产品的价值总和 \\ GNP &= GDP + 国外要素净收入 \\ &= GDP + 本国公民在国外生产的最终产品的价值总和 \\ &\quad - 外国公民在本国生产的最终产品的价值总和 \end{aligned}$$

在封闭经济条件下，显然有 GDP = GNP。但在经济一体化的现代社会，这种情况是不存在的。一般会出现两种情况：如果本国公民在国外生产的最终产品的价值总和大于外国公民在本国生产的最终产品的价值总和，则 GNP＞GDP；如果本国公民在国外生产的最终产品的价值总和小于外国公民在本国生产的最终产品的价值总和，则 GNP＜GDP。因为 GDP = GNP 只会在一定精确度下大约相等，在开放条件下绝对相等的概率可以认为等于 0。

国内生产总值与国民生产总值仅一字之差，但有不同的含义。在用 GNP 时，强调的是民族工业，即本国人办的工业；在用 GDP 时，强调的是境内工业，即在本国领土范围内的工业。由于国外净收入数据不足，GDP 则较易衡量，而且 GDP 相对于 GNP 来说是国内就业潜力的更好衡量指标，所以世界上大多数国家使用 GDP 作为衡量经济总产出的基本指标。在全球经济一体化的当代，各国经济更多地融合，很难找出原来意义上的民族工业。联合国统计司 1993 年要求各国在国民收入统计中用 GDP 代替 GNP 正反映了这种趋势。

2. 名义 GDP 与实际 GDP

利用 GDP 进行动态比较反映其变化，是我们分析国民经济发展情况的常用方法。GDP 是一个价值指标，它的变动必然会受到产量和价格两方面的影响。产量的变动所引起的 GDP 的变化是正常的，而价格的变动所引起的 GDP 的变化是虚假的。为了准确地反映 GDP 的变化情况，一般分别按现价和不变价格计算 GDP。于是就产生了名义 GDP 和实际 GDP 指标。

名义 GDP 是指一定时期内以当前市场价格测算的 GDP，即按当年市场价格计算的一年所生产的全部产品和劳务的价值。如 1999 年的名义 GDP 就是以 1999 年的市场价格计算的当年总产出的价值，用公式表示为

$$\text{某年名义GDP} = \sum_{i=1}^{n}(Q_i \times P_i)$$

式中，Q_i 为 i 产品当年的产量；P_i 为 i 产品当年的价格。

从上式可以看出，造成不同年份名义 GDP 变化的原因有两个：一是产品和劳务的实际产出量的变化；二是市场价格的变化。假设一个国家当年和上一年的实际产出量相等，而市场价格上升了一倍，那么这个国家的名义 GDP 将会比上一年增长一倍。正因为名义 GDP 的变动包含了价格上涨因素，不能准确地反映产品和劳务的实际产出量的变化，因此，在经济统计中经常使用实际 GDP。

实际 GDP 是指按不变价格计算 GDP，即以过去某一年（称为基年）的价格为标准，测算 GDP 的数值。实际 GDP 可以衡量两个不同时期经济中产品和劳务的实际产出量的变化，用公式表示为

$$\text{某年实际GDP} = \sum_{i=1}^{n}(Q_i \times P_i^1)$$

式中，P_i^1 为 i 产品的不变价格。

为了分析比较生产水平的实际增长幅度，往往需要把按当年价格计算的名义 GDP 调整为按不变价格计算的实际 GDP。调整方法是：把某年选定为基年，那么该年的价格水平即基年价格为不变价格。例如，如果把 2000 年作为基年，那么不管是 2000 年之前还是以后各年的实际 GDP 都是按 2000 年的市场价格计算的，这样有

$$\text{某年实际GDP} = \frac{\text{该年名义GDP}}{\text{价格指数}}$$

$$价格指数=\frac{\sum_{i=1}^{n}(Q_i \times P_i)}{\sum_{i=1}^{n}(Q_i \times P_i^1)} \times 100\%$$

这一价格指数也称为 GDP 的折算系数。

根据以上所述，我们可以得到国民经济的发展速度的计算方法。如某国 2003 年的国民经济发展速度的计算公式是

$$某国2003年的国民经济发展速度=\frac{2003年按2000年不变价格计算的实际GDP}{2002年按2000年不变价格计算的实际GDP} \times 100\%$$

三、生活中的经济学

案例 10.4

如何应用国民收入的几个指标？

国民收入可以用国内生产总值（GDP）、国民收入（NI）、个人可支配收入（DPI）等指标来说明，这几个指标高度相关，GDP 是其他收入指标的基础。各个指标的关系可以由下面的公式得出

NI = GDP − 折旧 − 间接税 − 企业转移支付 + 政府补助金

DPI = GDP − 折旧 − 政府税收 − 企业转移支付 − 公司未分配利润 + 政府的转移支付

从上式可知个人可支配收入是由 GDP 来决定的，但是与折旧、税收、企业对居民的利益、政府的转移支付因素相关。

2000～2012 年中国经济仍处于高速增长期，13 年间中国 GDP 增速、个人可支配收入增速的趋势基本是一致的，尤其 2008 年之前，随着 GDP 增速的上升，城镇居民可支配收入、农民纯收入增长速度同步上升。2008 年之后，三者的增长速度出现了差异，GDP 增速在下降，但是居民收入的增长速度在上升。

2008 年之前，中国居民的收入增速是低于 GDP 增速的，说明在这一过程中，政府与企业的留存多于对居民的补助。2008 年之前，中国经济高速增长，经济处于繁荣的时期，这时政府采取的是紧缩的宏观政策，政府的税收增长速度较快；另外经济处于繁荣期，需要政府帮助的人减少了，所以这一时期政府的转移支付并不高。从企业方面分析，中国企业在这一时期也处于快速发展的时期，企业分红较少，留存在企业的利润即未分配利润较多，所以在这一时期，中国居民收入的增长速度要低于 GDP 的增长速度。

2008 年发生金融危机以后，中国实施了刺激性的宏观经济政策，政府加大了对居民的转移支付，需要帮助的居民也在增加，即政府对居民的补助增加了。与城镇居民相比，农村居民纯收入的增长要更快一些。2004～2012 年中共中央连续 9 年发布以“三农”为主题的中央一号文件，大力发展做好“农村、农业、农民”工作，实施了多项政策持续推

动农村经济发展，提高农民收入，同时减免了农业税，在多种政策的实施下，农民收入有了快速的提高。

案例 10.5

GDP 与 GNP 是一致的吗？

GDP 与 GNP 之间形成差异的前提条件是经济开放。经济体开放后，要素在不同国家之间进行流动，在不同的国家形成了要素收入，而在核算时由于要素所有权所在国与收益权所在国之间的不同出现了差异。从理论上，全世界的 GDP 与 GNP 应该是相等的，即从全世界的范围来看，无论从哪个角度分析，一年内创造的价值都是一样的。如表 10-2 所示，2018 年全世界 GDP 与 GNP 的差值为 886 亿美元，这个是统计的误差，也在许可范围之内。

表 10-2　2018 年世界部分国家 GDP 与 GNP 的差异

经济体	GNP/亿美元	GDP/亿美元	GDP/GNP
基里巴斯	3.62	1.88	0.52
日本	51 554.24	49 713.23	0.96
美国	208 373.47	205 443.43	0.99
中国	135 568.53	136 081.52	1.00
爱尔兰	3 082.37	3 824.87	1.24
卢森堡	451.56	708.85	1.57
世界总计	859 983.00	859 097.00	1.00
最不发达国家：联合国分类	10 744.50	10 646.40	0.99
经济合作与发展组织成员	530 808.02	526 762.18	0.99

资料来源：根据世界银行数据（https://data.worldbank.org/indicator/NY.GDP.MKTP.CD，2020 年 8 月 6 日）整理而得

从全世界范围看，2018 年 GDP＞GNP 的国家有 143 个，而 GNP＞GDP 的国家有 45 个，说明大部分国家的外国居民在本国所获得的要素收入要大于本国居民从国外获得的要素收入。从国家来看，无论是发达的经济大国，还是发展中的经济大国，其 GDP 与 GNP 基本相等，如美国、中国、德国、英国、印度等国家。我们还可以看到，无论是发达经济体，还是不发达经济体，GDP 与 GNP 的差异也不大。尤其是经济一体化程度较高的欧盟，其经济体内的德国、英国、法国等主要国家的 GDP 与 GNP 差异也较小。

2018 年，GDP 远远小于 GNP 的国家是基里巴斯共和国，是全世界最不发达的国家之一，经济严重信赖外援，由于经济落后、资源匮乏，无法吸引国外投资，因此其 GDP 远小于 GNP。菲律宾的 GNP 也比 GDP 高 17%，主要原因在于菲律宾强大的劳务输出，菲律宾每年有大量的劳动力到中东、东南亚等国家工作，获得了大量的劳务收入。日本的 GNP 也大于 GDP，自 1982 年以来，日本的 GNP 一直大于 GDP，主要的原因是在 20 世

纪80年代中期日元升值后，日本大量的产业随之向国外转移所形成的。

2018年，GDP远大于GNP的国家是卢森堡，二者相差57%。卢森堡是欧盟的政治中心，被称为欧盟的第三首都，卢森堡的人员构成中本国人占52.1%，外籍人占47.9%，同时卢森堡也是仅次于美国的世界第二、欧洲最大的基金管理中心，把大量的外国人力与物力吸引到了卢森堡，形成了GDP远大于GNP的状态。另一个GDP远大于GNP的欧洲国家是爱尔兰。爱尔兰经济社会发展水平一度滞后，被称为"欧洲农村"。但是20世纪80年代以来，爱尔兰改善投资环境，吸引了大量海外投资，1999年和2003年软件出口分别居世界第一和第二，因此其GDP也明显高于GNP。

案例 10.6

名义 GDP 与实际 GDP 是一回事吗？

名义GDP与实际GDP的差别是在核算GDP时，由计算价格的差异而造成的，为了真实地反映社会的财富水平变化情况，必须要把价格固定。如表10-3所示，当用2010年的价格来计算2018年的产出时，各国的GDP数值出现了一定的差异。2018年全世界60%以上国家的名义GDP数值大于实际GDP数值，说明在这8年间，大部分国家出现了价格的上升，另外近40%国家的名义GDP数值是小于实际GDP数值的，说明这部分国家的价格在8年间是下降的。

表 10-3 2018 年世界部分国家名义 GDP 与实际 GDP 的比较

序号	国家	名义 GDP/亿美元	名义 GDP 排名	以 2010 年价格计算的实际 GDP/亿美元	实际 GDP 排名
1	美国	205 443.4	1	178 564.8	1
2	中国	136 081.5	2	107 972.2	2
3	日本	49 713.23	3	61 897.78	3
4	德国	39 476.2	4	39 372.38	4
5	英国	28 552.97	5	28 806.08	6
6	津巴布韦	310.01	100	190.93	115
7	冰岛	258.78	107	184.22	117

资料来源：根据世界银行数据（https://data.worldbank.org/indicator/NY.GDP.MKTP.CD，2020年8月6日）整理而得

实际GDP比名义GDP更为真实地反映了一个国家一定时期国民收入的状况。以中美两国为例，2018年，如果从名义GDP分析，美国GDP总量比中国GDP总量高出了51%，但是分析实际GDP可知，美国的GDP总量比中国的GDP总量高出了65%，说明两个国家之间的GDP总量差距还是非常大的。再分析日本，无论是从名义GDP排名，还是实际GDP排名，日本的经济实力都排在全世界的第3位，但是看数值可知，这些年来日本发生了通货紧缩，所以其实际GDP比名义GDP高出了25%，从中可以看出，日本的经济水平并没有下降，而是上升了。

2010～2018 年，还有一些国家的价格水平并没有发生很大的变化，如表 10-3 所示，德国、英国等发达国家和新兴发展中国家的物价水平比较稳定，名义 GDP 与实际 GDP 的差异并不大，说明这些国家经济发展较为稳定。

当然，还有一部分国家的名义 GDP 与实际 GDP 差异较大，说明这些国家经济出现了较大的问题。希腊、苏丹的名义 GDP 远小于实际 GDP，希腊在 2009 年爆发了债务危机，自此以后经济一直处于萧条状态，物价水平不断下降，而苏丹是全球最不发达的国家之一，其物价水平也在持续下降。另外，冰岛和津巴布韦的通货膨胀率过高，导致了其实际 GDP 远远小于名义 GDP，尤其是津巴布韦近些年爆发了恶性通货膨胀，物价持续上涨，使人民的实际收入水平持续下降。

第四节　国民收入核算的缺陷与纠正

国民收入核算体系从产生到形成，已有几十年的历史，这一体系基本上能反映一国的经济状况，尤其是实际 GDP 剔除了物价变动的影响，在这个意义上，它代表着一个社会在一定时期内所创造的价值，是一个社会可供继续使用的资源。GDP 越大，说明综合国力越强；人均 GDP 越高，说明人们的生活水平越高，生产力越进步。人均 GDP 是区分发达国家与发展中国家的首要统计指标，其计算方法也有许多优点。然而，由于与实际产出和社会福利有关的一些问题在国民收入核算中未得到反映，即使是实际 GDP，其代表的物质财富和生活质量也不完全一致，往往使得实际产出被高估或低估，从而不能反映人们由生产中得到的福利变动情况，不能做到全面、准确地反映一国的实际经济情况，需要采取一定的措施加以纠正。

一、国民收入核算的缺陷

国民收入核算的缺陷主要表现在以下三个方面。

第一，核算范围的局限性，不能全面地反映一个国家的真实产出。因为国民收入核算的统计数据基本上是根据市场交易获得的，对那些没有经过市场交易，但却对实际产出具有影响的经济活动，由于计算困难而未予核算。首先，非市场交易活动得不到反映。例如，在西方国家普遍存在的如贩毒生产、投机等非经济活动；在许多国家，特别是在发展中国家大量存在的如自给性生产、服务、家务劳动等非经济活动，难以在国民收入核算中反映出来。其次，不少地下经济活动得不到反映。地下经济活动只是为了偷税、漏税，经济活动发生了，但在国民收入核算中却未反映出来。最后，某些中间产品与最终产品难以划分，部分项目存在重复计算，等等，使得原有国民收入核算所核算的范围无法包揽进来。

第二，核算内容的片面性，不能反映一个国家的真实生活水平。由于国民收入核算注重单一的收入或支出核算，并不能反映出人们在生产中所得到的福利变动情况，不能反映一个国家人们的真实生活水平。例如，它反映不出人们在精神上的满足与不满足；反映不出闲暇所带来的福利；反映不出人们生活质量的变化；反映不出产品质量的提高与产品类别的变动对人们福利的影响；也反映不出产品分配及其对社会福利的影响，而国民收入的增加也并不等于社会福利的增加。另外，国民收入核算忽略了外部影响，如现代工业社会的快速增长带来了许多环境污染问题，这些在国民收入核算中都没有反映出来。

第三，国际上的不可比性。由于各国使用的国民收入核算方法不统一，即采用同一种国民收入核算方法，因各国商品化程度的差异，各国统计资料缺乏完备性，因此运用的国民收入核算进行国际上的比较会遇到许多困难，即使能比较，也缺乏准确性。

但总的来看，GDP 虽有诸多不足，但仍不失为一个有用的总量指标。尤其是人均 GDP 基本上能反映综合国力的强弱、生产力水平的高低和生活质量的差异，实现 GDP 的增长是所有国家追求的经济目标。正所谓，GDP 不是万能的，但没有 GDP 是万万不能的。

为了完善现行的国民经济核算体系，各国经济学家与统计学家进行了长期不懈的努力。例如，为了将自然资源损耗和环境质量评价引入国民收入核算体系，不少国家试图建立自然资源核算体系。从现行国民经济核算体系中的种种缺陷来看，要全面系统地修正现行的核算体系还需要克服很多困难。很多方面的研究进展还较缓慢。可以说，国民收入核算体系仍处于不断完善之中。

二、国民收入核算的纠正

针对国民收入核算中存在的各种缺陷，世界各国的经济学家及有关国际组织都在进行探索，试图予以弥补和纠正。

对于国民收入核算范围的局限，联合国分别制定了 SNA 和 MPS 两大国民经济核算体系供成员国参考使用。特别是 20 世纪 90 年代，世界政治局势发生了巨大变化，MPS 国家或通过改变政体，或通过经济改革，意识到 MPS 在核算范围上存在局限和不足，决定扩大国民经济核算范围，联合国又组织新 SNA 的修订，1993 年联合国统计司第 27 届会议通过修订稿，决定取消 MPS，确定把 SNA 作为世界各国共同采用的国民经济核算体系。随着 SNA 在世界各国的广泛使用和不断完善，国民收入核算范围扩大，原国民收入核算体系的局限性将逐渐被克服。

对于原国民收入核算体系的核算内容的片面性的克服，美国经济学家托宾和诺德豪斯提出了经济福利尺度（measure economic welfare，MEW），萨缪尔森提出了纯经济福利（net economic welfare，NEW）理论，试图将国民收入核算的内容从单一的经济核算扩大到福利的变化。他们认为，经济活动的最终目的是家庭福利的增加，社会福利更多地取决于消费，而不是生产，GDP 是对生产的衡量，而 MEW 和 NEW 是衡量所有对人类福利做出贡献的消费。因此，MEW 和 NEW 就是要在原有 GDP 指标的基础上减去某些不能对社会福利做贡献的项目，加上某些对福利已做出贡献却还没有计入 GDP 的项目。具体来说，应减去不能直接对改善生活做出贡献的产品支出（如国防、警察等），再减去对福利有负作用的项目（如环境污染等），加上没有通过市场的价值项目（如家务劳动、自给性服务等），加上闲暇的价值（根据闲暇的机会成本计算）。由于这些计算问题还没有完全解决，因而没有得到推广。

对于国民收入核算在国际上的不可比性，除了各国不同的核算范围、内容与方法外，主要是产品价格的不可比性，或者说不同国家货币间的汇率不合理。为此，瑞典学派经济学家卡塞尔以货币数量学说为基础，提出了购买力平价理论，即在不兑现纸币制度的条件下，以各国货币国内购买力的对比关系说明汇率的决定和变动。他认为一国之所以对外国货币产生需求并对外币支付一定的价格，归根到底是因为外币在其发行国对商品和劳务具有购买力。因此，一国对外国货币的汇率，从根本上说是由两国通货的相对购买力来决定的。例如，假定有代表性的一组货物在美国值 2 美元，而在法国值 10 法郎，则这两种货币的汇率就是 1∶5。只有使两国通货的国内购买力相等的汇率，才是两国间的真正汇率平价。可见，购买力平价理论对消除国与国之间产品价格的差别，提高国民收入核算在国际上的对比具有一定意义，因而已被部分国际组织采用。

三、生活中的经济学

案例 10.7

青山绿水也是国民财富

由于 GDP 这一概念无法涵盖国民财富的全部，因此众多的学者试图找到一个新的概念能够替代 GDP，“绿色 GDP”就是其中之一，并且这一概念也被各国政府广泛采纳。“绿色 GDP”的概念首次被正式提出是在联合国统计司出版的《环境与经济综合核算手册》中。在这个手册中，绿色 GDP 的核算不仅包括原有的国民经济核算内容，还将资源消耗与环境纳入其核算范围。其目的是为实现经济与资源、环境的可持续发展提供系统的核算数据支持。在这一概念提出后，世界上有些国家开始了这方面的实践，如挪威等国家。我国在 2004 年发布了《中国绿色国民经济核算研究报告 2004》，并将绿色 GDP 界定为经济资源消耗成本与环境损失成本调整后的 GDP，这被称为“绿色 GDP 1.0”。

绿色 GDP 是在传统 GDP 中扣除资源消耗成本和环境损失成本，因此核算绿色 GDP 的核心点就在于资源消耗成本和环境损失成本的测算上。所以目前国内关于绿色 GDP 的研究主要集中于对其核算方法的设计与描述性分析上。但是在核算中存在以下难点：一是核算范围的确定，二是核算价格与数量的确定。

首先是核算范围。绿色 GDP 主要是针对资源与环境两个方面。如资源，以石油为例，石油资源是埋在地下的，我们来说明石油资源量的时候，一般用以下指标：石油储量、石油可开采量、石油产量等。在这些指标中，石油储量是说明地下有多少石油量，石油可开采量是说明地下有多少石油是可以开采出来的，石油产量是说明我们开采了多少石油，那么在核算绿色 GDP 时就存在一个问题，该用哪一个量进行核算呢？由于地下地质情况的复杂性，我们所说的石油储量和石油可开采量是大概的，不是真正能开采出来的，但是又是我们地球存在的，如果核算时用这两个指标进行核算，那么很可能就是夸大了我们的财富水平。因此在进行绿色 GDP 核算时，核算的范围是我们首先要确定的，但是又是比较难的一个问题，在核算实践中无法真正确定时，是没有办法进行核算的。

其次是核算的价格与数量。资源和环境的产品有时是非卖品，很难确定价格和数量。以环境污染为例，一个化工厂将废物排放到河流、大气中，对自然界形成了近期和远期的污染。从近期来看，这个化工厂直接将废物排放到企业外部，对河流造成了污染，如果在核算时按治理的成本来计算，那么问题就来了，这个治理的成本是如何形成的？如果是通过市场形成的，那我们就将这些成果计入进来，但是如果不是通过市场形成的，那核算时的价格就无法确定了。从远期来看，河流的污染造成了河流中鱼类、藻类的灭绝，但这是长期的，那么就更难确定了，无论是价格还是数量都无法确定。而绿色 GDP 弥补了传统 GDP 的缺陷，是对传统 GDP 的改进，但是由于核算所需要的价格与数量是很难确定的，所以在操作层面上存在很多难题。

因此，GDP 虽不完美，但到目前为止还没有可以替代它的更好的变量。目前它是能够客观反映市场规模、财富价值的唯一指标。目前许多被认为已采用绿色 GDP 指标的国家，无论是挪威，还是加拿大、墨西哥，其开展的工作只属于资源与环境核算，而不是计算我们所称的绿色 GDP。

案例 10.8

中国真的富有了吗？

很多年以来，中美两国的学者和官方都对中美两国 GDP 的差异提出过质疑，如果从名义 GDP 来看，中美两国确实存在较大的差异，但是有很多学者提出了用另外一种计算方式进行 GDP 的核算，就能看出中美两国实际的经济水平差异并不大，这就是以购买力平价来核算的 GDP。

由表 10-4 可知，从全世界经济来看，以购买力平价核算的 GDP 比名义 GDP 多了 20 多万亿美元，说明名义 GDP 低估了人民的实际生活水平。高收入国家的名义 GDP 高于购买力平价核算的 GDP，说明这些高收入国家的人民虽然名义的货币收入高，但是实际的购买力下降了。反过来，中低收入国家购买力平价核算的 GDP 明显高于名义 GDP，说明这些国家的人民虽然货币收入并不高，但是实际的购买力并不低，实际生活水平也不低。

表 10-4　2011 年世界部分国家和地区购买力平价衡量的 GDP 与名义 GDP 比较　单位：亿美元

序号	经济体	购买力平价衡量的 GDP	名义 GDP	二者差异
1	美国	155 425.81	155 425.81	0
2	中国	139 191.32	75 515.00	63 676.32
3	印度	57 820.37	18 230.50	39 589.87
4	日本	45 731.87	61 574.60	−15 842.73
5	俄罗斯	34 753.85	20 516.62	14 237.23
6	德国	34 150.21	37 444.09	−3 293.88
7	巴西	29 749.55	26 162.01	3 587.54

续表

序号	经济体	购买力平价衡量的 GDP	名义 GDP	二者差异
8	法国	24 464.75	28 614.08	–4 149.33
9	英国	23 507.96	26 593.10	–3 085.14
10	意大利	21 731.70	22 919.91	–1 188.21
11	印度尼西亚	21 715.19	8 929.69	12 785.50
12	墨西哥	19 113.19	11 804.90	7 308.29
13	韩国	15 594.47	12 024.64	3 569.83
14	西班牙	14 895.95	14 787.73	108.22
15	土耳其	14 432.95	8 325.24	6 107.71
16	世界合计	952 008.77	733 931.52	218 077.25
17	中低收入国家	479 703.01	244 402.65	235 300.36
18	高收入国家	473 453.77	489 617.48	–16 163.71
19	经济合作与发展组织成员	458 264.92	480 557.82	–22 292.90
20	欧盟	175 404.42	183 995.61	–8 591.19
21	北美	169 735.98	173 372.73	–3 636.75

资料来源：根据世界银行数据（https://data.worldbank.org/indicator/NY.GDP.MKTP.PP.CD，2020 年 8 月 6 日）整理而得

对表 10-4 进一步分析发现，高估实际生活水平的国家主要是发达国家，越是发达，被高估的比例越高，如日本，其购买力平价核算的 GDP 比名义 GDP 低约 26%，德国、意大利等国家虽然比例不一，但是总体上高估了人民的生活水平。这些国家的生活成本较高，主要体现在住房、交通、生活用品、服务等方面，因为经济体发达，这些商品与服务的价格都比较高，所以购买力平价核算的 GDP 下降了。

低估实际生活水平的国家主要是发展中国家，其中差异最大的是印度，以购买力平价核算的 GDP 是名义 GDP 的 3.17 倍，而且以购买力平价核算的国家经济总量也上升到了第 3 位，超过了日本。这些国家的生活成本要远远低于发达国家，不仅是住房等支出较大的商品，还包括交通、生活日用品、教育、医疗等方面。差异较大的三个国家中国、印度、印度尼西亚是全世界人口众多的国家，这些国家具有劳动力优势，因此这一优势体现在商品与服务中，商品与服务的成本要远低于发达国家。

但是也要注意到，以购买力平价核算 GDP 时，并没有考虑一国居民所购买的商品与服务的质量，如住房，即使是同样居住面积的住房，美国和印度的房价差距较大，似乎美国居民的实际购买力下降了，但是美国居民购买的住房不仅指房子本身的价值，还包括了周围的自然环境和社会环境，二者的差异是巨大的，以购买平价来核算 GDP 其实是没有考虑核算对象的内在区别的。因此目前名义 GDP 仍然是不可能被替代的，也是目前为止较为合理的核算指标。

第十一章　国民收入的决定与决定因素

引言：国民收入是由什么决定的？

2018 年全年国内生产总值 900 309 亿元，其中，第一产业增加值 64 734 亿元，第二产业增加值 366 001 亿元，第三产业增加值 469 575 亿元。

全年最终消费支出对国内生产总值增长的贡献率为 76.2%，资本形成总额的贡献率为 32.4%，货物和服务净出口的贡献率为–8.6%。

全年社会消费品零售总额 380 987 亿元，比上年增长 9.0%。城镇消费品零售额 325 637 亿元，增长 8.8%；乡村消费品零售额 55 350 亿元，增长 10.1%。

全年全社会固定资产投资 645 675 亿元，比上年增长 5.9%。其中固定资产投资（不含农户）635 636 亿元，增长 5.9%。第一产业投资 22 413 亿元，比上年增长 12.9%；第二产业投资 237 899 亿元，增长 6.2%；第三产业投资 375 324 亿元，增长 5.5%。

全年货物进出口总额 305 050 亿元，比上年增长 9.7%。全年服务进出口总额 52 402 亿元，比上年增长 11.5%。

——摘自国家统计局：《2018 年国民经济和社会发展统计公报》，http://www.stats.gov.cn/tjsj/zxfb/201902/t20190228_1651265.html，2019 年 2 月 28 日

相关问题：

1. 宏观经济中的国民收入是如何决定的？
2. 决定国民收入的主要因素是什么？

第一节　国民收入的短期与长期决定

国民收入决定理论是宏观经济学的核心问题，它回答了国民收入水平取决于什么因素，如何根据这些因素决定国民收入水平。与微观经济学一样，宏观经济学也研究市场的均衡问题，在研究思路上也是一致的，市场的均衡是由供给和需求来决定的。这里的供给与需求是指宏观市场中的总需求与总供给，所形成的均衡价格就是宏观市场中所表现出来的价格总水平，均衡数量就是均衡时的国民收入。

宏观经济学所研究的国民收入决定理论，其全部理论涉及四个市场：产品市场、货币市场、劳动市场和国际市场。在现实经济运行中，这四个市场相互作用，最终达到一般均衡。

一、总需求的内涵

1. 总需求的定义

总需求是一定时期内，经济社会对产品和劳务的需求总量。如果不考虑国外需求，经济社会的总需求是指在价格水平、收入和其他经济变量既定的条件下，家庭部门、企业部门和政府将要支出的数量。也就是说，如果是封闭的经济，一个国家的总需求由三部门组成：居民的需求、企业的需求和政府的需求；如果是开放的经济，一个国家的总需求由四部门组成：居民的需求、企业的需求、政府的需求和国外的需求。

四部门的需求用公式表示如下所示：

$$\text{总需求}=\text{消费}+\text{投资}+\text{政府购买}+\text{净出口}$$

即

$$\mathrm{AD}=C+I+G+(X-M)$$

2. 总需求函数与总需求曲线

在微观中，我们知道需求受到多个因素的影响，但是最重要的影响因素是价格，在宏观中的总需求也是受到多种因素影响的，而最重要的影响因素也是价格，因此价格与总需求数量之间存在一定的函数关系，形成了总需求函数。总需求函数被定义为产量（国民收入）和价格水平之间的关系。它表示在某个特定的价格水平下，经济社会需要多高水平的产量。同样地，价格与总需求数量之间存在反向的关系，即当价格下降时，总需求数量是上升的。

如图 11-1 所示，AD 曲线表示一条向右下方倾斜的总需求曲线，表示总需求与价格成反比。

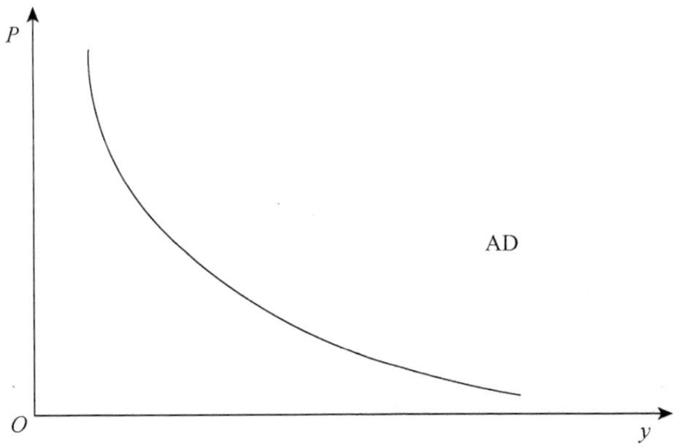

图 11-1　总需求曲线

总需求曲线的形状是由总需求的四个部分共同决定的，在前面的章节中我们已经知道，这四个部分中最重要的是消费和投资，因此只需要通过分析价格水平对消费和投资的影响，就可以确定总需求曲线的形状。

首先看价格水平对消费的影响。当价格水平下降时，提高了经济中货币的真实价值，并使消费者感觉更富有，这又鼓励他们更多地支出，消费者支出增加，会使全社会对商品和劳务的需求加大；反过来，当价格水平上升时，降低了货币的真实价值，使消费者感觉到变得贫穷了，消费者会降低支出，从而减少对商品和劳务的需求。这种价格水平对消费影响的效应称为财富效应。根据财富效应，价格水平与消费呈反方向变动，因此总需求与价格水平是反方向变动的。

其次分析价格水平对投资的影响。从理论上，投资要受到利率的影响，投资与利率呈反向的关系，即利率越高，厂商的投资成本越高，所以厂商的投资会减少。再分析利率与价格水平的关系。利率是由货币市场决定的，货币市场中货币的供给由政府来决定，货币需求是由市场决定的。当价格水平上升时，社会中流通的货币需求量会上升，当政府的货币供给不变时，利率就会上升，因此会导致投资下降，这称为利率效应。根据利率效应，价格水平与投资呈反方向变动，因此总需求与价格水平是反方向变动的。

综合上面两个因素，可以看出，总需求量与价格水平呈反比关系。

3. 总需求曲线的移动

总需求曲线表明了价格水平与总需求量的关系，但是许多其他因素也会影响价格水平既定时的物品与劳务的总需求量。当这些因素中的一种发生变动时，在每一价格下的物品与劳务的需求量就会变动，从而引起总需求曲线的变动。

（1）消费者支出的变化。在价格水平既定的情况下，任何使消费者支出增加的事件，都会使总需求曲线向右移动；反之，任何使消费者支出减少的事件，都会使总需求曲线向左移动。

（2）投资的变化。在价格水平既定的情况下，任何使企业投资增加的事件，都会使总需求曲线向右移动；反之，任何使企业投资减少的事件，都会使总需求曲线向左移动。

（3）政府购买的变化。在价格水平既定的情况下，政府增加购买，会使总需求曲线向右移动；反之，政府减少购买，会使总需求曲线向左移动。

（4）净出口的变化。在价格水平既定的情况下，任何增加净出口的事件，都会使总需求曲线向右移动；反之，任何减少净出口的事件，都会使总需求曲线向左移动。

政府政策的变化会引起消费、投资、政府购买、净出口的变化，因此无论扩张性的财政政策还是货币政策，都会引起这四个变量的增加，进而引起总需求曲线向右移动；反之，无论是紧缩性财政政策还是货币政策，都会引起这四个变量的减少，进而引起总需求曲线向左移动。

二、总供给的内涵

1. 总供给的定义

总供给是指经济社会所提供的总产量（或国民收入），即经济社会投入的基本资源所生产的产量。在微观中，将劳动、资本等生产要素投入到企业的生产中，企业的产量与投入的要素之间会形成一个生产函数来表示二者之间的关系。当把这一关系上升到宏观层面，即从全社会分析，全社会投入的生产要素与全社会的产量之间也会形成一个生产函数，即宏观生产函数。

假定一个经济社会在一定的技术水平下使用总量意义下的劳动和资本两种要素进行生产，那这个社会的总供给可以用公式表示为：$y = f(N, K)$。

2. 总供给曲线

由于假设条件的不同，总供给曲线有三种：一是常规的总供给曲线，二是凯恩斯总供给曲线，三是古典总供给曲线。

1）常规的总供给曲线

与微观中供给曲线价格与数量的关系一致，在宏观中，总供给曲线所表示的价格与数量之间也呈现正向的关系，即当价格上升时，总供给的数量也必然上升，因此总供给曲线是一条向右上方倾斜的曲线。如图 11-2 所示，AS 表示一条总供给曲线。

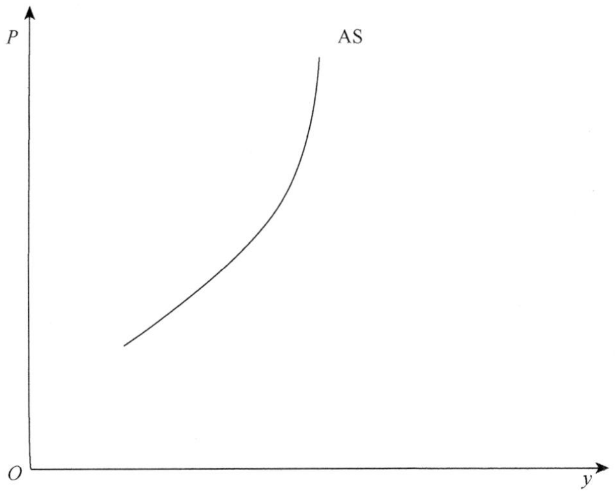

图 11-2　常规的总供给曲线

2）凯恩斯总供给曲线

凯恩斯总供给曲线是一条水平的供给曲线，如图 11-3 所示，它表示的是厂商在现有价格水平下愿意提供所需的任何数量的商品。也就是说，在国民收入达到充分就业水平 y_f 状态之前，价格是一直不变的。

凯恩斯总供给曲线是建立在价格刚性的假设基础上的。凯恩斯这一理论提出的背景是 1929～1933 年的经济大萧条时期，在这一时期，大量失业存在，所有的生产要素均处于供给远远大于需求的状态，在这种情况下，厂商可以在现行工资水平上，获得他们所需要数量的劳动。所以他们的平均生产成本被假定为不随产出的变化而变化。

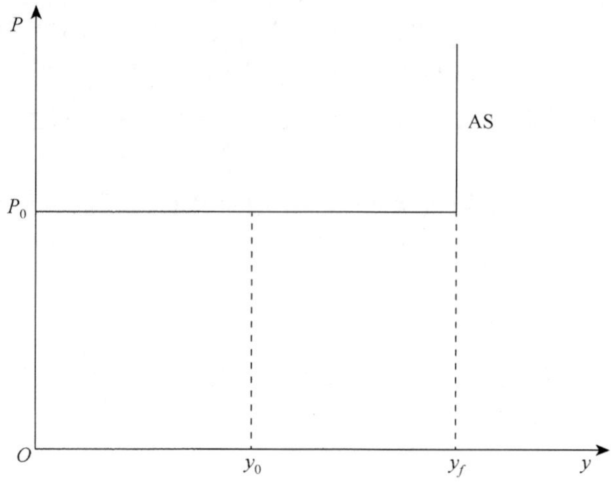

图 11-3　凯恩斯总供给曲线

但是自第二次世界大战结束以来，在多次的经济危机后，当经济从萧条期中复苏时，价格很难保持不变，即价格刚性的假设只能在很短的时间内成立，是一个较为极端的情况，因此凯恩斯总供给曲线更为合理的是表示短期的供给曲线。

3）古典总供给曲线

古典总供给曲线是一条垂直于横轴的垂线。如图 11-4 所示，它表示的是无论价格在什么水平，社会供应的产品数量都是一样的。也就是说，在一定时期内，一个社会在现有资本和技术水平下，潜在产量取决于资源配置情况，不取决于物价。

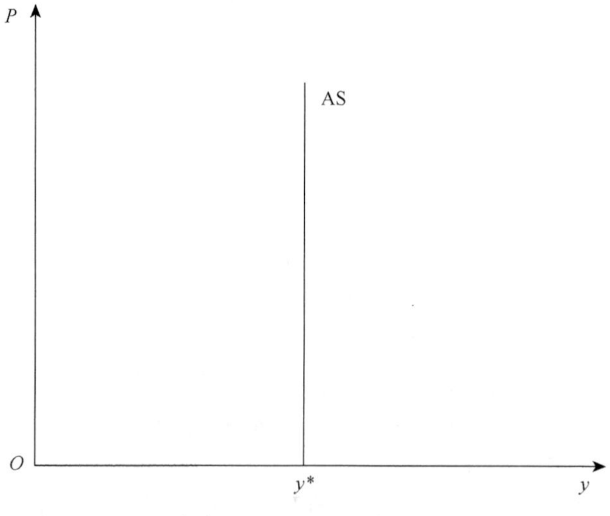

图 11-4　古典总供给曲线

古典总供给曲线建立的假设前提是价格总能迅速调整，使得市场能够实现充分就业，即无论是劳动市场，还是其他要素市场，通过价格的调整总能达到充分就业。因此，一个社会的供给量总能达到充分就业时的供给量，即达到充分就业时的国民收入水平。

我们发现，自第二次世界大战以后，完全依靠市场自发功能在短时期内实现充分就业是不可能的，也就是说市场的价格不可能在短时期内调整到实现充分就业的状态，总是存在一些因素导致价格调整的不充分。因此，如果劳动等要素要实现充分就业，就必须需要一段时间。古典总供给曲线更为合理的是适合解释长期的情况，所以古典总供给曲线又代表了长期总供给曲线。

3. 总供给曲线的移动

根据总供给函数可知，经济社会所投入的基本资源数量增加，总产出会增加，即国民收入会上升。基本资源包括劳动量、资本、自然资源、技术知识等。

（1）劳动量。可得到的劳动数量增加可以使总供给曲线向右移动，而可得到的劳动数量减少会使总供给曲线向左移动。

（2）物质资本或者人力资本。物质资本或者人力资本增加使总供给曲线向右移动，而物质资本或者人力资本减少会使总供给曲线向左移动。

（3）自然资源。自然资源可获得性的增加使总供给曲线向右移动，而自然资源可获得性的减少会使总供给曲线向左移动。

（4）技术知识。技术知识进步会使总供给曲线向右移动，而可得到的技术减少会使总供给曲线向左移动。

三、国民收入的决定

国民收入的决定可分为短期和长期两个问题，而这两个问题的实质就是宏观经济的短期均衡与长期均衡问题。经济学研究经济状况的目标之一是市场的均衡。研究宏观经济的均衡问题与微观一样，也是要通过研究供给与需求两个方面，从而找到市场的均衡，因此我们可以用总需求-总供给（AD-AS）模型来解释宏观经济的短期均衡与长期均衡问题。

1. 短期宏观经济均衡

将总需求曲线和总供给曲线结合到一个坐标系中，即构成了总需求-总供给模型，我们就可以用这个模型来解释现实中的经济情况。如图 11-5 所示，总需求与总供给两条曲线相交于 E_0 点，表示总需求与总供给达到均衡，均衡时国民收入为 y_f，均衡的价格水平为 P_0。这一点所对应的国民收入是充分就业时的国民收入，此时的价格水平 P_0 既不会上升也不会下降，即在 E_0 点达到了理想的经济情况：充分就业和物价稳定。

在现实中，经济达到充分就业时的均衡是偶然的，在常态的情况下，经济是不能实现充分就业时的均衡的，那么我们分别分析如果经济没有达到充分就业时的均衡，如何通过移动总需求曲线、总供给曲线而改变经济运行状态。

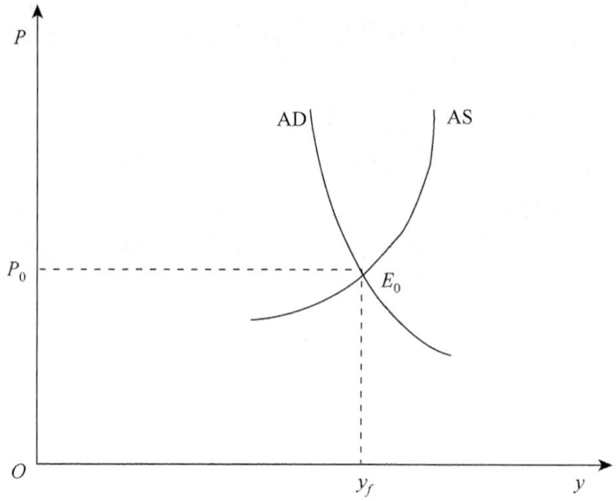

图 11-5 短期宏观经济均衡

1）总需求曲线的移动

假定在某一时期，总需求 AD_0 曲线与总供给 AS 曲线相交于代表充分就业的 E_0 点，此时国民收入为 y_f，价格水平为 P_0，如图 11-6 所示。

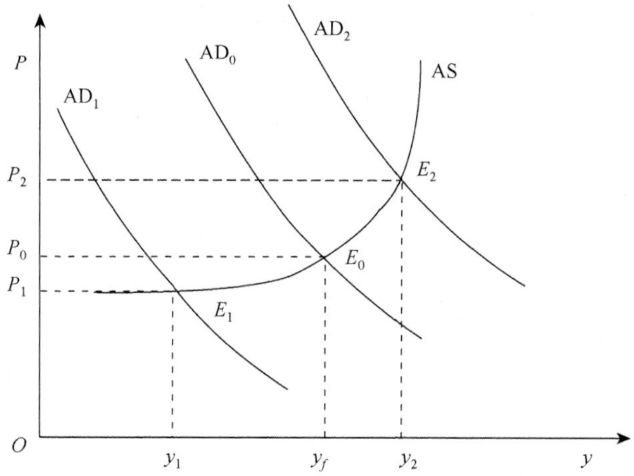

图 11-6 总需求曲线移动的后果

假如经济出现了一定的状况，总需求减少，AD_0 曲线将向左移动到 AD_1，AD_1 曲线与 AS 曲线相交于 E_1 点，这时发现 $y_1 < y_f$，说明经济处于衰退状态。另外，$P_1 < P_0$，价格水平持续下降。当总需求继续减少，AS 曲线的斜率越来越小，这时会发现，价格下降的速度要小于国民收入下降的速度，说明经济在小于充分就业状态时，越是偏离充分就业，经济中过剩的生产能力越来越多，企业的开工率持续下降，价格下降幅度也就越来越小。

反过来，当社会需求增加时，总需求曲线向右移动，AD_0 曲线将向右移动到 AD_2，

AD_2 与 AS 相交于 E_2 点，这时发现 $y_2>y_f$，说明经济处于过热状态。另外，$P_2>P_0$，价格水平持续上升。当总需求继续增加，AS 曲线的斜率越来越大，这时会发现，价格上升的速度要大于国民收入增加的速度，说明经济过热时，经济中的生产能力比较紧缺，资源不足，产量并不能增加，只能引起价格的上升。

2）总供给曲线的移动

假定在某一时期，总需求 AD 曲线与总供给 AS_0 曲线相交于代表充分就业的 E_0 点，此时国民收入为 y_f，价格水平为 P_0，如图 11-7 所示。

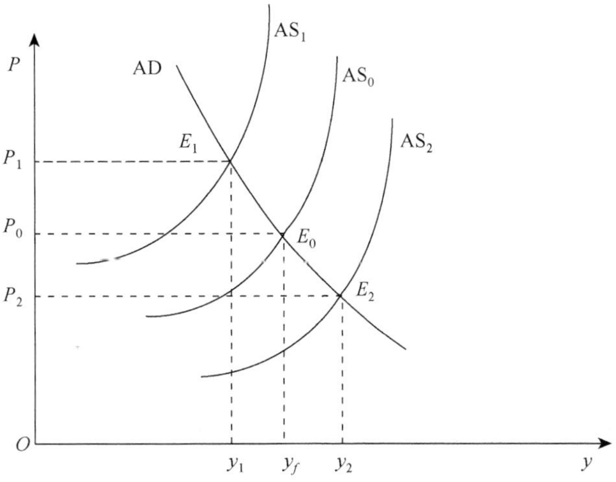

图 11-7　总供给曲线移动的后果

假如经济出现了一定状况，总供给减少，AS_0 曲线将向左移动到 AS_1，AD 曲线与 AS_1 曲线相交于 E_1 点，这时发现 $y_1<y_f$，同时 $P_1>P_0$，价格水平也在上升，国民收入的下降与价格水平的上升同时存在，即失业与通货膨胀并存，我们将这种经济状况称为滞胀。

反过来，当社会供给增加时，总供给曲线向右移动，AS_0 曲线将向右移动到 AS_2 曲线的位置，AD 曲线与 AS_2 曲线相交于 E_2 点，这时发现 $y_2>y_f$，同时 $P_2<P_0$，价格水平持续下降。要实现这种经济状况，一般是在技术水平有了大幅度的提高后，而短期内技术水平是不能实现大幅度的提升的，因此短期内 AS_0 曲线向右移动到 AS_2 曲线是非常少见的，甚至只能是理论上的想象。

由以上分析我们可以看出，在短期中，国民收入的决定主要是由总需求来决定的，因此在短期中如果经济出现了问题，政府也主要是从总需求这一方面对经济进行干预。

2. 长期宏观经济均衡

分析长期宏观经济均衡仍然用 AD-AS 模型，但是与短期宏观经济均衡不同的是，长期总供给曲线的形状发生了变化。如图 11-8 所示，长期总供给 LAS 曲线是一条垂直于横轴的直线，它表示的是国民收入与价格不相关，即无论价格如何变化，国民收入不会发生变化。

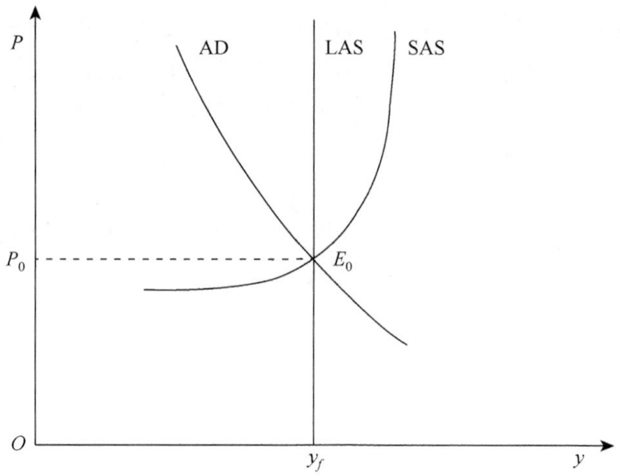

图 11-8　长期宏观经济均衡

假定经济经过了足够长时间的调整处于 LAS 曲线上，此时总需求 AD 曲线与短期总供给 SAS 曲线、长期总供给 LAS 曲线相交于 E_0 点，此时短期均衡国民收入也等于充分就业时的国民收入，当短期宏观经济均衡点也处于长期总供给曲线上时，就实现了长期宏观经济均衡。

长期宏观经济均衡是由 AD、LAS、SAS 三条曲线共同决定的，决定国民收入长期均衡的因素是总供给，因此要实现国民收入的长期增长，更为重要的是长期总供给曲线的右移。根据总供给函数，要实现国民收入的增加，必须要增加相应的生产要素，如人力、资本、技术等，而这些要素的提升需要很长时间的调整。

四、生活中的经济学

案例 11.1

滞胀是怎么形成的？

滞胀的主要表现就是经济增长的停滞与通货膨胀同时存在，是宏观经济中最困难的一种情况。20 世纪 70 年代，西方主要发达国家先后进入了滞胀时期，产出水平持续下降，价格水平不断上升，居民的实际收入水平也在下降。

首先出现滞胀的是美国。美国在经过了 20 世纪 60 年代低通胀、高增长的黄金时代后，进入 70 年代，形势更加严峻：国企效率低下，大面积亏损；工会势力空前强大，扭曲市场机制；社会福利支出过于庞大；公共债务不断攀升；国际收支逆差大幅扩大。

1970 年美国经常账户上开始出现赤字。随着贸易逆差的出现，美元贬值，美元在市场被抛售。英国经济也随之出现了滞胀的状态，经济发展缓慢，实力地位不断下降，被称为“英国病”。20 世纪 70 年代的滞胀表现最为明显的是两个时期：1973～1975 年和 1979～1982 年。在这两个时期，发生了两次石油危机，1973 年的石油危机将原油价格从每桶 3.011 美元提高到 10.651 美元，持续了三年的石油危机对发达国家的经济造成了严重的冲击。在这场危机中，美国的工业生产下降了 14%，所有工业化国家的经济增长都明显放慢。1979 年的石油危机将原油价格从每桶 13 美元猛增至 1980 年的 34 美元，这种状态持续了半年多，此次的石油危机将原本伤痕累累的工业化国家进一步推向了衰退。

如表 11-1 所示，在 20 世纪 70 年代，西方六国的年度经济增长率呈现下降趋势，在大部分年份中小于全世界平均增长率，而欧盟和高收入国家的平均增长率更是在大部分年份中低于世界的平均水平。1971～1980 年的 10 年间，西方六国经济表现出了明显的同步性。1973 年石油危机后，经济出现了衰退，美国和英国的经济首先出现了负增长，1974 年主要国家的经济都呈现出了衰退状态。1979 年石油危机后，1980 年美国和英国的经济又出现了负增长，而其他发达国家受此次危机的影响相对较小。

表 11-1 20 世纪 70 年代西方主要发达国家年度增长率 单位：%

经济体	1971 年	1972 年	1973 年	1974 年	1975 年	1976 年	1977 年	1978 年	1979 年	1980 年
加拿大	3.97	5.51	6.84	3.28	1.46	5.88	3.44	3.68	3.71	2.16
意大利	1.82	3.69	7.13	5.50	−2.09	7.13	2.56	3.24	5.96	3.43
德国	3.13	4.30	4.78	0.89	−0.87	4.95	3.35	3.01	4.15	1.41
法国	5.32	4.51	6.34	4.30	−0.96	4.36	3.46	3.98	3.55	1.58
英国	3.48	4.30	6.51	−2.46	−1.48	2.91	2.44	4.20	3.74	−2.03
美国	3.29	5.26	5.65	−0.54	−0.21	5.39	4.62	5.54	3.17	−0.26
西方六国平均	3.50	4.60	6.21	1.83	−0.69	5.10	3.31	3.94	4.05	1.05
世界	4.34	5.73	6.51	2.00	0.60	5.27	3.93	3.89	4.12	1.90
欧盟	3.63	4.71	6.11	2.23	−0.77	4.61	2.82	3.22	3.83	1.47
高收入国家	3.96	5.60	6.33	1.21	−0.10	4.97	3.88	4.11	4.14	1.49
经济合作与发展组织成员	3.80	5.47	6.11	1.12	0.20	4.73	3.70	4.32	3.96	1.39

资料来源：根据世界银行数据（https://data.worldbank.org/indicator/NY.GDP.MKTP.KD.ZG，2020 年 8 月 6 日）整理而得

我们可以用 AD-AS 模型来分析西方主要发达国家的滞胀问题。第二次世界大战以后，西方大多数国家开始采纳凯恩斯的理论，实施了宏观经济管理政策，对国家宏观经济进行干预，主要的干预方式是增加总需求。在这一政策的影响下，主要发达国家的总需求曲线不断右移，一方面国民收入上升，另一方面价格水平也在上升。当经济处于萧条时期时，社会中的资源没有被充分利用，闲置的资源较多，此时增加总需求，企业首先会运用闲置的资源进行生产，提高产量，全社会的价格不会随之大幅度上升，因此，此时国民收入的增加速度要快于价格的上升速度，人们不会感觉到价格的问题。但是随着国民收入的持续上升，全社会经济复苏，并进一步向繁荣发展，此时政府再运用总需求的宏观管理政策刺

激经济，会使总需求曲线进一步向右移动，而这时全社会的闲置资源并不多了，甚至在某一时刻可能会没有闲置资源，即国民收入达到了充分就业的国民收入。此时国民收入上升的速度要大大降低，甚至可能不会再上升，而价格上升的速度不仅没有下降反而加快了，即通货膨胀出现，此时如果外部的冲击导致总供给曲线向左移动，会进一步导致价格上升，通货膨胀会加剧，而与之相伴的国民收入也会下降，全社会的经济出现了滞胀状态。因此，滞胀发生的核心是总供给曲线的左移和总需求曲线的右移共同形成的，而更为重要的是总供给曲线的左移。

因此，解决滞胀的本质问题是解决总供给曲线的左移问题。从根本上看，解决总供给曲线的左移就是通过增加要素的投入及效率，提高国民收入的水平，因此只有实行供给侧的改革，才能降低价格水平、提高国民收入，使社会走出滞胀的状态。使总供给曲线右移的方法主要是提高技术水平、提高生产效率，而这些都是需要很长时期的。因此，美国在 20 世纪 80 年代进行了一系列的改革，尤其是技术方面有了新的突破，这些创新与突破在 20 世纪 90 年代表现出来，使得美国实现了 10 年的快速增长，出现了历史上的新经济时期。

第二节 总需求与其影响因素

一、总需求的影响因素

1. 消费的影响因素

影响居民消费的因素有很多，如收入、消费品价格、消费者偏好、消费者预期、消费信贷、利率水平、收入分配状况、消费者年龄、构成及制度、风俗习惯等。但是凯恩斯认为对消费具有决定意义的影响因素是总收入水平。我们用消费函数来描述消费支出与收入之间的依存关系。根据凯恩斯的理论，消费会随着总收入的增加而增加，但消费增加的速度低于收入增加的速度。

其基本方程为

$$C = a + bY \quad (a > 0, 0 < b < 1)$$

式中，C 为消费；Y 为总收入；a 为大于零的常数，表示自发消费，即收入为零时也会有的消费；b 为边际消费倾向，通常记作 MPC，它表示每增加一单位的收入中用于消费增加部分所占的比重。

以 ΔC 表示增加的消费，ΔY 表示增加的收入，则：$\text{MPC} = \Delta C/\Delta Y$ 。图 11-9 表示的就是线性消费函数。

但是经济学发现，一个人的消费不仅受当期收入的影响，更重要的是受一生收入水平的支配。例如，人在年轻时消费欲望强烈，但是收入低，这时年轻人会减少消费吗？不会的，他们认为未来收入会提高，所以在当下不会减少消费，因此人在这一时期有可能会出现入不敷出的情况，就如当下很多人是“月光族”。人到中年时，收入是一生中最高的，

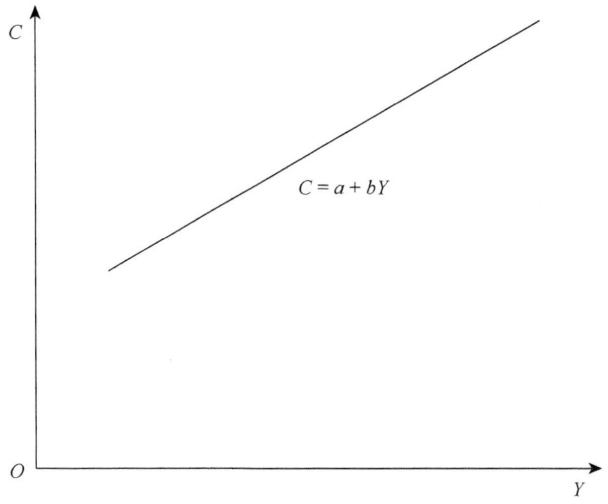

图 11-9 线性消费函数

这时除了消费之外，有了储蓄，将储蓄存入银行或者购买证券等进行投资，因此人在中年时除了劳务收入外还有了其他收入，在这一时期的收入是大于消费的。人到老年时，主要的收入是退休金或者是养老金，当退休金或者养老金不能支持老年人当前消费时，在中年时的储蓄或者投资将会用于老年的消费。所以居民消费水平的高低更重要的是看一生的收入水平。如果从宏观角度分析，一个社会或者一个国家的消费水平就是由国民收入决定的，或者更为合理的是由全社会的可支配收入决定的。当一个社会的可支配收入不断上升时，居民消费量也会持续增加。

2. 投资的影响因素

（1）投资的定义。宏观经济学中的投资就是资本的形成，即社会实际资本的增加，包括厂房、设备（固投）和存货（存投）的增加，新住宅的建筑（住投），等等。在这里注意一点，在平时生活中我们所说的“投资”，主要是指购买证券、黄金等其他财产，这些不能被称为宏观经济学的投资，这种投资仅仅是资产权的转移，并没有产生新的实物，也就是说这些行为并没有为社会创造新的价值，所以不能称为投资。

（2）投资函数。凯恩斯认为，影响投资的因素也有很多，但是最根本的因素是利率。我们用投资函数来描述投资与利率之间的关系，投资与利率的关系是反向的。当利率下降时，企业的成本降低，企业会增加固定资产投资；当利率上升时，企业的成本上升，企业会降低固定资产投资。因此在经济不景气时，为了刺激企业的投资，政府会降低利率。

其线性投资函数的基本方程为

$$i = e - dr$$

式中，e 为自主投资，是即使 $r = 0$ 时也会有的投资量；d 为投资系数，是投资需求对于利率变动的反应程度，表示利率每增加或减少一个百分点，投资减少或增加的量。线性投资函数曲线如图 11-10 所示。

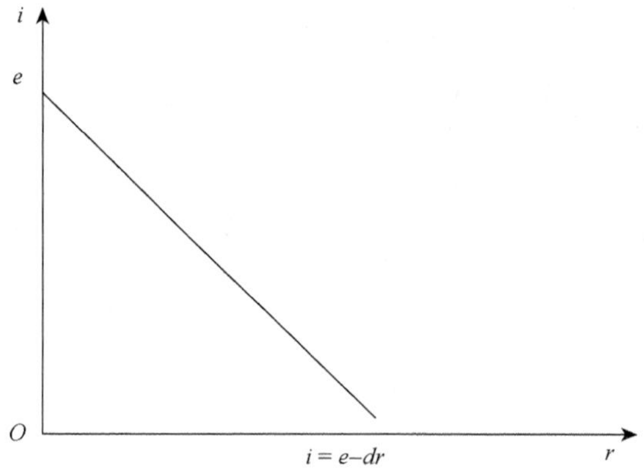

图 11-10　线性投资函数曲线

凯恩斯认为，随着对某类资本投资的增加，这类资本的预期收益率是下降的。原因有两个方面：一是投资越多，对资本设备的需求越多，资本设备的价格也越高，为此付出的成本也就越大，所以投资预期利润率将下降；二是投资越多，产品未来的供给越多，产品的销路越受到影响，所以投资的预期利润率将下降。

（3）投资与风险。投资需求还与企业对投资的风险考虑密切相关。从金融角度分析，收益是对风险的补偿。投资总有风险，而且高的投资收益往往伴随着高的投资风险。如果收益不足以补偿风险可能带来的损失，企业就不愿意投资。而风险具有不确定性，从客观角度分析，由于信息的不完备性，风险的不确定性是必然存在的。但是在现实中更多来自主观认识的不同。例如，对待癌症这件事情，一个乐观的人，他会积极治疗，并且保持乐观的情况，癌症不一定治好，但是寿命可能会延长。但是如果病患是一个悲观的人，那么他会悲观地对待病情，这可能会加重他的病情，导致很快去世。在投资中也是一样，对待同样的一个投资，有人认为是机会，而有人认为是风险，因此凯恩斯认为，投资需求与投资者的乐观和悲观情绪有很大的关系。

3. 净出口的影响因素

净出口是出口与进口的差额，因此净出口是受出口和进口两个方面影响的。

首先分析出口。根据大卫·李嘉图的理论，出口的商品是具有比较优势的商品。那么出口商品的成本在既定的情况下，当其出口时，有一个重要的变量影响其价值，即实际汇率。汇率是一个国家的货币折算成另一个国家货币的比率，它表示的是两个国家货币之间的互换关系。若实际汇率下降，则本国货币实际贬值，意味着国外商品相对于国内商品变得更加昂贵，这使本国商品的出口变得相对容易。居民减少购买进口，净出口增加。若实际汇率上升，则净出口减少。因此，一般来说净出口反向地取决于实际汇率。

其次分析进口。商品进口的原因是满足国内居民、企业的需求，类似于居民消费，消费数量的多少取决于居民的收入，而进口也是如此，进口多少取决于一国的国民收入水平。当收入提高时，消费者用于购买本国产品和进口产品的支出都会增加。因此，净出口反向地取决于一国的实际收入。

二、生活中的经济学

案例 11.2

中国居民的钱去哪里了？

居民的钱只有两个去处，一是消费，二是储蓄。不管哪个用途，都与居民收入有关。2018 年中国居民的人均消费水平达到 28 228 元，是 1978 年的 20 倍。根据中美两国对外公布的数据，2019 年中国社会消费品零售总额为 41.2 万亿元，按汇率计算，中国消费规模进一步接近美国，2019 年两国相差约 2700 亿美元。居民消费正成为中国经济增长的重要推动力。如表 11-2 所示，2013～2018 年中国居民消费支出占可支配收入的 70%以上，也就是说中国居民 70%的收入都在当年消费了，储蓄的比率低于 30%。其中，城镇居民的消费比率在降低，农村居民的消费比率在上升，即农村居民更倾向于消费，而城镇居民更倾向于储蓄。

表 11-2　2013～2018 年中国居民消费支出占可支配收入比重　　单位：%

年份	居民消费支出占人均可支配收入比重	城镇居民消费支出占人均可支配收入比重	农村居民消费支出占人均可支配收入比重
2013	72.20	69.85	79.38
2014	71.86	69.23	79.92
2015	71.53	68.58	80.75
2016	71.83	68.65	81.93
2017	70.54	67.16	81.55
2018	70.33	66.53	82.95

资料来源：根据中国国家统计局数据（https://data.stats.gov.cn/easyquery.htm?cn=C01，2020 年 7 月 21 日）整理而得

从消费的增长速度来看，2014～2018 年中国居民的可支配收入增长速度高于 GDP 的增长速度，消费也随着居民收入同步增长。如表 11-3 所示，居民的人均收入增长速度和消费的增长速度是同步的，进一步说明消费与收入之间的关系。由表 11-3 还可以发现，城镇居民收入的增长速度略低于农村居民，而农村居民消费的增长速度要远快于城镇居民消费的增长速度。农村居民更倾向于消费，这与上面的分析是一致的。

表 11-3　2014～2018 年中国居民收入与消费年均增长速度比较　　单位：%

年份	居民人均		城镇居民		农村居民	
	可支配收入	消费	可支配收入	消费	可支配收入	消费
2014	10.1	9.6	9.0	8.0	11.2	12.0
2015	8.9	8.4	8.2	7.1	8.9	10.0

续表

年份	居民人均		城镇居民		农村居民	
	可支配收入	消费	可支配收入	消费	可支配收入	消费
2016	8.4	8.9	7.8	7.9	8.2	9.8
2017	9.0	7.1	8.3	5.9	8.6	8.1
2018	8.7	8.4	7.8	6.8	8.8	10.7

资料来源：根据中国国家统计局数据（https://data.stats.gov.cn/easyquery.htm?cn=C01，2020 年 7 月 21 日）整理而得

近些年来，城镇居民中食品的消费比率正在逐年降低，农村的恩格尔系数要高于城镇的恩格尔系数，城镇居民更愿意将消费转向教育、服务、保健等方面。城镇居民和农村居民的消费阶段存在一定的差异，但是居民消费，无论是城镇居民还是农村居民，都正处于结构性的调整阶段。

“十一”黄金周消费热点的变化，就是中国居民消费变化的一个缩影。以 2019 年为例，经文化和旅游部综合测算，2019 年“十一”黄金周期间，全国共接待国内游客 7.82 亿人次，同比增长 7.81%；国内旅游收入 6497.1 亿元，同比增长 8.47%。调查表明，“十一”黄金周期间，66.4%的游客在假日期间参观了人文旅游景点，59.45%的游客参观了历史文化街区，86.36%的游客参与了两项以上文化活动。自驾游、家庭游、夜间游、赏秋游成为国庆假日旅游市场的新亮点。同时，“十一”黄金周期间 30.57%的游客选择了自驾出游。出境旅游市场繁荣，全国口岸日均出入境旅客达到 198 万人次，7 天合计出境游突破 700 万人次。

案例 11.3

房地产投资对经济有哪些影响？

房地产行业在一定时期是经济发展的支柱，1998 年为了应对亚洲金融危机，培育新的消费热点和经济增长点，中国启动了住房制度改革，提出停止住房实物分配，逐步实行住房分配货币化，由此中国房地产市场全面开启住宅商品化的时代。

1998～2005 年是房地产投资快速增长的第一个阶段。在 1999 年中国房地产投资总额达到 2000 亿元之后，房地产市场的投资加速。投资额的增长速度一直在上升，超过了同期全社会住宅投资和城镇住宅投资的增长速度，这一状况持续到 2005 年，2006 年房地产投资总额超过了 1 万亿元，如表 11-4 所示。在这一时期，房地产行业的销售面积年均复合增长率超过了 20%，对经济增长的贡献保持在 15%左右。

表 11-4 1997～2018 年中国房地产投资总额及增速

年份	全社会住宅投资/亿元	城镇住宅投资/亿元	房地产住宅投资/亿元	全社会住宅投资增速/%	城镇住宅投资增速/%	房地产住宅投资增速/%
1997	5 198.50	3 326.20	1 699.20	9.75	1.46	–3.07
1998	5 370.70	3 319.70	1 539.40	3.31	–0.20	–9.40

续表

年份	全社会住宅投资/亿元	城镇住宅投资/亿元	房地产住宅投资/亿元	全社会住宅投资增速/%	城镇住宅投资增速/%	房地产住宅投资增速/%
1999	6 393.80	4 310.80	2 081.60	19.05	29.86	35.22
2000	7 058.80	5 050.90	2 638.50	10.40	17.17	26.75
2001	7 594.14	5 435.28	3 311.98	7.58	7.61	25.53
2002	8 339.10	6 261.50	4 216.70	9.81	15.20	27.32
2003	9 407.10	7 248.90	5 227.80	12.81	15.77	23.98
2004	10 792.30	8 624.80	6 776.70	14.73	18.98	29.63
2005	13 464.10	11 010.10	8 837.00	24.76	27.66	30.40
2006	15 427.23	12 825.76	10 860.93	14.58	16.49	22.90
2007	19 333.05	16 305.54	13 638.41	25.32	27.13	25.57
2008	25 005.01	21 238.29	18 005.42	29.34	30.25	32.02
2009	30 881.20	26 516.00	22 440.90	23.50	24.85	24.63
2010	36 428.23	30 512.74	25 613.69	17.96	15.07	14.14
2011	45 027.01	39 763.10	34 026.23	23.60	30.32	32.84
2012	57 824.43	51 773.37	44 319.50	28.42	30.20	30.25
2013	64 412.79	57 844.27	49 374.21	11.39	11.73	11.41
2014	74 870.67	67 483.36	58 950.76	16.24	16.66	19.40
2015	80 615.14	72 888.37	64 352.15	7.67	8.01	9.16
2016	80 247.69	72 746.00	64 595.24	−0.46	−0.20	0.38
2017	83 660.24	76 649.93	68 703.87	4.25	5.37	6.36
2018	86 985.34	80 560.99	75 147.88	3.97	5.10	9.38

资料来源：根据中国国家统计局数据（https://data.stats.gov.cn/easyquery.htm?cn=C01，2020 年 7 月 21 日）整理而得

在此期间，中国政府对过快增长的房地产市场进行了调控，2006 年、2007 年增长速度略有下降，但是 2009 年增长速度再次上升到 32.02%，投资总额超过了 2 万亿元。在此期间，全社会住宅投资和城镇住宅投资的增速与房地产投资增速保持了高度的一致。2008 年金融危机后，房地产投资增速一度略有下降，但是在政府的宏观调控政策改变之后，房地产投资再次提速，2011 年、2012 年增速超过了 30%。

但是房地产的过度投资对其他行业产生了挤出效应，中国政府对房地产市场进行了严格的调控，在这一政策之下，房地产投资增速开始回落。2014 年之后，房地产投资的增速随之下降到 10%以下，与此同时，全社会住宅投资和城镇住宅投资的增速也下落到 10%以下。

房地产行业是中国支柱产业之一，对与之联系紧密的钢铁、水泥、化工等行业具有重要的拉动作用，房地产行业的投资提高了全社会的总需求，提高了国民收入水平。但是当一个行业过快增长，占用了全社会过多的资源，必将会对其他行业产生挤出效应。因此，一个行业的投资要保持合理的速度，在不同时期和发展周期的不同阶段，要保持一定的投资总额，推动国民经济的增长，同时也要避免过度投资。

案例 11.4

中国加入 WTO 对人民生活有什么影响？

自 1978 年改革开放后，中国实行出口导向型战略，尤其是 2001 年中国加入 WTO 以来，出口贸易的增长速度在加快。1994 年出口额超过了 1000 亿美元，2007 年超过了 10 000 亿美元。2011 年中国的出口额达到了 18 983 亿美元，成为全球第一大商品出口国。如表 11-5 所示，2001～2007 年中国的进出口额基本上保持了两位数的增长速度，净出口额有了大幅度的提高。2008 年金融危机后，全球贸易增长速度下降，但是即便如此，中国的进出口仍然保持着健康持续的发展。

表 11-5　2001～2019 年中国对外贸易增长速度　　单位：%

年份	出口增速	进口增速	净出口增速	净出口对 GDP 的贡献度
2001	6.74	8.16	−6.53	−13.5
2002	22.35	21.19	34.97	1.9
2003	34.66	39.97	−16.89	−4.9
2004	35.32	35.79	27.49	−4.9
2005	27.58	16.88	213.94	10.1
2006	23.86	16.77	69.81	14.3
2007	20.58	15.66	42.50	7.9
2008	7.30	8.49	2.99	2.7
2009	−18.29	−13.72	−35.73	−42.9
2010	30.47	38.01	−8.11	−10.8
2011	15.15	19.50	−18.21	−6.8
2012	4.96	1.45	44.44	2.5
2013	6.01	5.43	10.55	−3.3
2014	4.92	−0.56	46.18	−1.3
2015	−1.89	−13.31	56.56	8.4
2016	−1.95	0.60	−9.17	−11.6
2017	10.76	18.88	−14.74	4.8
2018	7.06	12.89	−18.49	−7.4
2019	4.90	1.50	25.60	

资料来源：根据中国国家统计局数据（https://data.stats.gov.cn/easyquery.htm?cn=C01，2020 年 8 月 18 日）整理而得

20 世纪中国的出口贸易主要依靠成本优势，进入 21 世纪后，中国出口贸易的竞争优势逐渐改变。2005 年中国汇率制度改革后，人民币呈现出单边升值的状态，到 2014 年底人民币升值了 25%左右。但是在 2005～2014 年，中国的出口贸易额仍然在持续上升，说明中国出口的优势已由成本优势向技术、资本等方面转变。

2001 年中国出口商品中最多的是机电产品，其次是服装、玩具、皮鞋、塑料制品等劳动密集型产品，这些产品中大部分附加值较低。在这一过程中，这些行业的企业因为中

国加入 WTO 而受益，扩大了出口，企业利润增加，员工收入上升。随着经济的发展，到 2018 年，中国最大的出口商品仍然是机电产品，但是这些机电产品的附加值已经提高。高新技术产品、自动数据处理设备成了重要的出口商品。与此同时，传统的劳动密集型商品的出口比重不断下降。皮鞋的出口比重由 2001 年的 2.06%下降到 2018 年的 0.28%。自动数据处理设备及其部件、电话机的出口比重分别由 0 上升到 2018 年的 5.08%、4.2%。相应地，出口企业中，劳动密集型企业的利润在下降，技术密集型和资本密集型企业的利润在上升，因此员工的工资也在提高，对外贸易的发展对中国企业的发展及人民的生活产生了深刻的影响。

第三节　总供给与其影响因素

根据总供给函数，总产量 Y 取决于劳动投入量、资本投入量及技术状态，因此影响总供给的因素是劳动、资本及技术等。由于这些因素变化所需要的时间不同，形成了短期与长期的生产函数，即短期总供给与长期总供给。本节我们主要讨论短期总供给的影响因素，长期总供给的影响因素在后面进行讨论。

一、总供给的短期影响因素

在短期中，由于资本存量和技术水平等因素是很难有较大的改变的，因此一般这两个因素被认为是不变的常数。那么根据总供给函数可知，在短期中国民收入就取决于就业量 N。

在经济学中，一般假定总供给生产函数有两条重要的性质：一是总产出随着就业量的增加而增加；二是在技术不变和 K 为常数的假设条件下，由于边际报酬递减规律的作用，随着总就业量的增加，总产出按递减的比率增加，如图 11-11 所示。

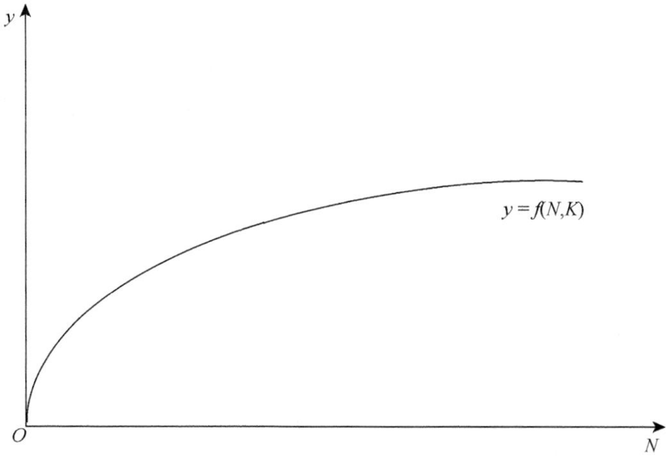

图 11-11　短期宏观生产函数曲线

二、生活中的经济学

案例 11.5

中国的人口红利时代

1978 年中国开始了经济改革，在这一时期，中国拥有大量的劳动力，但是缺乏资金、技术等要素，中国打开国门，实行开放政策，大力引进外资，用市场换得技术，将资本、技术等要素与中国的人口要素相结合，实现了中国经济的高速增长。因此，中国在这一时期的高速增长，正是源于中国的人口红利。

新中国成立后，随着社会发展水平的提高，中国人口数量有了快速的增长。中国的人口数量从 1959 年的 6.55 亿人增长到 1978 年的 9.56 亿人，年均人口增长率达到了 2.01%，占全世界人口的比重一直保持在 22%的水平。随着人口数量的增加，中国青壮年劳动人口数量也在增加，更为重要的表现是在总人口中所占的比重不断提高。1978 年中国 15～64 岁的青壮年劳动人口占人口总数的比重为 57.74%，2009 年达到了 73.25%。劳动力人口数量的上升，形成了数量型人口红利，给中国经济的增长带来了动力。

但是人口红利并不是永久性的，人口红利的持续时间取决于人口出生率、人口死亡率及人口老龄化的时间差。因为人口红利的短期机会同时也意味着将来长期的人口老龄化，当初期人口降低带来的少儿人口抚养负担下降，转变为社会老龄化带来的下一代老年人口抚养负担增加时，人口红利的窗口就将关闭。随着中国人口老龄化时代的到来，青壮年劳动人口所占比重出现了下降，中国数量型人口红利正在逐渐消失。中国 65 岁及以上老人的比例由 1995 年的 6.1%上升至 2019 年的 12.6%，无论从增长速度还是比重来看都超过了世界老龄化的速度和比重。更为重要的是，此时中国的老年人口抚养比持续上升，老年抚养比由 1964 年的 6.4%上升到 2002 年的 11.6%，2018 年增加到了 16.8%。随着中国数量型人口红利的消失，中国经济的增长速度也随之下降。因此，中国要实现数量型人口红利向质量型人口红利的转变，要大力发展教育，提升劳动力的素质，只有这样才能实现经济的持续增长。

第十二章　失业与通货膨胀

引言：失业与通货膨胀的现实

2018 年末全国就业人员 77 586 万，其中城镇就业人员 43 419 万。全年城镇新增就业 1361 万人，比上年增加 10 万人。年末全国城镇调查失业率为 4.9%，比上年末下降 0.1 个百分点；城镇登记失业率为 3.8%，下降 0.1 个百分点。全国农民工总量 28 836 万人，比上年增长 0.6%。其中，外出农民工 17 266 万人，增长 0.5%；本地农民工 11 570 万人，增长 0.9%。

2018 年全年居民消费价格比上年上涨 2.1%，工业生产者出厂价格上涨 3.5%，工业生产者购进价格上涨 4.1%，固定资产投资价格上涨 5.4%，农产品生产者价格下降 0.9%。12 月份 70 个大中城市新建商品住宅销售价格月同比上涨的城市个数为 69 个，下降的为 1 个。

——摘自国家统计局：《2018 年国民经济和社会发展统计公报》，http://www.stats.gov.cn/tjsj/zxfb/201902/t20190228_1651265.html，2019 年 2 月 28 日

相关问题：

1. 什么是失业？什么是通货膨胀？
2. 失业与通货膨胀形成的原因是什么？
3. 失业与通货膨胀对我们的生活有什么影响？
4. 如何解决失业与通货膨胀问题？

第一节　失业与失业的影响

一、失业的概念及类型

1. 失业的概念

失业是指有劳动能力并愿意就业的劳动者找不到工作这一社会现象，其实质是劳动者不能与生产资料相结合进行社会财富的创造，是一种经济资源的浪费。

国际劳工组织（International Labor Organization，ILO）对失业的定义是：失业是指在一定年龄以上、在参考时期内没有工作、现时可以工作（劳动能力）而且正在寻找工作（劳动意愿）的人。“一定年龄”通常是指 16 周岁；“参考时期”在国际劳工组织的定义中没有明确规定；“没有工作”指没受雇从事付薪的工作或自我就业；“现时可以工作”指在参考时期内有能力从事付薪的工作或自我就业；“寻找工作”指在最近一定时期（一般为

1 个月）内为寻找付薪的工作或自我就业已经采取了专门的行动。

可见，国际劳工组织用了三条标准来界定某个人是否失业：第一，没有工作，既不受雇于他人，也不自我雇用；第二，当前正在准备工作，在相应的时期内愿意被雇用或自我雇用；第三，正在寻找工作，在近期内努力寻找被人雇用或自我雇用的机会。就这三条标准而言，仍存在着一定的模糊性。例如，只有当某个劳动者在积极寻找工作，他才算是失业者。但是，事实上有很多人在努力寻找工作以后，仍未找到工作，便使其丧失了信心，不再寻找工作，因而也就不符合失业的第三条标准。可是，从本质上看，这种人仍然属于失业者的行列。

对于失业，西方各国的界定有所不同。世界上绝大多数国家对失业的定义是：在进行调查之前的 4 个星期内寻找过工作或期待着工作，并且能在 2 个星期内开始工作，但现在（本星期）没有工作的人。对于失业者身份的认定，在于“有劳动能力”、“有就业要求”和“目前没有工作”这三个条件同时具备。

在美国，法定工作年龄为 16～65 岁，凡在这一年龄范围内，没有工作并且正在积极寻找工作的人均称为失业者。失业者包括：①新加入劳动力队伍第一次寻找工作，或重新加入劳动力队伍正在积极寻找工作（积极寻找工作的标准是在政府的就业办公室进行过登记，与有关雇主进行过面谈；登过求职广告或应征过招聘广告；写过求职申请信；等等）已达 4 周以上的人。②等待返回工作岗位而连续 7 天没有得到工资的人。③被企业解雇而无法再返回原工作岗位的人。根据美国对失业者的界定，它排除了那些因找不到工作而灰心丧气并放弃寻找工作的人，所以它过低地估计了失业人数。另外，又由于它把暂时被解雇而等待重返工作岗位的人算为失业者，又过高地估计了失业者人数。

2. 失业的计量

（1）失业率。衡量和反映一个国家社会劳动力失业状况的最基本指标是失业率。失业率是指失业人口占总劳动力人口的比率，其计算公式为

$$失业率=\frac{失业人口}{劳动力人口}\times 100\%$$

（2）自然失业率（充分就业下的失业率）。著名自由主义经济学家弗里德曼认为，劳动力市场中存在着一种长期的均衡失业率，即使在充分就业的状态下也难以消除。因此，自然失业率又被称为“充分就业下的失业率”。它的具体衡量方法是，当通货膨胀率保持相对稳定时，这时的失业率就是自然失业率。

经济学家关于自然失业率的概念隐含着这样一个前提：由于种种原因的作用，经济中无论如何总会出现失业的现象。这种现象是正常的、自然的。它的原因包括：①人口构成因素。当一个社会的劳动力结构发生变化时，自然失业率也会相应变动。②最低工资因素。关于最低工资的法律规定使得最低工资常常高于市场出清的水平，这样就会导致一部分人失业。③结构性因素。经济的结构性调整往往使劳动力的供给与需求出现问题，从而导致失业。④失业保险因素。在建立失业保险制度之后，失业救济金的水平越高、失业救济的期限越长、失业保险金的征收比例越高，则失业与就业相对于一个劳动者而

言，其效用的差别越小，从而使得失业者降低寻找工作的积极性，并提高全社会的失业率，等等。

自然失业率的高低，取决于劳动力市场的完善程度、经济状况等因素。西方各国政府往往根据自己国家的实际情况和不同时期的实际情况来确定自然失业率。从第二次世界大战后的实际情况来看，各国政府所确定的自然失业率有逐渐上升的趋势。这在很大程度上与实际失业率具有逐渐上升趋势有关。据有关西方经济学家的估算，在美国，20 世纪 50～60 年代的自然失业率为 3.5%～4.5%，70 年代为 4.5%～5.5%，80 年代为 5.5%～6.5%。

3. 失业的类型

在现代西方经济学中，根据造成失业的原因，可对失业进行多种分类，常见的有以下几种。

1）古典失业

古典失业是指由工资刚性所引起的失业。按照古典经济学家的假设，在完全竞争的劳动力市场上，如果工资具有完全的伸缩性，则通过工资的调节就能实现人人都有工作。也就是说，如果劳动力的需求小于劳动力的供给，则由供求决定的工资就会下降，直至全部工人都被雇用为止，从而不会有失业。但由于人类的本性不愿使工资下降，工会的存在与最低工资法又限制了工资的下降，这就形成工资能升不能降的工资刚性。这种工资刚性的存在，使一部分工人无法受雇，从而造成失业。这种失业是古典经济学家提出的，所以称为古典失业。凯恩斯将这种失业称为自愿失业。

2）摩擦性失业

这是指经济活动中正常的劳动力流动而造成的失业。在一个动态经济中，各行业、各部门与各地区间劳动力需求的变动是经常发生的，这种变动必然导致劳动力的流动。在劳动力流动的过程中，由于工人对工作的不适应，就业者对劳动力市场信息了解得不充分等，即使工作空缺与失业工人在人数、技能和地区上大致相符，也总会有一部分工人处于寻找工作的失业状态，这就形成了摩擦性失业。这种失业也往往被称为自愿失业。

3）结构性失业

这是指由经济结构或产业结构的变化引起的劳动力市场上供给和需求结构长期失调而造成的失业。这种失业的主要表现是：在劳动力市场上，劳动力供给的性质、结构、比例不符合社会对劳动力需求所提出的新要求，即正在寻找就业机会的劳动者的知识结构、技能类型与现有岗位对劳动力性质的要求不一致，造成失业与职位空缺的现象。这种失业往往也被称为自愿失业。

4）技术性失业

这是指由技术进步所引起的失业。西方经济学家认为，在经济增长过程中，技术进步的必然趋势是生产中越来越广泛地采用资本密集型生产技术，表现为用越来越先进的生产设备取代工人的劳动。这样，对劳动力需求的相对缩小就会使失业增加。此外，在经济增长过程中，资本品相对价格的下降和劳动力相对价格的上升，加剧了机器取代工人的趋势，从而也就加重了这种失业。属于这种失业的大都是文化技术水平低、不能适应现代化技术要求的工人。

5）季节性失业

这是指由某些行业生产的季节性变动所引起的失业。某些行业的生产具有季节性，生产繁忙的季节所需的工人多，生产淡季所需的工人少，这样就会引起具有季节性变动特点的失业。这些行业生产的季节性是自然条件决定的，很难改变。因此，这种失业是正常的。在农业、建筑业、旅游业中，季节性失业最严重。

6）周期性失业

周期性失业又称需求不足的失业。它是指由社会对商品和劳务的需求不足，劳动力供给超过了可提供的就业岗位数量而引起的失业，被凯恩斯称为非自愿失业。根据凯恩斯的分析，就业水平取决于国民收入水平，而国民收入又取决于总需求。周期性失业是由总需求不足引起的，它一般出现在经济周期的萧条阶段。

二、失业的影响

失业的影响是多方面的。对劳动者个人来说，失业使个人的收入减少，从而导致其生活水平下降。对社会来说，失业者的大量存在一方面会使政府的社会福利支出增加，造成财政困难；另一方面，失业率过高，会影响社会的安定，引发一系列社会问题。

1. 失业的经济影响

失业的经济影响可以用机会成本的概念来理解。当失业率上升时，经济中本可由失业工人生产出来的产品和劳务就损失了。衰退期间的损失，就好像是将众多的汽车、房屋、衣物和其他物品都销毁掉了。从产出核算的角度来看，失业者的收入总损失等于生产的损失。因此，丧失的产量是计量周期性失业损失的主要尺度，因为它表明经济处于非充分就业状态。

20世纪60年代，美国经济学家阿瑟·奥肯根据美国的数据，提出了经济周期中失业变动与产出变动的经验关系，被称为奥肯定律。它说明的正是失业率与实际GDP增长率之间的经验统计规律。奥肯把与自然失业率相对应的GDP称为“潜在的产出水平”。根据统计数据，他看到了与既定的短期失业率增加相联系的是GDP的减少，两者呈反比例变化。这种变化关系表明，高增长率使失业率降低，低增长率则会提高失业率。他还据此指出，一般来说，失业率变化对产出弹性（实际产出与潜在产出之间的比率）变化的比率是3（后来他又将此值修正为2），即失业率每增加1%，则实际GDP会减少2.5%左右。由此，反过来讲，如果要使失业率降低1%，则GDP就必须增长约2.5%。该定律被引用于西方福利经济学后，力图表明这样一个问题，即失业需要以付出福利成本作为代价，失业率每增加1%，福利成本就要占潜在产出水平的2.5%左右。

需要说明以下三种情况。

第一，奥肯定律所揭示的失业率与实际GDP增长率之间的关系，只适用于没有实现充分就业的情况，即失业率是周期性失业（或需求不足的失业）的失业率。在实现了充分就业的情况下，自然失业率与实际GDP之间的关系就弱得多了，一般估算为1∶0.76。

第二，奥肯定律所反映的失业率与实际 GDP 增长率之间 1∶2.5 左右的关系，只是根据经验统计资料而得出的一个平均数，在不同的时期，其数值并不完全相同。美国在 20 世纪 60 年代，该比率为 1∶3；在 70 年代，该比率为 1∶2.7～1∶2.5；在 80 年代，该比率为 1∶2.9～1∶2.5。

第三，奥肯定律所提出的实际 GDP 与失业率之间关系的说法，只是一种大约的估计，并不准确，但毕竟为经济增长与失业率之间提供了一种可捉摸的关系，从而为西方国家制订经济增长和福利支出规划，为调节经济活动，减少失业，最终达到充分就业提供了一种政策依据。

当然，失业从某种程度上来说，对经济也有一定的促进作用。一方面，失业可以提高就业者的工作效率，因为失业的存在可以使得就业者面临着失业的压力，因此更加努力工作，提高效率；另一方面，失业可以提高社会对劳动力资源的配置，因为失业可以促进劳动力的流动，不断优化劳动力的配置。虽然失业对经济有一定的正面影响，但总的来说，失业对经济的负面影响更为突出。

2. 失业的社会影响

失业的社会影响虽然难以估计和衡量，但它最易为人们所感受到。失业威胁着作为社会单位和经济单位的家庭的稳定。没有收入或收入遭受损失，户主就不能起到应有的作用。家庭的要求和需要得不到满足，家庭关系将因此而受到损害。西方有关的心理学研究表明，解雇造成的创伤不亚于亲友的去世或学业上的失败。此外，家庭之外的人际关系也会受到失业的严重影响。一个失业者在就业人员当中失去了自尊和影响力，面临着被同事拒绝的可能性，并且可能要失去自尊和自信，最终，失业者在情感上受到严重打击。

失业还具有较大的社会成本及政治成本。由失业造成的产出损失并不是平均地落在每个社会成员头上，最容易遭受失业打击的是非熟练工人及文化程度较低的劳动者。失业会加剧收入分配不公，还会给人们的心理造成巨大的创伤。高失业率往往伴随着高犯罪率和各种社会骚乱。另外，失业率较高时，政府威信也要受到影响，产生恶劣的政治损失。正因如此，各国政府无不将充分就业作为首要的任务。

三、生活中的经济学

案例 12.1

女性更容易失业吗？

在世界各国，女性在工作中受到了许多的不公平待遇，那么在就业方面，也存在着性别歧视吗？我们通过失业率这一指标就可以做出判断。

2000 年以来，全世界女性失业率保持在 6%左右，就业水平比较稳定，同时略有上升。2002～2005 年全世界女性的失业率略高，主要是由中欧和波罗的海的女性失业率较高引起的。但是从各地区分析，不同地区的失业率差距较大。失业率最高的是中东和北非地区，而就业情况最好的是东亚地区。

中东和北非地区的经济水平不高，同时由于宗教的限制，大多数就业机会是留给男子的，妇女则被边缘化，还被剥夺了医疗和教育等其他权利，所以这一地区的女性失业率要远高于其他地区。中欧和波罗的海地区的女性失业率也较高，但是在 2007 年之后，失业率开始下降，尤其是 2014 年之后，失业下降到 10%以下，2018 年、2019 年更是下降到了 5%以下，如表 12-1 所示，在 6 个地区中，中欧和波罗的海地区成为低失业率地区，主要是这些国家的经济发展水平的上升提高了就业率。

表 12-1 2000～2019 年世界女性失业率比较 单位：%

年份	中欧和波罗的海	东亚和太平洋地区	欧盟	拉丁美洲和加勒比海地区	撒哈拉以南非洲地区	中东和北非地区	世界平均
2000	12.99	3.27	10.63	11.49	8.20	17.16	5.85
2001	13.65	3.67	9.70	10.78	8.20	17.33	5.89
2002	14.05	3.89	9.84	11.09	8.59	18.27	6.17
2003	13.30	4.15	9.75	11.26	8.36	17.63	6.32
2004	13.12	4.11	9.90	10.83	7.91	16.95	6.23
2005	12.70	4.13	9.66	10.10	7.72	17.28	6.15
2006	10.61	3.97	8.91	9.31	7.37	16.18	5.77
2007	8.20	3.94	7.82	8.84	6.79	15.07	5.44
2008	6.98	4.00	7.46	8.31	6.16	15.08	5.35
2009	8.46	4.01	8.82	9.42	6.54	16.34	5.95
2010	9.82	3.82	9.49	8.74	6.74	17.00	5.90
2011	9.89	3.70	9.70	8.13	6.57	17.40	5.79
2012	10.14	3.67	10.48	7.81	6.37	17.82	5.78
2013	10.24	3.62	10.87	7.67	6.26	17.50	5.76
2014	9.17	3.58	10.32	7.31	6.24	17.44	5.59
2015	7.91	3.63	9.49	7.96	6.47	17.66	5.66
2016	6.44	3.52	8.74	9.22	6.66	17.84	5.68
2017	5.26	3.45	7.85	9.58	6.51	17.68	5.52
2018	4.34	3.46	7.14	9.57	6.49	17.69	5.42
2019	4.12	3.46	6.86	9.66	6.51	17.75	5.43

资料来源：根据世界银行数据（https://data.worldbank.org/indicator/SL.UEM.TOTL.FE.NE.ZS，2020 年 9 月 7 日）整理而得

欧盟与拉丁美洲和加勒比海地区两个地区的女性失业率也较高，但是在 20 年中失业率趋势略有差异。欧盟的失业率一直居高不下，女性失业率也较高，但总体保持得比较稳定，在 2012～2014 年略有上升，在此之后失业率持续下降，即 2015～2019 年欧

盟女性的就业率有所上升。但是欧盟内部的女性失业率差异较大，例如，瑞典女性就业率最高，而希腊和意大利的女性就业率最低，这也造成了欧盟整体女性失业率高的状态。拉丁美洲和加勒比海地区的女性失业率呈下降趋势，即女性就业率在上升。随着教育水平的提高，拉丁美洲和加勒比海地区女性就业率不断提高，尤其是 20 世纪 90 年代以来拉丁美洲和加勒比海地区各国进行了经济改革，为女性走入社会提供了更多的机会，使得女性就业率进一步提高。

从全世界来看，女性就业率最高的是东亚和太平洋地区，2000～2019 年一直保持 4%左右的失业率，尤其是东亚年轻女性的失业率明显低于年轻男性的失业率。东亚女性的失业率低的主要原因：一是该地区的经济充满活力，经济增长速度较快；二是该地区女性的受教育程度较高；三是该地区的历史传统，使更多女性获得就业机会。

案例 12.2

未来我们去哪里就业？

2018 年 4 月，中国建设银行的国内第一家无人银行在上海正式开业。在这家银行，没有服务的银行人员，全部是用人工智能（artificial intelligence，AI）代替的人工服务，随着 AI 技术的快速发展，无人银行的数量还会增加。2018 年 7 月 2 日，中国银行业协会发布的《中国银行业客服中心发展报告 2017》表明，截至 2017 年末，银行业客服中心从业人员为 5.12 万人，较 2016 年降低 4%，这 4%的员工几乎都已经被 AI 所取代了。

从全球范围来看，全球 4/5 的银行家认为，AI 将改变银行与客户互动的方式，德意志银行前首席执行官（chief executive officer，CEO）John Cryan 曾表示，AI 算法可以取代德国银行一半的劳动力。在他任期的两年半时间里，他裁掉了 4000 名员工，大部分员工的工作都被 AI 算法代替了，而新招聘的员工多是销售或研究员。《金融时报》做过一份调研，2007～2017 年，世界十大投资银行（除了花旗和美国银行）共裁去了 6 万名员工。如果用 AI 代替人工的银行越来越多，意味着接下来裁员数量还会直线上升。于是 2018 年 7 月 3 日，花旗银行宣布计划在 5 年内把投资银行部门的科技和业务人员裁去 50%，准备用 AI 算法代替他们的工作。

日本最大的智库——野村综合研究所与英国牛津大学合作，调查计算机应用对日本国内 601 种职业的潜在影响。根据研究人员设定的标准，如果一项职业 66%以上的工作内容可由 AI 或机器人完成，即被视作“可被取代的工作”。研究人员计算后发现，日本劳动者中，49%的人可由电脑代替。牛津大学研究人员先前在美国和英国也进行过类似的研究，调查显示，美国可能被机器人取代的职位比例为 47%，英国为 35%。

麦肯锡全球研究院于 2018 年发布了一份报告，该报告称 2030 年，逾 1 亿中国人需要学习新技能并转换岗位，形成摩擦性失业。随着科技的进步，未来全球大概有 3.75 亿人口面临重新就业，其中中国占 1 亿。麦肯锡报告中分了 11 个行业大类，指出创意工作、技术类工程师、管理类及社会互动类的岗位需求增长明显，而那些在可预测环境中进行物理活动的部分岗位需求将下降明显。该报告指出，按基本的市场供需关系，那些需求下降的岗位，工资也将面临下降的窘境。与此同时，岗位学历要求将进一步提升，要求较低学历的岗位数将减少，大学乃至更高学历要求的岗位将增多。

案例 12.3

两次全球经济大危机对居民就业的影响

过去的 100 年，发生了人类近代史上两次大的经济危机。第一次是 1929～1933 年的经济大危机，在这次危机中，经济衰退，失业率大幅度上升，美国的失业率由 1929 年的 3%上升到 1933 年的 25%。第二次是 2008 年的金融危机。主要的发达国家经济出现了负增长，失业率大幅度上升，2009 年美国失业率超过 9%，而欧盟主要国家的失业率也超过了 7%，如表 12-2 所示。

表 12-2　两次经济危机的数据比较

国家	1929～1933 年		2009 年	
	工业生产下降/%	失业人数/万人	平均失业率/%	GDP 下降/%
美国	46.23	1300	9.25	–2.54
英国	23.80	300	7.54	–2.87
法国	39.90	150	7.74	–4.25
德国	40.60	600	8.74	–5.70

资料来源：①2009 年数据根据世界银行数据（https://data.worldbank.org/indicator/NY.GDP.MKTP.KD.ZG，2020 年 9 月 7 日）整理而得；②1929～1933 年数据来源于刘鹤（2013）

1929～1933 年的经济大危机中，银行倒闭、工厂关门、失业率急剧上升。大量的工人、农民没有收入，贫困人口数量激增。据 1932 年 9 月的《财富》杂志估计，美国有 3400 万成年男女和儿童没有任何收入，只能依靠救济，此数接近人口总数的 28%。同时发生了遍及全美国的大饥荒和普遍营养不良，导致大量人口非正常死亡。最保守估计，至少有 700 万人死亡，约占当时美国总人口的 7%。大萧条同时也造成了严重的社会问题：自杀率上升，社会治安日益恶化。

2008 年全球金融危机爆发，此次金融危机从金融行业波及实体经济，出现了企业破产、倒闭、失业人员大幅度上升的状况。2009 年美国的平均失业率为 9.25%，各类人群的失业率不同，其中黑人劳动力失业率超过 16%，西班牙裔劳动力失业率超过 12%。欧盟和欧元区的情况更加严峻，德国和法国经济的下降幅度要高于美国，欧元区平均失业率达到了 12.2%，其中西班牙、葡萄牙、希腊、爱尔兰的平均失业率超过 20%，年轻人失业率最高甚至接近 50%。失业率的上升导致人民生活水平下降。

但是自第二次世界大战后，西方主要发达国家普遍建立了国家干预经济的机制，此次金融危机爆发后，各国政府及时对经济进行了干预，制止了经济的持续下滑，人民的生活状况要好于大萧条时期。在此期间，全社会的失业率虽然有较大幅度的上升，居民的收入水平下降，但是人民的生活远好于大萧条时期，工业生产的下降幅度相对较小。2009 年后，西方主要发达国家也很快走出了经济危机的阴影，2010 年美国、英国等主要国家实现了经济的正增长。

第二节　通货膨胀与通货膨胀的影响

一、通货膨胀的概念及类型

1. 通货膨胀的概念

西方经济学家对通货膨胀的定义有所不同。有的从原因的角度定义通货膨胀，如琼·罗宾逊夫人说："通货膨胀是由对同样经济活动的工资报酬率的日益增长而引起的物价直升变动。"有的从结果的角度定义通货膨胀，如萨缪尔森说："在价格和成本的一般水平上升（面包、汽油、汽车的价格上升，工资、土地价格、资本物品的租金上升）的时候出现通货膨胀。"还有一些从过程特征、趋势、联系、本质等角度定义通货膨胀。一般来说，通货膨胀是指物价水平普遍而持续的上涨。

理解通货膨胀概念，应注意：①物价的上涨不是一种或几种商品的物价上涨，而是物价水平的普遍上涨，或物价总水平的上涨，局部性的物价上涨不能视为通货膨胀。②不是指物价水平的暂时上涨，而是指持续一定时期的物价总水平的上涨。

通货膨胀的严重程度是根据通货膨胀率来确定的，通货膨胀率可通过物价指数来计算：

$$\text{本年通货膨胀率} = \frac{\text{本年的物价指数} - \text{基年的物价指数}}{\text{基年的物价指数}} \times 100\%$$

例如，2001 年物价指数为 165，2000 年物价指数为 150，则 2001 年的通货膨胀率为

$$(165 - 150) / 150 \times 100\% = 10\%$$

2. 通货膨胀的类型

西方学者根据不同的标准，对通货膨胀进行了多种分类。

1）按照价格上涨的速度加以区分

按照价格上升的速度，西方学者认为存在着以下三种通货膨胀类型。

（1）温和的通货膨胀。这是指每年物价上升的比例在 10%以内。在温和的通货膨胀条件下，相对价格的变动不会发展到失调的地步，人们并不急于把货币抛出去追逐商品，而且人们对通货膨胀的预期是比较稳定的，在这种情况下，效率的损失是有限的。所以，一些西方经济学家并不十分害怕温和的通货膨胀，甚至有些人还认为这种缓慢而逐步上升的价格对经济和收入的增长有积极的刺激作用。

（2）剧烈的通货膨胀。这是指年通货膨胀率在 10%以上和 100%以内。这时，货币流通速度加快，货币购买力迅速下降，并且有进一步加剧的趋势。

（3）超级通货膨胀。这是指通货膨胀率在 100%以上，又称恶性通货膨胀。发生这种

通货膨胀时，价格以递增的速度迅速上涨，人们都尽快地使货币脱手，从而大大加快货币流通速度。其结果是，货币完全失去信任，极度贬值，各种正常的经济联系遭到破坏，以至于货币体系和价格体系完全崩溃，甚至出现社会动乱。

2）按照对价格影响的差别加以区分

按照对不同商品的价格影响的差别加以区分，存在着以下两种通货膨胀的类型。

（1）平衡的通货膨胀，即每种商品的价格都按相同比例上升。这里所指的商品价格包括生产要素及各种劳动的价格，如工资率、租金、利率等。

（2）非平衡的通货膨胀，即各种商品价格上升的比例并不完全相同。例如，甲商品价格的上涨幅度大于乙商品的上涨幅度，或者利率上升的比例大于工资上升的比例，等等。

3）按照人们的预料程度加以区分

按照这种区分方法有以下两种通货膨胀类型。

（1）不可预期到的通货膨胀，即价格上升的速度超出人们的预料，或者人们根本没有想到价格会上涨的问题。例如，国际市场原料价格的突然上涨所引起的国内价格的上升，或者在长时期中价格不变的情况下突然出现的价格上涨。

（2）可预期到的通货膨胀。例如，当某一国家的物价水平年复一年地按5%的速度上升时，该国的人便会预计到，物价水平将以同一比例继续上升。既然物价按5%的比例增长成为意料之中的事，则该国居民在日常生活中进行经济核算时会把物价这一比例的上升考虑在内。例如，银行贷款的利息率肯定会高于5%，因为5%的利率仅能起到补偿通货膨胀的作用。由于每个人都把5%的物价上涨考虑在内，所以每个人所索取的价格在每一时期中都要上升5%。每种商品的价格上涨5%，劳动者所要求的工资、厂商的利率都会以相同的速度上涨，因此，预料之中的通货膨胀具有自我维持的特点，有点像物理学上的运动中的物体的惯性。因此，可预期到的通货膨胀有时又被称为惯性的通货膨胀。

4）按照市场机制运行的程度加以区分

按照这一标准，可划分为以下两种通货膨胀。

（1）公开的通货膨胀，又称显性通货膨胀，是指在市场机制充分运行和政府经济管制不严的情况下，价格明显地向上波动。

（2）受抑制的通货膨胀，又称隐性通货膨胀，是指经济中存在着通货膨胀的压力，但由于政府实施了严格的价格管制、资金控制等措施，通货膨胀并没有发生。但这时物资短缺、部分商品黑市价格猛涨，而且一旦解除价格管制等措施，就会发生较严重的公开的通货膨胀。

二、通货膨胀形成的原因

在西方，经济学家从不同的角度解释形成通货膨胀的原因，由此便形成了不同的通货膨胀理论。

1. 需求拉动的通货膨胀

需求拉动的通货膨胀是从总需求的角度来解释通货膨胀的，认为通货膨胀的原因在于总需求过度增长，总供给不足，即由于对产品和劳务的需求超过了现行价格下可能的供给，从而引起了一般物价水平的上涨。需求拉动的通货膨胀理论由凯恩斯提出，是在西方经济学中流传较早的、较为重要的通货膨胀理论。这种理论强调实际因素（如政府支出和税收的变动）对总需求的影响，认为“需求拉动通货膨胀的实质在于，过多的货币支出追逐在充分就业条件下可生产出来的有限的物品供给”。

凯恩斯主义者认为，在经济中实现了充分就业时，如果总需求中的任何一项（如消费、投资或政府支出）增加，并且货币供给量有了相应的增加，价格水平就会与货币供给增长率同比例上升，从而形成通货膨胀。因此，抑制通货膨胀的关键在于紧缩总需求。

货币主义者认为，形成总需求过度的初始原因是货币供给量增长过快，通货膨胀的根源在于货币供给量过多而引起总需求过度。所以，抑制通货膨胀的根本办法是货币当局控制货币供给量。

2. 成本推动的通货膨胀

成本推动的通货膨胀是从供给方面解释通货膨胀成因的一种理论。它以生产费用理论为基础，将通货膨胀归因于生产商品和劳务的成本的增加。这一理论自 20 世纪 50 年代流行起来。在具体解释是什么成本推动了物价普遍而持续上涨的问题上，又有三种不同的论断。

1）工资推动的通货膨胀

这种理论认为，工资的提高引起了成本的增加，从而导致了物价的上涨；物价上涨后，工人又会进一步要求提高工资，从而再度引起物价的进一步上涨。如此循环往复，便形成了所谓的工资-物价的螺旋上升或轮番上涨。这种通货膨胀取决于市场类型。在完全竞争的劳动市场上，工资率完全取决于劳动的供求，随着供求关系的变化，工资率可升可降，因而工资的提高，不会导致通货膨胀。但在不完全竞争的劳动市场上，由于强大的工会组织的存在，工资率不再是竞争的工资率，而是工会和雇主集体谈判的工资率，这一工资存在“刚性”，即只升不降。在工资决定中，工会利用其垄断地位要求提高工资率，当工资率超过生产率的增长时，引起成本增加，导致物价上涨。这种理论还认为，工人之所以能迫使工资提高，是由于工会组织的垄断作用。这样，这种理论便将通货膨胀的责任推到了工人和工会组织的身上，从而完全颠倒了因果关系。实际上，商品的价值决定于生产商品的社会必要劳动时间，工资和利润都是商品价值中所包含的由工人新创造的价值分解而成。因而，从全社会来看，工资的提高意味着利润的减少，而并不会引起物价的普遍持续的上涨。马克思曾指出：“工资的普遍提高会引起一般利润的降低，但却不会影响到商品的平均价格，也不会影响到商品的价值。”

2）利润推动的通货膨胀

利润推动的通货膨胀又称价格推动的通货膨胀，是指在不完全竞争市场上，垄断企业和寡头企业利用市场势力谋取高额利润，以超过生产成本增加的幅度来提高产品价格而引起的一般物价水平的上升。与工资推动的通货膨胀一样，不完全竞争市场也是利润推动通货膨胀的前提。在完全竞争的产品市场上，价格完全决定于商品的供求，任何企业都不能通过控制产量来改变市场价格。但在不完全竞争的产品市场上，垄断企业和寡头企业为了追求更大的利润，可以操纵价格，把产品价格定得很高，尤其是在工资增加时，垄断企业和寡头企业以工资的增加为借口，更大幅度地提高物价，使物价的上升幅度大于工资的上升幅度，其差额就是利润的增加。利润的增加使物价上涨的速度超过成本增加的速度，形成通货膨胀。在西方经济学中，利润也是成本的一个组成部分，因此，这种追求更大利润而使商品价格上升，便也属于成本推动的通货膨胀。

3）进口成本推动的通货膨胀

这种理论认为，进口的原材料、燃料等价格的上涨，也会推动通货膨胀的发生，并且，在此情况下，一国的通货膨胀还会通过国际贸易渠道和国际货币体系传导到其他国家。例如，20 世纪 70 年代初，西方国家通货膨胀严重的重要原因之一就是石油输出国组织提高石油价格，导致世界石油市场油价大幅度上升。与这种通货膨胀相对应的是出口性通货膨胀，即由于出口迅速增加，出口生产部门成本增加，国内产品供给不足，引起通货膨胀。

3. 供求混合推动的通货膨胀

供求混合推动的通货膨胀是从供给与需求两个方面综合分析通货膨胀形成原因的一种理论。提出这种理论的西方经济学家认为，通货膨胀既不是单纯由需求方面引起的，又不是单纯由供给方面引起的，而是双方共同起作用的结果。他们的理由有以下两种。

首先，工资的提高，既提高了成本，又增加了需求。因为工资的上升马上对物价增加了成本的压力，同时产生了较高的收入使需求上升，正是这种双重作用的影响，说明了收入政策的合理性，即对货币工资率按劳动生产率的提高来进行调整，就可以避免收入膨胀和利润膨胀。

其次，如果单纯是成本推动，而没有需求拉动，也不可能使物价上升且长期维持下去。因为在没有需求和货币收入水平增加的情况下，工资上升引起物价上涨，势必使大量的商品卖不出去，从而迫使生产紧缩，工人解雇，最后将使成本推动的通货膨胀终止。

4. 结构性通货膨胀

结构性通货膨胀是从经济结构的特点上寻求通货膨胀原因的一种理论。这种理论于 20 世纪 60 年代初最先由英国的保罗·斯特里坦（Paul Streeten）等提出，70 年代，英国经济学家约翰·希克斯进一步加以发展。该理论认为，社会经济可以从不同角度划分为许多部门。这些不同的部门，具有不同的经济特点，受外界影响程度不同，它们在需求方面或成本方面的变动所引起的价格变动也不同。如果某一部门的物价上升，就会通过各部门间的连锁反应，带动其他部门价格上涨，以致引起整个经济的物价水平的普遍上涨。例如，轻工业部门与重工业部门在生产增长速度上存在着差别，并且它们在劳动生产率上也有差别。但这两个部门的名义工资却有一致增长的趋势，而名义工资的增长速度往往是由生产增长较快或劳动生产率较高的部门来决定的。于是，生产增长较慢或劳动生产率较低部门的工人便会由于攀比行为而向高工资看齐，使得整个社会的工资增长率超过了劳动生产率的提高程度及经济增长的程度，从而引起通货膨胀。

英国经济学家希克斯对扩展部门与非扩展部门进行了结构分析，他把社会经济部门分为扩展部门与非扩展部门。扩展部门劳动生产率增长较快，需要更多的资源与工人，而非扩展部门劳动生产率停滞，甚至下降，资源与工人过剩。如果资源与工人能迅速地由非扩展部门流动到扩展部门，则这种结构性通货膨胀就不会发生。但是在现实中，由于种种限制，非扩展部门的资源与工人不能迅速地流动到扩展部门。这样，由于扩展部门资源与人力短缺，资源价格上升，工资上升。而非扩展部门尽管资源与人力过剩，但由于攀比行为，资源价格不会下降，工资也不会下降。这样，由于扩展部门的总需求过度和这两个部门的成本增加，尤其是工资成本的增加而引起物价水平的上涨，产生通货膨胀。

此外，经济中的各个部门在某一时期可能有的处于“朝阳”阶段，有的处于“夕阳”阶段。处于“朝阳”阶段的部门需要扩大，需要更多的资源与工人，而处于“夕阳”阶段的部门由于其生产萎缩，对资源与工人的需求会减少。若资源与工人能够迅速地在部门之间流动，便不会存在通货膨胀。但在现实经济中，常常会受到种种条件的限制，“夕阳”阶段的部门中的资源和工人无法迅速地流动到“朝阳”工业部门去。这样，“朝阳”工业部门会由于资源与人力短缺而出现资源价格上升、工资上升的情况。而“夕阳”工业部门尽管资源与人力过剩，但资源的价格却并不会下降，工资也不仅不会下降，反而会因攀比行为而与“朝阳”工业部门的工资水平看齐。这样，便会由于“朝阳”部门的总需求过度和两个部门的成本增加（尤其是工资成本的增加），产生通货膨胀。

5. 惯性通货膨胀

惯性通货膨胀是用通货膨胀本身所具有的惯性来解释通货膨胀持续原因的一种理论。根据这种理论，无论何种原因引起了通货膨胀，即使当初引起通货膨胀的原因消失，通货膨胀也会由于其本身的惯性而持续下去。

在对惯性的解释上，许多经济学家提出了不同的看法。凯恩斯主义者认为，造成这种惯性的原因是政府的财政政策与货币政策及人们在决定工资与价格时的相互参照的心态。因为，一方面，政府的计划人员要在财政政策和货币政策中必须考虑此前的价格上涨因素；另一方面，一部分人的工资与价格由于通货膨胀的原因上升，那么另一部分人和企业在决定自己的工资与价格时，就会参照这种工资与价格的上升而上升。这种情况下，通货膨胀就会由于这种惯性而持续下去，谁也不会首先降低自己的工资与物价水平。只有在经济严重衰退时，才会由于工资与物价的被迫下降而使通货膨胀终止。

另一些经济学家，如现代货币主义和理性预期学派则认为，造成这种通货膨胀惯性的是人们在心理上对通货膨胀的预期。因为预期对人们的经济行为有着重要的影响作用，而预期又往往是根据过去的经验形成的。在已产生了通货膨胀的情况下，人们常会根据过去的通货膨胀率来预期未来的通货膨胀率，并以此作为指导未来经济行为的依据。如果上一年的通货膨胀率是 10%，人们便会据此预期下一年的通货膨胀率不会低于 10%，并以此作为下一年工资谈判的基础，要求下一年的货币工资增长率不能低于 10%。下一年的货币工资增长率为 10%，就会使下一年的通货膨胀率起码会由于工资的增加而在 10%的水平上。于是，由于预期，即使引起上一年通货膨胀率为 10%的原因消失了，下一年的通货膨胀率也会在 10%以上。

6. 货币供给过量的通货膨胀

这是一种将通货膨胀归因于货币供给过量的通货膨胀理论。它主要是由现代货币主义者提出的。他们从货币数量变动在经济生活中起支配作用这一前提出发，指出通货膨胀是货币数量的增长超过生产增长速度的结果。弗里德曼说："通货膨胀是发生在货币量增加的速度超过产量增加的速度的情况下，而且每单位产品所配合的货币量增加得越快，通货膨胀的发展就越快""如果货币量的增长不快于产量的增长，那么不可能发生通货膨胀"。

为了证明货币数量的增长是通货膨胀的唯一原因，弗里德曼分析了可能被认为是导致通货膨胀原因的垄断价格、政府财政赤字、工会提高工资的要求等。他认为，所有这些因素可以使个别商品涨价，但不能使商品价格普遍上涨；可以造成通货膨胀的短期波动，但不能产生持续性的通货膨胀。这些因素只是在影响货币供应的范围内才对通货膨胀起作用。他举例说，政府的支出可能是膨胀性的，也可能不是。如果政府的支出靠征税或向公众借债的方式来弥补，就不会发生通货膨胀，因为政府只不过是替别人花了钱，是购买力的转移，并没有增加货币的供应。但是，如果政府支出是用发行货币和扩大信用的办法，使货币增长率超过产量增长率，就必然引起通货膨胀。

弗里德曼还用统计资料证明，美国每次通货膨胀都伴随着货币供应量的增加。在实行金本位制时，如果发行更多的货币，就必须有商品的增加，否则，一部分货币会退出流通领域。在纸币流通的情况下，它的发行量由货币当局决定。纸币发行量过多，就超过了商品量的增长率，也就是说，超过流通中所需要的货币量。纸币是不能兑换黄金或金币的价值符号，不能退出流通领域，因此就会出现通货过多的现象，即通货膨胀。货币供应量的增加越快，通货膨胀也就越严重。所以，弗里德曼把通货膨胀完全归结为货币存量的增加过快而造成的。

三、通货膨胀对经济的影响

1. 通货膨胀对生产与就业的影响

当代西方经济学认为，如果通货膨胀率相当稳定，人们可以完全预期到，生产者对有关价格的信息具有确定性，这种通货膨胀对经济的影响很小。但在现实世界，通货膨胀不可能完全预期到，就会影响到企业生产和就业。

对未达到充分就业的经济来说，短期的、未预见的、缓慢的通货膨胀会降低工人的实际工资，增加企业利润，产量与就业量也会随之增加，从而通货膨胀会起到刺激生产、增加就业的作用。这种刺激作用必须具备一定的条件。

一是社会经济中要有闲置的资源，并具有部门间的流动性，否则通货膨胀无法起到刺激生产、增加就业的作用；二是通货膨胀必须是未被预期的，否则通货膨胀率与货币工资增长率相同，即工人工资与物价变动"时差"消失，生产者就得不到额外的利润，产量和就业也就不会增加，通货膨胀也就没有刺激生产、增加就业的作用；三是通货膨胀必须是

“温和”的，恶性通货膨胀会造成经济混乱，生产下降，失业增加。只有具备以上三个条件，通货膨胀才能在短期内起到刺激生产、增加就业的作用。

必须指出，通货膨胀对增加就业的作用是有限的。首先，工人工资与物价的变动“时差”消失后，企业就会停止扩大产量、增加就业；其次，物价上涨刺激企业增加存货，从而使整个经济不容易从萧条转向复苏，对就业量的需求不旺；最后，温和的通货膨胀可能会发展成恶性的通货膨胀，并演化成高通货膨胀率与高失业率并存的滞胀局面，造成经济的不稳定。所以，从长期来看，通货膨胀不会有刺激生产、增加就业的作用。

2. 通货膨胀对收入分配的影响

当通货膨胀完全可以预期时，各种商品与生产要素的价格都会按预期的通货膨胀率调整，而且人们在缔结工资和贷款契约时已经把预期的通货膨胀率考虑在内，从而工资、利率和租金都按与各商品和生产要素价格相同的比例增长，这样通货膨胀对实际收入与财产分配就不会产生影响。但实际上，通货膨胀是难以完全准确预测的，当各种价格无法按通货膨胀率调整时，通货膨胀将影响收入和财富的分配格局。从收入分配来看，通货膨胀对于社会上不同的人有不同的影响。

第一，在债务人与债权人之间，通货膨胀有利于债务人而不利于债权人。因为债务契约是根据签约时的通货膨胀率情况确定名义利息率的。到偿还期时，发生了未预期的通货膨胀，货币的价值减少，但债务契约无法更改，就使得实际利息率下降，债权人的利息收入就会受到侵害，而债务人从中获得好处，所付的实际利息率降低了。例如，某人为买房从银行借了 10 万美元，随后所有工资和物价都突然翻了一番，虽然实际收入没发生多大变化，但按实际美元计算，他只需偿还银行借款的一半。可见，通货膨胀会对贷款，特别是长期贷款产生不利影响，使债权人不愿意发放贷款。贷款的减少又会影响投资，使投资减少。这种不可预期的通货膨胀对住房建设贷款这类长期贷款最不利，从而也就会减少住房投资这类长期投资。通货膨胀还降低了领取地租、退休金等固定收入的人们所持货币的实际购买力，如退休人员，他们领取的退休金或得到的存款利息都是固定的货币额，从而影响他们现有的收入水平。因此，退休人员也是通货膨胀的真正受害者。

第二，在雇主与工人之间，通货膨胀有利于雇主而不利于工人。因为在不可预期的通货膨胀之下，商品和生产要素的价格调整较快，而工资和薪金却不能迅速地根据通货膨胀来调整，从而就在名义工资不变或略有增长的情况下使实际工资下降。实际工资的下降就会使利润增加，即领取工资和薪金的工人的部分收入转到雇主手中。因此，工人受害，雇主得利，这样就有利于刺激投资增长。

第三，在政府与公众之间，通货膨胀将有利于政府而不利于公众。因为在不可预期的通货膨胀之下，名义工资总会有所增加（尽管并不一定能保持原有的实际工资水平）。随着名义工资的提高，达到纳税起征点的人增加，还有许多人进入了更高的税率等级，这样政府的税收增加，而公众纳税数额增加，实际收入减少。政府在这种通货膨胀中所得到的税收为“通货膨胀税”，这实际上是政府对公众的掠夺，对私人与企业投资的积极性产生不利的影响。

此外，通货膨胀对财产分配也会产生影响，即通货膨胀使持有“可变价格财产”的人受益，使持有“不变价格财产”的人受损。家庭财产分为“可变价格财产”和“不变价格财产”。前者是指房产、地产、贵金属等实物形态商品，其价格随物价的上涨而提高；后者是指银行存款和购买的各种债券等金融商品，票面价值是固定的，其价格不能随市场行情随时变动，实际价值会随着物价上涨而下降。显然，在通货膨胀中，持有“可变价格财产”的人，其财产价格会上升，造成财产升值；而持有“不变价格财产”的人，其财产价格将会下降，造成财产贬值。

以上分析表明，通货膨胀能够改变收入和财产的分配格局，进而会造成人们的恐惧心理及经济秩序的混乱，也必然侵害到国家经济运行的基础，甚至造成社会不安和动乱，导致不良政治后果。

四、生活中的经济学

案例 12.4

通货膨胀是经济社会的普遍现象吗？

由表 12-3 可知，无论是全世界的平均水平，还是分地区分析，通货膨胀是当前经济社会的一种普遍经济现象，即全世界的物价水平是持续上涨的。在经历过 20 世纪 70 年代严重的通货膨胀后，世界各国对通货膨胀进行了严格的控制，因此自 20 世纪 80 年代后期以来，全世界的通货膨胀率基本控制在 10%以下。1989～2018 年的 30 年间，全世界通货膨胀在不同时期呈现出了不同的状态，每一时期各个地区也存在差异。

表 12-3　1989～2018 年世界主要地区通货膨胀率　　单位：%

年份	世界	欧盟	拉丁美洲和加勒比海地区	北美	东亚和太平洋地区	经济合作与发展组织成员
1989	6.92	6.01	11.43	4.91	6.46	5.76
1990	8.19	6.30	21.74	5.09	8.19	6.46
1991	9.00	5.93	21.78	4.93	6.97	5.86
1992	7.64	5.92	11.21	2.26	7.52	4.59
1993	7.14	4.79	10.75	2.41	5.74	4.52
1994	10.39	4.71	10.59	1.39	7.66	2.88
1995	9.23	4.32	10.66	2.48	5.82	3.99
1996	6.68	3.31	8.57	2.25	7.31	2.89
1997	5.55	2.72	7.05	1.98	5.61	2.19
1998	5.19	2.40	5.19	1.27	8.61	1.96
1999	3.16	2.15	3.47	1.96	4.29	2.15

续表

年份	世界	欧盟	拉丁美洲和加勒比海地区	北美	东亚和太平洋地区	经济合作与发展组织成员
2000	3.56	3.10	4.69	3.05	2.16	2.97
2001	3.92	3.15	4.36	2.68	4.27	2.92
2002	2.98	2.31	3.75	1.92	2.97	2.44
2003	3.03	2.08	3.81	2.51	3.22	2.10
2004	3.38	2.26	4.32	2.27	4.53	2.22
2005	4.11	2.47	4.69	2.80	4.54	2.44
2006	4.27	2.60	4.27	2.61	4.64	2.50
2007	4.81	2.48	4.98	2.50	4.81	2.46
2008	8.95	4.16	8.25	3.10	10.34	4.07
2009	2.93	0.93	2.59	−0.03	3.68	0.93
2010	3.35	1.67	3.52	1.71	3.61	1.80
2011	4.84	3.31	5.04	3.03	5.28	3.34
2012	3.73	2.63	3.90	1.79	3.23	2.47
2013	2.59	1.31	2.61	1.20	2.93	1.42
2014	2.29	0.22	3.31	1.76	3.37	0.59
2015	1.43	−0.05	2.13	0.62	1.09	0.30
2016	1.47	0.22	1.69	1.35	1.60	0.44
2017	2.18	1.47	2.31	1.86	2.89	1.82
2018	2.44	1.78	2.32	2.36	3.33	1.88

资料来源：根据世界银行数据（https://data.worldbank.org.cn/indicator/NY.GDP.DEFL.KD.ZG?view=chart，2020 年 10 月 11 日）整理而得

1989 年以来，全世界通货膨胀持续上升，一直持续到 1994 年，达到 10.39%，在此之后通货膨胀呈下降趋势。这一时期通货膨胀率偏高的主要原因是拉丁美洲的通货膨胀率过高。在这段时间，拉丁美洲出现了恶性的通货膨胀率。在整个 80 年代阿根廷年通胀率平均达到 450%，1989 年其通胀率更是飙升至 20 000%。巴西的通货膨胀从 1980 年起达到了三位数，到 80 年代末的时候更是达到了四位数，1990 年达到了顶点 2947%，因此全世界的通货膨胀也受到了影响，通货膨胀率居高不下。在这一时期，东亚和太平洋地区的通货膨胀率也较高，1988 年达到 9.34%，在此之后呈下降趋势。其中，中国的通货膨胀率在 1988 年、1989 年超过了 18%，也出现了严重的通货膨胀。

1995 年之后，全世界的通货膨胀率呈下降趋势。一方面，是拉丁美洲、东亚的通货膨胀率下降；另一方面，欧盟、北美的通货膨胀率比较稳定。在这一时期，东南亚出现了经济危机，经济进入衰退，同时，国际油价持续下降至 10 美元/桶以下，能源价格的下降带来了全世界物价水平的稳定。1999 年，全世界通货膨胀率更是下降到了 5%以下。这一

状况一直持续到2007年。

2008 年全世界通货膨胀率达到了 8.95%，主要是东亚国家的通货膨胀率偏高所引起的。在此之前的几年间，虽然通货膨胀率水平较低，但是自2003年之后通货膨胀率是持续上升的。这一点与国际大宗商品的价格上涨紧密相关。以原油为例，国际油价在徘徊了3年之后，2003年初突破30美元/桶，2004年9月突破50美元/桶，2005年6月突破60美元/桶，并加速上行，于2005年8月突破70美元/桶，2007年9月突破80美元/桶，其后加速上扬，2007年10月突破90美元/桶，2008年油价飙升，7月14日纽约商业交易所创出了147.27美元/桶的历史高点。而伴随着的就是通货膨胀率每一年的持续上涨。

2008 年金融危机之后，全世界通货膨胀率持续下降，尤其是2015年和2016年，更是达到了历史低点，因此有经济学家认为是进入了通货紧缩的状态。尤其是欧盟和美国，物价水平一直较低，而在金融危机之后，通货膨胀率更是下降到了2%以下的水平。

欧盟和北美是全世界通货膨胀率控制最好的地区，在30多年间，未出现恶性的通货膨胀。经济合作与发展组织（Organization for Economic Co-operation and Development，OECD）作为全世界发达国家的组织，在30多年的经济发展中，也有效地控制了通货膨胀，实现了经济的持续、平稳增长。

案例 12.5

旺盛的需求导致了通货膨胀

1984～1988 年中国发生了严重的通货膨胀，这次通货膨胀的形成主要是需求拉上所致的。1978年改革开放以后，居民收入水平上升，1984年居民消费比1978年增加了0.6倍，1988年比1978年增加了1.2倍，居民消费总量快速增加。在这一时期，全国百废待兴，各地都在加大基础建设投资，固定资产投资由1978年的910亿元，增加到1984年的2543亿元，到1988年又增加到4150亿元。全国居民消费和固定资产投资的增加，使得总需求快速上升，而此时中国的生产能力远未满足国内的消费和投资需求，导致出现了改革开放后第一次严重的通货膨胀。在这次通货膨胀中表现尤其明显的是“瓶颈式通货膨胀”，很多行业不能满足国内消费和投资的需求，以电力为例，国家不得不限制电力的使用，从而影响了居民的生活和企业的生产。

案例 12.6

通货膨胀会一直持续吗？

20 世纪70年代，西方发达国家形成了持续性的通货膨胀。1973年12月原油价格从每桶3.011美元提高到10.651美元；1979年原油价格从每桶13美元猛增至1980年的34美元，这种状态持续了半年多。这两次石油危机使得全球各主要发达国家的生产成本大幅度上升，进而导致商品价格普遍和持续的上升，形成了成本推动的通货膨胀。

如表 12-4 所示，1973 年之后，主要发达国家的通货膨胀率快速上升，到 1974 年，这些国家的通货膨胀率普遍超过了 10%，日本超过了 20%，1974 年达到高峰，英国的通货膨胀率达到了 24.21%。这次通货膨胀持续了近 10 年的时间，也是第二次世界大战后主要发达国家通货膨胀持续时间最长的时期。

表 12-4 1970～1979 年主要发达国家通货膨胀率 单位：%

年份	澳大利亚	法国	加拿大	美国	日本	意大利	英国	德国
1970	3.91	5.85	3.37	5.90	7.67	4.81	6.37	3.45
1971	6.06	5.40	2.84	4.26	6.35	5.50	9.44	5.24
1972	5.86	6.06	4.78	3.31	4.84	5.22	7.07	5.48
1973	9.47	7.38	7.61	6.22	11.62	10.74	9.20	7.03
1974	15.11	13.65	10.86	11.04	23.18	19.40	16.04	6.99
1975	15.07	11.69	10.81	9.13	11.78	16.88	24.21	5.91
1976	13.52	9.63	7.51	5.74	9.39	16.58	16.56	4.25
1977	12.30	9.49	7.99	6.49	8.14	17.43	15.84	3.73
1978	7.92	9.25	8.91	7.65	4.21	12.11	8.26	2.72
1979	9.09	10.65	9.14	11.27	3.69	14.63	13.42	4.04

资料来源：根据世界银行数据（https://data.worldbank.org.cn/indicator/NY.GDP.DEFL.KD.ZG?view=chart，2020 年 10 月 9 日）整理而得

这次通货膨胀形成的主要原因是成本的上升而使得供给曲线不断左移，从而导致价格持续上升，因此，如果想从根本上解决持续性的通货膨胀，必须要从供给侧来解决。里根政府首先在这一方面进行了改革，从而推动了供给曲线的右移，才真正地解决了持续近 10 年的通货膨胀。

案例 12.7

什么是结构性通货膨胀？

在生活中，我们发现，有些部门的发展速度与成本上涨速度是不匹配的，生产率的上涨速度低于成本的上涨速度，从而导致产品价格的持续上涨，形成了结构性的通货膨胀。2019 年以来中国所形成的通货膨胀就是结构性的通货膨胀。从表 12-5 中可以看出，2019 年中国的通货膨胀率指标持续上行，全国居民消费价格比上年上涨 2.9%。从全年来看，9 月后上升速度加快，2019 年 9 月突破 3%，11 月突破 4%。在八大类商品中，食品烟酒类商品的价格上升过快，尤其是 10 月后价格上升速度超过了两位数；居于第二位的是其他用品和服务类的商品，在 7 月后价格上升较快，而其他商品的价格上升幅度较小；交通和通信类商品全年呈现出物价下降的趋势。所以从总体分析，

2019 年物价上涨是由食品烟酒类商品的价格上升过快引起的。2019 年剔除食品和能源的核心 CPI 同比上涨 1.6%，因此，2019 年中国的通货膨胀是由食品价格上涨引起的，猪肉等食品的价格上涨是 2019 年 CPI 上涨的主要拉动力，其他商品的影响较小。根据中国国家统计局的测算，9 月、10 月、11 月的 CPI 涨幅中猪肉价格“贡献”均超过一半。2019 年的物价上涨呈现出结构性特征。

表 12-5 2019 年 1～12 月中国居民消费价格指数及分类指数

项目	1月	2月	3月	4月	5月	6月	7月	8月	9月	10月	11月	12月
居民消费价格指数	1.7	1.5	2.3	2.5	2.7	2.7	2.8	2.8	3.0	3.8	4.5	4.5
食品烟酒类	2.0	1.2	3.5	4.7	5.8	6.1	6.7	7.3	8.4	11.4	13.9	12.9
衣着类	1.6	2.0	2.0	1.8	1.7	1.8	1.8	1.6	1.6	1.2	1.1	0.8
居住类	2.1	2 .2	2.1	2.0	1.8	1.6	1.5	1.0	0.7	0.5	0.4	0.5
生活用品及服务类	1.5	1.3	1.2	1.1	1.0	0.8	0.8	0.7	0.6	0.6	0.4	0.4
交通和通信类	−0.3	−1.2	0.1	−0.5	−0.9	−1.9	−2.1	−2.3	−2.9	−3.5	−2.8	−0.7
教育文化和娱乐类	2.9	2.4	2.4	2.5	2.6	2.4	2.3	2.1	1.7	1.9	1.7	1.8
医疗保健类	2.7	2.8	2.7	2.6	2.5	2.5	2.6	2.3	2.2	2.1	2.0	2.1
其他用品和服务类	2.3	2.0	1.9	1.9	2.1	2.7	3.4	4.7	5.8	5.5	4.5	4.4

资料来源：根据中国国家统计局数据（https://data.stats.gov.cn/easyquery.htm?cn=A01，2020 年 12 月 1 日）整理而得

第三节 失业与通货膨胀的关系

一、凯恩斯关于失业与通货膨胀关系的阐述

凯恩斯认为，失业与通货膨胀不会并存。他认为在未实现充分就业以前，由于存在着闲置资源，总需求的增加只会增加国民收入，而不会引起价格水平普遍而持续的上涨，不会发生通货膨胀。在实现充分就业以后，由于资源得到充分利用，总需求的增加不仅不会增加国民收入，反而会引起通货膨胀。也就是说，在发生通货膨胀时，已经实现充分就业了。并且，这种通货膨胀总是由总需求过度引起，是需求拉动的通货膨胀。

凯恩斯关于失业与通货膨胀关系的论述，对于西方国家20世纪30年代的经济大萧条，即资源不能得到充分利用的情况来讲，是有其一定的合理性的。但第二次世界大战后，西方国家经济发展的现实发生了很大的变化，因而凯恩斯的观点已不再适用这种条件。所以，很多经济学家试图对失业与通货膨胀的关系做出新的解释。

二、菲利普斯曲线及其政策含义

菲利普斯曲线是西方经济学家用来表示失业率与通货膨胀率之间此消彼长的交替关系的曲线。自凯恩斯开始，西方各国政府一直在追求既无通胀，又无失业的理想境界。1958 年，出生于新西兰的英国经济学家奥尔本·威廉·豪斯戈·菲利普斯（1914～1975 年）根据英国 1861～1957 年的统计资料，利用数理统计方法，提出了一条用以表示失业率和工资变动率之间的交替关系的曲线，这既给西方政府的梦想判了死刑，又为政府提供了一张政策选择的菜单，这就是著名的菲利普斯曲线。此后，许多西方经济学家便以菲利普斯曲线来表示失业率与通货膨胀率之间的关系。该曲线的图形见图 12-1。

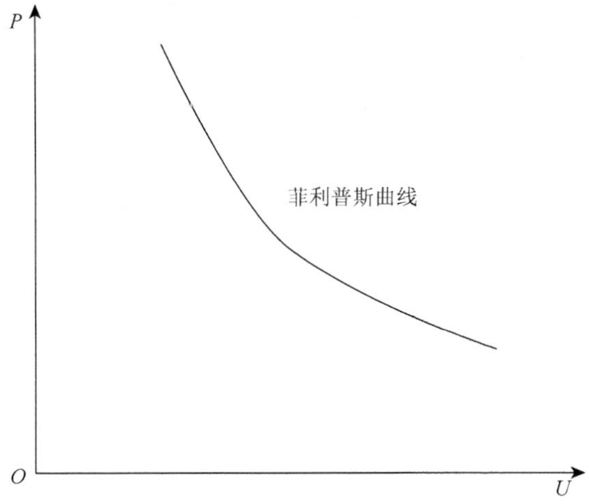

图 12-1　短期的菲利普斯曲线

在图 12-1 中，横轴表示失业率水平，纵轴表示通货膨胀率。坐标图中的曲线即菲利普斯曲线，它向右下方倾斜，表明了失业率与通货膨胀率之间存在着反方向变动的关系，即当失业率低的时候，通货膨胀率便高；反之，当失业率高的时候，通货膨胀率便会降低。因为通常的情况是：经济处于萧条阶段时，失业率较高，而这时的工资与物价水平都比较低，从而通货膨胀率也较低；反之，经济处于繁荣阶段时，失业率较低，而这时的工资与物价水平都比较高，从而通货膨胀率也较高。失业率与通货膨胀率之间存在反方向变动的关系，是因为通货膨胀使实际工资下降，从而使社会对劳动的需求增加，使失业减少，并能刺激生产。

菲利普斯曲线在某种程度上是对凯恩斯理论的一种修正，揭示了通货膨胀和失业可能并存，并且还可能并存于较高的水平上。因此，政府必须认清现实，丢掉幻想，努力使两个“痛苦指数”都保持在社会可接受的安全范围之内，在失业率、工资变动率和通胀率三者之间寻找平衡点，从而在一定范围内选择社会经济可以承受的通货膨胀率和失业率的组合。而当失业一旦成为经济的主要问题时，至少在短时期采取通胀政策有利于缓解失业或增加就业。

因此，早期的菲利普斯曲线的政策含义就在于，对于凯恩斯主义的需求管理来说，它是一个很方便的工具，因为政府可以采取适当的政策措施，在失业和通货膨胀之间做出选择，以使失业和通货膨胀对社会的危害达到尽可能小的程度。

三、菲利普斯曲线的恶化及其新的解释

20 世纪 60 年代末 70 年代初以来，菲利普斯曲线所表示的通货膨胀与失业的关系发生了很大变化。于是西方学者对失业率与通货膨胀率之间的关系又有了新的不同的解释。

（1）后凯恩斯主义者认为，菲利普斯曲线仍存在，并且已经向右上方移动（图 12-2）。这说明菲利普斯曲线表明的通货膨胀与失业之间仍存在着交替关系，但和以前相比，失业率和通货膨胀率都将在更高的水平上并存。这意味着要降低失业率就需要以更高的通货膨胀率为代价；或者要降低通货膨胀率就需要以更高的失业率为代价。这样，原来被社会认可的失业率和通货膨胀率就无法实现。因此，只得把社会可以接受的通货膨胀率和失业率都提高，宏观经济政策的运用会面临更大的困境。这便是菲利普斯曲线恶化的一种表现。

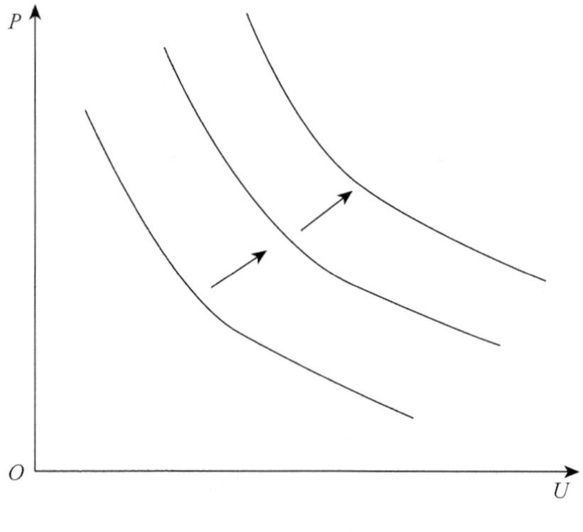

图 12-2 菲利普斯曲线的恶化

（2）现代货币主义学派的观点。货币主义者在解释菲利普斯曲线时，把菲利普斯曲线分为短期菲利普斯曲线与长期菲利普斯曲线。他们认为短期内，企业和工人关注的是实际工资，而非名义工资。工人对通货膨胀有预期，短期内人们都会根据预期的通货膨胀水平来调整名义工资。人们预期的通货膨胀率越高，名义工资增加越快。在预期的通货膨胀率低于实际的通货膨胀率的短期中，通货膨胀率与失业率之间仍存在替换关系。因此，在短期中引起通货膨胀率上升的扩张性财政政策与货币政策是可以起到减少失业作用的，即调节总需求的宏观经济政策在短期是有效的。

但是货币主义者认为，传统的菲利普斯曲线所表示的交替关系只是在短期内存在的一种现象。他们认为，一个国家在经济中存在一种自然失业率，即在没有货币因素干扰的情

况下，让劳动市场和商品市场的自发供求力量发挥作用，从而使经济中的总需求和总供给处于均衡状态的失业率。在长期内，通货膨胀率和失业率不再存在交替关系，菲利普斯曲线成为一条垂直于横轴的直线（图 12-3），这是菲利普斯曲线恶化的另一种表现。说明失业率与通货膨胀率之间在长期中并不存在交替关系，无论通货膨胀率如何提高，失业率也不会下降。

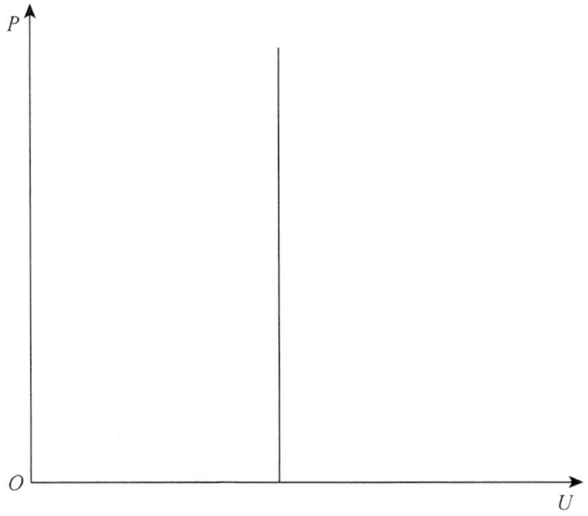

图 12-3　长期的菲利普斯曲线

四、生活中的经济学

案例 12.8

失业与通货膨胀会相互影响吗？

1960～2018 年，美国的失业率保持在 3.5%～10%，通货膨胀率基本保持在 0～14%。在近 60 年的时间里，美国的失业率与通货膨胀率之间的关系并没有表现出一致或者相反的趋势，分阶段分析，二者在不同时期表现出了不同的状态。

20 世纪 70 年代之前，美国经历了第二次世界大战后最长的一段黄金增长时间，1960～1968 年，美国经济保持了较高的增长速度，与此同时，通货膨胀率持续上升，而失业率不断下降，失业率与通货膨胀率表现出来此消彼长的特征。这一时期失业率与通货膨胀率都保持在合理的区间，失业率保持在 3%～7%，通货膨胀率保持在 1%～5%。在这一时期，战后科技带来的经济增长动力明显，同时肯尼迪政府运用适用性的宏观经济政策对经济进行了调控，经济保持了良好的运行。

进入 20 世纪 70 年代后，随着科技红利的逐渐减弱，美国经济的增长速度在不断下降，失业率持续上升，美国政府继续采用凯恩斯主义政策对经济进行干预，在这一时期又爆发了两次石油危机，其结果是出现了通货膨胀率的不断上升。由于经济增长的动力不足，失业率居高不下的问题不可能得到根本性的解决，仅依靠宏观经济政策干预的结果，使通货膨胀率随着政府经济政策的收紧与宽松而下降和上升，因此在这一时期通货膨胀率不断出现新高。1980 年美国的通货膨胀率达到了最高点 13.55%，而失业率也持续上升，1980 年达到了 7.1%。随后美国采取了较为严格的货币政策，控制了飞奔的通货膨胀率，与之相伴的是失业率的上升，1980～1983 年失业率持续上升，1983 年达到了 9.6%，这一点也体现了通货膨胀率与失业率短期之内的反向关系。

20 世纪 80 年代中后期，新科技对美国经济增长动力的作用逐渐显现，美国经济也表现出了长期的增长，这一状况一直持续到了 2008 年。这一时期失业率与通货膨胀率呈现出了双双走低的状况。低失业率、低通货膨胀率成为美国经济走势的表现，因此这一时期被称为新经济。其原因就在于美国经济经过长时期的结构调整，经济增长的动力发生了改变，经济增长重新进入新的轨道。这一时期失业率与通货膨胀率的关系对经济学界长期以来关于二者短期关系的结论提出了挑战。

2008 年的金融危机改变了美国短期的经济运行轨道。在这一时期，首先表现出了价格水平的持续下降与失业率的快速上升。2009 年之后，美国经济开始复苏，失业率持续下降，尤其是 2015 年以后，失业率下降到了 5%以下，通货膨胀率也保持在 0～3%的较低水平。2008 年之后，美国实施了超常规的货币政策及扩张的财政政策，使得美国经济快速恢复了增长。但是更为重要的是美国经济增长的动力并没有消失，因此在出现了危机后通过政策的干预能够重新回到经济的运行轨道中。

从美国近 60 年的发展中可以看出，失业率与通货膨胀率在长期中是不存在一定的明确关系的，但是在短时期中，失业率确实与通货膨胀率存在一定的反向的关系。

第十三章　经济增长与经济周期

引言：改革开放以来中国经济发展的历程

改革开放 40 年来，我们始终坚持以经济建设为中心，不断解放和发展社会生产力，我国国内生产总值由 3679 亿元增长到 2017 年的 82.7 万亿元，年均实际增长 9.5%，远高于同期世界经济 2.9%左右的年均增速。我国国内生产总值占世界生产总值的比重由改革开放之初的 1.8%上升到 15.2%，多年来对世界经济增长贡献率超过 30%。

我国主要农产品产量跃居世界前列，建立了全世界最完整的现代工业体系，科技创新和重大工程捷报频传。我国基础设施建设成就显著，信息畅通，公路成网，铁路密布，高坝矗立，西气东输，南水北调，高铁飞驰，巨轮远航，飞机翱翔，天堑变通途。现在，我国是世界第二大经济体、制造业第一大国、货物贸易第一大国、商品消费第二大国、外资流入第二大国，我国外汇储备连续多年位居世界第一。

——摘自《习近平：在庆祝改革开放 40 周年大会上的讲话》，http://www.wenming.cn/ldhd/xjp/xjpjh/201812/t20181218_4942325.shtml，2018 年 12 月 18 日

相关问题：

1. 什么是经济增长？
2. 中国经济增长的动力是什么？
3. 中国 40 年的经济增长是一帆风顺的吗？
4. 如何解决失业与通货膨胀问题？

第一节　经济增长与现实

一、经济增长的含义及特征

经济增长是一个国家或一个地区生产商品和劳务的能力的增长，或者说是一个社会的生产边界随着时间的推移向外扩张。其衡量标准是一国生产的商品和劳务总量，即国民生产总值和国内生产总值的增长状况。经济增长仅指商品和劳务总量在量上的增加。

美国著名经济学家西蒙·库兹涅茨（Simon Kuznets）根据他的经验统计，给经济增长下过一个明确的定义：“一个国家的经济增长，可以定义为给居民提供种类日益繁多的经济产品的能力长期上升，这种不断增加的能力是建立在先进技术以及所需要的制度和思想意识之相应的调整的基础上的。”他认为这个定义有以下三层含义。

第一，经济增长的集中体现与结果是商品供给总量的不断增加，即国民生产总值和国民收入的增加。

第二，技术进步是经济增长的必要条件，即影响经济增长的诸因素中，技术是最关键的。

第三，制度与意识形态的相应调整是经济增长的充分条件，技术进步只为经济增长提供了一种潜在的生产能力，要使之转变为现实，还必须有与之相适应的社会制度和意识形态。

库兹涅茨还根据英、法、美等 14 个国家近百年的经济增长统计，分析总结了现代经济增长的以下六大特征。

（1）人均产值和人口呈加速增长的趋势，但人均产值的增长率高于人口增长率。

（2）由于技术进步的推动，生产率不断提高。

（3）经济增长不断改变经济结构，主要包括产业结构、就业结构、消费结构及进出口结构的不断变革。

（4）经济增长伴随着社会结构和意识形态的迅速改变，如城市化、文化教育、宗教信仰、传统风俗习惯的改变等。

（5）经济增长不是一国的独特现象，而是在世界范围内迅速扩大，成为各国追求的目标。

（6）世界各国经济增长不平衡，发达国家与不发达国家之间人均产出水平有很大差距，贫富差距在国际范围内拉大。

库兹涅茨对经济增长含义及特征的分析在当代经济学中有着重要的影响。这一定义规定了经济增长的内容、基础和条件，不仅包括量的因素，尤其是把制度、思想意识等社会条件的改变作为经济增长的重要方面。但不少西方经济学家实际上还是将经济增长和经济发展加以区别，认为经济增长和经济发展虽然都指人均国民收入增加，但经济增长一般是指人均实际国民收入的增加，而经济发展的含义要更广一些，它不仅指人均国民收入的增加，还包括适应这种增长的社会制度的变化问题。

二、经济增长的基本类型

经济增长可以分为两大类：一是因为生产要素的投入增加，包括原料、劳动和资本的增加而引起生产力的增长，称为外延的经济增长；二是因为生产要素生产效率的提高而引起的生产力增长，称为内涵的经济增长。

1. 外延的经济增长

外延的经济增长是由可获得的生产要素的增加而引起的生产力的增长。更多的生产要素意味着更大的生产能力，但并不意味着这些生产要素被更为有效地利用。在总产量增加的同时，每单位总要素投入的产出量并无改变。

在外延的经济增长中，尽管单位总要素投入的产出量不变，但个别要素单位投入的产出量可能改变。例如，如果资本存量的增长快于劳动力的增长，每单位劳动投入的产出量就会增加，但每单位资本投入的产出量则会减少；反之，如果劳动力的增长快于资本存量的增长，每单位劳动投入的产出量就会下降，而每单位资本投入的产出量就会上升。

上述关系表明，人口的迅速增长会引起劳动力的迅速增加，从而会引起外延的经济增长。当劳动力的增长快于资本存量增长的速度时，单位劳动的产量就会减少，这意味着劳动者的生活水平会下降；同时，由于劳动力占人口的比重很大，所以有可能引起人均产量水平下降，也就是人们的生活水平普遍下降。如果情况相反，资本存量的增长率高于劳动力的增长率，单位劳动的产量水平提高通常也会引起人均产量水平的提高，导致人们生活水平的普遍提高。因此，许多国家都注重控制人口的增长速度，使其总是低于资本积累的增长速度。

2. 内涵的经济增长

内涵的经济增长是由生产要素的生产效率提高而引起的生产力的增长，它可以在生产要素数量不增加的情况下实现。内涵的经济增长既包括总生产要素生产效率的提高，也包括单个生产要素生产效率的提高。因此，当生产效率提高时，每单位劳动的产量、每单位资本的产量和每单位原材料的产量都会提高，内涵的经济增长总是能使人们的生活水平提高，而又不必投入更多的资源。因此，在人类与资源的稀缺性做斗争时，它是最有力的武器。同外延的经济增长相比，它可以用同样的资源满足人们更大的需求。

内涵的经济增长可以通过许多途径来实现。最明显的就是技术进步，它可以同时提高所有生产要素的生产效率。另外，像劳动力的技术培训、各种生产要素质量的提高、生产组织的改进、市场功能的完善、交通和通信系统的进步、信息技术的应用及管理科学化等，都可以实现内涵的经济增长。

三、经济增长的评定

经济增长是一个可度量的指标，一般用国内生产总值的增长率作为经济增长的衡量指标。它定义为本期相对于上期国内生产总值所增加的百分比，通常以年度为计量单位。经济增长率可以用公式表示为

$$g_w = \frac{\Delta Y}{Y}$$

一般来说，世界上大多数国家的经济增长基本上呈正增长趋势，即 $\Delta Y/Y > 0$，但是各国在各个时期的经济增长速度和平稳程度各不相同。

在计算经济增长率时，要注意以下几点。

第一，国内生产总值增长中含有的物价上涨因素必须剔除。国内生产总值有名义和实际之分。真实衡量经济增长的只能是实际国内生产总值的变动。例如，某年国内生产总值增长 20%，但物价水平也上升 20%，则实际国内生产总值并没有增加。

第二，应考虑人口变动的因素。假如某一国家某一时期的国内生产总值增长 3%，人口增长也是 3%，则按人口平均计算的国内生产总值没有增加。如果人口增长率超过国内生产总值增长率，人均国内生产总值就要下降，从而人们实际生活水平就要下降。

第三，有些经济学家认为，衡量经济增长，不应以实际国内生产总值为标准，而应以国

家的生产能力即潜在国内生产总值为标准，只有这样才能抽去总需求变动因素。假定失业率为4%时的产量水平是潜在国内生产总值水平，若某年总需求水平很低，实际失业率是8%，则实际国内生产总值低于潜在国内生产总值。如果下一年总需求增加使失业率达到4%，则实际国内生产总值似乎增加很多，但这实际上不是提高生产能力本身获得的，而仅是提高生产能力利用率而已。因此，实际国内生产总值不能作为衡量经济增长的真实标准。实际GNP在经济周期中的扩张不能被看作经济增长，而只是经济波动中的膨胀。因此有些经济学家认为，衡量经济增长应以每单位资本人均实际国内生产总值的增加或其增长率来度量。

第四，一些经济学家认为，不管是用实际国内生产总值还是潜在国内生产总值来作为衡量经济的标准，都有缺陷。若经济增长局限在物质产出上，会忽视人类其他方面福利的增进，如工作时间缩短、产品质量改进、医疗进步等都难以得到反映；又如，不经过市场的很多活动无法被统计到经济增长中去；还有增长给社会带来的环境污染、资源枯竭等也难以计算进去。

四、经济增长的决定因素

经济增长是一个复杂的经济和社会现象。影响经济增长的因素很多，正确地认识和估计这些因素对经济增长的贡献，对于理解和认识现实的经济增长和制定促进经济增长的政策都是至关重要的。因此，经济增长因素分析就成为现代经济增长理论的重要研究部分。

早在1776年，经济学创始人亚当·斯密就在《国富论》中归纳了决定经济增长的三项要素：劳动投入量的增加，资本（包括土地和自然资源）投入量的增加，技术进步引起前两种要素生产率的提高。

我们可以用生产函数把上述思想简洁地表达出来：

$$Y = A \cdot f(L,K)$$

式中，Y为总产量；L为劳动投入量；K为资本投入量；A为技术状态。这一生产函数表明，总产量Y取决于劳动投入量、资本投入量及技术状态，这表明经济增长的决定因素是劳动、资本及技术。

下面我们对经济增长的决定因素做进一步的分析。

1. 生产要素的数量

生产要素主要分为土地、劳动和资本三大类。企业家才能也是生产要素，这里我们将企业家才能归到劳动这一要素中去。

劳动要素数量的增加来源于人口的增加，如果劳动增加的同时，资本和自然资源一同增长了，就会引起外延的经济增长。不过，劳动的增长率一旦超过了资本和自然资源的增长率就可能引起人均产量的下降，导致生活水平普遍降低。如果人口的增长使得市场规模扩大，增加了总需求，就会刺激投资使资本存量增加，并刺激较大生产规模的利用。资本存量的增加意味着外延的经济增长，而规模生产所产生的较高的生产率，意味着内涵的经济增长。由于收入并不必然随着人口的增加而增加，因此人口的增加并不必然导致总需求增加，从而引起经济增长。只有人口的增加伴有总收入的增长时，才可能发生上述的经济增长。

资本的积累是净投资的结果，当资本存量因净投资而增长时，就会引起外延的经济增长。如果资本存量的增长率快于人口的增长率，就有可能带来劳动生产率的增长和产量的增加，也可能会导致人均收入的提高。如果资本积累伴有技术进步的话，就会同时发生外延的经济增长和内涵的经济增长。

实现资本积累需要资源来制造机器、设备、建筑厂房、公路和桥梁。这就需要从每年用来生产消费品的资源中节省出一部分用于实际的资本积累。人们必须将每年的收入储蓄起来，并将其用于投资，这样资本存量才会增长。而且储蓄用于投资的数量越多，将来生产力的增长也就越大。

2. 人力资本

西方经济学家通常将劳动者掌握的知识和技能称为人力资本。在发达国家中，人力资本已经成为经济增长中一个不可忽视的因素。劳动者的知识和技能可以通过教育、培训和经验的积累而得到增长。如果人力资本增长，那么劳动生产率就会提高，这实际上会使所有生产要素的利用率提高，导致内涵的经济增长。

3. 技术进步

正如资本积累是外延的经济增长的主要因素一样，技术进步则是内涵的经济增长的最主要因素。技术进步可以使三种生产要素的生产力同时提高，使人均总产量提高，使人们的生活水平提高。技术进步可分为“具体化的”和“非具体化的”两类。具体化的技术进步是指直接由新的更高效率的机器设备体现出的技术进步，新的发明创造是这种技术进步的典型方式；非具体化的技术进步通常不是由新的机器设备引起的，而是由老机器设备的新的使用方法和组织方式引起的。

4. 经济组织

当工业部门及其市场发展时，会出现一些生产方法、分配方式和销售方式的变化。这些变化会提高总的投入-产出率，导致生产力的提高。例如，当各工业部门和市场扩大时，所有的生产者都可以扩大生产规模，而生产规模扩大的初期，通常会引起劳动和生产的专业化，提高生产率，造成规模经济。在企业规模达到某一水平后，规模经济会消失。但是，新的工业部门是不断出现和不断发展的，这一部门规模消失的同时，其他部门却正在产生新的规模经济。包括生产、资源分配和销售等方面的经济组织运转得更好时，就会使总的生产效率提高，从而使生产力水平提高，造成内涵的经济增长。

5. 制度因素

制度因素包括政治制度、社会和文化的传统。许多经济学家认为，当人们发现一些国家在资源、人力资本及经济组织方面差别不是很大，而经济增长的速度差别很大时，最好的解释就是制度上的差异。有些经济增长缓慢的国家，主要不是因为缺乏资源、人力资本和较好的经济组织，而是在制度方面存在一些妨碍经济增长的因素，这些制度上的障碍使得这些国家的上述四个因素无法发挥应有的作用。例如，在印度和墨西哥，其政治结构和分配制度等方面带有封建性质，教育、文化落后，贫富过于悬殊，这些因素都会阻碍开发和利用资源的效率，也使其经济组织缺乏效率，造成经济增长缓慢。

在上面的五大因素中，有些因素可以对经济增长的影响进行较严格的计量研究，有些则很难进行计量研究。但一些经济学家的研究表明，虽然不能建立全面精确地表明这五大因素影响经济增长的计量模型，但针对这五大因素的较为粗略的数量分析是完全可以进行的。

五、关于经济增长的争论

第二次世界大战后，西方各主要资本主义国家的经济持续增长，一方面为其带来了空前的经济繁荣，另一方面也为其带来了环境污染、资源耗竭等严重问题。从 20 世纪 60 年代起，一些经济学家、生态学家、社会学家对伴随着经济增长而来的这些消极方面提出了尖锐的批评。以麦多斯（Meadows）为代表的“增长极限论”对经济是否能够继续按一个固定的增长率或按以往的平均增长率进行下去持否定态度，以米香（Mishan）为代表的“增长怀疑论”则对经济是否有必要继续增长持否定态度。这两种观点可以统称为“零经济增长”理论。进入 20 世纪 80 年代，以西蒙为代表的一些未来乐观派学者持与“零经济增长”态度相反的理论，这两派之间的长期论战持续至今。

1. 增长极限论

1968 年 4 月，意大利菲亚特公司董事长帕塞伊邀请西方国家知名的科学家、教育学家、经济学家、实业家等社会各界人士 30 多人在罗马成立了一个旨在促进了解世界现状和未来的非正式国际组织罗马俱乐部。它委托美国麻省理工学院的麦多斯等对人类现在和未来的状况做一个研究报告。麦多斯在 1972 年公开出版了《增长的极限》这本书。在这本书中，他提出了一种对经济增长持悲观态度的理论，在世界范围内引起了巨大的震动。

麦多斯的增长极限论包括以下主要内容。

第一，指数增长的欺骗性或指数增长的本质特征。麦多斯等认为，指数增长一方面可以使数字很快变得巨大，另一方面它往往在人们未意识到这种剧增的危险性之前，就给人们带来难以想象的后果。

第二，影响人类社会经济增长的主要因素有五个，即人口增长、粮食供应、资本投资、环境污染和资源耗竭，它们的增长都是指数增长，即按一定的百分比递增，这五个因素之间是互相制约的。上述五个因素的共同作用最终必然会达到“危机水平”，即出现人口增长、资源枯竭、环境恶化、生活质量下降和一部分人口营养不良五种趋势。

第三，将上述五个因素进行综合考察，对它们之间的因果关系进行定量分析，并利用有关的全球性资料建立一个“世界模型”。所谓世界模型，一是其资料的世界性和其演绎的问题的世界性，二是其所涉及的问题和资料的长期性、动态性。通过建立的世界模型，得出的结论是：1970 年以后，人口和工业仍维持着指数增长，但迅速减少的资源将成为约束条件使工业化不得不放慢速度。工业化达到最高点后，人口和污染还会继续增长。但食物和医药缺乏导致死亡率上升，最后人口停止增长，人类社会将在 2100 年之前崩溃。

第四，技术进步不能避免增长的极限。麦多斯等将可能出现的各主要方面的技术进步纳入世界模型后得出结论：如果世界人口增长和经济增长仍然持续下去，土地资源和粮食产量的严重不足将不可避免；资源的最终枯竭和污染的日趋严重同样也不可避免，这是单纯的技术进步所难以避免的增长极限。

第五，麦克斯等在世界模型的基础上提出“世界平衡”这种可以避免最终经济崩溃的经济增长模型。要避免世界末日的来临，实现全球均衡增长的措施主要是：从 1975 年起停止人口增长；1980 年停止工业资本增长；每一单位工业品的物质消耗降到 1970 年的 1/4；经济的重点从物质生产转到服务业上；环境污染降低到 1970 年数值的 1/4；增加对粮食的生产，农业投资重点用于增加土地肥力与水土保持；等等。这样再加上技术进步的因素，就可以使世界进入一种平衡发展的稳定状态。

总之，麦多斯等学者的基本观点是，世界体系的基本行为方式是人口与资本的指数增长和随后的崩溃。由于麦多斯等学者对人类的前途抱有悲观的态度，西方经济学家称他们的世界模型是“崩溃的模型”或“世界末日模型”。

2. 增长怀疑论

麦多斯等主要是从实证经济学的角度说明了经济增长将走向极限，而以著名经济学家米香等为代表的增长怀疑论主要是从规范经济学的角度力图论证经济增长已毫无意义。

美国经济学家米香在《经济增长的代价》（1967 年）著作中认为，为经济增长所付出的社会和文化代价太大了，经济增长本身并非一个纯粹的经济学问题，而在很大程度上是一个伦理学问题；经济增长给人们带来的不是欲望的满足，而是更多的烦恼，不是幸福的生活，而是痛苦。

第一，持续的经济增长使人们失去了许多美好的享受，例如，无忧无虑的闲暇，田园式的享受，清新的空气，等等。

第二，经济增长所带来的仅仅是物质享受的增加，但物质财富的享受并不是人类快乐的唯一源泉。随着社会的发展，人们也并不把物质享受作为唯一的目标。由于人们价值判断标准的变化，随着经济的增长，消费品数量的增加和品种的变换会成为人们的一种负担，产生负效用。

第三，人对幸福的理解取决于他在社会上的相对地位，因此经济增长尽管增加了个人收入的绝对量，但并不一定能提高他在社会上的相对地位。一个人对自己收入的评价不仅着眼于收入的绝对水平，还着眼于自己的收入在收入结构中所处的地位。这样个人收入的增加也就不一定能给他带来幸福。

第四，既然由经济增长带来的收入普遍提高和物质产品的丰富是“无价值”的，那么因增长而引起的精力和时间的节省的技术创新也是“无价值”的。

第五，经济增长还会带来社会财富的耗竭、环境的损害、城市的不规则建设及机动调整的失灵等，这些都会抵消社会福利。

总之，在米香看来，技术的进步、经济的增长仅仅是物质产品的增加而不是幸福的增加。在经济增长中，人们失去的幸福太多了，因此，即使经济增长是可能的，也是不可取的。

3. 没有极限的增长论

美国经济学家卡恩等出版《今后两百年》（1976 年）、美国未来学者西蒙出版《最后的资源》（1980 年）等一系列著作对麦多斯和米香的观点提出批评。上述代表人物主要有以下几种观点。

第一，增长极限论的实质是新形势下的马尔萨斯人口论再现。弗里曼把麦多斯等称作“带着计算机的马尔萨斯”。

第二，世界模型存在许多根本缺点。麦多斯的批评者认为，麦多斯等的世界模型在选择的基本经济条件、估计的参数、选择的基期及分析的方法等方面都存在缺陷。有的学者根据麦多斯等的世界模型，假定自 1970 年起，自然资源发现（包括回收）率每年增长 2%，控制污染的技术能力每年增长 2%，粮食产量每年增长 2%。按照这样的假定，当改变了模型结构时，计算机计算的结果表明，产量和人口增长都不受限制，崩溃永远不会发生。人们还对世界模型做了另一个试验，就是把模型的开始时期由 1900 年提前到 1850 年，且用该年各个变量的实验数值作为起点水平，答案是世界在 1970 年左右就要崩溃。西蒙认为，历史和现实都表明，用技术分析的方法预测未来，往往与历史的实际进展相差太远。

美国经济学家索洛对世界经济模型予以否定，他认为，末日模型是一个伪科学，因此也是公共政策的负导向。末日模型从假设到结论之间的逻辑关系非常简单和明显，从这个意义上说，它更像是一个假设而不是一个结论。

第三，增长极限论的五大趋势是没有根据的。持“没有极限的增长”观点的学者认为，人口增长并不是始终都呈指数增长，随着经济增长，人口增长率将会降低。降低人口增长率的长期手段是加速经济的发展，而不是停止经济增长。人类环境与过去几个世纪相比是更干净、更卫生了，环境恶化是工业化过程中的暂时现象。粮食将不成为问题，在未来，增产粮食的技术将被大量采用，食品方面的科学发明将起到更大作用。况且，经济发展的历史证明，工业化本身是在农业基础业已建立起来时才开始的，随着科学技术的进步，不能再生的资源会得到进一步开发和利用。市场机制的作用将促进代用品的应用、资源的节约和资源的回收。

1）零增长将严重损害在国内或国外消除贫困的努力

当前世界上大多数人口仍处在需要经济增长的状态中，发达国家又不甚愿意对发展中国家提供过多帮助。较少的增长意味着贫困延续。就改善一些发展中国家的生活状况而言，经济增长是完全必要的。

2）零增长不容易对有效的环境保护提供资金

消除污染、净化环境，每年需要大量费用，只有经济增长，才能获得这些资金。如果经济不增长，这些方案都无法实施。

据此，没有极限的增长论者对未来的经济增长持乐观态度。他们认为零经济增长是不能实现的，也是不应实现的，“技术的进步、价格制度加上公共政策和规章制度，对伴随着经济增长而产生的问题，提供了有效的、直接的打击手段”，因此，“在美国，自然资源、人口、粮食、土地、污染……所有这些潜在的限制因素，能够安排得使合意的经济增长持续到可见的未来”。

六、生活中的经济学

案例 13.1

哪种经济增长模式更好？

进入 20 世纪以来，东亚和拉美国家先后经历了政治独立、经济发展的阶段，但是两个地区的国家发展模式不同，增长方式不一样，产生了不同的结果。

拉美地区共有 33 个国家，是全球中等收入最集中的地区。拉美国家的经济在 20 世纪 30 年代后期出现了快速增长，20 世纪 40 年代拉美地区大多数国家实行了进口替代工业化模式。1950～1965 年拉美各国的进口替代工业主要集中在非耐用品的生产上，工业部门成了带动经济增长的主导部门，1965～1973 年部分拉美国家逐步将工业发展的重心由非耐用消费品生产转向耐用消费品生产，这一阶段也是拉美国家经济增长最快的时期。如表 13-1 所示，1961～1970 年拉美国家年均 GDP 增长率达到了 5.42%。但是拉美国家的这一模式在 20 世纪 80 年代后表现出了一些弊端：对国内工业进行了过度的保护，主要信赖于初级产品的出口创汇，严重依赖外资，导致国内经济严重下滑。20 世纪 80 年代之后，一些拉美国家经济增长动力不足，陷入了严重的债务危机，并出现了恶性通货膨胀，这一状况一直持续到 20 世纪 90 年代后期。1981～1990 年的年均增长速度下降到了 2.45%。到目前为止，拉美各国滞留中等收入国家的平均时间已超过 40 年，陷入了中等收入陷阱。

表 13-1　东亚和拉美部分国家 GDP 增长率（1961～2018 年）　单位：%

区域	国家	1961～1970 年	1971～1980 年	1981～1990 年	1991～2000 年	2001～2010 年	2011～2018 年
东亚部分国家	中国	4.96	6.22	9.35	10.45	10.57	7.43
	韩国	9.54	9.28	9.93	7.04	4.44	2.96
	新加坡	9.45	8.82	7.80	7.14	5.91	4.02
	印度尼西亚	3.94	7.44	5.51	4.08	5.24	5.36
	马来西亚	6.49	8.30	6.03	7.23	4.64	5.19
	泰国	8.17	6.89	7.89	4.53	4.62	3.30
平均		5.94	6.61	6.04	5.42	5.02	4.30
拉美部分国家	阿根廷	4.00	2.78	−0.71	4.16	3.67	0.71
	巴西	6.19	8.51	1.77	2.63	3.71	0.59
	智利	4.28	3.12	3.10	6.30	4.25	3.31
	哥伦比亚	5.12	5.52	3.42	2.72	4.06	3.69
	墨西哥	6.81	6.71	1.93	3.48	1.50	2.74
	委内瑞拉	5.10	2.75	0.92	2.19	3.46	−6.41
平均		5.42	5.20	2.45	3.94	3.79	1.40

资料来源：根据世界银行数据（https://data.worldbank.org.cn/indicator/NY.GDP.MKTP.KD.ZG，2021 年 1 月 15 日）整理而得

东亚国家与拉美国家在经济发展上走了一条不同的道路。从20世纪60年代开始，新加坡、韩国等国家用30年左右的时间，改变了国家原有的贫穷与落后的经济状况，成了新兴发展中国家，如表13-1所示，新加坡和韩国在1961～2000年的40年间都保持了7%以上的增长速度。马来西亚、泰国等国家在20世纪70年代后也开始崛起，1971～2000年的30年间基本保持了7%以上的增长速度。中国在20世纪80年代后开始追赶，1981～2000年，中国保持了约10%的增长速度。东亚国家普遍实行了出口导向型的发展模式，这些国家的经济快速增长，与此同时，通货膨胀率保持在可控范围之内，大部分经济体的国际收支状况良好，外汇储备丰裕。东亚国家的快速增长形成了“东亚奇迹”的东亚模式。但是东亚的发展模式也存在一些问题，如政府对经济的干预过多，对外部环境依赖过多，国际环境变化对经济影响过大。

案例 13.2

欧美国家经济增长的动力究竟来自哪里？

20世纪80年代以来，信息技术成为推动经济增长的重要动力，信息技术的使用提高了劳动生产率，尤其是90年代后，信息技术成了发达国家的支柱产业，对经济增长起到了重要的推动作用。以经济合作与发展组织国家为例，信息和通信技术提供了20%的就业机会。信息技术与传统产业结合，提高了传统产业的劳动效率。同时各国在信息产业的投资也极大地刺激了经济的增长。但是由于欧盟与美国在信息和通信技术方面的不同政策，导致二者的差异较大。结果出现了不同的经济增长速度，如表13-2所示，1980～2005年，美国的GDP增长率平均为3.26%，欧盟的GDP增长率平均为2.77%。

表 13-2 欧盟与美国各因素对劳动生产率增长的贡献率 单位：%

影响劳动生产率增长的因素	1980～1995年	1996～2000年	2001～2005年
欧盟			
GDP增长率	2.18	3.26	2.87
劳动生产率	2.60	1.80	1.20
信息技术资本投资	0.40	0.70	0.40
信息技术的要素效率	0.20	0.40	0.20
其他资本投资	0.80	0.40	0.30
其他要素效率	0.90	0.10	0
人力资本投资	0.30	0.20	0.30
美国			
GDP增长率	2.87	4.31	2.59
劳动生产率	1.90	3.00	2.90
信息技术资本投资	0.70	1.40	0.60

续表

影响劳动生产率增长的因素	1980～1995 年	1996～2000 年	2001～2005 年
美国			
信息技术的要素效率	0.30	0.60	0.60
其他资本投资	0.30	0.30	0.20
其他要素效率	0.40	0.50	1.00
人力资本投资	0.20	0.30	0.40

注：欧盟的数据包括奥地利、比利时、丹麦、荷兰、芬兰、法国、德国、意大利、英国、西班牙

资料来源：①根据世界银行数据（https://data.worldbank.org.cn/indicator/NY.GDP.MKTP.KD.ZG，2021 年 1 月 20 日）整理而得；②参考布劳德伯利和奥罗克（2015）的研究

1980～1995 年，欧盟的劳动生产率比美国的劳动生产率高 0.7 个百分点。在这一时期，欧盟劳动生产率的提高主要来自其他资本投资的增加和其他要素效率的提高，而信息技术资本投资和信息技术的要素效率的贡献度较低，只有 0.4%和 0.2%。美国在此时期劳动生产率的提高主要来自信息技术资本投资的增加。但是这一时期，信息技术在欧盟与美国经济发展中的效果还没有得到广泛体现。

1996～2000 年，美国的劳动生产率大幅度提高，高于欧盟 1.2 个百分点。在这一时期，美国信息技术方面的投资大幅度增加，效率快速提升。与欧盟相比，信息技术资本投资对美国劳动生产率的贡献要高出一倍。同时信息技术的广泛使用也带动了其他要素效率的提高。由表 13-2 可知，在这一时期，除“其他资本投资”外，美国各指标均高于欧盟。

2001～2005 年，欧盟与美国的劳动生产率差距进一步拉大。在 2000 年互联网泡沫破灭后，欧盟与美国在信息技术的投资也一度下降，因此信息技术资本投资对劳动生产率提高的贡献度都在降低，美国下降的幅度更大，由 1.4%下降到 0.6%。在信息技术资本投资对劳动生产率的贡献方面，欧盟与美国相差并不大，但是在信息技术的要素效率对劳动生产率的贡献方面，欧盟与美国的差距在加大，说明美国在信息产业的应用方面要好于欧盟。同时在这一时期，美国劳动生产率的增长主要来自其他方面效率的提高。例如，在制度方面，欧盟由于制度的原因，对劳动市场过于保护，这种保护阻碍了对信息技术的投资，而信息技术的投资对于发挥信息技术提高生产率至关重要，因此欧盟在这一时期劳动生产率的提高受到了限制，而美国在劳动市场中比欧盟受到的限制要少很多。

因此，在信息时代，欧盟与美国经济增长的动力主要来自信息技术的发展及与其他产业的结合，它们共同推动了欧盟与美国的经济发展。

第二节　经济周期与现实

经济发展的历史表明，经济的增长方式从来都不是按部就班、一成不变的。一个国家可以享受好多年令人兴奋的经济繁荣，而接下来的也许就是一场经济衰退，甚至是一场金融危机。于是，经济的总产出下降，利润和实际收入减少，大批工人失业。当经济衰退逐渐落到谷底，便开始复苏。复苏的步伐可能快也可能慢，有可能恢复不

到原先的经济状况，也有可能强劲得足以启动下一轮的经济扩张。简言之，经济在沿着经济发展的总体趋势增长的过程中，常常伴随着经济活动的上下波动，且呈现出周期性变动的特征。

一、经济周期的定义及阶段

所谓经济周期（又称商业循环），是指经济活动沿着经济发展的总体趋势所经历的有规律的扩张和收缩。

以前把经济周期分为繁荣、衰退、萧条和复苏四个阶段，现在经常把经济周期分为衰退、谷底、扩张和顶峰四个阶段，如图 13-1 所示。

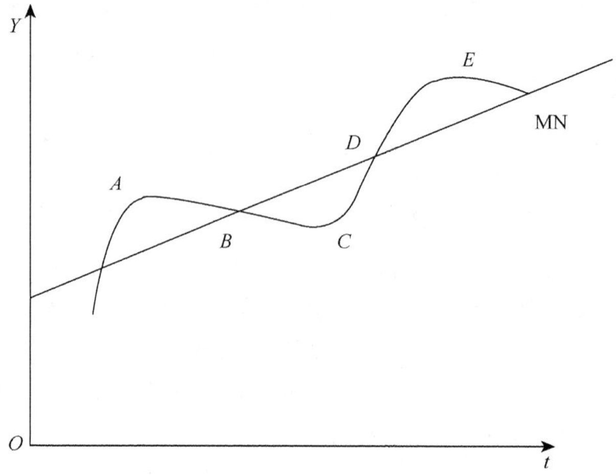

图 13-1 经济周期阶段

纵轴 Y 表示国民收入或经济活动水平，横轴 t 表示时间（年份），MN 表示正常经济活动水平。A 为顶峰，C 为谷底，ABC 为衰退，CDE 为扩张。或者 AB 为衰退，BC 为萧条，CD 为复苏，DE 为繁荣。从 A 到 E 是一个经济周期。

由于经济在总体上保持着或多或少的增长，所以经济增长的长期趋势是正斜率的。经济周期要经历周期性的四个阶段：繁荣、衰退、萧条和复苏。

按照西方经济学的说法，假定开始时经济处于繁荣阶段，这时经济活动处于高水平的时期，就业增加，产量扩大，社会总产出逐渐达到了最高水平。繁荣阶段不可能总能长期维持下去，当消费增长放慢，引起投资减少时，或投资本身下降时，经济就会开始下滑，使经济处于衰退阶段。在衰退阶段初期，首先是消费需求与生产能力的降低，使投资增加的势头受到抑制，随着投资减少，产量下降，失业增加；另外，消费减少，产品滞销，价格下降，进而使企业利润减少，致使企业的投资进一步减少，相应地，收入也不断减少，最终会使经济跌落到萧条阶段。萧条（又称谷底）阶段是指经济活动处于最低水平的时期。在这一阶段存在大量的失业，大批生产能力闲置，工厂亏损，甚至倒闭。但萧条时期也不可能无限延长，随着时间的推移，现有设备的不断损耗，以及由消费引起的企业存货的减少，致使企业考虑增加投资，因此就业开始增加，产量逐渐扩大，经济进入复苏阶段。复苏阶段是指经济走出萧条阶段并转向上升的阶段。在这一阶段，生产和销售回涨，就业增加，价格也有所提高，整个经济呈上升的势头。随着生产和就业继续扩大，价格上升，整个经济又逐步走向繁荣，然后开始经济的又一个循环。

西方学者认为，经济周期的形式是不规则的。没有两个完全相同的经济周期，也没有像测定行星或钟摆那样的精确公式来预测经济周期的发生时间和持续时间。相反，经济周期更像天气那样变化无常。

二、经济周期的长度

经过繁荣、衰退、萧条和复苏四个阶段所需要的时间称为经济周期的长度。西方经济学家一般认为，主要周期大致上是 8～10 年。

美国著名的凯恩斯主义者阿尔文·汉森对第二次世界大战前的美国经济周期的长度做了研究，他认为：美国的经济发展史表明，主要经济周期的平均长度为 8 年多一点。1795～1937 年，共有 17 个经济周期，平均长度为 8.35 年。

汉森划分了主要周期长度和次要周期长度。他说：由于一个或两个次要周期的峰顶经常出现在主要周期的峰顶之间，所以清楚地看到，次要周期的长度大致为主要周期长度的 1/2。在 1807～1937 年的 130 年中，共有 37 个次要周期，其平均长度是 3.51 年。至于建筑业周期的平均长度，汉森认为在 17～18 年，大致相当于经济周期平均长度的两倍。并且他还认为美国建筑业周期和主要经济周期之间存在着密切的关系。他指出，因为美国经济史表明：每两个主要周期的高涨阶段中的一个，大致和建筑业的高涨阶段同时出现，这是相当具有规律性的事情。紧接着的主要周期的复苏阶段由于建筑业的不景气而受到牵制。汉森发现，处于建筑业下降时期的萧条特别严重且持久，而在这以后的复苏由于建设业萧条的影响推迟出现，出现后进展也缓慢。

三、经济周期的类型

根据经济周期的长度不同，西方经济学家把经济周期分为中周期、短周期和长周期。

1. 中周期

中周期又称中波，是 1862 年法国经济学家朱格拉在《论法国、英国和美国的商业危机以及发生周期》这一论文中提出的。在对物价、生产和就业的统计资料分析中，朱格拉认为危机或恐慌不是一种独立现象，而是经济社会不断面临的三个连续阶段中的一个，这三个阶段是繁荣、危机和清算，危机是由繁荣造成的不平衡状态的结果，这三个阶段反复出现就形成了周期现象，平均每个周期为 9～10 年。熊彼特称它为朱格拉周期。

2. 短周期

短周期又称短波，是美国经济学家基钦在 1923 年发表的《经济因素中的周期和倾向》这一论文中指出来的。他根据美国和英国的详细资料，提出经济周期实际上有两种：大周期和小周期。小周期平均长度约为 40 个月，大周期则是小周期的总和，一般包括 2～3 个小周期。基钦认为经济周期实际上就是一种平均长度为 40 个月的周期，称之为短周期或者基钦周期。

3. 长周期

长周期又称长波，是 1925 年苏联经济学家尼古拉·康德拉季耶夫在《经济生活中的长期波动》这一论文中提出来的。根据美国、英国、法国 100 多年内的批发物价指数、利息率、工资率、对外贸易、生产和商业活动的统计资料分析，他认为经济发展过程中有一个较长的循环，平均长度是 50 年左右。18 世纪以来，已出现过三个长期繁荣、继之长期萧条的周期，即三个长周期或长波，每个周期 50～60 年，被称为康德拉季耶夫周期。

4. 库兹涅茨周期

长周期理论还有库兹涅茨周期。1930 年，美国经济学家库兹涅茨在出版的《生产和价格的长期运动》一书中，考察了美国、英国、德国、法国、比利时等国家从 19 世纪末到 20 世纪初 60 种工农产品的产量和 35 种工农业主要产品的价格变动的时间数列资料。他舍弃了这期间短周期、中周期的变动，着重分析了有关数列资料的长期消长过程，提出了主要资本主义国家存在着长度为 15～25 年，而平均长度为 20 年的长波论或长期消长论，并提出这些国家的产量增长呈现递减的趋势。为区别于康德拉季耶夫的长周期，称其为库兹涅茨周期。

5. 熊彼特关于多周期的观点

美籍奥地利经济学家熊彼特对各种经济周期理论进行了综合，在 1939 年出版的《经济周期》一书中，详细研究了第二次世界大战前 200 年内的主要资本主义国家经济变动情况，指出存在三个层次的经济周期，即短、中、长三种周期。这三种周期是并存和互相联系的，他认为每一个长周期包括六个中周期，每个中周期包括三个短周期。其中，短周期 40 个月，中周期 9～10 年，长周期 50～60 年，并以创新为标志划分了三个长周期，与康德拉季耶夫的长周期基本一致。

四、经济周期波动的原因

经济学家并不满足于对经济周期现象的描述和对经济统计资料的整理，他们力图寻找引起经济周期波动的原因，建立起一套经济周期理论。自从资本主义经济爆发第一次经济危机以来，西方经济学曾提出了各种各样的理论解释经济周期性波动的原因。国际联盟指定当时著名学者哈伯勒总结以往的各种周期理论。1937 年哈伯勒写出了《繁荣与萧条》

一书，把经济周期理论划分为六大类别，而每一类别还包括不同的理论分支。六大类别为：纯粹货币论、过度投资论、成本改变论、消费不足论、心理原因论和农业收获论。

这六大类别又可以分为外部因素论和内部因素论。外部因素论是把经济周期波动的原因归结为经济制度以外的各种因素的理论，也称外生论。这些因素有科学发明、技术改良、资源新发现、气候变化、战争与革命、政治事件等。内部因素论是把经济周期波动的原因归结为制度本身各种因素变动的理论，也称内生论。这些因素有投资、消费、政府支出、货币供给、利息率、心理因素等。西方经济学家也都承认内部因素与外部因素很难严格区分。第二次世界大战后，对经济周期的研究趋向于将外部因素与内部因素结合起来，做出综合性的解释。

下面就对经济周期理论进行简短的历史回顾，介绍凯恩斯主义形成之前的一些主要经济周期理论。

1. 外生经济周期理论与内生经济周期理论

外生经济周期理论认为，经济周期波动的根源在于经济之外的某些因素的变动。例如，创新理论认为创新引起了经济周期性波动；太阳黑子理论认为是太阳黑子的变化影响了农业生产与整个经济，从而引起了经济周期性波动；非货币投资过度理论认为是新领土开拓、技术发明或人口增加等所引起的投资过度导致了经济周期性波动；政治性周期理论则认为政府出于政治目的（如选举等），周期性地限制攀升的通货膨胀或用通货膨胀来消灭失业引起了经济周期性波动。此外，还有用战争、革命、移民、偶然事件等来解释经济周期波动的。这种理论并不否认经济中内在因素（如投资等）的重要性，但它们强调引起这些因素变动的根本原因在经济体系之外，而且这些外生因素本身并不受经济因素的影响。

内生经济周期理论在经济体系之内寻找经济周期自发地运动的因素。这种理论并不否认外生因素对经济的冲击作用，但它强调经济中这种周期性的波动是经济体系内的因素引起的。因此，每一次繁荣都为下一次萧条创造了条件。这些经济体系内的因素自发地变动就引起了周期性波动。例如，货币理论认为，经济周期波动是由银行货币与信用交替的扩大与紧缩引起的，而这种货币与信用的运动，又是一个经济本身所形成的自发过程；货币投资过度理论认为，是过度的投资引起了繁荣与萧条的交替，而投资过度的根源又在于货币与信用的扩张；心理理论认为，人的乐观或悲观的预期是周期性波动的原因，而引起这种心理预期变动的是经济因素；消费理论则把经济周期，特别是生产过剩性危机的发生，归因于收入分配不平等造成的消费不足；等等。

在凯恩斯主义出现之前的经济周期理论中，既有外生经济周期理论，又有内生经济周期理论。在此介绍几种重要的理论。

2. 纯货币周期理论

纯货币周期理论是一种用货币因素来解释经济周期的理论。这种理论由英国经济学家拉尔夫·乔治·霍特里（Ralph George Hawtrey，1879～1975 年）提出，属于内生经济周期理论。

这种理论认为，经济周期是一种纯货币现象。经济中周期性的波动完全是由银行体系交替扩大信用和紧缩信用造成的。

在发达的资本主义社会，流通工具主要是银行信用。商人运用的资本主要来自银行信用。当银行体系降低利率，扩大信用时，商人就会向银行增加借款，从而增加向生产者的订货。这样就引起生产的扩张和收入的增加，而收入的增加又引起对商品需求的增加和物价的上涨，经济活动继续扩大，经济进入繁荣阶段。但是，银行扩大信用的能力并不是无限的。当银行体系被迫停止信用扩张，转而紧缩信用时，商人得不到贷款，就减少订货，由此出现生产过剩的危机，经济进入萧条阶段。在萧条时期，资金逐渐回到银行，银行可以通过某些途径来扩大信用，促进经济复苏。根据这一理论，其他非货币因素也会引起局部的萧条，但只有货币因素才能引起普遍的萧条。

许多经济学家认为，货币在现代经济中是非常重要的，货币量的变动（即信用的扩大与缩小）对经济周期有相当大的影响，但把引起经济周期的唯一原因归结为货币并不符合实际情况。

3. 投资过度周期理论

投资过度周期理论是一种用生产资料的投资过多来解释经济周期的理论。

这种理论认为，无论是什么原因引起了投资的增加，这种增加都会引起经济繁荣。这种繁荣首先表现在对投资品（即生产资料）需求的增加及投资品价格的上升上，这就更加刺激了对资本品的投资。资本品的生产过度发展引起了消费品生产的减少，从而形成经济结构的失衡。而资本品生产过多必将引起资本品过剩，于是出现生产过剩危机，经济进入萧条。

倾向于这种观点的经济学家对最初引起投资增加的原因有不同的解释。奥地利经济学家 F. 哈耶克和 L. 米塞斯等认为是货币量的增加引起投资增加。他们用货币因素来说明经济结构的失调，以及由此所引起的经济波动，该理论被称为货币投资过度理论。这种理论属于内生经济周期理论。瑞典经济学家 G. 卡塞尔、K. 威克塞尔和德国经济学家 A. 斯皮托夫等认为是新发明、新发现、新市场开辟等因素引起了投资增加。他们用非经济因素（技术、领土、人口等）来说明经济结构的失调，以及由此所引起的经济波动，该理论被称为非货币投资过度理论。这种理论属于外生经济周期理论。

4. 创新周期理论

创新周期理论是一种用技术创新来解释经济周期的理论，由熊彼特提出，属于外生经济周期理论。创新是指对生产要素的重新组合，例如，采用新生产技术、新的企业组织形式，开辟新产品、新市场，等等。这种理论首先用创新来解释繁荣和衰退。也就是，创新提高了生产效率，为创新者带来了盈利，引起其他企业效仿，形成创新浪潮。创新浪潮使银行信用扩大、对资本品的需求增加，引起经济繁荣。随着创新的普及，盈利机会的消失，银行信用紧缩，对资本品的需求减少，经济开始衰退。直至另一次创新出现，经济再次繁荣。

但经济周期实际上包括繁荣、衰退、萧条、复苏四个阶段，这种理论用创新引起的“第二次浪潮”来解释。也就是说，在第一次浪潮中，创新引起了对资本品需求的扩大和银行信用的扩张。这就促进了生产资本品的部门扩张，进而又促进了生产消费品的部门扩张。这种扩张会引起物价普遍上升、投资机会增加。然而，这两次浪潮有重大的区别，即第二次浪潮中许多投资机会与本部门的创新无关。这样，在第二次浪潮中包含了失误和过度投资行为。这就在衰退之后出现了另一个失衡的阶段——萧条。萧条发生后，第二次浪潮的反应逐渐消除，经济转向复苏。要使经济从复苏进入繁荣还有待于创新的出现。

熊彼特根据这种理论解释了长周期、中周期与短周期。他认为，重大的技术创新（如蒸汽机、炼钢、汽车制造等）对经济有长期的影响，这些创新所引起的繁荣时间长，繁荣之后的衰退时间也长，从而所引起的经济周期就长，形成了长周期。中等创新所引起的经济繁荣及随之而来的衰退则形成中周期。那些属于不是很重要的创新则只能引起短周期。

熊彼特的创新周期有自己的特色，至今仍受重视。

5. 消费不足周期理论

消费不足周期理论是一种历史悠久的理论，主要用于解释经济周期中危机阶段的出现及生产过剩的原因，并没有形成解释经济周期整个过程的理论。这种理论的早期代表人物是英国经济学家马尔萨斯和法国经济学家西斯蒙第，近期代表人物是英国经济学家J. 霍布森。

这种理论认为，经济中出现萧条与危机是因为社会对消费品的相对需求不足，进而使整个经济出现生产过剩性危机。消费不足的根源则主要是国民收入分配不平等所造成的穷人购买力不足和富人储蓄过度。这种理论属于内生经济周期理论。

在现代经济学中，左翼的激进政治经济学派和新马克思主义者中仍有人运用并发展了这种理论。

6. 心理周期理论

心理周期理论强调心理预期对经济周期各个阶段形成的决定作用，主要代表人物是英国经济学家庇古和凯恩斯。

这种理论认为，预期对人们的经济行为有决定性的影响，乐观与悲观预期的交替引起了经济周期中繁荣与萧条的交替。当任何一种原因刺激了投资活动，引起高涨后，人们对未来预期的乐观程度一般总超过合理的经济考虑下应有的程度。这就导致过多的投资，形成经济过度繁荣。而当这种过度乐观的情绪所造成的错误被觉察以后，又会变成不合理的过分悲观的预期。由此过度减少投资，引起经济萧条。凯恩斯认为，萧条的产生是由于资本边际效率的突然崩溃，而造成这种崩溃的正是人们对未来的悲观预期。因为这种理论强调了引起人们预期过分悲观或乐观的原因仍然是经济因素，所以应该属于内生经济周期理论。

预期在经济中的确是十分重要的，现代的理性预期学派也从预期的角度来解释经济周期，但这两者所使用的预期概念并不一样。凯恩斯所强调的是预期的无理性，而理性预期学派强调了预期的合理性。所以，这两种经济周期理论并不一样。

7. 太阳黑子周期理论

太阳黑子周期理论用太阳黑子来解释经济周期，由英国经济学家杰文斯父子提出并加以论证。

这种理论认为，太阳黑子的活动对农业生产影响很大，而农业生产的状况又会影响工业及整个经济。太阳黑子的周期性决定了经济的周期性。具体来说，太阳黑子活动频繁就使农业生产减产，农业的减产影响工业、商业、工资、购买力、投资等方面，从而引起整个经济萧条。相反，太阳黑子活动的减少则使农业丰收，整个经济繁荣。他们用长期中太阳黑子活动周期与经济周期基本吻合的资料来证明这种理论。这种理论把经济周期的根本原因归结为太阳黑子的活动，是典型的外生经济周期理论。

现代经济学家认为，太阳黑子对农业的影响是非常有限的，而农业对整个经济的影响更是非常有限的，因此这种理论难以成立。

以上这些理论从不同的角度分析了经济周期的原因，解释了经济周期的某些现象，但还没有哪一种理论能做出令人满意的解释。

五、现代经济周期理论

1. 现代经济周期理论概况

现代宏观经济学有不同的学派，从而也就有不同的经济周期理论。

凯恩斯主义宏观经济学以国民收入决定理论为中心，所以就把经济周期理论作为国民收入决定理论的动态化。凯恩斯主义学派的经济周期理论有如下几个特征。

第一，国民收入的水平取决于总需求，因而引起国民收入波动的主要原因仍在于总需求。以总需求分析为中心是凯恩斯主义经济周期理论的特征之一。

第二，在总需求中，消费占的比例相当大，但根据现代经济学家的理论与经验研究，消费在长期中是相当稳定的。消费中的短期变动，尤其是耐用品的消费变动，对经济周期也有影响，但并不是引起国民收入波动的主要原因。政府支出是一种可以人为控制的因素，净出口所占的比例很小。这样，经济周期波动的原因就在于投资的变动。所以说，凯恩斯主义经济周期理论是以投资分析为中心的，就是要分析投资变动的原因及其对经济周期的影响。

凯恩斯主义的经济周期理论都是从凯恩斯关于国民收入决定的分析出发的，但分析的方法与角度不同，结论也不同。例如，英国经济学家卡尔多从凯恩斯的储蓄-投资关系出发，分析了事前投资、事后投资、事先储蓄和事后储蓄之间的差异是如何引起经济周期波动的；美国经济学家萨缪尔森的乘数-加速原理相互作用理论分析了投资与产量之间的相互关系是如何引起周期性波动的；等等。

除了凯恩斯主义之外，货币主义与理性预期学派也提出了自己的经济周期理论。货币主义者强调了货币因素的作用，从货币量变动对经济的影响出发，解释了经济周期。理性预期学派则强调了预期失误是经济周期波动的原因。此外，激进政治经济学派、新自由主义者等都提出过经济周期理论。

尽管这些经济周期理论之间千差万别，但有两点是相同的。第一，强调了内生因素，即经济因素是引起经济周期波动的关键作用。即使是外生因素给经济带来冲击，这些外生因素也要通过内生因素才能起作用。从这种意义上说，现代经济周期理论是内生经济周期理论。第二，强调了市场经济中经济周期存在的必然性。

2. 乘数-加速原理相互作用理论

这一原理用乘数原理与加速原理的相互作用来解释经济周期。

1）加速原理

在国民经济中，投资与国民收入是相互影响的。乘数原理说明了投资变动对国民收入变动的影响，而加速原理说明国民收入变动对投资变动的影响。所以说，加速原理是论证投资取决于国民收入（或产量）变动率的理论。

加速原理的基本含义有以下三点。

第一，投资是产量变动率的函数，而不是产量变动的绝对量的函数。也就是说，投资的变动取决于产量变动率，而不是产量变动量。

第二，投资的变动大于产量的变动。当产量增加时，投资的增加率大于产量的增加率。当产量减少时，投资的减少率也大于产量的减少率，这就是加速的含义。投资的变动大于产量的变动是因为现代生产是一种“迂回生产”，即采用了大量的机器设备，这样，在开始的时候必然引起大量的投资。同样，在产量减少时，投资也会减少得更多。加速原理所反映的正是这种现代化大生产的特点。

第三，要使投资增长率保持不变，产量就必须维持一定的增长率。如果产量维持原水平，投资一定要下降。这说明经济发展到一定阶段时，要再实现高增长率就是一件困难的事。

总之，加速原理说明了产量（及国民收入）水平的变动是影响投资水平变动的重要因素。还应该指出两点：其一，影响投资的因素不仅有产量，还有其他，如资本家的预期、风险、投资成本、利息率、技术进步等。加速原理没有考虑许多因素，它实际是假定在这些因素不变的条件下，分析产量对投资的影响。其二，加速原理只适用于设备得到充分利用的情况，如果设备没有得到充分利用，则加速原理无法发挥作用。

2）乘数-加速模型

乘数-加速模型就是把这两种原理结合起来，以说明经济周期的原因。根据凯恩斯主义的国民收入决定理论，现期收入等于现期消费、现期投资与现期政府支出之和（不考虑开放经济中的净出口）。

3）乘数-加速模型的含义

乘数-加速模型说明的是以下三种情况。

第一，在经济中投资、国民收入、消费相互影响，相互调节。如果政府支出为既定（即政府不干预经济），只靠经济本身的力量自发调节，那么就会形成经济周期。周期中各阶段的出现，正是乘数原理与加速原理相互作用的结果。而在这种自发调节中，投资是关键的，经济周期主要是由投资引起的。

第二，乘数-加速原理相互作用引起经济周期波动的具体过程是，投资增加引起产量的更大增加，产量更大增加又引起投资的更大增加，这样，经济就会出现繁荣。然而，产量达到一定水平后由于社会需求与资源的限制无法再增加，这时加速原理的作用就会使投资减少，投资的减少又会因乘数原理的作用使产量继续减少。这两者的共同作用又使经济进入萧条。萧条持续一定时期后产量回升又使投资增加、产量再增加，从而经济进入另一次繁荣。正是由于乘数原理与加速原理的共同作用，经济中就形成了由繁荣到萧条，又由萧条到繁荣的周期性运动。

第三，政府可以通过干预经济的政策来减轻经济周期的波动。如果政府运用经济政策改变经济中的相关变量，则经济走势的波动可以减轻，甚至消除。

六、生活中的经济学

案例 13.3

经济周期与居民生活周期

西欧是世界上发达国家最多的地区，第二次世界大战结束以后，西欧经历了大大小小共计 8 次经济危机，如果从大的周期分析，西欧经济发展经历了“黄金 20 年”、“70 年代的滞胀”、“80～90 年代的平稳期”及 2008 年经济危机所带来的“经济衰退”四个时期。在这些时期，居民的生活也随着周期的波动而起伏。

第二次世界大战结束以后，西欧国家在原有的工业基础上，经济迅速恢复，到 20 世纪 50 年代早期就已经恢复到战前的水平，其后一直到 20 世纪 70 年代早期，经历了黄金 20 年的增长。在此期间，很多国家认为消除了经济周期。如表 13-3 所示，欧洲货币联盟国家在 1961～1973 年经济高速增长，年均增长速度达到 5.67%。其中经济增长最快的是西班牙，意大利和法国的年均增长速度也超过了 5%。英国的增长速度较慢，但也达到了 3.47%。这一时期之所以保持了长期的经济增长，主要是因为西欧经济刚刚从战争中复苏，需求结构与供给结构相适应，经济的增长动力主要是人力、投资等要素，再加上美国对其进行了援助。在这一时期，西欧各国的国有化程度较高，国家对经济干预程度较高，当经济出现下行时，政府对经济的干预手段较多，因此在这一时期西欧各国的经济保持了高速的增长。随着经济的快速增长，西方发达国家居民的收入水平提高，与此同时，福利保障措施也逐渐完善，居民拥有了良好的生活环境。

表 13-3 欧洲经济体战后经济增长速度 单位：%

经济体	1961～1973 年	1974～1993 年	1994～2007 年	2008～2018 年
德国	4.38	2.32	1.63	1.31
法国	5.66	2.36	2.32	0.87
英国	3.47	1.93	3.12	1.16

续表

经济体	1961～1973 年	1974～1993 年	1994～2007 年	2008～2018 年
意大利	5.37	2.57	1.66	−0.37
瑞典	4.13	1.51	3.38	1.77
芬兰	4.87	2.12	4.01	0.34
比利时	4.94	2.06	2.57	1.16
西班牙	7.30	2.40	3.55	0.51
欧洲货币联盟	5.67	2.37	2.38	0.77

资料来源：根据世界银行数据（https://data.worldbank.org.cn/indicator/NY.GDP.MKTP.KD.ZG，2021 年 1 月 20 日）整理而得

1973 年石油价格上涨，西方主要发达国家进入滞胀时期。西欧各国是石油消费的大国，而石油资源主要依靠进口，因此石油价格的上涨对经济的冲击较大。1973～1993 年欧洲货币联盟的年均增长速度下降到 2.37%，与 1961～1973 年这一时期相比，增长速度下降了一半。在这一期间，1975 年和 1993 年出现了两次负增长，整个西欧出现了经济危机。这一时期，西欧之所以出现滞胀，直接原因在于长期实行凯恩斯主义，根本原因是技术创新周期，供给结构与需求结构的不匹配，造成了经济增长的停滞。在这一时期，瑞典和英国的经济危机更为严重，20 年来的年均增长率只有 1.51%和 1.93%。在滞胀时期，失业率居高不下，物价水平持续上升，居民的生活水平也呈现出了下降的状况。

1994～2007 年，西欧各国经济的平均增长速度仍然不高，保持在 2%左右的水平，在这一时期，西欧各国经济的总体表现没有出现大的危机，但是西欧各国经济增长的状态出现了较大的差异。如表 13-3 所示，德国、意大利两个国家的年均增长率只有 1.63%和 1.66%，而芬兰的年均增长率超过了 4%。英国、瑞典、比利时、西班牙的经济增长速度比 1974～1993 年有了明显的提高，而德国和意大利经济增长速度明显下降。在这一时期，信息技术的发展带动了西欧各国经济的增长，特别是芬兰，在那时有诺基亚这样的世界第一的信息技术公司，这极大地推动了国家经济的发展。而这一时期之所以出现这种状况，与技术创新的发展密不可分。随着新经济的发展，新产业的发展也带来了财富水平的变化，就业率持续上升，居民收入水平也持续上升。

2008 年全球经济进入了衰退的状态，西欧各国的经济也同步进入了萧条期。2009 年、2012 年、2013 年欧洲货币联盟的经济出现了负增长，平均增长速度也大大降低。在这一时期中，德国、英国、瑞典、比利时的经济要好于其他国家，意大利的经济没有起色，而法国和芬兰受到了经济危机的严重影响，经济陷入长期的萧条期。同时由于经济长期不振，英国担心受到拖累，于 2016 年 6 月全民公投脱欧，2020 年 1 月 31 日，英国正式脱欧。英国的脱欧进一步影响了西欧经济的复苏。到目前为止，西欧经济仍然未找到走出萧条的有效路径。2008 年后西方主要发达国家居民的收入水平和福利水平并未出现真正的增加，表现出来的是居民的收入水平增加较慢，福利水平由于受到经济增长缓慢的影响而下降。

西欧经济在战后 70 多年的时间内，短周期不断出现，但是对其经济增长影响最重要的仍然是技术创新等要素，这些要素的形成需要较长时间，因此西欧在经过战后 20 年的黄金增长后，由于创新要素的不足，经济长期处于低迷的状态。西欧要走出这种状态，核心还在于长期经济增长要素的不断形成。在这 70 多年间，西方发达国家居民的生活水平发生了巨大的变化，生活富足，福利良好，但是随着经济周期的变化，居民的生活水平也出现了周期性的变化。

第十四章　宏观经济政策与应用

引言：2009 年中国政府采取的宏观经济政策

要坚持灵活审慎的调控方针，提高宏观调控的应变能力和实际效果，尽快扭转经济增速下滑趋势，保持经济平稳较快发展。

实施积极的财政政策。一是大幅度增加政府支出，这是扩大内需最主动、最直接、最有效的措施。二是实行结构性减税和推进税费改革。采取减税、退税或抵免税等多种方式减轻企业和居民税负，促进企业投资和居民消费，增强微观经济活力。三是优化财政支出结构。继续加大对重点领域投入，严格控制一般性开支，努力降低行政成本。

实施适度宽松的货币政策。一是改善金融调控。保证货币信贷总量满足经济发展需求，广义货币增长 17%左右，新增贷款 5 万亿元以上。二是优化信贷结构。加强对信贷投向的监测和指导，加大对“三农”、中小企业等薄弱环节的金融支持，切实解决一些企业融资难问题。三是进一步理顺货币政策传导机制，保证资金渠道畅通。四是加强和改进金融监管。各类金融企业都要加强风险管理，增强抵御风险能力。处理好金融创新、金融开放与金融监管的关系。加强跨境资本流动监测和管理，维护金融稳定和安全。

要加强产业、贸易、土地、投资、就业政策与财政、货币政策的一致性和协调性，形成调控合力。

——摘自《2009 年国务院政府工作报告》，
http://www.gov.cn/test/2009-03/16/content_1260221.htm，2009 年 3 月 16 日

相关问题：

1. 政府进行宏观调控的目的是什么？
2. 什么是财政政策？财政政策的作用是什么？
3. 什么是货币政策？货币政策的作用是什么？
4. 如何解决失业与通货膨胀的问题？

第一节　宏观经济政策目标与工具

宏观经济政策是指国家或政府为了解决宏观经济不稳定问题，熨平经济周期波动，以达到充分就业、物价稳定、经济增长和国际收支平衡等目标，根据某些经济理论，有意识地制定解决宏观经济问题的指导原则和措施。任何一项经济政策都要依据一定的经济目标而形成，经济目标又要通过一定的经济政策工具来实现。

一、宏观经济的市场失灵

微观经济学所讨论的市场失灵是指由市场势力、外部性、公共物品、不完全信息等引起的资源配置低效率或无效率。这是本来意义上的市场失灵，也是微观经济的市场失灵。20 世纪 70 年代末 80 年代初以来，西方市场失灵理论有了重大发展，狭义的市场失灵扩展为广义的市场失灵。广义的市场失灵包括微观经济无效率（微观经济的市场失灵）、社会不公平、宏观经济不稳定（宏观经济的市场失灵）。

宏观经济的市场失灵是指宏观经济处于不稳定状态，是市场的自发性、盲目性和滞后性在宏观层次上的表现。它表现为三种情况：一是通货膨胀；二是经济衰退和失业；三是滞胀，即经济停滞和通货膨胀并存。其中，滞胀是最严重的宏观经济市场失灵的表现。

宏观经济的市场失灵对西方社会经济发展构成了严重的威胁。例如，美国 1929 年开始的大萧条，持续了近 10 年之久。在大萧条期间，失业人口上升至整个劳动力人口的近 1/4，工业产值下降一半。第二次世界大战后，美国发生了多次经济衰退。20 世纪 70 年代，美国出现滞胀。面对宏观经济的市场失灵，西方经济学家认为，必须进行宏观层面上的政府干预，通过宏观经济政策来稳定经济。

二、宏观经济政策目标

宏观经济政策目标是制定宏观经济政策之前，决策人首先应该明确的。宏观经济政策的最终目标是达到社会福利的可持续性。这一最终目标要通过具体目标来实现，具体来讲，宏观经济政策的目标为：充分就业、经济持续均衡增长、物价相对稳定、国际收支平衡等四项。

1. 充分就业

充分就业指包括劳动在内的一切生产要素都能按照其所有者接受的市场价格全部用于生产。由于测度各种经济资源的就业程度非常困难，所以西方学者普遍以失业率高低作为衡量充分就业与否的尺度。失业率是指失业者人数占劳动力总人数的比例。按照凯恩斯的解释，充分就业不是没有失业，而是消除非自愿失业，或者失业仅限于摩擦失业和自愿失业，就是实现了充分就业。

充分就业之所以成为一个国家宏观经济政策的目标，是因为充分就业的反面——失业无论对社会还是对失业者个人和家庭都会带来损失。失业对社会而言，意味着资源没有得到充分利用，愿意工作而且有能力工作的人没有在生产中得到就业机会。失业对失业者和家庭来说，意味着经济拮据和生活方式的改变，自尊心遭到打击；对不同年龄的人还会产生不同的影响。如果年轻人长期失业，不仅浪费了今天有价值的人力资源，还降低了劳动力的未来生产率，甚至引起年轻人对社会的叛逆。如果中年或老年的工人长期失业，则意味着他们可能失去部分技能，如果再就业，所得工资会低于原来工资，而且技能会得不到充分利用。这些变化的代价是给离开原工作岗位者及其家庭带来沉重的负担和压力。简言之，失业对家庭和个人来说是个悲剧，对整个社会来说是生产资源的浪费和产出的丧失。鉴于失业的代价如此巨大，降低失业率，实现充分就业，就成为西方宏观经济政策的重要目标。

2. 经济持续均衡增长

经济增长是指国民收入或总产出的增长，是经济全面发展的主要指标。经济持续均衡增长是指通过政府干预，减缓经济周期性波动，实现国民收入水平的长期稳定发展。衡量经济增长的方法通常是计算一定时期内实际 GDP 的增长率。

从经济发展的角度来看，国民生活水平的提高，经济结构的优化，以及社会形态等方面的进步都在很大程度上依赖于经济增长。保持经济持续增长已被公认为是一国经济走上现代化之路的重要条件。从现实来看，在经济增长迅速的国家中，政治和社会通常相对比较稳定。但在经济滑坡的国家中，不但经济增长难以持续实现，而且政治和社会动荡不安。第二次世界大战后西方国家的经济增长经历了一个从高速增长到低速增长的过程。低速经济增长和失业常常是相互关联的，因此，长期以来，几乎所有的国家都将持续均衡的经济增长视为重要的经济目标和政治目标。

3. 物价相对稳定

物价相对稳定是维持一个低而稳定的通货膨胀率，这种通货膨胀率能为社会所接受。物价稳定之所以成为一个国家宏观经济政策的目标，是因为物价稳定的反面——通货膨胀会给经济带来严重后果：①通货膨胀会降低人们的实际收入，任何一个靠固定收入为生的人都会深受其害。②价格的急剧变化会使公司和个人的经济决策失去效果，投资和储蓄减少，使经济增长率下降。③通货膨胀会改变资源配置方式。因为通货膨胀改变了不同商品和劳务的相对需求、相对供给和相对价格，从而新的资源配置方式不再是无通货膨胀时的那种方式。通货膨胀还会破坏资源配置方式，因为经济当事人把本该用来生产商品和劳务的时间和资源用在如何去适应通货膨胀上。④当出现恶性通货膨胀时，人们完全丧失对货币的信心，等价交换的正常买卖、经济合同的签订和履行、银行的结算和信贷活动等都无法正常进行，市场机制受到扭曲，最终导致经济崩溃。因此，控制通货膨胀就成为各国政府考虑的目标。

4. 国际收支平衡

随着国际经济交往的密切，平衡国际收支也成为一国宏观经济政策的重要目标之一。国际收支对现代开放型经济国家是至关重要的。西方经济学家认为，一国的国际收支状况不仅反映了这个国家的对外经济交往情况，还反映出该国经济的稳定程度。当一国国际收支处于失衡状态时，就必然会对国内经济形成冲击，从而影响该国国内的就业水平、价格水平及经济增长。

三、宏观经济政策工具

宏观经济政策工具是为政策目标服务的手段。一旦宏观经济目标确定，决策者必须明确可用的政策工具，运用一些政策工具使经济达到预期的目标。

一般来说，政策工具是多种多样的，不同的政策工具都有自己的作用，但往往可以达到相同的政策目标。在西方国家，宏观经济政策工具中常用的有三种，即需求管理政策、供给管理政策和国际经济政策。

（1）需求管理政策是政府要通过调节社会总需求来达到一定政策目标的宏观经济政策的工具。这是凯恩斯主义所重视的政策工具，需求管理政策包括财政政策与货币政策。

（2）供给管理政策是政府通过对总供给的调节以达到一定政策目标的宏观经济政策的工具。供给管理政策包括收入政策、指数化政策、人力政策及促进经济增长的政策。

（3）国际经济政策又称对外经济政策。在现实中，各国经济之间存在着日益密切的往来与相互影响。在一国的宏观经济政策目标中有国际经济关系的内容，其他目标的实现不仅有赖于国内经济政策，还有赖于国际经济政策。

四、生活中的经济学

案例 14.1

如何选择宏观经济政策目标？

政府在干预宏观经济运行时，期望最终达到经济的四个目标，但是由于这四个目标本身存在的一致性与矛盾性，决定了这四个目标不可能同时实现。在这四个目标中，充分就业与经济增长是相一致的。一般情况下，充分就业有利于经济增长，反过来，经济持续健康的增长，也是实现充分就业的基础。但是经济增长却不利于物价稳定和国际收支平衡。当经济增长时，由于国民收入的上升，必然会形成通货膨胀的压力。全社会的总需求上升，不仅是对国内产品的需求上升，还是对国外产品的需求上升，这必然引起进口的增加，从而引起国际收支的逆差，而且通货膨胀率与失业率在短期中存在反向关系。所以，一般情况下，失业率和通货膨胀率保持在社会能够接受的范围内，经济要适度增长，国际收支达到平衡。由于这四个目标很难在同一时间内全部实现，因此每一个国家都会在这四个目标中进行选择，根据发展的阶段和状况选择宏观经济调控的目标次序。

德国将物价稳定作为宏观经济政策的首要目标。这与德国历史上两次恶性通货膨胀有关。1919～1923 年德国发生了恶性通货膨胀，1923 年柏林曾出现“买一个面包需要一万亿马克”的状况。在危机最严重的时候，通货膨胀率每月上升 2500%。工人一天的工资要分两次支付。第二次世界大战后战争造成的创伤让德国马克一文不值，美国香烟一度成为德国货币的替代品。这两次恶性的通货膨胀剥夺了两代德国人的财富，人民的生活水平急剧下降。正是因为这样的教训，德国一直将物价稳定作为宏观经济调控的首要目标。自 1999 年欧元面市以来，由德国领导的欧元更是将严格控制通货膨胀率作为最重要的经济目标。根据欧元区的规定，新进入的国家的物价水平不得超过三个最佳成员国通货膨胀率平均值的 1.5%，而自 2000 年以来，欧元区的通货膨胀率一直保持在 2%左右，良好地实现了其宏观经济调控目标。

美国对宏观经济目标的选择是随着发展时期进行调整的。第二次世界大战结束初期，美国物价比较稳定，美国是全球最大的贸易出口国，国际收支盈余，经济发展状况良好。但是随着20世纪70年代滞胀时期的到来，在近10年的滞胀期，美国的通货膨胀率一直居高不下，经济增长停滞，失业率也在上升，1980年通货膨胀率高达13.5%，失业率超过了7%。面对这样的经济状况，美国政府选择将治理通货膨胀作为最重要的宏观经济目标。保罗·沃克尔于1979年担任美联储主席，上台后实施了超常规的紧缩银根，1981年初将联邦基金利率上调至20%，通货膨胀率大幅下降，1983年下降到3.2%。但是这一政策的实施也使美国经济进入了自20世纪30年代以来最大的一次萧条，1981年失业率上升到10.8%，1982年经济增长率为–1.8%。在此之后，在结构性调整及信息技术革命增长动力的作用下，美国经济实现了长达10年的增长。在这一时期，美国经济的宏观调控目标主要在经济增长和充分就业上。

1978年改革开放以来，中国将经济增长作为首要的宏观调控目标。这一状况一直持续到21世纪。2003～2008年的6年间，中国的经济增长速度仍然居于全球前列，但是温和的通货膨胀成了中国在这一时期宏观调控的重点，2008年全球金融危机之后，中国将防止经济衰退作为宏观调控的首要目标，尤其是2015年之后，中国经济增长速度下降到7%以下，在这一时期，经济增长和充分就业成了中国宏观调控的重要目标。

阿根廷在20世纪80年代出现了债务危机，这一状况一直持续到90年代。1998年，阿根廷经济走向衰退，税收大量减少，财政赤字加大，政府的还款能力大幅度下降。2001年底，阿根廷政府债务共计1550亿美元，其中外债1320亿美元，占当年阿根廷GDP总量的49%。而当年阿根廷的外汇储备只有175亿美元。阿根廷实行的是进口替代型发展模式，国家出口收入薄弱，没有还款能力，经常账户余额恶化导致阿根廷国际收支失衡。这一外部经济的失衡又导致了国内经济问题，恶性通货膨胀出现，在此状况之下，阿根廷政府的首要目标就是实现国际收支平衡。但是这一问题也是由深层次的阿根廷内部经济状况所导致的，2015年阿根廷放开了资本市场，但是对于解决国际收入问题也是无益的，目前阿根廷仍然处于严重的外债危机中。

第二节　财政政策与应用

财政政策是西方国家政府为促进就业水平，减轻经济波动，防止通货膨胀，实现稳定增长而对政府收入和支出水平所做出的政策。财政政策是凯恩斯主义十分强调倡导的宏观需求管理政策。

一、财政政策的内容

要了解财政政策的内容和运用，先要了解现在西方财政的基本构成。国家财政由政府支出和财政收入两个方面构成。

1. 政府支出

政府支出包括整个国家各级政府的支出总和，主要分为政府购买和政府转移支付两类。

政府购买是政府对商品和劳务的购买。它包括机关办公用品、军需品、支出政府雇员的工薪和举办公共项目工程所需的支出等。

政府转移支付是指政府在社会福利保险、失业补助和救济金等方面的支出。政府对农业的补贴等也应该看作政府的转移支付。

政府购买和政府转移支付具有不同的性质。政府购买是一种实质性支出，发生商品和劳务的实际交易，因而直接形成社会需求和购买力，是国民收入的组成部分。政府购买是决定国民收入大小的主要因素之一，其规模直接影响社会总需求的增减。因此，政府购买对整个社会总需求有着重要的调节作用，是一项有力的财政政策工具。在总需求水平过低时，政府可以增加政府购买，如建设公共工程，提高社会总需求水平，以此抵消衰退带来的负面影响；反之，政府则会减少购买。政府转移支付也是一项重要的财政政策工具，但它只是一种货币性支出，政府在支出这些货币时并无相应的商品和劳务的交换发生，因而不能算作是国民收入的组成部分。它仅仅是政府将其所能掌握的收入在不同社会成员之间进行转移和再分配。

政府支出的变动会以乘数效应影响 GDP 水平，即政府购买和政府转移支付的变动对国民收入的变动起倍增或倍减的作用。例如，当政府支出增加，意味着总需求增加，这会使国民收入等量增加，国民收入增加的部分必然有一部分用于支出，从而使总需求又一次增加，进而又会使国民收入增加；这个过程会不断进行下去，最终使国民收入的增加数倍于最初的政府支出的增加；反之，则会使国民收入的减少数倍于最初的政府支出的减少。

2. 财政收入

财政收入是指整个国家中各级政府收入的总额。它来源于税收和公债。

1）税收

税收是财政收入的主要来源。税收可以分为三类：第一类是财产税，它是对不动产征收的税。第二类是所得税，这是对个人和公司的收入征收的税。财产税和所得税又称直接税，因为它们都是由纳税人负担不能转嫁给别人的。直接税具有累进性质，财产和收入越多，边际税率越高，因而又称累进税。第三类是货物税，是对生产、流通和消费等各个环节的征税。货物税又称间接税，因为它是通过生产者和销售者提高商品的价格，至少把一部分税收负担转嫁给了最终消费者。

税收是国家为了执行其职能，按照法律预先确定的标准，强制地、无偿地取得财政收入的一种手段，因此税收具有强制性、无偿性、固定性三个基本特征。税收的这三个特征决定税收可作为财政政策的强有力工具。

税收是西方国家财政收入的主要来源，是实施财政政策的一个重要工具。与政府购买、政府转移支付一样，税收也具有乘数效应，即税收变动对国民收入的变动起反向倍增或倍减的作用。

税收通过两种途径影响整体经济。一条途径是，税收通过增加或减少家庭可支配收入，影响人们用于购买商品和服务的消费量及私人储蓄量，并进而对产出和投资产生重大影响。另一条途径是，税收能影响商品价格和生产要素，因而也影响激励和行为方式。例如，税法中许多条款都能激励工作和储蓄，从而对经济行为产生重大的影响。

2）公债

公债是政府运用信用筹集资金的形式。公债是政府对公众的债务，或公众对包括中央政府的债权（国债）和地方政府的债权。公债是西方国家政府取得资金的来源之一。政府借债的形式一般有短期借债、中期借债、长期借债。短期借债是政府主要通过进入短期资金市场（货币市场），通过出售国库券取得的，特点是利率较低，期限较短，一般分为 3 个月、6 个月和 1 年三种。目前，西方国家发行短期债券不仅为了应付政府支出，还为了调节货币供给。中期借债是政府通过发行中期债券取得的，期限一般为 1～5 年。长期借债是政府通过发行期限在 5 年以上的长期债券取得的。美国的长期债券期限最长为 40 年。中长期公债券是西方国家资本市场上最主要交易品种之一。

政府通过发行公债既可以筹集资金，弥补财政赤字，又可以影响货币的供求，从而调节社会的总体需求水平，对经济产生刺激性或抑制性的效应。因此实现财政政策的目标，公债是必不可少的一个工具。

二、财政政策的运用

财政政策的运用主要有两种情况：扩张性财政政策和紧缩性财政政策。

第一，扩张性财政政策。这种政策可以减轻或消除经济萧条，扩大社会就业。因为西方经济学认为，经济萧条时期存在有效需求不足，国民收入处于小于充分就业的均衡，这时政府应采取增加财政支出与减少税收的办法，直接刺激总需求的扩大，间接扩大私人消费和增加公司的投资。

第二，紧缩性财政政策。这个政策的目标可以减轻或者消除经济生活中出现的通货膨胀。西方经济学家认为，在经济膨胀时期，需求过度，货币供给太多，这时政府可以通过减少政府购买和政府转移支付、扩大税收、发行公债等办法来直接减少社会总需求，间接控制私人消费，减少公司投资，从而抑制经济膨胀。

西方经济学家把上述运用的政策称为“逆经济风向行事”的积极的财政政策，这就要求政府密切关注经济的变动趋势，预测未来的经济发展，相应地对可能出现的经济衰退或者经济膨胀采用上述两种财政政策。这样便实现既无失业，又无通货膨胀的经济稳定增长。

三、财政制度的自动稳定器

西方经济学者认为政府在运用财政收入和财政支出有效地发挥调控国民收入作用的同时，不能忽视一些财政制度内在的特点，财政政策具有内在的稳定器作用。内在稳定器又称自动稳定器，是指经济系统本身存在的，具有某种自动调节经济的灵活性，能够在经济繁荣时期自动抑制膨胀，在经济衰退时期自动减轻萧条，无须政府采取任何行动。在西方国家，战后经济危机比战前波动幅度大为减少，衰退和萧条持续时间也大大缩短，就是政府积极运用宏观财政政策和财政制度本身自动稳定器两种力量作用的结果。这种自动稳定器作用主要有以下三项。

第一，税收的自动变化。当经济处于繁荣期，失业率下降，就业人数增加，个人和公司收入自动增加，政府税收会自动增加。而且在实行累进税的情况下，繁荣会使纳税人的收入进入较高的纳税档次，政府税收上升的幅度会超过收入上升的幅度，税收增加，这就意味着个人和公司的收入减少，个人消费下降，企业再投资缩减，从而抑制总需求的过快增长，起到抑制经济过热和通货膨胀的作用。

当经济进入衰退期，国民产出水平下降，失业率上升，个人和公司的收入减少，在税率不变的情况下，政府税收会自动减少。而且在实行累进税的情况下，衰退使纳税人的收入自动进入较低纳税档次，政府税收下降的幅度超过收入下降的幅度，使企业利润和个人收入不至于减少太多，从而抑制了消费与投资的减少，有利于稳定总需求水平，从而起到抑制经济衰退的作用。

第二，政府支出的自动变化。这里的政府支出主要指政府转移支付，它包括政府的失业救济和其他社会福利支出。在经济繁荣期，失业人数和其他需要救济的人数减少，政府失业救济金和其他福利转移支付自动减少，从而稳定个人的可支配收入，防止消费需求过快增长。在经济衰退和萧条期，失业增加，符合救济条件的人数增多，政府用于失业救济和其他社会福利支出自动增加，这样就可以减少个人可支配收入的下降，有利于抑制总需求的下降。

第三，农产品价格维持制度。在萧条时期，农产品价格下跌，政府按照农产品价格维持制度，用支持价格收购剩余农产品，同时增加农场主的收入，将消费维持在一定水平上。在繁荣时期，农产品价格上涨，这时政府少收购农产品并销售农产品增加供给，限制农产品价格上涨，从而既抑制农场主收入和消费的过度增加，又能稳定农产品的价格，防止通货膨胀。

总之，西方经济学家认为以上三项制度对宏观经济活动都能起到自动稳定的作用。它们都是财政制度的内在稳定器，是控制经济波动的第一道防线。因为它的作用是非常有限的，只能减轻萧条或通货膨胀的程度，并不能改变萧条或通货膨胀的总趋势；只能对财政政策起自动配合的作用，并不能代替财政政策。因此对于减少经济波动，政府仍需要有意识地运用财政政策，这是控制经济波动的第二道防线。

四、斟酌使用的财政政策

1. 定义

财政制度的自动稳定器被认为是控制经济波动的第一道防线，对经济波动起减震作用，但它并不能完全消除经济波动。因此，为确保经济稳定，政府要主动采取一些财政措施，即通过变动政府支出、税收和债务水平以稳定总需求水平，使之接近物价稳定的充分就业水平。这就是斟酌使用的财政政策。

西方经济学家认为，斟酌使用的财政政策应该逆经济风向行事。当政府认为出现总需求不足，即出现经济衰退时，政府要实行扩张性财政政策，主要通过削减税收、降低税率、增加支出（包括政府购买和政府转移支付）等手段，以刺激总需求，解决衰退和失业问题。相反，当政府认为出现总需求过旺，即出现经济过热、较高的通货膨胀时，政府要实行紧缩性财政政策，主要通过增加税收或削减支出（包括政府购买和政府转移支付）等手段，以抑制总需求，解决经济过热问题。

2. 各项财政政策工具的运用

西方国家政府逆经济风向行事而斟酌使用财政政策时，通过运用政府购买、政府转移支付、税收和公债这些工具来达到目标。财政政策工具的运用主要包括以下几个方面。

1）改变政府购买水平

在总需求不足、失业增加时，政府要扩大对商品和劳务的购买。政府购买的商品和劳务可以用于举办公共工程，如修建水利工程、高速公路等基础设施等。相反，在总需求过大、价格水平不断上升时，政府要减少对商品和劳务的购买。

2）改变政府转移支付水平

在总需求不足、失业增加时，政府应该增加失业救济金、养老金等社会福利费用的支出，提高转移支付水平，以增加人们特别是失业工人、老人或其他低收入者的可支配收入，以增加社会有效需求。相反，在总需求过大、价格水平不断上升时，政府要减少社会福利支出。除了社会救济金、养老金等社会福利费用外，退伍军人额外津贴、为维持农产品价格对农民的付款、领取失业救济金期限的长短等也常随经济风向而变动。

3）改变税赋水平

在总需求不足、失业增加时，政府采取减税措施，降低税率，增加企业或个人的可支配收入，从而增加社会有效需求，刺激经济增长。相反，在总需求过大、价格水平不断上升时，政府可以提高税率或增加税种，从而增加税赋，减少企业或个人的可支配收入，减少社会需求。

4）发行公债

当政府税收不足以弥补政府支出时，政府就会发行公债，增加政府财政收入，进而增加政府购买和政府转移支付，最终将社会闲置资金转化为现实的支付手段，扩大社会需求，促进经济增长。

3. 功能财政和预算平衡

当政府逆经济风向主动实施财政政策以稳定经济时，可能出现预算赤字，也可能出现预算盈余。在实行扩张性财政政策时，减税和扩大政府支出就可能造成预算赤字；在实行紧缩性财政政策时，增税和减少政府支出可能会产生预算盈余。无论是预算盈余还是预算赤字，两者都是预算不平衡，这显然与预算平衡的理论相背离。但功能财政理论认为，预算平衡不是财政政策的主要问题，重要的是财政政策要保证经济社会处于持续增长的、没有通货膨胀的充分就业状态。因此，当国民收入低于充分就业的收入水平时，政府应该实行扩张性财政政策，以实现充分就业。如果存在财政盈余，政府可以减少盈余甚至不惜出现财政赤字。换句话说，在经济衰退时，政府应该实行赤字预算；反之，在通货膨胀时，政府财政预算可以有盈余。简言之，主张功能财政的西方学者认为，功能财政的预算应是一种不平衡预算，在政策目标和政策手段方面应具有更大的灵活性。这种思想是凯恩斯主义者的财政思想，是对传统平衡预算思想的否定。

传统的财政预算平衡主要包括年度预算平衡和周期预算平衡。

年度预算平衡要求政府在每个财政年度保持财政收支平衡，这是在 20 世纪 30 年代经济大萧条以前被普遍采用的政策原则。这个原则遭到了凯恩斯主义者的攻击。他们认为，在经济衰退期，税收不可避免地随收入的减少而减少，此时如果坚持年度预算平衡的观点，那么为了减少赤字，只有减少政府支出或提高税率，其结果会加深衰退；反之，则会使经济过热。简言之，凯恩斯主义者认为年度预算平衡会加重经济波动。

周期预算平衡要求政府在一个经济周期中保持财政收支平衡。它是 20 世纪 30 年代首先出现在瑞典的一种预算平衡。这种财政预算平衡不要求财政收支在每一财政年度中平衡，而只是要求在一个经济周期中平衡。

五、赤字财政政策

在上述分析财政政策的运用中，可以看出在经济萧条时期，采用扩大政府的财政支出、减税等办法都必然导致财政赤字。财政赤字就是政府收入小于政府支出。在现实中，许多国家都运用赤字财政政策来刺激经济。它的理论来源于凯恩斯主义。

凯恩斯认为政府有必要采用赤字财政政策，因为在非充分就业状态下，财政支出应该服从于充分就业和经济稳定的需要，采用赤字财政来创造新的、有效的需求。当国民收入低于充分就业的收入水平（即存在通货紧缩缺口）时，政府可以采取增加支出或减少税收的扩张性财政政策，以实现充分就业。如果财政起初存在盈余，政府可以减少盈余甚至不惜出现赤字；如果起初存在预算赤字，也不应该担心赤字扩大，而可以出现更大的赤字，坚定地实行扩张政策。这就是从反经济周期的需要出发来利用预算赤字实现充分就业，减少经济波动。

凯恩斯主义经济学者还认为，赤字财政不仅是必要的还是可能的，理由有以下三点。

第一，政府发行公债，可以促进资本更多地形成，用于发展经济，加快经济增长的速度，使政府有能力偿还债务弥补财政赤字。

第二，债务人是国家，债权人是公众，国家与民众的根本利益是一致的。政府的财政赤字是国家欠公众的债务，也就是自己欠自己的债务。

第三，国家的政权是稳定的，公众对政府是信赖的，政府对债务的偿还是有保证的，不会引起信用危机。这就是一般所说的“公债哲学”。

所以凯恩斯认为在经济运行中，根据经济形势发展的需要，政府可以运用赤字财政来实现充分就业，刺激经济的发展。但是要指出，凯恩斯主张用公债弥补财政赤字政策，需要有两个前提：一是基于对政府具有至高无上的信誉的考虑；二是对存在非充分就业状态的考虑。如果这两个前提不具备，那么中央银行用现钞购买公债时，必然扩大货币供应量而导致通货膨胀。

六、生活中的经济学

案例 14.2

国家财政与我们的生活有关吗？

国家财政主要来源于税收，而税收的对象就是企业和居民。因此，国家的税收状况与企业的经营和居民的收入状况紧密相连。中国的税收收入占财政收入的 80%以上。2008 年以来，中国的财政收入连年上升，如表 14-1 所示，2008～2013 年，中国财政收入每年在以两位数的速度增长。这一时期，中国经济发展速度较快，经济状况良好，税收占财政收入的 85%以上，其中增值税、企业所得税占到全年税收的 60%以上。国家税收与企业的经营状况呈正向关系，企业盈利，税收也会上升。但是 2013 年之后，企业的盈利能力下降，中国的经济增长速度下降，税收和财政收入的增长速度也随之下降，同时大部分年份税收占财政收入的比重也下降到 85%以下。

表 14-1 2008～2018 年中国财政状况表

年份	财政收入/亿元	税收占财政收入的比重/%	财政支出/亿元	财政支出的增长速度/%	债务余额/亿元	财政余额/亿元	财政余额占 GDP 比重/%
2008	61 330	88.41	62 592	25.7	53 271	−1 262	0.40
2009	68 518	86.87	76 299	21.9	60 237	−7 782	2.23
2010	83 101	88.10	89 874	17.8	67 548	−6 773	1.64
2011	103 874	86.39	109 247	21.6	72 044	−5 373	1.10
2012	117 253	85.81	125 953	15.3	77 565	−8 699	1.62
2013	129 209	85.54	140 212	11.3	86 746	−11 002	1.86
2014	140 370	84.90	151 785	8.3	95 655	−11 416	1.77
2015	152 269	82.04	175 877	13.2	106 599	−23 609	3.43
2016	159 605	81.68	187 755	6.3	120 066	−28 150	3.77
2017	172 592	83.65	203 085	7.6	134 770	−30 493	3.66
2018	183 359	85.30	220 904	8.7	149 607	−37 544	4.08

资料来源：根据中国国家统计局数据（https://data.stats.gov.cn/easyquery.htm?cn=C01，2021 年 2 月 10 日）整理而得

财政支出是财政的另一个方面。2008 年金融危机后，中国政府出台了刺激性的财政政策，增加了公共支出，加大了转移支付，财政支出也以两位数的速度在增长，尤其是 2008 年增长速度达到了 25.7%。2013 年以后，财政支出的速度在下降。从财政支出的结构分析，中国的财政支出主要用于一般公共服务支出、教育支出、社保和就业支出及城乡社区事务支出，这四部分占财政支出的 45%左右。在这四项支出中，一般公共服务支出所占的比重持续下降，由 2008 年的 17%下降到 2018 年的 8%；教育支出比较稳定，一般

占财政支出的14%左右；社保和就业支出随着社会的经济状况发生变化，2016年之前一般占财政支出的10%左右，但是自2016年开始，所占比例逐年上升，2018年占财政支出的12%；城乡社区事务支出所占比重逐年上升，由2008年的6%上升到2018年的10%。从财政支出看，支出的方向逐渐向与居民有关的事务转移，也就是说，财政支出提高了老百姓的福利水平。

2008年以后，中国加大了财政支出，财政收入余额持续为赤字，而且占GDP的比重呈上升趋势，2015年这一比例超过了3%，2018年更是上升至4%，这说明中国目前的财政赤字较为严重。为了弥补赤字，中国政府发行了大量的公债，2015年新增公债数额超过1万亿元。那么这些公债谁来买呢？当然我们的居民是公债主要的购买者。

案例 14.3

财政政策如何影响我们的生活？——“家电下乡”与“汽车以旧换新”

2008年金融危机爆发后，为了应对突然出现的经济衰退，防止总需求进一步下滑，中国政府出台了家电下乡政策，对非城镇户口居民购买彩色电视、冰箱、移动电话与洗衣机四类产品按产品售价的13%给予补贴。2010年进一步加大了家电下乡政策力度，将补贴人群扩大到国有农场、林场，将家电补贴产品范围扩大到了空调、电脑、热水器等大类的家用电器。为了进一步刺激消费，2009年5月，中国出台了以旧换新的政策，对符合条件的新车购置给予适当的补贴，以推动旧汽车和家电的更新。家电下乡和以旧换新政策构成了扩大汽车和家电消费的政策体系，这一政策体系一直持续到2012年底。

根据中国工业和信息化部的统计，2009年家用电冰箱、洗衣机、热水器同比分别增长了18.8%、13%、15.7%。2011年3月，全国家电下乡产品实现销售额344.8亿元，同比增长了179%。河南、山东、河北作为家电下乡的试点地区，合计实现销售额115.9亿元，占全国总销售额比例超过1/3。从开始实施政策至2011年4月底，家电下乡累计销售1.54亿台，实现销售额3360.3亿元，累计发放补贴391.7亿元。2009年实施汽车以旧换新政策后，2009年1～10月，乘用车累计销量同比增长45.18%。

2009年实施的刺激消费政策对提高中国农民的消费起到了重要的作用，除山东、河南、四川之外的中国其他省区市的家电下乡产品销售额达到2145亿元，增长了18.8%。截至2012年底，全国累计销售家电下乡产品2.98亿台，实现销售额7204亿元，极大地刺激了农村居民的消费，提高了消费率。但是宏观经济政策只能在短期内有效，2011年后刺激政策的效果在降低，所以这一政策在2012年底完成其使命后结束。

案例 14.4

债务危机影响了居民的生活——希腊债务危机

政府财政支出大于财政收入会形成财政赤字，弥补赤字的方式有两种：一是借钱，即发行公债；二是卖资产，即变卖自己的资产还债。2008 年之后的希腊用这两种方式来弥补政府赤字，但是债务数额巨大，导致其无法按时偿还债务，出现了债务危机。

2009 年 10 月初，希腊政府突然宣布，2009 年政府财政赤字和公共债务占 GDP 的比例预计将分别达到 12.7%和 113%，远超欧盟《稳定与增长公约》规定的 3%和 60%的上限。2009 年 12 月 11 日，希腊政府宣布国家负债高达 3000 亿欧元，创下历史新高。2009 年 12 月 15 日，希腊发售 20 亿欧元国债以弥补财政赤字。

另外，希腊国内举行了一轮又一轮的罢工活动，经济发展更是雪上加霜。希腊政府希望通过降低税率刺激经济，于 2010 年 1 月 17 日调降遗产税税率，2010 年 1 月 19 日希腊财政部部长表示：税收改革草案将在 2 月底提交议会。但是减税政策在短期内会使希腊的债务危机进一步加剧。

希腊政府之所以出现债务危机，从根本上来看，是因为财政收入长期不足以支持财政支出，从而导致其债务水平持续上升。理论上财政收入主要来自税收，税收的基础是经济的发展。希腊作为欧盟内部一个中等发展水平的国家，经济竞争力不强。希腊国内的经济比较单一，支柱产业是旅游业和航运业，这些产业对国外的依存度较高，工业较为薄弱。2008 年金融危机爆发之后，一方面，国际经济环境的恶化对希腊经济造成了很大冲击，导致希腊财政收入大幅度下滑；另一方面，希腊是一个高福利的国家，同时老龄化程度较高，2000 年 65 岁以上的人口占比达到 16%，国家的福利支出水平比较高。2004 年，希腊举办雅典奥运会的整体花费超过 200 亿欧元。2008 年经济危机后，由于希腊已加入欧元区，所以只能通过财政政策缓解经济危机，从而增加了财政支出。一方面，希腊政府的财政收入下降；另一方面，财政支出上升，在这一升一降中希腊政府的现金流出现了问题，到期的债务无法偿还，引发了债务危机。

经过艰苦的谈判，2010 年 5 月 2 日，欧盟向希腊提供了 1100 亿欧元的援助，但是在此之后，希腊的经济并没有好转，欧盟的援助收效甚微。到 2011 年 10 月，希腊政府的债务总额高达 3500 亿欧元，其中约有 145 亿欧元在 2012 年 3 月到期，希腊政府再次面临债务危机。于是 2012 年 2 月 21 日，欧盟通过了向希腊援助 1300 亿欧元的计划，使得希腊免于因无法按时偿还贷款而可能产生的危机。但是在此之后希腊政局不稳，失业率居高不下，结构性改革停滞不前，债务占 GDP 的比重并没有下降。到 2013 年底，希腊仍有 3200 亿欧元的债务，其中 900 亿欧元要在 2013 年底偿还。在这一状况下，希腊政府再一次向欧盟救助，2015 年 8 月 19 日，欧盟批准了向希腊援助 860 亿欧元的计划。至此，自 2009 年希腊发生债务危机以来，欧盟三次向希腊进行了援助，以帮助其度过债务危机，但是效果甚微。

从长期来看，解决债务的根本在于希腊的经济基础，一方面，只有刺激经济，提高经济增长速度，才能增加财政收入，带来税收的增加，希腊才有钱可还；另一方面，希腊政府要削减财政支出，减轻财政负担，尤其是降低过高的公务员工资和社会福利。从这两个方面着手，才能增加政府的现金流，真正解决债务危机。

2009 年以后，希腊的经济一直处于下滑的状态，2016 年 GDP 跌到了 1951 亿美元，只有 2008 年 GDP 的 55%。为了偿还政府债务，希腊政府采取了私有化的方式，将国有股权转让给私人以获得现金流。这就是政府还债的第二种方式——变卖资产。2016 年

3 月，希腊法院批准将比雷埃夫斯港口 67%的股权出售给中国远洋海运集团有限公司。2016 年以后希腊经济逐渐走出了萧条，经济开始复苏，2018 年希腊宣布债务危机正式解除。

希腊的债务危机给希腊居民的生活也带来了负面的影响。一是失业率的大幅度上升。希腊的失业率自 2009 年开始逐年攀升，2013 年 7 月达到峰值 27.91%，年轻人的失业率更是高于这一数字。二是居民工资的大幅度下降。“净工资至少减少了 30%”，这是一位希腊的中产阶级的真实感受。三是居民福利的大幅度下降。“我的母亲去年退休，然而她在 5～6 个月后才开始收到退休金。此外，付给退休人员的一次性支出福利也大幅缩水，减少了近 50%。”收入下降，福利减少，希腊居民的生活水平在债务危机后不断下降。

第三节 货币政策与应用

货币政策也是西方国家政府干预经济的主要宏观经济政策之一。为了了解货币政策，有必要先了解一下西方国家的货币和银行制度。

一、货币

西方经济学家认为，货币是经济中人们经常用来购买他人物品和劳务的一组资产，即可以作为普遍接受的交易媒介或支付手段的任何东西。

1. 货币的主要职能

货币有三种主要职能：①交易媒介。货币从买者到卖者的转移使交易得以进行，例如，用货币来购买商品、支付租金、工资等。②计价单位。货币是人们用来表示商品和劳务的价格及记录债务的衡量标准。③价值储藏。货币可以把现在的购买力转化为未来的购买力。上述三种货币职能将货币与其他资产区分开来，例如，将货币与股票、债券、不动产等区分开来。西方经济学家还经常使用流动性来说明一种资产转化为经济中的交换媒介的容易程度。货币是最具流动性的资产。

2. 货币的种类

从货币是否有内在价值的角度出发可以将货币区分为商品货币和法定货币。商品货币是由有内在价值的商品所充当的货币，如黄金。法定货币是指没有内在价值但由国家法令所确定的货币，如美元、英镑等各国的铸币、纸币。

现代货币的主要形式有铸币、纸币和银行活期存款。流通中的铸币和纸币统称为通货。通货加活期存款就是西方国家通常所说的货币供给。

在美国，最广泛使用的货币供给量衡量指标有 M_1、M_2 两种。M_1 是指交易货币，包括通货、活期存款和其他支票存款。就支付手段而言，M_1 是衡量货币供给量的最佳指标。M_2 是广义货币，有时被称为“资产货币”或“准货币”，包括 M_1 银行储蓄存款和其他类似的可以替代交易货币的资产，如小额定期存款、货币市场共同基金等。

二、西方银行制度

货币政策要通过银行制度来实现。西方主要国家的银行制度和金融机构并不完全相同，但主要有中央银行和金融媒介机构。在金融媒介机构中，最主要的是商业银行。下面介绍中央银行和商业银行。

1. 中央银行

中央银行是一个国家的最高货币当局，是制定和执行货币政策的最高主管机构，是监督银行体系并控制货币量以影响经济的机构。中央银行主要有三大职能：发行的银行，政府的银行，银行的银行。

作为发行的银行，中央银行拥有一国的货币发行权，它是硬币和纸币的唯一来源和最终来源。

作为政府的银行，中央银行代理国库；提供政府所需要的资金，即用贴现短期国库券等形式为政府提供短期资金，用帮助政府发行公债或直接购买公债的方式为政府提供长期资金；代表政府与外国发生金融业务关系；执行货币政策；监督、管理全国金融市场活动。政府是中央银行最重要的客户。

作为银行的银行，中央银行接受商业银行的存款和商业银行的保证金，为商业银行提供贷款，为商业银行集中办理全国的结算业务。

2. 商业银行

商业银行是办理活期存款和主要为大部分工商业企业提供贷款的金融组织，其业务主要有三种：负债业务、资产业务和中间业务。负债业务主要是吸收存款，包括活期存款、定期存款和储蓄存款。资产业务主要包括放款和投资两类业务。放款业务是指商业银行为企业提供短期贷款，包括票据贴现、抵押贷款等。投资业务是指商业银行购买有价证券以取得利息收入。中间业务是指商业银行代为顾客办理支付事项和其他事项，从中收取手续费的业务。

3. 银行存款的货币创造及其乘数

在现代西方银行中，商业银行的主要营利手段是：一方面接受客户的存款；另一方面将存款的大部分用来放款或购买短期债券。商业银行只把一部分存款作为准备金，是因为很少会出现所有储户在同一时间里取走全部存款的现象。为了维持商业银行的信用，西方国家银行都实行部分准备金制度。在这一制度下，商业银行必须按照存款的一定百分比留有准备金，这个比率由政府通过法律的形式加以规定，被称为法定准备金率（法定准备金一部分是银行库存现金，另一部分存放在中央银行的存款账户上）。西方经济学家认为，银行体系中的部分存款准备金制度能使存款扩大为原始存款的若干倍，这就是所谓银行存款的货币创造。下面举例说明。

假定商业银行的法定准备金率都为 10%，A 银行吸收一储户的 100 美元存款，该银行按 10%的法定准备金率提取 10 美元作为准备金，把 90 美元贷给一个债务人，该人用 90 美元购买了第三者的商品。这个第三者又将钱存入 B 银行，B 银行按 10%的法定准备金率提取 9 美元资产作为准备金，把 81 美元贷放出去。如果这 81 美元最终存入了 C 银行，则 C 银行按 10%的法定准备金率提取 8.1 美元作为准备金，把 72.9 美元贷放出去。这个过程会持续下去，货币每存入银行一次，银行就进行一次贷款，更多的货币就会被创造出来。这个过程以下列算式描绘出来：

$$\text{初始存款}=100\text{美元}$$

$$\text{A银行存款}=90\text{美元（}100\text{美元}\times 0.9\text{）}$$

$$\text{B银行存款}=81\text{美元（}90\text{美元}\times 0.9\text{）}$$

$$\text{C银行存款}=72.9\text{美元（}81\text{美元}\times 0.9\text{）}$$

$$\cdots$$

$$\text{货币供给总量}=1000\text{美元}$$

如果耐心地把等号右边的一系列数字相加，就会得到 1000 美元货币。这个过程就是银行存款创造货币的过程。也就是在这个假想的经济中，100 美元原始存款创造了 1000 美元货币，最终货币是初始货币的 10 倍，这 10 倍就是货币创造乘数。货币创造乘数表示准备金变动与最终存款变动之间的关系，等于法定准备金率的倒数。如果以 k 代表货币创造乘数，以 r_d 代表法定准备金率，则 $k=1/r_d$ ，但这是以商业银行将吸收的存款扣除法定准备金后全部贷放出去为条件的。而银行由于诸多原因，实际贷款低于其本身的贷款能力，没有贷放出去的款项就成了超过法定准备金要求的准备金，即超额准备金。法定准备金加超额准备金就是实际准备金，法定准备金率加超额准备金率就是实际准备金率。考虑到超额准备金率，货币创造乘数就等于实际准备金率的倒数。以 r_e 代表超额准备金率，则 $k=1/(r_d+r_e)$ 。这个公式表明了银行创造多少货币量取决于准备金率。如果以 R 代表准备金（这是商业银行借以扩张货币供给的基础，在数额上等于法定准备金加上超额准备金），以 D 代表存款总额（最终创造出来的存款货币），则银行体系所能创造出的存款货币总量为 $D=R\dfrac{1}{r_d+r_e}$ 。

三、货币政策的内容与运用

1. 货币政策的内容

货币政策是西方国家政府根据既定目标，通过中央银行对货币供给进行管理，以控制货币供应量及通过货币供应量来调节利率，进而影响投资和整个宏观经济活动水平的经济政策。凯恩斯主义者认为货币政策和财政政策一样，也要斟酌使用，要逆经济风向行事。然而，货币政策与财政政策不同，财政政策直接影响总需求的规模，不需要任何中间变量，而货币政策要通过利率的变动影响总需求，因而是间接地发挥作用。

当经济不景气、失业持续增加时，中央银行通过货币政策工具减少商业银行的准备金；银行准备金的减少通过银行体系的货币创造乘数的作用，引起活期存款多倍扩大，从而货币供给扩大，利率降低；利率的降低刺激投资，使私人投资和公共投资都上升；投资的上升通过投资乘数的作用，提高收入和就业机会。据称，这样可以消除经济不景气和失业。相反，当价格水平持续上涨时，中央银行通过货币政策工具，增加商业银行的准备金；银行准备金的增加通过货币创造乘数的作用，引起活期存款多倍收缩，从而货币供给收缩，利率提高；利率的提高，抑制投资，使私人投资和公共投资减少；投资的减少通过投资乘数的作用，降低收入、价格和减少就业机会。据称，这样可以消除通货膨胀。

2. 货币政策工具及运用

中央银行主要运用三大政策工具——法定准备金率、贴现率和公开市场业务来增加或减少商业银行的准备金，从而减少或增加货币供给，提高或降低利率，以达到宏观经济政策的目标。

1）法定准备金率

法定准备金率是中央银行控制货币供给量的有力工具。法定准备金率的变化会直接改变商业银行的过度储备，引起银行贷款数量的变化，遏制商业银行贷款扩张的企图，降低倒闭风险。

由于法定准备金率变动与市场上货币供给量的变动呈反比例关系，因此中央银行可以针对经济的繁荣与衰退及银根的松紧状况调整法定准备金率。例如，在经济处于需求不足和经济衰退的情况下，如果中央银行认为需要增加货币供给量，就可以降低法定准备金率，只要求所有的存款机构对存款保留较少的准备金，在货币创造乘数的作用下，整个货币市场上的货币供给量会多倍地增加。降低法定准备金率，实际上是增加了银行的可贷款数量。当然，提高法定准备金率，就等于减少了银行的可贷款数量。从理论上讲，变动法定准备金率是中央银行调整货币供给量的一种最简单的手段。然而，中央银行一般不轻易使用法定准备金率这一政策工具，原因在于银行与金融体系、信贷、存款量、准备金量之间存在着乘数放大的关系，而乘数的大小与法定准备金率成反比，因此即使法定准备金率发生一个很微小的变化，都会对金融市场和信贷状况产生强烈的影响。所以，法定准备金率这一政策手段很少使用，一般几年才会改变一次，尤其是银行家极不欢迎经常变动法定准备金率。

2）贴现率

这是美国中央银行最早运用的货币政策工具。过去，贴现就是银行根据未到期票据的票面额，扣除一定的利息后把票面余额付给持票人的一种放款业务。再贴现则是商业银行持已办理过贴现的、具有清偿能力的商业票据作为担保，从中央银行取得贷款的一种借款方式。现在，都把中央银行给商业银行的贷款称为贴现，中央银行向商业银行及其他金融机构提供贷款的利率就是贴现率。

贴现政策的作用，主要是掌握贷款条件的松紧程度和影响信贷的成本。当中央银行提高贴现率时，意味着商业银行向中央银行贷款的成本增加，将减少商业银行向中央银行贷款的需求，造成货币市场信贷规模收缩，在货币创造乘数的作用下，使货币供给量多倍地减少；当降低贴现率时，商业银行向中央银行贷款的成本就会降低，会增加商业银行向中央银行贷款的需求，出现市场信用扩张，在同样货币创造乘数的作用下，货币供给量会多倍地增加。中央银行调整贴现率，不仅直接影响到商业银行的筹资成本，同时还间接地影响到商业银行对企业和个人发放贷款的数量，从而对企业和个人的投资与消费的经济活动产生影响。

贴现率对货币供给的影响机制大体可概括为：贴现率上升，商业银行向中央银行的贷款轻微下降，货币供给量有所减少；贴现率下降，商业银行向中央银行贷款有所上升，货币供给量将增加。贴现率的变动与货币供给量的变动呈反比关系，同市场利率的变动呈正比关系。

目前，贴现率的调整在货币政策中的作用和以前相比也大大地减弱。因为在现实经济活动中，商业银行和其他金融机构尽量避免在贴现窗口向中央银行借款，只是将其作为紧急求援的手段，不到万不得已不会轻易利用，以免被人误认为财务状况不佳。每个中央银行的贴现窗口都会执行中央银行关于商业银行和金融机构可以借款的数量和次数的规定，不会随货币政策的变动而变动。

另外，贴现政策也不是中央银行的主动性政策，原因在于中央银行只能等待商业银行向其借款，而不能要求商业银行向其借款，所以这一货币政策的效果有限。另外，当商业银行的准备金十分缺乏时，即使再贴现率很高，商业银行依然会从中央银行的贴现窗口借款，中央银行想通过较高的贴现率来抑制商业银行的借款就起不到太大的作用。因此，通过贴现率的变动控制银行准备金的效果是相当有限的。当今，贴现率政策往往作为一种补充手段与公开市场业务政策结合使用。

3）公开市场业务

公开市场业务是当代西方国家特别是美国中央银行控制货币供给量最重要也是最常用的政策工具。公开市场业务是指中央银行在金融市场上公开买进或卖出政府债券，以控制货币供给量，影响利率、消费与投资即总需求，从而最终达到预定的经济目标的政策行为。公开市场业务的目的是改变经济体系中货币与证券的相对供给量，从而改变利率，使公众以改变了的利率决定其持有资产的形式。中央银行买入政府债券，等于减少了市场上的债券数量，这会使债券价格上升，利率下降，公众才会愿意增加货币的持有量而减少政府债券的持有量，势必导致货币供给量增加。以美国为例，当经济形势的发展使中央银行认为有收缩银根的必要时，联邦储备系统下设的联邦公开市场委员会（Federal Open Market Committee，FOMC）将在证券市场上出售政府债券，这一行动首先减少银行系统的基础货币（包括银行的存款准备金和公众手持的现金），同时通过银行系统的存款创造，引起货币供给量的多倍收缩；与此同时，由于政府出售债券，债券价格因供给量过大而下降，利率上升，企业投资降低，公众储蓄增加而消费降低，最终导致总需求降低，遏制经济的过热现象，降低通货膨胀率；反之，若经济出现萧条，失业问题严重，中央银行认为有放松银根的必要，就在公开市场中买进政府债券，增加基础货币，通过银行系统的存款创造，引起货币供给量的多倍扩张和利率的下降，使企业投资和公众消费增加，提高总需求水平，遏制经济的衰退，减少失业。

由于中央银行既可以将公开市场业务作为一种防御性工具使用，例如，在发生通货膨胀时，售出政府债券，使货币供给量减少，紧缩信用，抑制通货膨胀；中央银行也可以把公开市场业务作为一种进攻性工具使用，由中央银行主动决定买进或卖出政府债券的时间和数量，用以扩张或收缩信贷规模，通过货币供给量的调整来影响国民经济，达到预期的经济目标。因此，公开市场业务在西方国家被认为是最有效、最灵活的货币政策工具，也是最常使用的货币政策工具。

在西方国家，尤其是美国，一般认为公开市场业务是中央银行所能够掌握的最重要、最常使用的政策工具或手段。这是因为：第一，中央银行运用公开市场业务在金融市场上是一种“主动出击”而不是“被动等待”。就这点而言，这项政策工具比贴现率政策具有优越性。第二，使用这项政策工具，中央银行可以随时决定买卖债券的种类和数量，可以随时进行精细的调查，以便于较好地控制业务效果，这比一刀切式地调整法定准备金率要好得多。第三，公开市场业务是由专门机构和专业人员根据总的政策方针灵活进行的，无须层层审批的烦琐程序，有利于适应瞬息万变的市场需要。

以上三大政策工具要配合运用。

货币政策除上述三种主要工具外，还有其他一些工具，如道义劝告、借款垫头规定、指令性贷款指标等。

例如，道义劝告是指中央银行运用其在金融体系中的特殊地位和威望，对商业银行及其金融机构进行劝告，指导其行动，影响其贷款和投资的方向，达到中央银行控制信用的目的。商业银行一般会听从中央银行的劝告，从而使商业银行及金融机构与中央银行不但在政策上而且在行动上保持一致。

四、货币的传导机制

同为宏观经济政策，货币政策与财政政策是有区别的。财政政策可以直接影响总需求的规模，而货币政策要通过货币传导机制来对总需求产生影响，这个传导机制要经历从货币供应量变动传导到产出、就业、价格及通货膨胀的途径。假设一国的中央银行担心通货膨胀，决定采取紧缩性货币政策来减慢经济增长速度。要执行这个紧缩性货币政策，至少要经过 5 个步骤：第一步，中央银行采取措施增加准备金；第二步，银行准备金的增加将导致多倍的银行存款收缩（货币创造乘数反向作用），从而减少货币供给；第三步，货币供给的减少将会提高利率并紧缩信贷，利率的上升将降低人们的资产价值，压低债券、股票、土地和房屋的价格；第四步，在利率上升和财产减少的情况下，对利率敏感的支出（特别是投资）将呈下降的趋势；第五步，支出下降将使总需求减少，从而使收入、产出、就业和通货膨胀下降。上述步骤可以简化为：准备金下降—货币总量下降—利率上升—投资、消费、净出口下降—总需求下降—实际 GDP 下降且通货膨胀下降。

五、货币政策效应

货币政策效应是指变动货币供给量的政策对总需求影响的力度。假设增加货币供给的扩张性货币政策能使国民收入有较大增加，减少货币供给的紧缩性货币政策能较有力地抑制通货膨胀，则货币政策效应就大；反之，就小。货币政策的效应取决于货币需求对利率变化的敏感程度，同时还取决于投资需求对利率的敏感程度。当货币需求对利率变化的敏感程度较高时，货币供给量稍有增加就会使利率下降较多，因而使投资和国民收入有较多增加，即货币政策较强。而且，在此情况下，如果投资需求对利率的敏感程度高，即利率的下降对投资有较大的刺激作用，则这项货币政策的效应会更强；反之，货币政策效应就会较弱。

六、货币政策的局限性

（1）经济运行状况处于不同的时期采取同一货币政策产生的效果会有所不同。例如，在通货膨胀时期实行紧缩性的货币政策效果可能比较显著，但经济处于衰退时期采取扩张性的货币政策效果就不会十分理想。原因是在经济衰退时期，由于企业对经济前景普遍存在悲观态度，即使中央银行放松银根，增加货币供给量，降低利率，企业投资者也不会增加贷款以从事投资活动；银行从资产的安全性角度出发，也不会轻易发放贷款。特别是由于存在流动性偏好陷阱，当利率降低到一定水平以后，无论银行如何增加货币供给量，利率都不可能继续下降，使得作为反衰退的货币政策效果就相当微弱。

货币政策从反通货膨胀的角度来看，对于反需求拉动的通货膨胀效果显著，而对于反成本推动的通货膨胀效果甚微。

（2）从货币市场均衡的情况来看，通过增加或减少货币的供给量影响利率的高低是以货币的流通速度不变为前提的。如果这一假定前提不存在，通过货币供给的变动来影响利率水平进而对经济产生影响的作用将大打折扣。例如，在通货膨胀严重的情况下，即使中央银行减少货币的发行量，但人们手中不愿持有货币，往往将手中货币换成实物，导致货币流通速度加快，流通中的货币量增加，因此无法将通货膨胀率降低。

（3）货币政策存在的时滞也会影响货币政策的效果。在货币政策操作中，一般会经历这几个过程：针对一定时期宏观经济运行中的主要问题确定调控的目标、选择政策工具、筛选中介指标、在操作过程中检查调控的效果并在必要时进行适当的调整等。在这些环节中，前两个环节的实施有一个内部时滞，即货币当局根据经济形势决定调整到具体方案的出台，一般需要较短的时间，由于货币当局变动货币供给量不需要议会的批准，因此从决策到实施，所需时间相对来说较短，内部时滞要相对短些；后两个环节的实施则含有一个外部时滞，即货币当局运用选定的政策工具对货币存量进行调节，进而影响总需求水平及目标变量过程时，存在外部时滞。外部时滞之所以较内部时滞的时间相对长些，主要是由于在工具变量和目标变量之间有一个迂回曲折的传导过程。中央银行变动货币供给量，要通过利率的变动来影响企业的投资水平，进而影响总需求，最终影响就业和国民收入，而这一过程要经过长时间的传导才会使货币政策的作用得以充分发挥。同时还应看到，市场利率变动后，企业投资规模并不能马上发生相应的变动，无论是利率下降、企业扩大生产规模，还是利率上升、企业缩小生产规模，都不是一件容易的事情，尤其是企业生产规模的缩小更加困难，原因是已经上马在建的工程难以下马，解雇职工也并非易事。

同时，货币政策是开始选用时容易，但从执行到效果的产生却要经过一个相当长的时期，在这个时期中，经济形势还有可能发生与人们先前预期不同的变化。例如，通货膨胀时中央银行减少货币供给，货币政策对产量的影响所需要的时滞短一些，如两个月之后，总产出开始下降，但货币政策对通货膨胀影响大且时滞比较长，如果没有充分考虑这些问题，就可能在产量下降时，误以为货币政策的影响作用已经发挥、经济进入了衰退，反过来又采用扩张性货币政策，即使产量经过一段时间以后回到原来的水平，仍可能引起通货膨胀的发生。

货币政策在实践中存在的问题远远不止这些，仅就此而言，货币政策作为平抑经济波动的手段，作用也是有限的。

七、生活中的经济学

案例 14.5

中国有多少家银行？

经过多年的发展，中国建立了中央银行、政策性银行、国有商业银行、股份制商业银行、城乡合作金融机构、非银行金融机构在内的种类齐全、功能互补的银行机构体系，建立了独立执行货币政策的中央银行宏观调控体系，建立了由银行监管、证券监管、保险监管等构成的金融监督体系，具体的中国银行体系如图 14-1 所示。截至 2018 年末，中国共有银行业金融机构 4588 家，机构类型 20 余种。

1. 中国人民银行

中国人民银行是中国的中央银行（简称央行）。1948 年 12 月 1 日，在华北银行、北海银行、西北农民银行的基础上在河北省石家庄市合并组成中国人民银行。1983 年 9 月，国务院决定将中央银行与国家专业银行相分离，中国人民银行专门行使中国国家中央银行职能。1995 年 3 月 18 日，第八届全国人民代表大会第三次会议通过了《中华人民共和国中国人民银行法》，中国人民银行作为中央银行以法律形式被确定下来。

2. 商业银行体系

商业银行是中国银行体系中资产规模最大、业务最完整的一类银行，主要包括以下七大类。

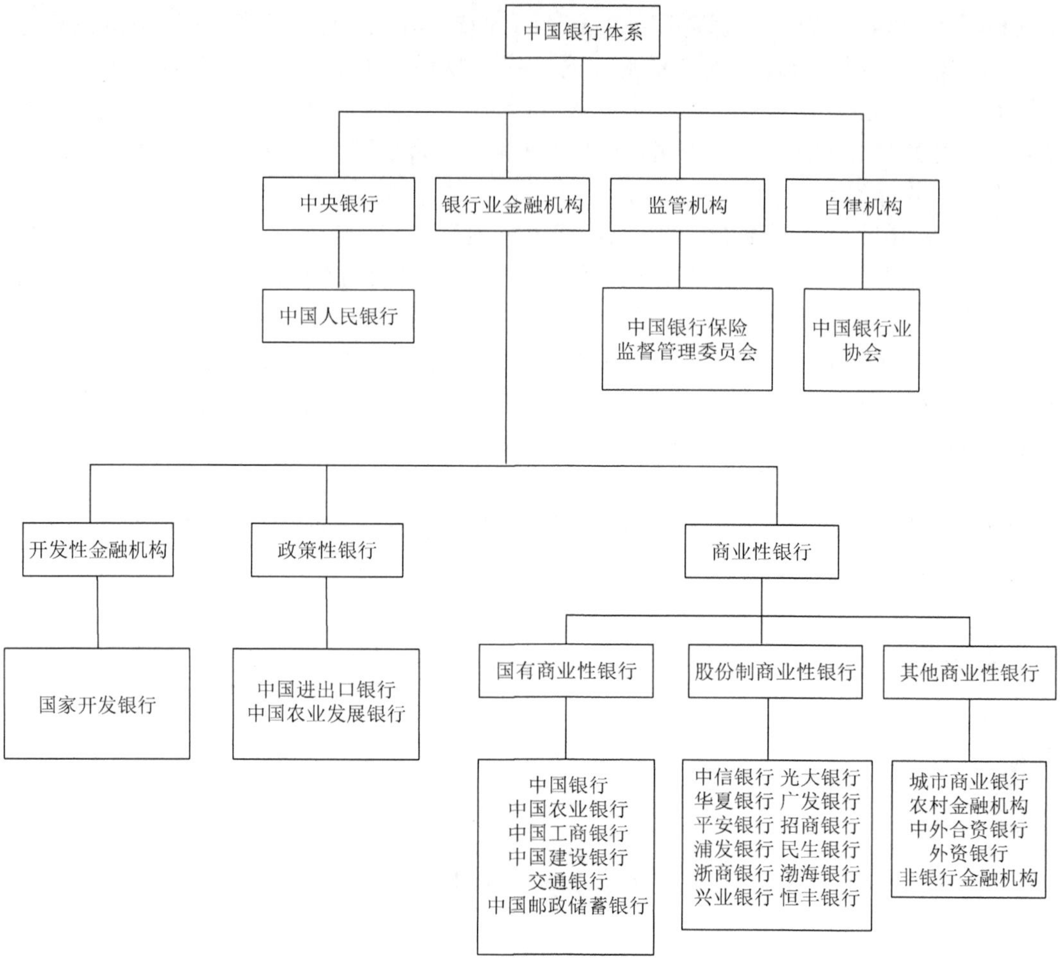

图 14-1　中国银行体系图

第一类：大型国有商业银行。其包括六大国有银行：中国银行、中国农业银行、中国工商银行、中国建设银行、交通银行、中国邮政储蓄银行。这六大国有银行都是综合性大型商业银行，业务涵盖面广泛且多元。截至 2018 年底，六大国有银行的资产规模合计达到 110 万亿元，占到银行业总资产的 39%。这六家银行的经营范围广，经营网点所占比重高，资产量大，代表了中国银行业的资本和实力。

第二类：全国性股份制商业银行。目前共有 12 家商业银行，包括招商银行、浦发银行、中信银行、光大银行、华夏银行、民生银行、广发银行、兴业银行、平安银行、浙商银行、恒丰银行、渤海银行。这 12 家银行，除了恒丰银行外均已在证券交易所上市。这些银行资产实力雄厚，机构设置和业务经营是全国性的。机构扩张速度较快，已形成了全国性的业务经营网络。截至 2018 年底，这 12 家银行的资产总额占到银行业总资产的 18%。

第三类：城市商业银行。城市商业银行的前身是 20 世纪 80 年代设立的城市信用社，属于地方性商业银行，如北京银行、上海银行、青岛银行等。它的机构和业务经营范围一般局限在省内或者一定的区域内。城市商业银行自 1995 年开始发展，2004 年以后快速发展，但是总体来讲，城市商业银行的规模较小，省外分支机构相对有限。2018 年共有 134 家城市商业银行，其中有 26 家已经在证券交易所上市，城市商业银行总资产占银行总资产的 13%。

第四类：农村金融机构。农村金融机构包括农村商业银行、农村信用社、农村合作社、村镇银行等。这一类银行是目前中国数量最多的银行，是由地方政府出资、吸收当地社会资金成立的，主要为当地经济服务，尤其是为农村经济服务。2003 年以后农村金融机构开始进行股份制改革。到 2018 年底共有农村商业银行 1427 家、村镇银行 1616 家，另外，农村合作银行、农村信用社、农村资金互助社的数量不同程度减少。农村银行机构资产总额占全国农村合作金融机构的 41%，占全国银行总资产的 13%。

第五类：中外合资银行。中外合资银行是改革开放后渐渐产生的，并区别于其他商业银行的一种新型机构。1985 年 8 月，中国首家中外合资银行厦门国际银行成立，注册资本 10.69 亿元人民币。早期的中外合资银行主要有：厦门国际银行、上海巴黎国际银行、福建亚洲银行、浙江商业银行、华商银行、青岛国际银行。但是随着金融行业的不断变化，这些银行的企业性质发生了较大的变化，如厦门国际银行已经成了中资的商业银行，福建亚洲银行于 2004 年被平安银行收购。

第六类：外资银行。我国第一家外资银行于 1979 年成立。2001 年中国加入 WTO 后，逐步开放了人民币业务的限制，2003 年进一步提升了外资持股比例上限，大量外资也在此期间纷纷参股本土银行。2006 年外资银行子行、中外合资银行基本实现了国民待遇，可经营部分或全部外汇业务和人民币业务，外资银行与本土银行开始全方位的竞争。2017 年 12 月正式取消了外资持股比例的限制，实施内外一致的股权投资比例规则。到 2017 年末，外资银行在华营业性机构总数为 1013 家，外资银行占中国银行业总资产的 1.29%。

第七类：非银行金融机构。非银行金融机构包括金融资产管理公司、信托公司、企业集团财务公司等。①金融资产管理公司主要包括信达资产、长城资产、东方资产和华融资产等，这些资产管理公司的主要业务是处理国有商业银行和国家开发银行的部分不良贷款。②信托公司。中国于 1979 年成立了第一家信托公司——中国国际信托投资公司，目前中国共有 68 家信托公司，如中信信托、厦门国际信托等。③企业集团财务公司是为企业集团成员单位提供财务管理服务的非银行金融机构，如中石油、中石化的财务公司，这些财务公司主要为集团内部服务，是不允许从集团外吸收存款的。④金融租赁公司是以经营融资租赁业务为主的非银行金融机构，如工银金融租赁、兴业金融租赁等租赁公司。⑤汽车金融公司是为汽车购买者及销售者提供金融服务的非银行金融机构，如上汽通用汽车金融公司、大众汽车金融公司。⑥货币经纪公司仅限于向境内外金融机构提供经纪业务，不得从事任何金融产品的自营业务，主要业务包括境内外的外汇市场交易、境内外货币市场交易、境内外债券市场交易、境内外衍生产品交易。

3. 政策性银行体系

政策性银行是指由政府创立，以贯彻政府的经济政策为目标，在特定领域开展金融业务的不以营利为目的的专业性金融机构。1994 年中国设立了国家开发银行、中国进出口银行、中国农业发展银行三大政策性银行，均直属国务院领导。这三家银行承担由专业银行剥离出来的政策性业务。2015 年，国务院明确国家开发银行定位为开发性金融机构，从政策银行序列中剥离。

截止到 2018 年末，国家开发银行的资产规模为 16.1 万亿元，资产规模仅次于中国银行、中国农业银行、中国工商银行、中国建设银行四大国有银行；中国农业发展银行的资产规模为 6.85 万亿元，超过了民生银行、中信银行、浦发银行、兴业银行、招商银行五大股份银行；中国进出口银行的资产规模为 4.19 万亿元。

4. 监管机构

中国银行业监督管理委员会将中国人民银行从银行、金融资产管理公司、信托投资公司及其他存款类金融机构的监管职能中分离出来，并和中央金融工委的相关职能进行整合，是 2003 年 4 月 25 日成立的，主要负责对银行业的监管。2018 年 3 月，将中国银行业监督管理委员会和中国保险监督管理委员会的职责整合，组建中国银行保险监督管理委员会（简称银保监会）。银保监会的主要职责是依法对中国的银行业和保险业进行监管，守住不发生系统性金融风险的底线。

5. 自律机构

中国银行体系的自律机构是中国银行业协会。中国银行业协会成立于 2000 年，其主要的职责是维护银行业合法权益，维护银行业市场秩序，提高银行业从业人员素质，提高为会员服务的水平，促进银行业的健康发展。

截至 2019 年 10 月，中国银行业协会共有 728 家会员单位、32 个专业委员会。会员单位包括开发性金融机构、政策性银行、国有商业银行、股份制商业银行、城市商业银行、民营银行、农村信用社、农村商业银行、金融租赁公司、汽车金融公司、货币经纪公司、消费金融公司、金融资产管理公司、外资金融机构、新型农村金融机构、中国银联、银行业信贷资产登记流转中心有限公司、银行业理财登记托管中心有限公司等。

案例 14.6

货币政策有哪些工具？

2007～2009 年发生的世界金融危机，早期在美国爆发，随后危机蔓延到欧洲、亚洲等地区的国家，造成了多个国家的金融机构发生危机，进而引发了实体经济的衰退。在这一次危机发生后，美国联合运用了常规和非常规的货币政策，在短时间内稳定了金融市场，使美国经济很快走出了低谷。

1. 降低基准利率

2007 年 9 月 18 日，美联储开始了第一次降息，降低了 50 个基点，利率降到 4.75%，自此之后，美联储又连续 9 次降息，2008 年 12 月进入了零利率时代。如表 14-2 所示，2007 年美联储共降息 3 次，利率降低了 100 个基点，2008 年降息 7 次，利率降低了

350 个基点。一系列降息政策，其目的是降低企业投资成本，刺激居民消费，补充银行等金融机构的流动性。

表 14-2 2007～2009 年美联储降息时间表

时间	降息前/%	降息后/%	降息幅度/基点
2007.9.18	5.25	4.75	50
2007.10.31	4.75	4.50	25
2007.12.11	4.50	4.25	25
2008.1.22	4.25	3.50	75
2008.1.30	3.50	3.00	50
2008.3.18	3.00	2.25	75
2008.4.30	2.25	2.00	25
2008.10.8	2.00	1.50	50
2008.10.29	1.50	1.00	50
2008.12.16	1.00	0～0.25	75

2. 量化宽松政策

在采取了常规手段，使利率水平已接近于零的状态下，为了防止经济进一步下滑，美联储实施了非常规的货币政策，创新了一系列非常规货币政策来促进金融市场及实体经济的恢复。根据国际货币基金组织（International Monetary Fund，IMF）的研究，这些非常规手段分为以下三类。

（1）流动性宽松措施。央行在整个金融体系中充当了最后贷款人的角色，因此当金融市场缺乏流动性时，央行可以通过多种手段、运用多种工具向市场补充流动性。央行可以通过扩大交易对手范围、延长融资期限、降低抵押品要求、出借高信用等级债券等方式向国内金融市场注入流动性，还可以通过双边货币互换方式提供外汇流动性支持。美联储在 2008 年先后与 10 个国家签订或扩大了临时货币互换协定以增强离岸市场美元的流动性，联合加拿大央行、英格兰银行、欧洲央行、日本央行、瑞士央行等设立互惠货币掉期机制，同时执行以多种有价证券为抵押资产的回购协议，对全球金融市场进行注资。

（2）信贷宽松措施。这一措施主要是通过向特定借款人提供直接或者间接的信贷支持，来促进信贷市场复苏，美联储应用资产支持商业票据货币市场基金流动性工具（asset-backed commercial paper money market fund liquidity facility，AMLF）、货币市场投资者融资工具（the money market investor funding facility，MMIFF）等多种政策工具扩大资产规模来实施信贷宽松政策。

（3）量化宽松措施。央行通过购买金融资产（即扩张资产负债表）向本国经济体注入定量流动性，用于在常规货币政策失效的情况下对本国经济进行刺激，促进实体经济复苏。它是央行在实行零利率或近似零利率政策后，通过购买国债等中长期债券，增加基础货币供给，向市场注入大量流动性资金的干预方式，也被简化地形容为间接增印钞票。2008 年至 2012 年，美联储先后实施了四轮：第一轮是 2008 年 12 月到 2010 年 3 月，规模为 1.7 万亿美元；第二轮是 2010 年 11 月至 2011 年 6 月，规模为 6000 亿美元；第三轮于 2012 年 9 月推出，每月采购 400 亿美元的抵押贷款支持证券（mortgage-backed security，MBS）；第四轮于 2012 年 12 月推出，每月采购 450 亿美元的国债，加上第三轮的宽松额度，美联储每月资产采购额达到 850 亿美元。

美联储采取量化宽松政策的目的是刺激长期投资，在实际经济运行中，市场在进行投资决策时更为关注的是长期利率。量化宽松政策是美联储放弃了通过买卖短期债券调控短期利率的传统做法，通过购买长期债券，增加市场对长期债券的需求，直接引导长期利率下降，刺激实体经济复苏。在第三轮、第四轮的量化宽松中，操作方法上并没有具体的资产购买上限，而是注重更长期地为市场注入流动性，从而降低长期利率。自 2008 年底至 2014 年 10 月，美联储先后出台四轮量化宽松政策，总共购买资产约 3.9 万亿美元。美联储持有的资产规模占 GDP 的比例从 2007 年底的约 6.1%大幅升至 2014 年底的 25.3%，资产负债表扩张达到前所未有的水平，量化宽松为稳定美国经济复苏起到了重要作用。随着美国经济逐步复苏和就业市场改善，以及长期维持低利率政策影响金融稳定，2013 年 12 月，美联储正式宣布从 2014 年 1 月开始削减资产购买规模，开启了退出量化宽松政策的序幕。

第四节 供给管理政策与应用

宏观财政政策与宏观货币政策是以需求管理为内容的经济政策，以调节社会总需求为目的，针对出现的通货膨胀或者经济衰退（失业），能够取得一些效果。西方国家在 20 世纪 60 年代末 70 年代初，出现了通货膨胀和失业并存的局面，即停滞膨胀，简称滞胀。对解决滞胀来说，长期推行的宏观财政政策和宏观货币政策都无能为力，需求管理与控制已经不能奏效，原因在于需求管理是调节总需求，不能对总供给和经济结构的变化产生影响。所以，要治理滞胀就必须运用供给管理政策，主要有收入政策、指数化政策、人力政策和经济增长政策，来对总供给方面产生影响。

一、收入政策

收入政策是指限制各种“生产要素的收入”增长率，使之与劳动生产率的增长率相适应，从而限制物价上涨的政策，又称工资与物价管制政策。西方经济学家把收入政策定义为：目的在于影响或控制价格、货币工资和其他收入的增长率而采取的货币和财政措施以外的政府行动。收入政策对生产要素的供给产生某些作用。

1. 收入政策的理论基础

收入政策的理论基础主要是成本推动的通货膨胀理论。成本推动的通货膨胀也称卖方的通货膨胀，物价上涨是由商品与劳务的供给方面引起的。西方经济学认为，现代资本主义经济是以不完全竞争为特点的，工会和垄断企业一样，都能操纵工资和物价，在经济衰退（失业）时也能提高工资和物价。这种通货膨胀是由成本的推动造成的。

成本推动中的基本因素是工资收入增长过快，即工资收入的增长率超过了劳动生产率的增长率。因此，只要能限制工资（也有其他收入）增长率，就可抑制成本提高，从而抑制物价上涨，消除成本推动的通货膨胀。

2. 收入政策主要措施

（1）实行工资-物价管制。政府颁布法令，管制工资和物价，必要情况下实行冻结，严厉禁止工资和物价上涨。

（2）工资-物价指导线。根据长期劳动生产率状态，政府规定工资和物价的增长标准，把工资和物价增长率限制在劳动生产率的平均增长幅度之内。

（3）企业和工会签订工资-物价协议。限制工资不利于工人而有利于企业，限制物价不利于企业而有利于工人。通过谈判，有时企业和工会对达到某种工资和物价水平而签订协议，共同遵守，互相制约。

（4）税收控制工资和物价。政府采用税收政策，以增税作为惩罚、以减税作为奖励的手段来限制工资和物价的上涨。对遵守规定的减税优待，对违反规定的加税处罚。

在某种特殊的工资和物价形势下，政府可以进行权威性的劝说或者施加政府的压力。虽然没有法律约束力，但也能起到一定作用。

3. 收入政策实施中的困难

收入政策对抑制工资-物价的“跳背游戏”和螺旋式上升，能够发挥重要作用，但在收入政策的实施中，也会遇到不少困难。

（1）冻结工资引起工会反对，政治上会出现动荡不安，任何政府都不会轻易使用冻结措施。尤其在竞选换届时期，政府不肯冒风险。

（2）冻结物价引起企业反对。在成本难以下降的情况下，冻结物价会导致供给减少，甚至形成黑市，物价上涨会更加剧烈。

（3）工会和企业不听政府摆布。虽然政府制定工资-物价指导线，又以减增税收为奖罚工具，但是企业和工会还是会根据自身最终得到多少实惠来对付政府，不会轻易听从政府摆布。

（4）签订工资-物价协议，有的企业和工会都不能很好遵守，往往流于形式，不起作用。

二、指数化政策

所谓指数化政策，是指政府以条文规定的形式把收入同某种物价指数联系起来，当物价上升时工资也随之上升的政策。这样，西方经济学者认为，可以部分地消除通货膨胀在收入分配上所造成的影响，主要的措施如下。

1. 税收指数化

税收指数化是指政府按通货膨胀率指数来调整税收，从而调节收入分配，鼓励投资等。

当经济中发生了通货膨胀，名义收入增加了，实际收入会下降。因为许多国家的个人所得税和资本收入者缴纳的税都是按名义收入累进计征的。通货膨胀的结果将会把个人所得税档次提高，加重纳税人的负担；资本收入者也会由于名义收入的增加缴纳更多的税收。如果不实行税收指数化，将会减少收入者的实际收入，不利于个人收入者。同时也会减少资本的投入，损害经济增长，加剧通货膨胀。只有根据通货膨胀率来调整收入，才能避免不利的影响，使政府采取有力的措施来抑制通货膨胀。但是运用此政策应谨慎为之，因为税收指数化会加重财政预算不平衡或加剧通货膨胀等。

2. 工资指数化

工资指数化是指政府按通货膨胀率指数来调整名义工资，以保持实际工资水平不下降。具体办法是，在工资合同中确定有关条款，规定在一定时期内按消费物价指数来调整名义工资，这项规定称为“自动调整条款”。此外，也可以通过其他措施如按通货膨胀率来调整工资增长率。因为在经济中发生了通货膨胀时，如果工人的名义工资不变，实际工资水平下降了，这样就会产生对工人的收入不利而对资本家有利的再分配。这时就有必要采用工资指数化使工人的实际工资不下降，保护劳动者的利益，从而维护社会的安定。但是这种政策可能引起工资成本的提高，加剧通货膨胀。

指数化除了上述两种外，还有债券指数化等。

三、人力政策

人力政策也称劳工市场政策，是针对“劳动力市场的不完全性”，解决失业与职位空缺并存矛盾，增加就业机会的政策。

1. 人力政策的理论依据

当前资本主义世界存在比较严重的失业，其中相当大的一部分是结构性失业，是由劳动力结构和经济结构的差异造成的。

（1）与劳动力本身结构有关。寻找工作的多半是没有专门技能的青年人，企业需要的则是具有一定技术水平的熟练劳动力。

（2）与经济结构变化有关。随着科学技术的迅速发展和生产的不断进步，经济结构发生不断的变化，不适应新的经济结构需求，一部分人被排挤和游离出来，成为没职位的多余的人。

（3）与某些地区经济结构的变化有关。有的地区原来劳动力供不应求，现在供过于求，还有的地区原来劳动力供过于求，现在供不应求。这样，就出现了工人找职业，企业找工人的状态。

（4）与寻职成本过高有关。劳动力市场的信息很难充分、准确地获得，如果获得信息，花费的代价太大。

劳动力市场的不完全性和结构性失业的论述成为人力政策的理论依据。

2. 人力政策的主要措施

人力政策是对劳动力供给产生作用的政策，主要措施有以下几种。

（1）劳动力的再培训。为适应经济结构的变化，要对劳动力进行再训练，包括对失业者的培训和在职人员的培训，使非熟练劳动者能够适合劳动需求的条件，使技术过时的劳动者能够掌握新技术。

（2）发展职业介绍事业。提供劳动市场的信息，让企业和失业者及时了解准确情况，使企业比较容易找到合适的工人，工人比较容易找到合适的企业。

（3）增加劳动力的流动性。帮助劳动者和企业进行地区迁移，解决劳动力在地区间流动的困难。

（4）发展劳动密集部门和企业。在一定投资水平上，劳动密集部门可以容纳较多的劳动力，如服务行业和公共服务部门，为劳动者创造更多的就业岗位。

3. 人力政策实施中的困难

（1）经费困难。依靠私人企业进行劳动力再训练和帮助劳动力迁移，由于私人企业不愿花钱，因此收效不大；依靠国家扩大政府开支，又会增加财政赤字，增加货币，导致通货膨胀率上升。

（2）人力政策不易适应经济技术的变化。经济结构与经济技术变化是一个连续不断的过程，一些失业的人被安排了，又会有另一些人失业。

（3）发达资本主义国家工资水平高，发展劳动密集部门虽然可以多容纳劳动力，但是会使产品成本增加，在国际市场上竞争力削弱，国际收支也变得严峻。

（4）劳动力迁移困难。西方国家在长期中形成的社会文化、社会心理、生活和习惯都难以转变，劳动力流动非常困难。有的宁愿在大城市失业，也不愿意到边远地区工作。

需要注意的是，这里介绍的人力政策与美国政府针对人力资本投资的政策即人力政策是不同的。在美国，人力政策产生是同美国管理理论的逐步发展和完善联系在一起的，是20世纪60年代舒尔茨等提出的，主要内容是：增加对公民的教育和技术的投资，增加教育经费，制定人才发展战略，制定科学的、高效率的人才建设模式和策略，制订相应的人才培养、开发、智力投资的规划。

四、经济增长政策

供给管理政策除了上述几个政策，还有一个重要的内容是经济增长政策。从长期来看，经济潜力和生产能力是影响总供给的最重要的因素。一个国家社会生产能力提高，社会总供给必然大大地增长。因此，政府必须重视提高经济潜力或生产能力的经济增长政策，而促进经济增长的政策是多方面的，主要有以下几个方面。

第一，促进技术进步。在现代经济中，新知识创新、新技术发明在社会生产中推广运用和对组织管理的改善，会导致劳动力和资本效率大大提高。因此，促进技术进步成为各国经济政策的重点。促进技术进步的主要措施有：一是政府直接投资于重点科技研究工作；

二是政府对全国的科学技术发展进行规划和协调；三是加强对科技人员的培养；四是政府采取鼓励科技发展的政策措施。

第二，增加劳动力的数量和质量。劳动力是社会财富的源泉，因此增加劳动力对经济增长有重要的作用。劳动力包括数量和质量两个方面。提高人口出生率、鼓励移民是增加劳动力数量的办法；增加人力资本投资，是提高劳动力质量的办法。

第三，计划化与平衡增长。现代经济中各部门之间是相互依赖、相互联系的。各部门之间协调地增长是经济增长自身的要求。在资本主义私有制经济中，各部门之间的经济平衡增长，要通过国家计划指导来实现。因此，各国都要制订出本国经济增长的短期计划、中期计划和长期计划，并通过各种经济政策来实现。

第四，增加资本积累。资本积累是扩大再生产的源泉，生产扩大必然促进经济增长。资本的积累主要来源于储蓄，因此政府应该通过减少税收、提高利息率等办法鼓励储蓄，从而增加资本积累。

五、生活中的经济学

案例 14.7

政府减税如何对居民生活产生影响？

1981 年里根就任美国总统，当时美国正经历着两次石油危机后的滞胀时期。1979 年、1980 年通货膨胀率超过两位数，失业率超过了 5%；另外，经济在持续衰退，1980 年 GDP 出现了负增长。拉弗作为总统经济顾问，为里根政府开出的经济方案是大规模减税。

里根政府的税收政策改革主要体现在 1981 年和 1986 年的两次重大的税制、税率改革方面。1981 年实行的减税方案主要包括三个方面：一是全面降低个人所得税率。个人所得税边际税率下降了 25%，最低税率由 14%下降到 11%，最高税率由 70%下降到 50%，并形成 14 级累进税率。二是降低资本所得税率。资本所得税率由 28%下降到 20%。三是降低企业所得税率。企业所得税率下降了 2 个百分点（收入低于 2.5 万美元的企业所得税率从 17%降低到 15%，收入在 2.5 万～5 万美元的企业所得税率从 20%下降到 18%），并缩短固定资产折旧年限，减轻企业税收负担。1986 年进一步降低和简化所得税：一是个人所得税的降低与简化。由原来的 14 档改为 3 档，税率分别为 15%、25%、35%。二是企业所得税的降低与简化。由原来的 15%～46%的五级累进税率改为 15%、18%、25%、33%的四级税率。三是继续降低资本所得税率，由原来的 20%降为 17%。

里根政府减税政策实施后，美国税赋占 GDP 的比重持续下降，由 1981 年的 31.49%下降到 1984 年的 30.42%。通过两次减税，美国的人均免税额减少了 6.4%，1981～1987 年每个家庭每年可支配收入增加 600～900 美元。联邦政府个税收入占 GDP 比重从 1981 年的 9.11%下降至 1986 年的 7.69%，而个人消费支出占 GDP 比重由 60.34%上升至 63.14%。个人可支配收入的上升，促进了消费的增加。更为重要的是，1983 年开始，美国的高技术、钢铁、汽车等产业的投资开始增加，投资的增加进一步刺激了就业，促进了国民收入的增加。如表 14-3 所示，1983 年之后美国经济走出了滞胀状态，1984 年的 GDP 增长率甚至超过了 7%。失业率也在不断下降，里根任期内劳动参与率从 63.6%上升到 66.6%，非农业劳动人口从 0.91 亿人上升到 1.09 亿人。更为重要的是，通货膨胀率大幅度下降。同时值得注意的是，同期美国政府联邦财政收入却是增加的。

表 14-3　1980～1988 年美国主要经济指标

年份	GDP 增长率/%	失业率/%	通货膨胀率/%
1980	−0.20	7.17	13.58
1981	2.50	6.90	10.38
1982	−1.90	9.70	6.16
1983	4.50	9.61	3.22
1984	7.20	7.42	4.32
1985	4.10	7.14	3.55
1986	3.50	7.00	1.91
1987	3.40	6.17	3.66
1988	4.10	5.47	4.08

资料来源：根据世界银行数据（https://data.worldbank.org.cn/indicator/NY.GDP.MKTP.KD.ZG，2021 年 2 月 10 日）整理而得

里根政府的减税政策对经济的供给与需求两个方面都产生了影响。个人所得税的降低，提高了个人可支配收入，从而刺激了消费；企业所得税的降低，刺激了企业的投资，增加了供给，提高了国民收入，降低了失业率。在消费增加的情况下反而降低了通货膨胀率，从而使美国真正走出了滞胀，因此从这一意义上可以说里根政府的减税政策是经济史上的一个典型范例。

参 考 文 献

布劳德伯利 S，奥罗克 K H. 2015. 剑桥现代欧洲经济史：1870 年至今. 张敏，孔尚会，译. 北京：中国人民大学出版社：265.

方博亮，孟昭莉. 2013. 管理经济学. 4 版. 北京：中国人民大学出版社：198.

高鸿业. 2007. 西方经济学. 4 版. 北京：中国人民大学出版社.

格沃特尼 J D，斯特鲁普 R L，李 D R. 2007. 经济常识. 陈强兵，等译. 西安：陕西师范大学出版社.

韩秀云. 2003. 推开宏观之窗. 北京：经济日报出版社.

黑兹利特 H. 2008. 一课经济学. 蒲定东，译. 北京：中信出版社.

胡希宁. 1998. 当代西方经济学概论. 2 版. 北京：中共中央党校出版社.

李艳丽，李淑文，李利军，等. 2001. 经济学十日读. 北京：中国致公出版社.

厉以宁. 2000. 西方经济学. 北京：高等教育出版社.

梁小民. 1993. 西方经济学导论. 北京：北京大学出版社.

梁小民. 2006. 写给企业家的经济学. 北京：中信出版社.

刘鹤. 2013. 两次全球大危机的比较研究. 北京：中国经济出版社：63.

刘裔宏，罗丹桂. 2004. 西方经济学. 长沙：中南大学出版社.

曼昆 N G. 2006. 经济学原理. 4 版. 梁小民，译. 北京：北京大学出版社.

莫斯 D A. 2008. 七天读懂宏观经济. 郭劲光，译. 北京：商务印书馆.

山冈道男，浅野忠克. 2008. 你的经济学教科书. 杨佳静，李蓓蓓，冯硕，译. 北京：中国轻工业出版社.

唐渊. 2009. 人人都该知道的经济学. 北京：中国致公出版社.

王福重. 2008. 人人都爱经济学. 北京：人民邮电出版社.

温曼斯菲尔德 E. 1999. 管理经济学. 3 版. 王志伟，译. 北京：经济科学出版社：265.

谢鲁江. 2001. 西方经济学. 北京：中国财政经济出版社.

许纯祯. 1996. 西方经济学教程. 长春：吉林大学出版社.

尹伯成. 2002. 西方经济学简明教程. 上海：上海人民出版社.

张启富，陈国龙. 2006. 经济学. 北京：经济科学出版社.

赵英奎，刘跃奎. 2005. 西方经济学. 北京：经济科学出版社.

郑普飞. 2007. 7 天教你读懂日常经济学. 北京：金城出版社.